——本书得到——
四川省高校人文社会科学重点研究基地——社区矫正研究中心
重点项目"《社区矫正法》修改问题研究"（SQJZ2021-03）
——资助——

社区矫正理论
与实务研究
（第 4 卷）

肖乾利／主编

RESEARCH ON THE THEORY AND
PRACTICE OF COMMUNITY CORRECTION

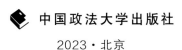

中国政法大学出版社

2023·北京

图书在版编目（ＣＩＰ）数据

社区矫正理论与实务研究. 第 4 卷/肖乾利主编. —北京：中国政法大学出版社，2023.4
ISBN 978-7-5764-0743-3

Ⅰ. ①社… Ⅱ. ①肖… Ⅲ. ①社区－监督改造－研究－中国 Ⅳ. ①D926.7

中国国家版本馆 CIP 数据核字 (2023) 第 009458 号

出 版 者	中国政法大学出版社
地 址	北京市海淀区西土城路 25 号
邮寄地址	北京 100088 信箱 8034 分箱　邮编 100088
网 址	http://www.cuplpress.com (网络实名：中国政法大学出版社)
电 话	010−58908285(总编室) 58908433（编辑部）58908334(邮购部)
承 印	北京旺都印务有限公司
开 本	720mm×960mm　1/16
印 张	32.5
字 数	470 千字
版 次	2023 年 4 月第 1 版
印 次	2023 年 4 月第 1 次印刷
定 价	145.00 元

本书立法和规范性文件的简缩与全称

简　缩	全　称
《立法法》	第十四届全国人民代表大会第一次会议 2023 年 3 月 13 日修正的《中华人民共和国立法法》
联合国《东京规则》	联合国大会 1990 年 12 月 14 日第 45/110 号决议通过的《联合国非拘禁措施最低限度标准规则》
《试点通知》	最高人民法院、最高人民检察院、公安部、司法部 2003 年 7 月 10 日联合发布的《关于开展社区矫正试点工作的通知》
《扩大试点范围通知》	最高人民法院、最高人民检察院、公安部、司法部 2005 年 1 月 20 日联合发布的《关于扩大社区矫正试点范围的通知》
《禁止令规定》	最高人民法院、最高人民检察院、公安部、司法部 2011 年 4 月 28 日发布的《关于对判处管制、宣告缓刑的犯罪分子适用禁止令有关问题的规定（试行）》
2012 年《实施办法》	最高人民法院、最高人民检察院、公安部、司法部 2012 年 1 月 10 日联合印发的《社区矫正实施办法》
《社会力量参与意见》	司法部、中央综治办、教育部、民政部、财政部、人力资源社会保障部等六部委 2014 年 9 月 26 日联合印发的《关于组织社会力量参与社区矫正工作的意见》
《衔接配合意见》	最高人民法院、最高人民检察院、公安部、司法部 2016 年 8 月 30 日联合印发的《关于进一步加强社区矫正工作衔接配合管理的意见》
《社区矫正法》	第十三届全国人民代表大会常务委员会第十五次会议 2019 年 12 月 28 日通过的《中华人民共和国社区矫正法》
2020 年《实施办法》	最高人民法院、最高人民检察院、公安部、司法部 2020 年 6 月 18 日印发的《中华人民共和国社区矫正法实施办法》
《刑法修正案（八）》	第十一届全国人民代表大会常务委员会第十九次会议 2011 年 2 月 25 日通过的《中华人民共和国刑法修正案（八）》

续表

简　缩	全　称
《刑事诉讼法》	第十三届全国人民代表大会常务委员会第六次会议 2018 年 10 月 26 日第三次修正的《中华人民共和国刑事诉讼法》
《未成年人保护法》	第十三届全国人民代表大会常务委员会第二十二次会议 2020 年 10 月 17 日第二次修订的《中华人民共和国未成年人保护法》
《预防未成年人犯罪法》	第十三届全国人民代表大会常务委员会第二十四次会议 2020 年 12 月 26 日修订的《中华人民共和国预防未成年人犯罪法》
《治安管理处罚法》	第十一届全国人民代表大会常务委员会第二十九次会议 2012 年 10 月 26 日修正的《中华人民共和国治安管理处罚法》
《最高检刑诉规则》	最高人民检察院 2019 年 12 月 30 日公布的《人民检察院刑事诉讼规则》
《暂予监外执行规定》	2014 年 10 月 24 日最高人民法院、最高人民检察院、公安部、司法部、国家卫生计生委联合印发《暂予监外执行规定》

自 序

法律的生命不在于逻辑，而在于经验。一部法律的生命力、权威性，需要通过法律实施而体现。作为世界范围内第一部由国家立法机关编撰的有关"社区矫正"的专门性法律——《社区矫正法》，[1]不仅是国家治理体系和国家治理能力在刑事执行领域的创新，而且对于推动我国社区矫正工作的规范化、专业化、法治化建设也具有"里程碑"意义。从成本—收益、重新犯罪率等具体指标来考察，自2003年试点以来的社区矫正工作已经证明，它是一项低成本、高收益的中国特色的刑事执行制度。一名社区矫正对象的年矫正经费仅为监狱服刑罪犯监管经费的1/10，重新犯罪率一直控制在0.2%的较低水平。[2]

一、《社区矫正法》施行以来所取得的成效

当然，《社区矫正法》实施效果的评估还需考量立法理念贯彻、机制运转、机构队伍建设、法律监督等因素。自2020年7月1日《社区矫正法》施行以来，社区矫正工作效果显著。笔者把它归纳为以下几个方面：

（一）立法理念广受推崇，人权保障得以贯彻

《社区矫正法》将"恢复性司法"理念融入其中：不仅将"修复社会关系"写入该法第42条，采用"社区矫正对象"称谓，而且拒绝遵循矫正部门所倡导的"制服效应"，在淡化"监督管理"基础上浓墨"教育帮扶"；禁止

---

〔1〕 参见吴宗宪："社区矫正史上的重要里程碑"，载《犯罪研究》2020年第3期。

〔2〕 参见王比学、王珏："改造在高墙之外　矫正不只是监管"，载《人民日报》2009年11月2日，第2版。

全员适用电子定位装置。前述举措折射立法者坚持对轻缓罪犯的去标签化，彰显对社区矫正对象的人文关怀和对其复归社会的期待。《社区矫正法》施行后，为保障社区矫正对象合法权益，优化涉企社区矫正对象营商环境，各地社区矫正机构遵循"不过度干预原则"，对有经常性跨区域或经营性外出请假需求的社区矫正对象，均放宽请假理由、拓宽活动范围、简化批准程序，力图既保障其企业复工复产，又保证监管落实到位。如，重庆市九龙坡区出台的《社区矫正对象外出管理办法》规定，符合条件的矫正对象一次性请假最长可达 6 个月。在撤销缓刑、撤销假释程序中，各地人民法院特别注重听取当事人申辩及其委托律师的意见。伴随《社区矫正法》施行，理论界绝大部分学者高度认同恢复性司法理念，社区矫正是以惩罚性为基础、以恢复性为核心、注重罪犯重返社会的刑事执行制度已经成为理论界的通说。[1]

（二）社区矫正机构陆续设置、实施细则陆续出台

《社区矫正法》确立的社区矫正工作由社区矫正委员会"统筹协调"，司法行政机关"主管"，社区矫正机构"具体实施"，司法所"受委托参与"的管理体制，全国正在如火如荼创建。社区矫正委员会、社区矫正机构陆续在全国建立。海南、吉林、安徽、山西等省市已经实现了省市县乡四级社区矫正委员会、省市县三级社区矫正机构的全覆盖，[2] 社区矫正工作体制已经基本建立。不少省市颁行了社区矫正实施细则，诸如上海、河南、福建、湖北、安徽、四川、贵州等省市，使社区矫正工作有了各自的地方标准，增强了日常监管、帮扶教育的可操作性，明晰了各部门的执法权限与法律责任。部分省市实施细则的内容还具有开创性。如福建省关于"履行生态修复协议"的规定，[3] 四川

---

〔1〕 参见王顺安："从刑罚执行到刑事执行——谈对社区矫正性质的认识"，载《河南司法警官职业学院学报》2020 年第 2 期。

〔2〕 参见李光明："安徽召开社区矫正工作会议 市县全部单独设立矫正机构"，载 http://www.chinapeace. gov. cn/chinapeace/c28512/2014-08/14/content_ 12013372. shtml，最后访问日期：2022 年 3 月 16 日。

〔3〕《福建省贯彻〈中华人民共和国社区矫正法〉实施细则》明确规定，涉及生态修复案件被宣告缓刑的社区矫正对象应当履行生态修复协议，参与生态环境保护活动。人民法院、人民检察院因社区矫正对象未有效履行生态修复协议而发出生态修复令的，县级社区矫正机构应当对该社区矫正对象进行教育，依法依规予以处罚或者提出撤销缓刑建议。

省关于社区矫正工作人员"尽职免责"的规定。[1]《社区矫正调查评估规范》的制定与实施，实现了社区矫正法治化、规范化到标准化的转变。《福建省贯彻〈中华人民共和国社区矫正法〉实施细则》还限制了设区市及其以下法院、检察院、公安机关、司法行政机关联合制定规范性文件的权限。修订后的《福建省贯彻〈中华人民共和国社区矫正法〉实施细则》还规定，除本《实施细则》规定之外，设区市级及其以下人民法院、人民检察院、公安机关、司法行政机关原则上不再联合制定规范性文件。

（三）社会力量参与取得新突破

《社区矫正法》确立的因"人"施教、因"需"帮扶原则，队伍建设专业化、社会支持多元化、项目委托市场化的帮教机制，以及"社区矫正经费应当列入本级政府预算"等规定，激活了社会力量参与社区矫正工作的热情。各地依据2020年《实施办法》《社会力量参与意见》以及各省市社区矫正实施细则进行了大胆探索。不少省市，如浙江、安徽，已经实现了政府购买社区矫正服务的全覆盖。"政府购买服务"意味着社会力量以组织化的方式参与社区矫正。"有偿但不盈利"的政府购买服务属性，以最低的成本实现了社区对罪犯的矫治。[2] 实践证明，"助人自助"理念引领的社会力量，以平等主体身份帮助社区矫正对象，通常会更为尊重和体谅社区矫正对象，容易获得社区矫正对象的认同，往往可以收到良好的矫正效果。

（四）检察监督及时跟进

检察机关作为法律的监督者，需要对社区矫正及时跟进。《社区矫正法》施行后，社区矫正检察监督在各地进行了一系列创新。诸如，在乡镇司法所或者区县社区矫正机构设立派驻检察室，通过地方人大立法确立检察建议强制反馈制度，创新检察建议宣告、送达形式，在公开宣告、公开送达时邀请人大代表等第三方人员全程参与，并将检察建议落实情况向有关第三方通报。为督导破坏生态环境资源犯罪的社区矫正对象"补植复绿"，将生态修复纳入

---

〔1〕《四川省社区矫正实施细则（试行）》规定，对社区矫正工作人员追究法律责任，应当根据其行为的危害程度、造成的后果，以及责任大小予以确定，实事求是，过罚相当。社区矫正工作人员依法履职的，不能仅因社区矫正对象再犯罪而追究其法律责任。

〔2〕参见李蓉、祝千惠："社区矫正中政府购买服务的风险及防范"，载《湖南科技大学学报（社会科学版）》2021年第1期。

社区矫正考核范畴，促进生态修复与社区矫正有效衔接。四川、河北、浙江的检察机关通过发出检察建议，堵住社区矫正对象养老金发放漏洞，核实并追回多发的养老金，避免了社保基金的流失。[1] 部分检察机关还对有重大立功表现的社区矫正对象，通过检察建议督促社区矫正机构向人民法院提出减刑建议，维护了社区矫正对象的合法权益。

此外，最高人民检察院还首次发布以社区矫正法律监督为主题的指导性案例。在《社区矫正法》通过两周年之际，最高人民检察院首次发布以社区矫正法律监督为主题的指导性案例。这5个案例充分体现了《社区矫正法》、2020年《实施办法》明确的检察机关8项监督职责，既积极回应了社区矫正法律监督实践需要，又依法保障了社区矫正对象合法权益。

二、《社区矫正法》施行以来所存在的问题

由于理论储备的不足（如有关"社区矫正"概念与性质的论争在理论界无法达成共识）、配套细则的滞后，以及《社区矫正法》在创建基本框架的同时条款规定留有余地，导致《社区矫正法》施行中存在不少盲点和空白。

（一）理念认知存有偏差

受报应主义、重刑主义思维影响，一些社会公众还难以认同不将社区矫正对象送监服刑，难以理解帮扶社区矫正对象，甚至认为帮扶社区矫正对象是"纵容犯罪"。受传统"重管理、轻教育"思想的影响，部分社区矫正执法人员理念认知存在偏差，把社区当成"没有围墙的监狱"，模仿监狱管理模式，只求"把人盯住""不脱管漏管""不重新犯罪"，而轻视对社区矫正对象的帮教。从基层社区矫正工作考核体系指标设计来看，主要关注重新犯罪率，[2] 社区矫正效果评价考核时凸显的是"监管中心主义"。

（二）法律供给不足，让社区矫正机构凸显被动

基于多方面的原因，《社区矫正法》对不少重要事项缺失规定：诸如对社区矫正中心的功能定位以及与县级社区矫正机构的关系。它是一个辅助机构、

---

〔1〕 参见"服刑人员还能领养老金？检察院向社保部门发出检察建议要求追回"，载 https://www.cqcb.com/shuangcheng/2020-10-22/3159900_pc.html，最后访问日期：2022年1月13日。

〔2〕 参见任文启："西部地区青少年矫正工作的实践、困境与反思"，载《上海青年管理干部学院学报》2013年第4期。

服务机构抑或社区矫正机构？矫正小组成员的角色与责任是什么？暂予监外执行的女性矫正对象通过连续怀孕恶意逃避收监，如何处置？前述内容，《社区矫正法》均没有回应，让社区矫正机构在实践中凸显被动；《社区矫正法》个别规定与其他法律规定存在立法冲突。如《社区矫正法》规定有权委托调查评估的是决定机关，但决定机关并不包括人民检察院。而依据2019年《最高检刑诉规则》第277条[1]，以及"两高三部"《关于规范量刑程序若干问题的意见》第3条，人民检察院也可以委托社区矫正机构进行调查评估。实践中，往往存在案件还处于侦查阶段、审查起诉阶段就开始委托社区矫正机构进行调查评估。特别是犯罪嫌疑人认罪认罚案件，人民检察院拟提出缓刑或者管制量刑建议，常常委托社区矫正机构从事审前调查评估。面对强势部门的委托，话语权较弱的社区矫正机构是否接受？社区矫正机构在实践中往往左右为难。

《社区矫正法》还存在一些"模糊"规定。如，《社区矫正法》第8条规定的"地方人民政府根据需要设立社区矫正委员会"，这里的"根据需要"如何理解？法无明确规定。导致不少地方政府认为"根据需要"就是无须设立。又如，《社区矫正法》第36条关于组织教育学习表述中的"根据需要"，何为"根据需要"、教育频次等都没有作阐释。导致地方省市《实施细则》在此自我扩权、层层加码、"精细化设置"，不仅出现"百花齐放"局面，而且，过细、过严的任务设置，给基层社区矫正工作人员造成极大压力与风险。

（三）机构建设严重滞后

自社区矫正试点以来，基层社区矫正执法人员一直期盼借力《社区矫正法》的实施，将社区矫正机构与队伍充实起来，解决相关问题。但由于法律规定的"模糊"，设置标准的不完善，各地要么没有设立社区矫正机构，要么设立得"五花八门"，人员编制基本未变。特别是区（县）级社区矫正机构，多数仍然是内设机构，没有解决独立法人问题、编制问题、行政级别问题。《社区矫正法》本意是让乡镇以上党委政府在社区矫正工作中发挥"统揽全局"作用。但社区矫正委员会如何运行，《社区矫正法》未作明确规定。

---

〔1〕《最高检刑诉规则》第277条规定，犯罪嫌疑人认罪认罚，人民检察院拟提出适用缓刑或者判处管制的量刑建议，可以委托犯罪嫌疑人居住地的社区矫正机构进行调查评估，也可以自行调查评估。

徒法不足以自行，法律要靠人去实施。司法所虽然是"受委托"参与社区矫正，但目前却仍是社区矫正工作的主力军。依据2020年《实施办法》，所有对社区矫正对象的奖惩权"上提"到区（县）社区矫正机构，造成司法所的社区矫正工作面临一些困难。

虽然2012年《实施办法》和《社区矫正法》都规定社区矫正机构是实施社区矫正工作的主体，但不同的是，2012年《实施办法》规定由司法所从事社区矫正日常工作，而《社区矫正法》则明确规定由县级以上地方人民政府负责社区矫正工作的具体实施，司法所受委托从事相应工作。而从目前的实践来看，上述两者在实践中并没有什么不同，司法所依然是社区矫正具体工作的实际承担者。

面对司法所兼职从事社区矫正工作的弊端，很多地方开始自主寻找出路，进行了一些探索，社区矫正"队建制"就是其中之一。其运作模式为，在县级司法局建立社区矫正大队，其下设置社区矫正中队，每个中队管理若干乡镇的社区矫正对象。而在中队之下又以镇、街道为单位设有辖区或者片区，社区矫正对象的日常管理由辖区、片区，也就是由司法所负责。"队建制"模式下，虽然成立了社区矫正大队、中队，但是其日常管理、档案整理工作依然是由"片区"也就是司法所负责，并没有真正实现由大队、中队专职从事社区矫正工作。也就是说，这一模式同目前各地正在执行的，由司法所从事社区矫正日常工作的做法没有本质区别。

（四）部门衔接仍不完善

《社区矫正法》明确规定，相关部门之间依法进行信息共享。但在实践中，尤其是社区矫正对象在矫正期间被拘留、强制隔离戒毒以及采取刑事强制措施时，有关机关很少及时主动通知社区矫正机构。尤其是以下两方面社区矫正机构反映强烈：一是"否定性调查评估意见"不被采纳缺乏救济手段。在审前调查评估中，社区矫正机构作出"不同意纳入"评估意见，委托机关不予采纳，怎么办？《社区矫正法》未作规定，2020年《实施办法》第14条仅规定"应当在相关法律文书中说明"。而在各省市实施细则，如《四川省社区矫正实施细则（试行）》仅规定委托机关对调查评估意见的采信情况，应当及时函告受委托的社区矫正机构、有关社会组织及委托机关所在地的同级人民检察院。此类做法，既浪费司法行政系统的资源，又违背刑事诉讼职能部门分工负责、互相配合、互相制约的基本原则。二是社区矫正决定机关不认真履行"执行地"确定职责。根据《社区矫正法》，社区矫正"执行地"的确定由社区矫正决定机关负责。但实践中，有的人民法院没有核实实际居住地就以户籍地作为实际居住地而下发执行通知。社区矫正对象一到户籍地社区矫正机构报到，就提出变更"执行地"申请。若变更"执行地"不成功，会极大影响社区矫正对象接受矫正的积极性和配合度，对司法所的社区矫正工作带来消极影响。

（五）社会力量参与缓慢，存在形式化问题

《社区矫正法》设专章对社会力量参与教育帮扶作了明确规定。但社会力量参与、政府购买服务在实践中推进缓慢。究其主要原因：一是社会资源缺乏整合。虽然社会参与力量较多，从自治组织到社会组织、公益组织，从退休人员到社会工作者、大学生志愿者，均参与其中。但参与力量之间未能互通联动，造成了资源的低效与浪费。[1] 二是经费不足、承接能力有限。"政府购买服务"的实质是将社区矫正中的"服务"内容予以剥离，以市场化方式交由社会承担。目前，居（村）委员会协助开展社区矫正工作所需经费，《社区矫正法》有明确规定，纳入本级财政预算。但其他社会组织依法协助开展社区矫正工作所需经费，无法纳入政府预算，具体操作中难度较大。加之，不少区县至今还缺乏承接社区矫正服务的社会组织，导致政府购买服务推进缓慢。

此外，在实践中还存在教育帮扶形式化、机械化问题。具体表现为：教育学习缺乏系统性规划，教育学习内容不够深入、教育学习方式机械、心理矫正千篇一律。社区矫正对象最为亟需的职业技能教育与培训严重缺乏。[2]

《社区矫正法》第18条规定，社区矫正决定机关可以委托社区矫正机构或者有关社会组织对被告人或者罪犯的社会危险性和对所居住社区的影响进行调查评估，提出意见，供决定社区矫正时参考。这里的"有关社会组织"不明确，导致社会组织参与调查评估，无从适用、不敢尝试。"有关社会组织"是否包括律师事务所，因没有明确规定，导致各地社区矫正工作中，鲜

---

〔1〕 参见金越、胡晓军、郑艳："社会力量参与社区矫正工作的模式与路径探索——基于'枫桥经验'传承与发展"，载《中国司法》2019年第7期。
〔2〕 参见周健宇：《社区矫正人员教育帮扶体系比较研究》，法律出版社2020年版，第132页。

少看到律师的身影。[1] 其实，律师参与社区矫正工作，符合党中央关于加快构建覆盖城乡、便捷高效、均等普惠的现代公共法律服务体系工作改革方案的要求。

（六）检察监督缺乏刚性

《社区矫正法》施行前，就有过能否将检察机关定位为既是社区矫正的"参与者"又是"法律监督者"的争论。[2]《社区矫正法》施行后，各地在监督过程中也出现了一些偏差：要么无从下手，放弃监督；要么矫枉过正，过度注重对矫正对象重新犯罪结果的责任追究。[3] 从监督对象看，侧重于对社区矫正机构每半年一次的"例行性监督"以及派驻监督、巡视监督，而对公安机关、人民法院是否认真贯彻《社区矫正法》缺失制度性的监督规定。而最为紧要的是，检察监督效力缺乏刚性。实践中，不仅存在被监督单位"以回复文书纠正代替实际纠正"，"藐视或者无视纠正违法意见和检察建议的情况时有发生，而检察机关却只能无可奈何"[4]。这种缺乏强制力、没有惩罚性的"监督"，极大地损害了检察机关监督的权威性和严肃性。《最高检刑诉规则》虽然就检察监督的具体业务部门、提出纠正的情形等进行了规定，但对如何发现违法情形、如何提出纠正意见等规定不明确。因此实践中，全国各地对社区矫正的检察监督模式不一，有的实行派驻检察、有的设立检察官办公室，更多的是不定期巡视检察。对同样的违法行为，有的是发纠正违法意见，有的是提检察建议，还有的仅仅是口头提出纠正。个别地方检察机关为片面追求纠正违法数量，竟凭空制造违法情形向社区矫正机构提出"纠正违法意见"。"为配合考核而纠正"而非"因违法而纠正"的应对心态，严重削弱了纠正违法的监督效果。

---

〔1〕 参见伍志锐："律师参与社区矫正工作机制探究"，载《广西政法管理干部学院学报》2020年第5期。

〔2〕 参见游支红、许泽："社区矫正检察监督的思考——以E市为参考"，载《法制博览》2019年第35期。

〔3〕 参见张荆："《社区矫正法》的立法意义与执法难点"，载《犯罪研究》2020年第4期。

〔4〕 参见蒋伟亮、张先昌主编：《国家权力结构中的检察监督——多维视野下的法学分析》，中国检察出版社2007年版，第241页。

三、《社区矫正法》的完善

法律是对过去经验的总结，而人类社会日新月异，新的司法案件层出不穷，法律无法涵盖所有的现实可能性。法律必须稳定，但又不能静止不变。因此，所有的法律思想都力图协调稳定必要性与变化必要性这两种彼此冲突的要求。[1] 基于这一逻辑，理论界针对《社区矫正法》施行中存在的问题积极思索，找寻问题解决之道。如，翟中东教授提出了"缓刑刑种化"建议，[2] 还有学者提出要对现行法律、法规、规范性文件进行梳理，将其中与《社区矫正法》冲突地方进行修改。诸如，教育部《普通高等学校学生管理规定》第 52 条规定，学生触犯国家法律，构成刑事犯罪的，学校可以给予开除学籍处分；辽宁、湖北等省市的普通高中学籍管理规定，对被判刑的学生可以开除。前述规定明显与《社区矫正法》"就学不受歧视"原则相冲突。不少地方实务部门进行了社区矫正"队建制"探索，以及智慧矫正探索，力图克服队伍不足、信息"不通"（尤其是横向）等弊病。

四川省高校人文社科重点研究基地——社区矫正研究中心，原计划在 2022 年 6 月，即《社区矫正法》实施两周年之际，召开"《社区矫正法》修改问题研究"的全国性学术会议，力图对《社区矫正法》实施效果以及修改完善问题进行专题探讨。但由于不可控的原因不得已暂停学术会议，特将各位同仁投来之稿件结集出版。并将本人调研的《社区矫正法》施行以来所取得的成效以及存在之问题，作为本书之序。本次共收到论文 60 余篇，经过筛选，将其中 40 余篇优秀论文结集出版。

本书得以顺利出版，首先要感谢宜宾学院法学与公共管理学部领导的全力支持与帮助；其次，要感谢全国各地高校和实务界领导、专家学者的奉献与赐稿，没有你们的学术支持，"巧妇难为无米之炊"；同时，也要感谢社区矫正研究中心诸位同事，四川轻化工大学在读硕士研究生王高兴、尤美同学，宜宾学院法学专业陈卓康、王玉玲、吉牛木尾果等同学的辛苦校对；最后，感谢中国政法大学出版社的编辑朋友，在你们大力支持下，本书得以按计划

---

〔1〕 参见 [美] 罗斯科·庞德：《法律史解释》，邓正来译，中国法制出版社 2003 年版，第 2 页。

〔2〕 参见翟中东："缓刑刑种化问题的思考"，载《天津法学》2021 年第 3 期。

出版。

　　本书在许多方面还存在不足，真诚期望能得到专家学者与实务部门领导的批评斧正！

肖乾利

2022 年 5 月 6 日于宜宾学院社区矫正研究中心

CONTENTS 目 录

▶ 监督管理

▶ 教育帮扶

▶ 社会力量参与

▶ 未成年人矫正

▶ 智慧矫正

▶ 农村社区矫正

▶ 其　他

立法与理论研究

社区矫正立法中若干争议问题及其法律规制

连春亮*

摘 要：《社区矫正法》既是充分体现现代人文精神的柔性法和谦抑法，也是以矫正教育为核心的"善良法"和育人法。在立法进程中，《社区矫正法》从列入立法项目，到颁布实施，历时 8 年多，争议的热点问题长时间难以达成共识。针对社区矫正的性质、社区矫正工作用警、社区矫正机构设置、社区矫正对象"居住地"确认、社区矫正模式选择、社区矫正经费的分担等问题，《社区矫正法》依照现代刑事法律的立法精神和价值取向，进行了法律规制。

关键词：社区矫正法；社区矫正机构；立法精神；法律规制

从 2011 年国务院立法工作计划首次将《社区矫正法》列入需要抓紧工作、适时提出的立法项目始，《社区矫正法》起草立法工作就被作为重点工作之一。2013 年党的十八届三中全会通过的《中共中央关于全面深化改革若干重大问题的决定》，明确提出要"健全社区矫正制度"；2014 年党的第十八届四中全会通过的《中共中央关于全面推进依法治国若干重大问题的决定》，明确提出"制定社区矫正法"；2015 年中共中央办公厅、国务院办公厅联合印发的《关于贯彻落实党的十八届四中全会决定进一步深化司法体制和社会体制改革的实施方案》中明确提出制定社区矫正法，并作为重点领域立法；2016 年国务院法制办向社会发布《中华人民共和国社区矫正法（征求意见稿）》及其说明，并公开向社会征求意见；2019 年 6 月 25 日《中华人民共和国社区矫正法（草案）》首次提请十三届全国人大常委会第十一次会议审议，这标志着社区矫正法草案已正式进入最高立法机关审议阶段。2019 年 7

---

* 连春亮，男，河南司法警官职业学院教授，研究方向：监狱学与社区矫正。

月 5 日中国人大网将《中华人民共和国社区矫正法（草案）》向全社会公示征求意见。2019 年 10 月 24 日十三届全国人大常委会第十四次会议对《中华人民共和国社区矫正法（草案）》进行了二次审议，并于 2019 年 10 月 31 日在中国人大网再次对《中华人民共和国社区矫正法（草案二次审议稿）》进一步公开征求意见。但是，围绕社区矫正立法的一些问题争议太大，仍难达成共识。直到 2019 年 12 月 28 日《社区矫正法》才最终颁布，并于 2020 年 7 月 1 日实施。笔者通过对理论界和实务部门的调查研究，结合《社区矫正法》的具体规定，对社区矫正立法争议的核心问题及其法律规制的内在立法精神和价值取向，谈一下自己的看法。

一、社区矫正的性质

对社区矫正的定性涉及社区矫正的顶层制度设计和相关制度安排，因此，这一问题在理论界的专家学者之间、理论界和实务部门之间观点迥异，可以说很难达成一致。主要有以下几种观点：第一种观点是行刑说。实务部门绝大多数人认为，社区矫正对象是经法院依法判决有罪的罪犯，因此，社区矫正工作在本质上是执行刑罚活动，与监狱对罪犯执行刑罚在本质上是一样的，只是执行的场所由监狱变换为社区，行刑空间的转换并不意味着性质的改变。这一界定是符合法律内在精神的。理论界以上海政法学院刘强教授为代表，也认为社区矫正工作的性质是刑罚执行活动。第二种观点是矫正教育说。有学者认为社区矫正工作的核心是对矫正对象的矫正教育，为了通过矫正教育实现社区矫正对象实质回归社会，使其成为遵纪守法的公民。第三种观点是救助监督说。有学者认为社区矫正工作是对犯罪情节轻微、放在社会中不致危害社会的罪犯的社会救助措施，如果将这些罪犯置于监狱环境条件下，不仅有可能形成"监狱人格"，而且还有可能受到不良影响，导致刑满释放回归社会后重新犯罪。因此，社区矫正是对矫正对象的公力救济，通过监督管理的手段使之回归社会，成为合格的社会公民。第四种观点是社会处遇说。认为把社区矫正对象放在社区进行矫正教育是对罪犯的一种社会处遇，既是社会文明性的象征，也是法律对犯罪人的宽容性的表现。第五种观点是混合说。这一观点的主要依据是《试点通知》，将社区矫正界定为与监禁矫正相对的行刑方式，是指将符合社区矫正条件的罪犯置于社区内，由专门的国家机关在相关社会团体和民间组织以及社会志愿者的协助下，在判决、裁定或决定确定的期限内，矫正其犯罪心理和行为恶习，并促进其顺利回归社会的非监禁刑罚执行活动。由此又衍生出几种混合状态：一是主要偏重执行的措施、方法或者制度，具有刑事制裁性基本特征的"刑种、量刑与行刑制度的结合"；二是"行刑、矫正和福利性质"的综合性矫正方法；三是"一种复合型制度"，认为社区矫正不仅是刑罚执行活动，而且是一种典型的社会福利活动；四是"一种非监禁式的行刑方式和处遇措施"，认为我国正在试点的社区矫正工作是一种非监禁化的行刑方式和处遇措施，是我国对较为轻微的犯罪人采取的一种宽大的处遇措施。[1]

《社区矫正法》第 1 条规定，为了推进和规范社区矫正工作，保障刑事判决、刑事裁定和暂予监外执行决定的正确执行，提高教育矫正质量，促进社区矫正对象顺利融入社会，预防和减少犯罪，根据宪法，制定本法。将社区矫正工作定位为"刑事执行"，没有明确社区矫正的性质。也正是这样的规定，进一步引起了学术界和实务部门一部分人对社区矫正性质的质疑，认为社区矫正立法应对社区矫正性质予以明确规定。

笔者认为，随着社会的发展，对一种事物的定性不能仅仅依据某一标准来界定，从不同的视角，一种事物的定性往往具有多元性，社区矫正也是如此。从社区矫正的法律属性来看，是在社区内的刑事执行活动，是非监禁刑事执行方式；从现代社会建制属性来看，社区矫正只是一个公共部门，是为社会提供公共服务的部门；从社区矫正的文化属性来看，社区矫正将矫正对象放在社区，依靠社会力量来矫正其犯罪心理和行为恶习，是现代社会承担社会公共责任的一种文化现象。中国政法大学的王平教授也认为，社区矫正的性质具有多重性，社区矫正既是刑罚执行活动，又是社区社会活动。[2]

《社区矫正法》将社区矫正定位为"刑事执行"，其内涵在于：一是《社

---

[1] "行刑说"这一观点的代表人物是上海政法学院的刘强教授、武玉红教授等；"社会处遇说"这一观点的代表性人物是冯卫国教授；"救助监督说"这一观点的代表性人物是吴宗宪教授；"矫正教育说"是较为普遍的一种观点；"混合说"比较复杂，有人认为社区矫正应当是"刑种、量刑与行刑制度的结合"，是一种综合性的，主要偏重于执行的措施、方法或者制度，具有刑事制裁性的基本特征，有人认为社区矫正是"行刑、矫正和福利性质"的综合性矫正方法，还有人认为社区矫正是"一种复合型制度"，等等。

[2] 参见王平主编：《社区矫正制度研究》，中国政法大学出版社 2014 年版，第 13 页。

区矫正法》是体现现代刑事法律精神的柔性法和谦抑法。正如全国人大常委会法工委刑法室主任王爱立就《社区矫正法》的颁布回答记者的提问时所言：通过适度监管和有针对性的一些矫正措施，充分发挥社会各方面的力量来进行矫治教育，有利于社区矫正对象顺利回归社会。[1] 二是从社区矫正的本源意义来理解，是由社区来矫正，而不是行刑空间转换的放在社区来矫正，社区矫正的核心任务是对社区矫正对象的适度监管和矫正教育，政府公务人员是社区矫正工作的"掌舵者"，社会力量才是社区矫正工作的"划桨者"。三是从社区矫正对象的法律属性看，管制犯、假释犯和暂予监外执行犯的社区矫正是"刑罚执行"活动，这在学界是没有争议的。争议的焦点在于缓刑犯的社区矫正是否属于刑罚执行的问题。缓刑犯在原来的刑事法律规定中，由公安机关交由所在单位或基层组织予以考察，显然不是刑罚执行活动。特别是2020年1月17日最高人民法院、最高人民检察院联合作出解释，被判处有期徒刑宣告缓刑的犯罪分子，在缓刑考验期满后5年内再犯应当判处有期徒刑以上刑罚之罪的，因前罪判处的有期徒刑并未执行，不具备《刑法》第65条规定的"刑罚执行完毕"的要件，故不应认定为累犯。这就从法律层面确认缓刑犯的社区矫正不是刑罚执行，但属于外延更大的"刑事执行"范畴，因此将社区矫正定性为刑事执行更为合适。刑罚执行在社区矫正中的定位，只是"悬在社区矫正对象头上的一把利剑"，社区矫正工作的核心是社会力量对矫正对象的适度监督管理和矫正教育。

二、社区矫正工作用警问题

社区矫正工作性质的界定直接涉及社区矫正工作中如何运用警力的问题。学术界和实务部门一部分人基于权力逻辑的预设，认为在社区矫正工作中涉及刑罚执行的内容，应由警察介入，由于司法行政部门是主管部门，社区矫正机构工作人员是不能直接介入的。从2019年7月5日中国人大网公布的《中华人民共和国社区矫正法（草案）》第22条规定，社区矫正对象违反法律法规或者监督管理规定的，应当视情节依法给予提请有关机关予以治安管理处罚、撤销缓刑、提请撤销假释、对暂予监外执行的提请收监执行刑事处

---

〔1〕 参见白阳："体现中国特色 助力长治久安——解析新出台的社区矫正法"，载 https://www.thepaper.cn/newsDetail_forward_6904055，最后访问日期：2019 年 12 月 28 日。

罚。第 23 条规定，社区矫正对象符合刑法规定的减刑条件的，社区矫正机构应当向人民法院提出减刑建议。从 2019 年 10 月 31 日中国人大网公开征求意见的《中华人民共和国社区矫正法（草案二次审议稿）》中，第 32 条规定的禁制令执行，第六章第 47 条~第 52 条规定的对缓刑和假释的社区矫正对象撤销缓刑假释的收监执行，对暂予监外执行的社区矫正对象的收监执行，对可能逃跑或者发生社会危险性的社区矫正对象的先行拘留，以及对脱逃的社区矫正对象的追逃等，将执法主体界定为公安机关。

其实，从这两次的立法审议稿的规定中，如果认为《中华人民共和国社区矫正法（草案）》没有赋予社区矫正行刑权是错误的。因为从社区矫正立法的价值取向看，强调公、检、法、司的相互配合，社区矫正的执法主体是公安机关、法院和监狱管理机关，而社区矫正机构只是执法工作协助机关。争议的核心是为什么不明确规定由社区矫正机构直接拥有用警权？

理论界一部分人和大部分实务部门的同志认为，社区矫正涉及执法程序和执法的实体内容，目前只把社区矫正机构作为工作主体，协助有行刑权的机关执行刑罚，不仅大大降低了刑罚执行的威慑力，而且在实际工作中难以有效控制社区矫正工作所存在的现实危险，致使社区矫正工作效率低下，不能有效控制和管理即时发生的社区矫正突发事件，极易对社会造成危害。因此，社区矫正立法应明确规定社区矫正机构的直接用警权。

实务工作中，为了提高工作效率和控制社区矫正工作中即时发生的危险，在法律没有明确规定的情况下，司法行政机关对社区矫正机构的直接用警权进行了探索，形成了几种具有代表性的"执法模式"：一是"借调用警制"模式。在社区矫正试点阶段，上海市和北京市的司法行政机关为了解决社区矫正机构的直接用警权问题，抽调了一部分监狱人民警察和戒毒人民警察[1]行使对社区矫正对象的行刑权。之后部分省、自治区、直辖市的一些地市司法行政机关纷纷效仿。二是"队建制"执法模式。以浙江省台州市为代表，在社区矫正执法中首次实行了"队建制"执法模式，在台州市司法局组建了社区矫正执法支队，下辖各个县区设立执法大队。为了规范社区矫正执法办

---

〔1〕 2003 年至 2013 年期间警察称为劳教人民警察，之后随着劳动教养制度的取消，社区矫正的任务由改制后的戒毒人民警察承担。

案，保障刑罚正确实施，台州市司法局制定了《台州市社区矫正执法办案证据指导标准（试行）》等地方性文件，形成了社区矫正的"队建制"执法机构和执法体系。这一模式在实务工作中不仅是一种执法模式的创新，而且在执法效率上产生了良好的社会效果。三是"延伸用警"模式。自2018年以来，司法行政机关提出了"延伸用警"的概念，在省、自治区、直辖市司法行政机关的协调下，由监狱和戒毒所抽调一部分监狱人民警察和戒毒人民警察，派驻在县级社区矫正机构，试图以这种方式解决社区矫正机构的行刑权问题。但是，从试点阶段开始，不管是以北京市、上海市为代表的"借调用警制"模式，还是浙江省台州市的"队建制"执法模式，以及后来的"延伸用警"模式，由于缺乏法律依据作为支撑，这些被抽调的警察在社区矫正工作中仍然没有直接的行刑权，在履职过程中，不能直接剥夺或者限制社区矫正对象的人身自由，仍然只是"协助执行"的角色，实体的刑罚执行仍然是依靠具有行刑权的机关来完成的。

从2019年7月5日中国人大网公布的《中华人民共和国社区矫正法（草案）》和2019年10月31日中国人大网公布的《中华人民共和国社区矫正法（草案二次审议稿）》公开征求意见稿的立法精神看，仍然主张享有执法权的执法主体和工作主体相分离，追求执法主体和工作主体在涉及执法事务上的协作配合，而不是将执法主体和工作主体合二为一归为社区矫正机构。就目前情况下，要实现执法主体和工作主体二者合为一体，并且由司法行政机关的社区矫正机构统一行使这一权限，存在的问题很多，难度比较大。第一，需要《中华人民共和国人民警察法》设立社区矫正执法警察的新的警种名称，难以形成社会共识；第二，涉及关联法律的修订，包括《中华人民共和国人民警察法》《中华人民共和国监狱法》《中华人民共和国刑事诉讼法》《中华人民共和国刑法》等，依照目前的法律修订程序，在短期内是难以完成的；第三，涉及社区矫正执法警察在各个机构层级的编制及其社区矫正机构现有人员的警察身份的转隶。最为主要的还牵涉到司法行政机关中，由于社区矫正执法警察机构的设置，是否需要增加人员编制问题。

《社区矫正法》没有确立社区矫正机构直接用警机制，而是沿用了"协作用警机制"，即社区矫正机构依靠和执法主体的有效协作来实现用警需求。所折射出来的内在立法精神说明，《社区矫正法》是规范所有社区矫正参与者的法，是参与主体分工协作、共同承担社会责任的"社会法"。至于社区矫正实务部门提出的在实际工作中"用警难""协调难""收监难"的问题，在《社区矫正法》中都进行了硬性规定，明确了各个部门的权力、义务和职责，规范了相关执法主体的主动性和配合意识。前面所介绍的北京市、上海市等地司法行政机关的"借调用警制"，浙江省台州市的"队建制"，其他省、自治区、直辖市的"延伸用警制"等，都只能是社区矫正工作从试点到推行时期的临时措施，不管社区矫正实务工作中具有多么充分和必要的合理性，在没有法律作为支撑的情况下，无论如何都不具有延续使用的合法性。

三、社区矫正机构设置问题

社区矫正工作从 2003 年 7 月开始试点到 2020 年 7 月《社区矫正法》的颁布实施，一方面依托司法行政机关作为支撑，从中央到地方依次明确了各自的职责；另一方面同样存在着机构设置不统一，权利义务不协调的现象。从社区矫正的机构设置上，社区矫正工作从试点到推行时期主要有以下几种模式：

第一，社区矫正工作领导小组模式。在开展社区矫正试点工作之初，为了协调公检法司等部门的参与职责，从省、自治区、直辖市层面相继设立了社区矫正工作领导小组，大多由政法委员会牵头，主任由政法委书记兼任，相关部门的领导作为成员，下设办公室一般设在司法厅（局）作为具体的执行机构。在地市级和县区级层面，一般沿袭了省级设置模式，其中乡镇街道的司法所负责社区矫正日常管理工作。这样设置的初衷是为了有效协调社区矫正工作的开展，解决工作中存在的问题，提高工作效率。

第二，县级社区矫正中心模式。大致在 2009 年《关于在全国试行社区矫正工作的意见》发布之后，一些地方在地市级和县区级司法行政机关内部设立了社区矫正中心，一般是司法局的社区矫正科，与社区矫正中心合署办公。社区矫正科是本辖区社区矫正工作的主管部门，社区矫正中心统筹辖区内的社区矫正业务工作。

第三，社区矫正管理局—社区矫正中心模式。2010 年 12 月，司法部为了加强对社区矫正的管理工作，经中央机构编制委员会办公室批准，在基层司加挂了"社区矫正管理局"的牌子，实行"一套人马，两块牌子"的机构设置方式，随后，在一些地方对社区矫正机构设置进行了大胆探索，为了实现社区矫正工作队伍正规化、专业化、职业化建设，在不增加编制的情况下，对内部机构和人员进行了调整，在司法厅（局）基层处加挂了"社区矫正管理局"的牌子，同时，一些地方在地市级和县区级司法局除了加挂"社区矫正管理局"牌子外，还内设社区矫正科，成立社区矫正中心，形成了相对独立于司法局的社区矫正管理局—社区矫正中心模式。目前这种模式具有普遍性。

针对社区矫正机构的管理体制和机制究竟应该怎么建构的问题，在理论界存在较大争议。第一种观点认为，社区矫正领导小组模式具有一定的权威性，能够充分运用政法委的强推动力，解决社区矫正工作中由于相互推诿、相互扯皮所产生的矛盾和冲突，有利于社区矫正工作的开展，在实际工作中起到了其他部门无法替代的作用，应按照这一体制机制执行下去；第二种观点认为，社区矫正领导小组模式只是社区矫正工作开展初期的临时举措，作为社区矫正长期的体制机制建设是不合适的，应有相对独立的体制机制作为支撑，特别是2012年《刑事诉讼法》修正之后，已经明确了社区矫正工作的机构是司法行政部门的社区矫正机构，再以领导小组的形式进行体制机制建设是不合时宜的；第三种观点认为，目前司法行政机关加挂"社区矫正管理局"牌子，"一套人马，两块牌子"，并形成"社区矫正管理局—社区矫正中心模式"的格局是比较可行的；第四种观点认为，在"社区矫正管理局—社区矫正中心模式"下，司法所不适宜承担社区矫正工作。这是以上海政法学院刘强教授为代表的观点，原因在于：一是就目前司法所的建设现状来看，以司法部2016年12月年度司法所工作发展报告提供的数据看，按"政法专项编制"的分配情况划分，无人所加一人所占42.84%。[1] 司法所根本没有能力承担社区矫正日常管理工作。二是在目前司法体制改革中，正在试点乡镇街道办将司法所和其他机构合并，让司法所承担社区矫正的日常监督管理工作不符合改革的发展方向。因此，建议社区矫正工作的执行机构建在县区的社区矫正中心。

---

〔1〕 参见司法部基层工作指导司司法所工作指导处："2016年度司法所工作发展报告"，载《人民调解》2017年第5期。

在 2019 年 7 月 5 日中国人大网公布的《中华人民共和国社区矫正法（草案）》公开征求意见稿中，关于社区矫正机构建设共有两条，即第 4 条工作机制，国务院司法行政部门主管全国的社区矫正工作。县级以上地方人民政府司法行政部门主管本行政区域的社区矫正工作。乡镇以上地方人民政府可以设立社区矫正委员会，负责组织、协调、指导本行政区域内的社区矫正工作。第 5 条机构设置，社区矫正机构是刑事诉讼法规定的社区矫正的执行机关，由县级以上地方人民政府根据需要设置。社区矫正机构的设置和撤销，由县级以上地方人民政府司法行政部门提出意见，按照规定的权限和程序审批。司法所根据社区矫正机构的委托，承担社区矫正相关工作。2019 年 10 月 31 日中国人大网公开征求意见的《中华人民共和国社区矫正法（草案二次审议稿）》将社区矫正机构建设调整为第 8 条、第 9 条，虽然在表述方式上进行了调整，但其原意并没有变化。

2020 年 7 月 1 日实施的《社区矫正法》确立了新的社区矫正机制。一是设置社区矫正委员会。地方人民政府根据需要设立社区矫正委员会，其职责是负责统筹协调和指导本行政区域内的社区矫正工作。二是对社区矫正机构进行了定性。县级以上地方人民政府根据需要设置社区矫正机构，负责社区矫正工作的具体实施。社区矫正机构是社区矫正的执行机关，由县级以上地方人民政府根据需要设置。三是司法所的地位发生了变化。由负责日常管理工作变化为司法所根据社区矫正机构的委托，承担社区矫正相关工作。

笔者认为，社区矫正机构的设置既要体现它的内在价值，也要符合我国的国情和现实社会的要求。在理念上，还要体现现代刑罚的价值取向。因此，从功利主义出发，社区矫正所彰显的本质是刑罚惩罚的报应属性，但是，在整个社区矫正过程中，刑罚惩罚居于预设的地位，成为附条件的"激活者"。从社区矫正的功能主义出发，矫正教育和以适度监督管理为标识的危险控制功能成为贯穿社区矫正工作自始至终的核心。基于此，笔者认为，目前正在探索的社区矫正机构设置在省级层面的司法厅（局）设立社区矫正管理局，在地市级司法局加挂"社区矫正管理局"牌子，在县区级司法局除了加挂"社区矫正管理局"牌子外，实行"社区矫正管理局—社区矫正中心"模式是比较适宜的。

四、社区矫正对象"居住地"确认困局

按照社区矫正工作从试点到推行时期的规定，社区矫正对象的居住地是实施社区矫正的执行地，也就是说社区矫正对象在居住地接受社区矫正。但是，怎么认定社区矫正对象的居住地，无论是在理论上还是在实务工作中，都出现了困惑和冲突。

何为"居住地"？从法律界定来看，最高人民法院《关于适用〈中华人民共和国民事诉讼法〉的解释》第4条规定，公民的经常居住地是指公民离开住所地至起诉时已连续居住1年以上的地方，但公民住院就医的地方除外。这是在法律条文中能见到的唯一规定。但是就这一规定的界定严格而言也只是"经常居住地"，而非"居住地"。而《社区矫正法》中关于"居住地"的确认问题没有具体的规定，因此，在实务工作中存在的问题较多：第一，随着我国社会经济的发展，社会人口的流动加剧，人们所拥有的居住场所较多，因此，出现了户籍地、工作地、临时居住地、经常居住地等与居住地相类似的概念，同时，有的社区矫正对象还有多个居住地，这就使得对"居住地"的界定非常困难；第二，正是由于居住地的表现形式较多，内涵有较大差别，所以，规定统一的认定标准比较困难；第三，在涉及跨省区的社区矫正对象的居住地认定上，由于实施社区矫正的现实困难，社区矫正决定机关在判决、裁定、决定社区矫正时都比较保守。同时对于社区矫正的接收地而言，由于监督管理上的困境而不愿接收，使社区矫正对象由于居住地的原因而不能受到法律上同等的宽容对待。

在2019年7月5日中国人大网公布的《中华人民共和国社区矫正法（草案）》公开征求意见稿第16条第1、2款对居住地认定问题进行了规定，社区矫正执行地为社区矫正对象的居住地；社区矫正决定机关应当核实社区矫正对象的居住地；社区矫正对象的居住地无法确定或者居住地不适宜执行社区矫正的，社区矫正决定机关应当根据有利于社区矫正对象接受矫正、更好地融入社会的原则，确定社区矫正执行地。2019年10月31日中国人大网公开征求意见的《中华人民共和国社区矫正法（草案二次审议稿）》将居住地认定问题调整为第17条，并在表述方式上进行了调整，但其原意并没有实质性变化。

《社区矫正法》第 17 条将以"居住地"为中心概念，改为以"执行地"为中心概念，在认定问题上至少包含了三层含义：一是社区矫正决定机关应当确定社区矫正对象的执行地，将"应当核实"改为"应当确定"；二是社区矫正执行地为社区矫正对象的居住地，社区矫正对象在多个地方居住的，可以确定经常居住地为执行地；三是无法确定或者居住地不适宜执行社区矫正的社区矫正对象，社区矫正决定机关可以确定社区矫正执行地。但是，这一规定仍然存在问题：第一，社区矫正决定机关包括了依法判处罪犯管制、宣告缓刑、裁定假释、决定暂予监外执行的人民法院和依法批准罪犯暂予监外执行的监狱管理机关、公安机关。在对外省籍社区矫正对象进行"居住地"确定时存在选择难题，比如一个 A 省籍的罪犯在 B 省犯罪判刑并在某监狱服刑，由于身患疾病，符合保外就医条件。在批准罪犯暂予监外执行时，决定机关核实该罪犯在 B 省某地有临时居住地，其家人在临时居住地打工，而该罪犯的户籍地、居住地都在 A 省某市。对居住地的确定就比较困难。第二，在立法中，社区矫正决定机关确定社区矫正执行地只要求"根据有利于社区矫正对象接受矫正、更好地融入社会的原则"，而没有考虑到有利于社区矫正监督管理的原则。在社区矫正实务工作中，有利于接受矫正和融入社会，但却不利于监督管理，就会出现脱管、漏管、脱逃等现象。

笔者认为，解决社区矫正对象"执行地"问题，首先要考虑的是有利于监督管理和社区矫正对象潜在危险的控制，在这样的理念支配下，应确立最佳担保人优先原则。即当社区矫正决定机关面对社区矫正对象有多个可选择的"执行地"时，哪一地的担保人最佳，可选择作为社区矫正对象的执行地。在这里，最佳担保人是指为社区矫正对象提供担保的人是能够最大限度地对矫正对象起到控制和监督作用者。对于最佳担保人的担保，除了目前的信誉担保之外，还可以让担保人提供一定数量的保证金。一旦担保人没有尽到对社区矫正对象的控制和监督义务，就要承担损失保证金的风险，以此来强化担保人履行担保义务。

五、社区矫正模式选择

社区矫正模式选择不仅彰显了社区矫正的外显形态，而且内蕴社区矫正的价值理念。以社区矫正的主导主体作为依据，从社区矫正的发起方式、资金来源、目标设定等要素来看，大体上有三种主导模式可供选择：以社区自治主导的社会改造模式，又称本源模式；以政府主导的行刑空间转换模式；以政府职能与社区优势相结合的复合主导模式[1]。目前，我国的社区矫正模式基本形成了北京模式和上海模式两种类型。所谓的北京模式，是典型的以政府主导的行刑空间转换模式，是指由北京市社区矫正工作领导小组及其办公室在社区矫正试点过程中探索的一种符合国情及首都实际情况的在社区中进行的非监禁刑和非监禁措施的刑罚执行制度，以及运用开放式教育改造罪犯的工作模式。这种模式下，社区矫正成为司法行政机关的工作职责，行政色彩浓厚。社区矫正的性质是刑罚执行活动。所谓的上海模式，是典型的以政府职能与社区优势相结合的复合主导模式。总体思路是"政府主导推动、社团自主运行、社会多方参与"。在整个模式的构建与发展完善中，设计者与实施者超越了传统依靠行政方法的实施专政的理念，而采用了社会工作关于平等、尊严、接纳、诚信等方面的理念，以及发挥社会工作康复、预防功能的理念。因此，这一模式从一开始就强调了将社会工作的价值理念运用到社区矫正的过程，通过政府购买社工服务的方式推动民间社团的自主运作，实行专门化机关管理和社会化管理相结合。[2] 在2019年7月5日中国人大网公布的《中华人民共和国社区矫正法（草案）》和2019年10月31日中国人大网布的《中华人民共和国社区矫正法（草案二次审议稿）》公开征求意见稿，以及2020年7月1日实施的《社区矫正法》中，只是笼统规定了社区矫正机构设置和社会力量广泛参与的问题，没有具体到对哪种模式的肯定。但是，模式选择对社区矫正而言，涉及社区矫正的宏观制度设计，不同的制度设计，直接影响到社区矫正的价值选择。简单地说，北京模式属于政府主导模式，上海模式属于"政府主导+社团自主运行"模式。笔者认为，依据新时代中国特色社会主义的国情，应高度关照社区矫正的报应、预防和恢复性司法目的，主张我国社区矫正的模式建构中，一是以政府的权力逻辑为主导，应充分利用行政机关的强力推动作用；二是以社区矫正的自治逻辑为辅助，

---

〔1〕 参见袁理政、连春亮、陈书成：《社区矫正管理实务》，群众出版社、中国人民公安大学出版社2019年版，第85页。

〔2〕 关于北京模式和上海模式，王顺安教授、张荆教授、张传伟教授、但未丽博士等都曾进行过专门研究，并发表过相关成果。

广泛培育社会力量参与社区矫正工作；三是以市场逻辑为发展方向，大力推动政府购买服务。同时，克服社区矫正工作从试点到推行时期不同模式的弊端，吸纳不同模式的优势，实现模式最优化。即"政府主导+社团运行+社会力量参与"的混合模式。只有这样，才能充分体现《社区矫正法》是良法善治的"善良法"。

六、社区矫正经费的分担问题

发动社区矫正的动力之一，就是节省刑罚执行的成本。刑法的谦抑性原则，要求我们在选择适用刑罚的方式时，应选择以最小的支出，即少用或不用刑罚或使用其他刑罚替代措施，获取最大的社会效益，即最优化的预防和控制犯罪，实现刑罚效益的最大化。根据有关资料，我国关押改造一个罪犯的年费用在 2004 年已达到近 10 000 元人民币，在城市地区高达 20 000 元人民币。[1] 据统计，我国监狱的押犯数量已由 1982 年的 62 万人增加到 2002 年的 154 万人，20 年间增长了近 1.5 倍，各级政府用于监狱的经费也逐年大幅度增加，2002 年全国监狱执法经费支出 144 亿元，平均关押一个罪犯年费用为 9300 多元人民币。根据财政部和司法部联合下达的监狱经费支出标准测算，全国监狱系统实际需要经费高达 210 亿元人民币才能正常运转。[2] 北京市监狱管理局平均管理罪犯 17 000 人，如果仅以市财政拨款的口径计算，每个罪犯的年行刑成本在 2 万元人民币左右。[3] 据国外的经验和我国相关部门的统计，把罪犯放在社区进行社区矫正，其年行刑成本只是监狱监禁罪犯年行刑成本的 1/10。司法部基层司司长王珏在 2009 年谈到自 2003 年以来的 6 年间中国社区矫正试点工作的成就时指出，社区矫正降低了刑罚执行成本，一名社区矫正对象的年矫正经费仅为监狱服刑罪犯监管经费的 1/10。2018 年以来，我国社区矫正对象一直在 70 万人以上，在社区矫正经费核算方式上，大多地方也是按照每个社区矫正对象每年 2000 元的标准来规定的，在经济发达地区高于这个标准。问题在于，由于我国经济发展从东部、中部到西部，差

---

〔1〕 参见吴宗宪："关于社区矫正若干问题思考"，载《中国司法》2004 年第 7 期。

〔2〕 参见王琼等："行刑社会化（社区矫正）问题之探讨（上）"，载《中国司法》2004 年第 5 期。

〔3〕 参见许冷、王祖明："北京实行罪犯'社区矫正'的设想"，载《犯罪与改造研究》2003 年第 9 期。

异非常大，在经济欠发达地区或不发达地区，每个社区矫正对象每年2000元的经费都难以保障，使社区矫正工作在缺乏资金支撑的条件下举步维艰。在2019年7月5日中国人大网公布的《中华人民共和国社区矫正法（草案）》公开征求意见稿第15条，对社区矫正经费进行了规定，各级人民政府应当将社区矫正经费列入本级政府预算。《社区矫正法》对这一问题变更为第6条，不仅规定了各级人民政府应当将社区矫正经费列入本级政府预算，而且具体内容也有所变化，规定为"居民委员会、村民委员会和其他社会组织依法协助社区矫正机构开展工作所需的经费应当按照规定列入社区矫正机构本级政府预算"。很明显，县级司法行政机关的社区矫正机构是社区矫正的具体执行机构，"社区矫正经费列入本级政府预算"之后，实质上是列入了县级地方政府的财政预算。在我国监狱的经费运行体制中，监狱所需经费是由国家和省级财政来承担的。开展社区矫正工作后，每年有几十万名罪犯没有在监狱监禁改造，节省了大量的监狱经费，社区矫正所需的经费理应从节省的监狱经费中列支或部分列支，但是，现行规定却把社区矫正的经费负担完全压在了县级财政上，对于经济欠发达或者不发达的县级地方政府而言，这是一个不小的负担。因此，笔者认为，社区矫正经费应纳入国家和省级财政预算，由国家和省级财政予以保障，至少国家和省级财政要给予大部分的补贴，才能在经济上为社区矫正工作提供支撑。

事实上，《社区矫正法》颁布实施后，除了上述争议问题之外，还至少存在着在以下争议问题：一是在矫正对象的称呼上，现有名称"社区矫正对象"是否科学问题；二是社区矫正对象在社区矫正中的"社区服务"性质是否属于公益活动的问题；三是社区矫正队伍的专业化、规范化、职业化建设问题；四是社区矫正中，缓刑、假释、管制、暂予监外执行的罪犯，一旦违反规定予以收监执行时，各有隶属的决定机关，太过分散，如何集中行使，提高效率问题；五是社区矫正前的调查评估规范化和调查评估报告的法律地位问题；六是社会力量参与社区矫正的法律规制问题；七是《社区矫正法》的位阶界定和刑事执行法律一体化问题等。

实践证明，一部法律只有经过长期的论证和在实践中的检验，才会充分体现出科学价值。《社区矫正法》是刑事执行法的有机组成部分，也是我国刑事法律体系的重要组成部分；是我国社区矫正作为刑事执行方式的法律依托和支撑。社区矫正立法涉及一种新型刑事法律制度的建构，是牵一发而动全身的大事，需要在绝大多数问题上取得共识，尤其是涉及立法的实质问题和核心问题，既不能以回避的方式"视而不见"，更不能在妥协中达成所谓的"共识"。因此，面对问题和冲突，必须寻求科学的路径加以解决。

社区矫正理想与现实的反差

—— 某司法所社区矫正工作现状

王东萌*

摘　要：《社区矫正法》和 2020 年《实施办法》颁布实施以来，社区矫正工作进入法治化阶段，但仍存在着理想与现实的强烈反差，工作责任重，人、财、物的保障不足；纸面监管，工作的内卷化；社区矫正对象表现两极分化等问题。本文提出从社区矫正源头上规制：慎用刑法，构建出罪机制；理顺关系，建立刑罚执行一体化机制；各司其职，调查评估的归位；求真务实，打破"内卷化"僵局等对策思考，以期突破困境，实现社区矫正的法定目标。

关键词：社区矫正；工作现状；问题；对策

一、司法所社区矫正工作状况

（一）社区矫正相关人员构成情况

1. 社区矫正工作人员情况。某司法所现有工作人员 8 人，其中所长 1 名，属于在编在职人员，其余工作人员均属劳务派遣人员，是政府购买社会服务的公益岗位。学历结构：2 人本科，其余 6 人大专学历，所学专业有外语、金融、旅游、建筑等，8 人中无一人具备法律、心理学专业知识，其中一人通过自学，获得中级社会工作者证书。全所人员平均年龄 32.5 岁，男性 3 人，女性 5 人。社区矫正工作人员专业性不强，职业能力不足是队伍面临的主要问题。临时工作人员有 3 人，1 名律师、2 名高校教师，政府通过购买社会服务与法律服务所、高校分别签订了购买服务合同，为期 1 年。法律服务所主要完成每月一次的集中法律教育、入户核查、调查评估等工作；高校 2 名教师

---

* 王东萌，女，云南司法警官职业学院教师，三级警监、二级调研员，研究方向：刑事法学。

主要从事集中教育与个别教育、矫正对象风险与需求评估、心理服务等工作。社会力量的加入，为司法所解决了社区矫正的精准性问题，对于工作能力提升起到了积极的促进作用，但购买的社会服务受合同时限制约，无法持续开展工作。司法所工作总体呈现出人少事多、工作任务繁重等问题，社区矫正工作持续深入健康开展，还有待体制机制的进一步完善。

2. 社区矫正对象情况。某司法所 2022 年以来，平均每月增加社区矫正对象 22 人，解矫 17 人。截至 2022 年 4 月 16 日司法所在册社区矫正对象 163 人中，暂予监外执行 4 人，缓刑 159 人占 97.5%，缓刑罪犯占绝大多数；男性 80.3%、女性 19.7%；1940 年~1960 年出生的有 3 人，占 1.84%；1961 年~1970 年出生的有 30 人，占 18.4%；1971 年~1980 年出生的有 48 人，占 29.45%；1981 年~1990 年出生的 47 人，占 28.83%；1991 年~2000 年出生的 32 人，占 19.63%；2001 年以后出生的 3 人，占 1.84%，中青年男性占社区矫正对象绝大多数。矫正对象中包含了 11 个少数民族，共 38 人，占 23.31%。文化程度中，本科以上学历的 32 人，占 19.63%；大专学历的 28 人，占 17.18%；中专学历的 11 人，占 6.75%；高中学历 22 人，占 13.5%；初中学历的 47 人，占 28.83%；小学学历的 18 人，占 11.04%；文盲 5 人，占 3.07%，中、低学历占了大半，高学历的矫正对象占比不断增大，不容忽视。过失犯罪 5.63%，主要有交通肇事罪、失火罪、过失杀人罪；故意犯罪占 94.37%，犯罪类型包括危害公共安全罪占 23.9%；妨碍社会管理秩序罪占 20.9%；破坏经济秩序犯罪占 18.4%；侵犯财产罪占 14.2%；职务犯罪占 12.2%；侵犯人身权利罪占 10.4%。绝大多数社区矫正对象属于故意犯罪，醉酒型危险驾驶罪的数量，已超过其他犯罪位居第一位。

笔者参与入户核查中，发现一个 300 户居民的小区，居然有 4 名社区矫正对象，醉酒型危险驾驶罪居多。在访谈的 39 名醉酒型危险驾驶罪的社区矫正对象中，20 名中专以上文化程度的社区矫正对象认为，自己有错无罪，醉驾行为比杀人放火等刑事犯罪要轻缓很多。另外 19 名社区矫正对象文化程度偏低，基于自身的罪过，本着对国家公权力的高度信赖，愿意接受法院的判决，只是对因犯罪影响后代的前途感到不安。曾某，大学本科学历，被判处危险驾驶罪，拘役 1 个月缓刑 3 个月，罚金 3000 元，他在家对面吃饭喝酒，酒后想把车开回家停放，经过路口时被警察查出。血液酒精含量 132mg/

100ml。其个人认为：这件事自己想不通，一点小事又没有造成实际损害，动辄追究刑事责任，处罚太重，感觉不太公平。他认为如果是初犯加重行政处罚如吊销驾驶证、顶格行政处罚，加大罚款力度，就能够有效惩处，第二次再追究刑事责任，这样的处罚结果更容易接受，希望不要一概以犯罪论处。一对老夫妇住在滇池边，以打渔为生，2020年昆明市滇池管理局公布10年全面禁捕，夫妇两人仍在滇池边下了6只地笼网捕鱼（非珍贵濒危鱼类）41公斤，被渔政部门查获。夫妇两人被认定构成非法捕捞水产品罪，同时被判拘役8个月缓刑1年。夫妇二人认为自己有错，但错不至犯罪，对参加社区矫正心有怨气，每次报到总是牢骚不断，与社区矫正工作人员言语不和，发生口角。

（二）工作开展情况

司法所根据片区划分为两组，每组3名~4名工作人员。一组社区矫正对象86人，二组社区矫正对象77人，从入矫、矫中到解矫的整个过程基本都由各小组负责。司法所除了完成规定的人民调解、安置帮教、法律援助、法制宣传等8项工作外，主要开展了以下社区矫正工作：

1. 入户核查与调查评估工作。为了切实掌握矫正对象的思想动态和生活情况，社区矫正工作人员对辖区新入矫的社区矫正对象开展入户走访核查工作，对社区矫正对象的思想动态、工作生活情况进行了解并登记。要求社区矫正对象配合矫正工作，积极参加集体学习和公益活动，鼓励社区矫正对象增强法律意识和社会责任感。

在保守调查中获悉的涉及国家秘密、商业秘密和个人隐私等信息的情况下开展调查评估，作出被评估对象是否符合社区矫正条件的结果。调查评估工作通常由两人以上进行，需要当地派出所民警或社区人员参加时，他们往往以"工作忙"为由予以推辞，调查评估结束后，分别到当地派出所和居委会盖章认可，以上两个机构对调查评估结果通常没有异议，此项工作自始至终都是由社区矫正工作人员单独完成。

2. 接收工作。接收社区矫正对象，建立社区矫正工作档案，组织入矫宣告，成立矫正小组。入矫工作根据县区司法局的通知进行，入矫与宣告中，由于场地狭小，没有单独的功能室，入矫宣告只能在挂着司法所牌子的门口进行，由于人员进出频繁，宣告时工作人员并不说话，只是穿件司法所发的制服上衣，与矫正对象及其担保人合影并打印存档，即完成了入矫宣告，解矫宣告也同入矫宣告一样开展。

入矫谈话在电脑上进行，录入矫正对象基本信息，告知其权利义务及限定的活动区域范围、发放入矫须知，由社区矫正对象对谈话内容签字按手印。矫正小组通常由社区矫正工作人员和保证人组成，监狱（强戒）警察和社会力量、派出所民警、社区工作人员均未参与，也没有一名志愿者参与。

3. 监督管理方面。要求社区矫正对象在矫正期间遵守法律、行政法规，履行判决管制、宣告缓刑、裁定假释、决定暂予监外执行等相关义务，就社区矫正对象是否遵守司法行政部门关于报告、会客、外出、迁居、禁止令执行、保外就医等规定进行监督管理。

要求矫正对象按时到司法所报到，刚入矫的社区矫正对象一律纳入"严管"，规定每周一三五到司法所报到，列入"普管"的社区矫正对象每周报到1次。社区矫正对象违反监督管理规定行为，轻微的进行口头警告与谈话教育，严重的依照法律、法规和社区矫正相关规定进行训诫、警告，提出治安管理处罚的意见，经两次警告仍不改正的撤销缓刑、假释，收监执行。

4. 教育帮扶方面。对社区矫正对象的教育应当根据其个体特征、日常表现等实际情况，充分考虑其工作和生活情况，因人施教。司法所按照规定对社区矫正对象开展有针对性的法治、道德、心理健康等集中教育。但由于疫情影响，不宜聚集，集中教育学习改为线上自学，每个月进行一次，主要集中于形势政策、法律知识、新颁布的法律法规、扫黑除恶政策等的学习。

实际工作中，存在一定的"重监督管理、轻教育帮扶"现象，即使开展教育帮扶，形式意义也高于实质内容。如要求社区矫正对象每月提交一次思想汇报，每季度提交一次个人小结，学习体会、扫黑除恶专项斗争知识问答等。许多人的思想汇报都是从网上摘抄来的，时常出现雷同的思想汇报，有的人既使摘抄也不走心，将获奖感言当成了思想汇报抄写后提交，令人哭笑不得。对于老病残矫正对象，按时完成学习任务显得力不从心，网上学习更是不可能实现，由于要求超出社区矫正对象能力范围，容易导致弄虚作假。

5. 公益活动方面。《社区矫正法》第 42 条规定，社区矫正机构可以根据社区矫正对象的个人特长，组织其参加公益活动，修复社会关系，培养社会责任感。司法所根据社区矫正对象劳动能力、健康状况，组织其参加公益活动并进行考核监督。司法所依托社区组织了交通安全宣传，组织危害公共安全犯罪的社区矫正对象，在红绿灯路口协助维护交通秩序，发放交通安全宣传材料，进行共享单车的规范管理；对社区公共区域进行集中清理清扫等活动，由于疫情影响，不宜聚集，后期根据上级文件要求暂停组织公益活动。

公益活动的开展总体上不够充分，除了岗位的有限性和不固定外，工作人员还担心社区矫正对象在交通执勤中遇到人身伤害的赔偿问题，社区矫正对象是根据社区矫正局的安排进行的公益活动，具有强制性，不参加会影响自己的奖惩，而司法所与社区矫正对象没有合同关系、不涉及盈利问题，也不该承担赔偿责任，公益活动的安全问题尚没有妥善解决的依据，因此，社区矫正机构在组织开展公益活动中畏首畏尾。实践中，公益活动仅仅浮于表面，难以走深走实，也难以达到修复社会关系、培养社会责任感的目的。

二、司法所社区矫正工作存在的突出问题

（一）工作责任重，人、财、物保障不足

社区矫正工作量与人员数量、职业能力、物质保障严重不匹配，呈现"小马拉大车"的状况。社区矫正工作人员的薪资待遇明显偏低，人少事多，经费保障不足、场所拥挤不堪等问题制约了司法所社区矫正工作的顺利开展，只有提高保障能力，才能真正高质量地开展工作，社区矫正工作才不会走偏或异化。

1. 人力保障不足。根据某省社区矫正局规定的社区矫正工作人员与社区矫正对象1∶10的配比，某司法所仅仅为1∶20，远没有达到标准配置，工作人员专业水平不高，达不到工作要求。

（1）工作人员数量不足。《社区矫正法》第10条规定，社区矫正机构应当配备具有法律等专业知识的专门国家工作人员。截至2021年底，某省省、州、县三级专门从事社区矫正在编的工作人员仅有300多人，社区矫正机构工作人员与社区矫正对象的监管比例为1名∶90。社区矫正力量薄弱，县级社区矫正部门普遍只有1名~2名工作人员。目前，全省129个司法所中无人所33个，1人所700多个，存在基层基础根基不牢的问题。

某区司法局2010年成立社区矫正科时，社区矫正对象仅有40余人，2017年以来，增加了11.5倍，在矫人员达到500余人，只增加了2名辅助人员。

由于社区矫正对象的剧增，工作人员难以应对，加之工作上的疏忽大意，导致50多名社区矫正对象没有及时办理入矫手续而脱管，其中1名在矫的未成年人，在应当社区矫正期间又实施抢劫犯罪被刑事拘留，通过责任倒查，认为司法局社区矫正科承担失职责任。该社区矫正科科长因玩忽职守罪被判处有期徒刑1年，1名社区矫正工作人员以玩忽职守罪被判处有期徒刑6个月缓刑1年，到自己曾经管辖的司法所接受教育矫正。

工作存在失职应当承担相应责任，但工作量增加了11.5倍，而工作人员没有相应增加，保障不到位，工作也不可能完全做到位，出问题在所难免。面对问题只向下追责，而不能反思上级保障机制不到位的问题，容易挫伤社区矫正工作人员的积极性。

（2）工作人员职业素质不高，安全稳定靠运气。工作人员法律知识、专业水平和工作能力与社区矫正工作要求尚有差距，确保执法工作人员的相对专业性，才能保证社区矫正工作立法目的实现。某省从事或参与社区矫正工作的X名专兼职工作人员中，大专以下学历的X人，占35.5%，非法律专业的X人，占42.1%。系统性的法律知识与应用通过短期的集训是无法完成的，矫正工作低水平开展，安全稳定经常靠运气而非管理能力。正如一名裁判员连比赛规则都不能吃透，如何保证比赛的公正，如何让公众心服口服。少数社区矫正工作人员秉承着刑罚朴素的报应主义理念，简单地认为对社区矫正对象态度严厉才能彰显正义，于是出现工作态度的横、冷、硬；对社区矫正对象有疑问或不服管时，只能靠哄、吓、诈等非法律手段，如"你们别忘了自己犯罪分子的身份，叫你干啥就干啥这是规定""社区就是没有围墙的监狱，你最好老老实实的""信不信我把你缓刑撤销了，直接送进监狱"，而懂法律的社区矫正对象，如有法律身份背景的人员则据理力争，指出社区矫正工作人员的法律盲点，顺便进行普法宣传，工作人员为了捍卫颜面则反唇相讥，整个场面吵吵嚷嚷更像农贸市场；对于不配合工作的社区矫正对象随意增加报到次数，要求社区矫正对象每天报到一次，或者在规定的严管期3个月期满后超期继续严管；对于有资源能够带来福利的社区矫正对象管理从宽，对于熟人邻居能够服务周到，优亲厚友的情况时有发生；面对社区矫正对象的不当行为动辄训斥、辱骂，由于管理方式简单粗暴，引发双方矛盾冲突，出现"门难进、脸难看、事难办"的"衙门作风"；少数工作人员由于待遇低，甚至出现收受社区矫正对象物品的情况，存在"堤内损失堤外补"的错误思想。

（3）社区矫正工作人员薪资待遇过低。社区矫正工作人员绝大多数系政府购买服务招聘的劳务派遣人员，他们的薪资普遍按照最低档的政府公益性岗位标准发放，2021年，某省社区矫正工作人员平均薪资为2623元（含保险、公积金），最低为1350元，某地区工作人员月薪为2600元，州市司法局人员月薪为2000元，相比之下，社区矫正机构劳务派遣人员的待遇大大低于同地区辅警。较低的薪资待遇很难吸引高素质的专业人才，某市司法局2010年曾下发招聘社区矫正工作人员的通知，要求本科以上学历，法律专业、心理学、社会学专业优先，当时甚至还有几名律师考入，他们对社区矫正工作的前景充满信心与期待，但过低的待遇导致他们工作不满半年便纷纷离职，即使大专学历的社区矫正工作人员也很难留住，某市某区司法局社区矫正工作人员的工作周期平均在半年。

2. 财、物保障不到位。经费紧张，场地过度拥挤，无法区分功能区，导致许多工作的开展严重受限；没有交通工具，没有配备必要的警械具，开展工作中存在一定安全隐患。

（1）工作经费保障不到位。截至目前，某省129个县中，仅有44个县按社区矫正对象在册人数确定保障标准，最高的每人每年1300元，最低的每人每年200元；还有3个州、市和61个县、市、区未将社区矫正专项经费列入同级政府财政预算，或者虽列入预算但因财政困难，并未实际拨付，多数县、市、区仅靠省级财政下拨经费基本维持工作运转。某司法所社区矫正对象的经费只有省级财政每年人均补助的1000元，县级地方财政负责发放社区矫正工作人员的工资，此外，再无其他经费。由于办公经费紧张，学习、宣传资料都难以做到人手一份。

（2）开展工作缺乏装备。入户核查、调查评估、走访没有公务用车，社区矫正工作人员需开私家车完成工作，入户时为了减少对社区矫正对象的不利影响，工作人员一般不穿制服，也没有任何警械具，社区矫正对象作为犯罪人（含精神病人），其人身危险性高于普通守法公民，社区矫正工作人员入户属于执行工作而非执法工作，如果遇到人身威胁将难以应对。

（3）场地配备严重不足。根据《社区矫正法》第35条规定，县级以上地方人民政府及其有关部门应当通过多种形式为教育帮扶社区矫正对象提供必要的场所和条件。司法部与国家发展和改革委员会、住房和城乡建设部2010年发布的《司法业务用房建设标准》规定，根据辖区内社区矫正对象月均数量确定社区矫正场所需面积，配齐配强社区矫正装备设施。按照以上规定，司法所应当拥有以下工作场地，监督管理区；宣告室、谈话训诫室、信息采集室；教育帮扶区：教育培训室、心理咨询室、宣泄室等业务功能室。但对于主城区寸土寸金的办公场所，特别是政府在没有新建、改扩建的情况下，在老旧办公楼办公，很难解决司法所用房需求。

某司法所办公条件简陋，仅有一间20多平米的办公室，谈话、宣告、训诫等都在同一间办公室进行，环境拥挤嘈杂。由于无宣告室，入矫宣告和解矫宣告均无法进行，为了档案资料的完整，只好在司法所门口进行入矫宣告的摆拍，打印出来后存档，即完成了入矫和解矫的宣告。

3. 司法所能力有限，有些工作难以完成。就司法所现有的能力可以完成的工作有：接收社区矫正对象，组织入矫、解矫宣告，入矫、解矫的谈话教育；入户核查，报告、迁居、外出请假、就医的管理，通过矫正小组开展工作，进行日常监督管理（签到、报告、提交月思想汇报、季度小结、训诫、警告）、开展个别教育；对社区矫正对象进行考核，提出奖惩建议。司法所难以完成的工作有：调查评估，制定矫正方案，对失去联系的社区矫正对象立即组织查找，按照因人施教原则开展法治、道德、心理健康等教育，提供临时救助，职业技能培训，就业指导，落实社会保障，协助解决就学等。对于专业性比较强的工作不适合委托给司法所承担，如开展调查评估工作，既当裁判员也当运动员，调查评估缺乏中立性，司法所没有资质和精力能力进行。

《社区矫正法》第18条规定，社区矫正决定机关根据需要，可以委托社区矫正机构或者有关社会组织对被告人或者罪犯的社会危险性和对所居住社区的影响，进行调查评估，提出意见，供决定社区矫正时参考。居民委员会、村民委员会等组织应当提供必要的协助。调查评估是属于"受委托"而进行的。实际工作中，社区矫正机构接收到社矫决定机关发出的委托调查评估函后，通常由社区矫正工作人员单方完成或由购买社会服务一方的法律服务所完成。由于社区矫正工作人员的专业素质普遍不高，其制作的调查评估意见书的被采信率较低。工作人员出于私心考虑，不愿增加工作量，把本来适合接受社区矫正的被告人也拒之门外。社区矫正机构既要参与调查评估，又要对自己评估的人员执行社区矫正，既当裁判员又当运动员，无法做到评估的客观公正。

综上，将调查评估工作交由社区矫正机构，无论从社区矫正工作人员较为局限的专业能力还是置身其中的利益考量，都缺乏中立性、准确性，很难作出公正客观的评价。《社区矫正法》较2020年《实施办法》新增了引入社会组织进行调查评估，就某省的实施情况，还没有专门机构开展此项业务。应当加大社会组织参与调查评估的力度，以便提高调查评估的公正性、减少各种干扰，也可以使司法所社区矫正工作人员更加专注于矫正工作。

（二）纸面监管，工作的内卷化

内卷化表现为一个社会或组织，既没有突变式的发展，也没还有渐进式的增长，而是处于不断内卷，自我复制与精细化的状态。内卷化又被称为"过密化"，用来解释政治经济文化和社会发展中表现出来的"滞缓性"与"反复性"等特点。[1]

1. 矫正方案千人一面。《社区矫正法》第24条规定，社区矫正机构应当根据裁判内容和社区矫正对象的性别、年龄、心理特征、健康状况、犯罪原因、犯罪类型、犯罪情节、悔罪表现等情况，制定有针对性的矫正方案，实现分类管理、个别矫正。矫正方案应当根据社区矫正对象的表现等情况相应调整。实践中，司法所按要求制定矫正方案，矫正方案包括矫正对象的心理、身体健康情况，对法律法规的学习领会，工作学习情况及社会交往情况等内容，由于缺乏专业人才，加之人手紧张，司法所制定的矫正方案基本上是千人一面，但每个人的方案从制定到实施都有同样的内容，难以做到"一人一策"或分类管理。矫正方案的实施包括：入户访谈了解，每月一次的集中学习，每月入户走访一次，按时报到、遵守社区矫正人员的义务，积极参加公益活动等内容相同，无任何差别。

2. 对老病残社区矫正对象管理上"一刀切"。《社区矫正法》第24条规定，根据社区矫正对象的性别、年龄、心理特征、健康状况等实现分类管理、

---

〔1〕 参见连春亮："社区矫正工作面临的现实矛盾与破解路径"，载《天津法学》2021年第2期。

个别矫正。某司法所除了规定 65 岁以上社区矫正对象不参加公益活动之外，对其他老病残社区矫正对象再无区别规定，导致这类人员无力完成学习任务。有一名社区矫正对象患有偏瘫半年之久，检察院监督过程中发现其资料不全，仍然要求其补齐每月一次的思想汇报和学习体会，于是，病人的儿子和工作人员一起替他完善所需材料。这种"一刀切"的要求可谓不够人性化。司法所有 5 名社区矫正对象是文盲半文盲，自己书写困难，按规定可以本人口述，由工作人员代写，但这些人大多年纪较大，通常在 60 岁以上，空巢老人居多，身边没有子女帮助，即使工作人员代书，他们的口述也往往逻辑不通，不知所云。有位 70 岁左右的社区矫正对象口齿不清、头脑糊涂，不会使用智能手机，只能请邻居帮忙操作，完成普通的监管要求（如打卡、发定位、上传资料）显得力不从心。新入矫的社区矫正对象一律纳入严管对象，严管对象到司法所报到频率高，要求每周一、三、五报到三次，除住院外，普管级社区矫正对象每周报到一次，治疗期间（非住院）的精神病人也不能例外。

"一刀切"的规定要求与社区矫正对象的个体需求及自身存在的问题具有一定差距，无法落实，只能流于表面化、形式化，忽略实质，导致工作上的本末倒置，主要精力本应放在对社区矫正对象转变思想、矫正恶习、攻心治本的教育矫正上，结果却陷在形式主义的泥潭，工作没有突破，也无法创新。

3. 过度追求痕迹管理。由于上级检查工作以及检察院监督工作注重版本资料、台账的完整，部分工作人员为了应付检查，免受追责，把主要精力用在了"工作留痕"上，社区矫正对象每月一次的思想汇报、学习心得都要纸质手写，还要拍照上传到"在矫通"，每周的签到必须手写并按手印，还要完成"扫黑除恶知识问答"等，都是纸质手写。

社区矫正对象档案中的目录有 42 条，一个缓刑 3 个月的社区矫正对象档案材料达 90 多页，有起诉书、判决书、执行决定书、结案登记表、矫正方案、调查评估表、入矫核查表、社区矫正协议、社区矫正承诺书、请假审批单、健康码、行程轨迹、户口本复印件、房产证复印件、本人身份证复印件、保证人身份证复印件、思想汇报、学习心得、扫黑除恶知识问答、入矫决定书、解矫决定书、入矫解矫的宣告图片、入户核查的图片、行程码等，工作人员主要时间就耗在完善材料上。

（三）社区矫正对象表现两极分化

1. 认罪认罚，自我救赎。犯罪人接受社区矫正相较于监狱服刑人更加自由、更加轻缓，不影响正常的工作和生活，更有利于复归社会，还避免了给犯罪人打上监狱的烙印，缓刑被认为是一种"福利刑"，绝大多数社区矫正对象都能够珍惜这种机会，认真服从监督管理，主动反省自己的罪行，最终达到顺利解矫的目的。

大多数社区矫正对象认为，受到刑罚惩罚是坏事，毕竟是轻罪微罪，没有造成太严重的后果，被追究刑事责任是帮过去我行我素的他们踩了刹车，及时更正错误，吸取教训，调整方向，避免在错误的路上走得太远。他们能够认真接受学习和教育，增强法律意识，学会用法律的标准衡量自己的行为，他们认识到，自己有过错就应当承担责任、付出代价，不再偏航。这些人在日常管理中态度谦卑，积极配合，与社区矫正工作人员关系和谐融洽。

2. 主动要求收监，"福利刑"遭遇尴尬。《刑法》第77条第2款规定，被宣告缓刑的犯罪分子，在缓刑考验期限内，违反法律、行政法规或者国务院有关部门关于缓刑的监督管理规定，或者违反人民法院判决中的禁止令，情节严重的，应当撤销缓刑，执行原判刑罚。2020年《实施办法》第46条第1款对撤销缓刑的情形也作出了具体规定。例如，杨某，1992年5月出生，初中文化，包庇罪，被判有期徒刑2年6个月缓刑3年，入矫之前，杨某已经在看守所被刑事拘留2年2个月零19天。入矫后，他主动要求撤销缓刑收监执行，宣称要短痛不要长痛。他自称如果收监执行只用在监狱或看守所再待3个月零12天，但如果参加社区矫正则要熬3年，时间太长。如果社区矫正对象坚持要求入监执行而没有相关法律规定的情况下，很可能违反2020年《实施办法》的规定，主动创造收监条件，这样做显然违反了《社区矫正法》的立法本意。

再如，肖某某，男，1966出生，初中文化，犯故意伤害罪，判有期徒刑1年6个月缓刑2年。2015年，肖某某因销售赃物罪被判刑1年，在监狱服刑。2017年，肖某某因盗窃行为被行政拘留。2021年缓刑期间肖某某被严管，要求每天报到一次，因对抗管理、辱骂工作人员、不按时报到，被使用电子腕带。肖某某认为其每天用黑车载人维持生活，天天来报到影响了正常的生意，减少了收入。后其因黑车拉客违反交通管理规定，电动单车被没收，又去别处打工，由于超出了规定的地域范围被再次警告，他表示：愿意被收监，收监后也就不用自己赚钱糊口交房租，他在监狱里也待过，不愁吃住还不用自己掏钱。他租住的地方位于城中村一楼，黑暗且潮湿，面积不足 10 平米，又脏又乱，与监狱相比居住条件差别很大。社区矫正工作人员提醒他按时报到时，他称自己工作没时间，并认为工作人员态度恶劣，扬言如果被逼急了，要实施报复杀人。鉴于他已经受到两次警告仍不改正，司法所已经上报提请收监。

有的社区矫正对象对监督管理感到不耐烦，声称都交了罚款还这么多要求，主动要求到监狱服刑，后因不服从管理被收监；有的社区矫正对象因躲避追讨债务的债主，而主动要求到监狱执行；还有的社区矫正对象出于对自己利益最大化的功利性考量，羁押期短而缓刑期长，认为收监执行对自己更有利；有的为了解决温饱问题或看不起病等问题而乐于被收监。此前他们在《社区矫正保证书》中都签过字，承诺愿意接受社区矫正，社区矫正期间权衡利弊后，又得出收监执行"更划算"的结论，由于没有主动要求收监的相关依据，他们通过故意违规，以达到收监的目的。

三、司法所社区矫正工作问题的对策思考

（一）社区矫正源头上的规制

1. 慎用刑罚，建立出罪机制。刑罚的本质就是惩罚犯罪，给犯罪人带来一定的痛苦，将刑罚带来的痛苦程度限制在使犯罪人能够知罪悔过和有效地预防犯罪的限度之内达到刑罚的惩戒目的。随着社会的进步，人道的刑罚理论逐步为人们所接受，当代刑罚理念也逐渐摆脱了传统重刑主义刑罚观对惩罚严厉性的一味重视，越来越多的人认识到传统的刑罚中必备的痛苦体验已经变得不太必要，被符合人道主义原则，促进犯罪人认罪悔改、回归社会的新的行刑方式取而代之。在罪刑相适应的前提下，现代社会越来越体现出对人权的保障和刑法的人文关怀。《社区矫正法》以其保障人权、宽严相济、科学矫正、社会参与、修复融入的现代刑事执行精神，体现出刑法对一些实施轻微罪的宽容性，使犯罪人启动自我纠错功能，当其错误行为被否定后，自我重新调整认知方向，使偏离和错误得以纠正。无论是不起诉还是行政处罚，只要是足以起到警示预防的作用即为有效的制裁，随着醉酒型危险驾驶罪等

轻罪微罪案件的快速增长，犯罪圈在不断膨胀，仅仅依靠刑事上的打击不足以取得理想的治理效果，还容易为社会制造对立面，应当根据形势发展，让民事、行政、刑事等手段共同发力，达到综合治理的效果，一味地刑事处罚并不能包治百病。对于轻微刑事犯罪行为，尽量使用替代措施，如行政处罚或经济制裁，把刑罚作为不得已的制裁办法，对于适用非刑罚处理的，可以酌定作出罪处理。[1]

2. 理顺关系，构建刑罚执行一体化模式。社区矫正工作是一项严肃的刑罚执行活动，应当提高准入门槛，提高待遇保障，通过社会招录、监狱戒毒警察转任等方式，打造一支高素质、职业化的社区矫正队伍，这既是提升社区矫正执法水平的有力保障，也是依法社矫的应有之义。一支高素质、职业化的从业队伍对保证《社区矫正法》的正确方向将起到决定性作用。

社区矫正机构与监狱管理机构合并设立刑罚执行局，从机构设置上实现刑罚执行一体化。虽然《社区矫正法》立法结构及内容规定了社区矫正中的公、检、法、司多部门合作治理，但实践中负责具体社区矫正工作的基层司法所，无论从专业性和地位都没有足够的能力和资源去单独完成与公安机关、检察院、法院的工作协同。因此，本文认为司法行政机关应当有专门机构来负责处理刑罚执行工作中与其他部门间的协同。另外，要尽可能减少行政管理层次，建立垂直的管理体制，方便各层级社区矫正业务实现纵向贯通，提升工作效率。

具体设想是：当各级社区矫正机构编制、人员落实到位后，可逐渐将社区矫正机构与监狱管理机构合二为一，[2] 成立刑罚执行机构，[3] 总体负责狱内外刑罚执行事务，便于统筹对罪犯在社区与监狱间的双向流动的执行工作。既可以缓解监狱押犯爆满的问题，也有利于激励罪犯积极向善争取宽缓的刑事处遇，此工作机构对社区矫正对象也具有震慑警示作用。

3. 各司其职，调查评估归位。审前调查评估权由各社区矫正决定机关收回，以解决目前调查评估工作缺乏专业性和中立性的问题。《社区矫正法》第18条规定，社区矫正决定机关可以委托社区矫正机构或社会组织来提出调查

---

[1] 参见潘丽娜："刑法微罪出罪及其机制研究"，华东政法大学2008年硕士学位论文。
[2] 参见刘政："完善社区矫正管理体制之构想"，载《法学杂志》2018年第4期。
[3] 参见彭文华："刑罚的分配正义与刑罚制度体系化"，载《中外法学》2021年第5期。

评估意见。本文提到，社区矫正执行机关既是调查评估者，又是社区矫正对象的管理者，其人员的能力还无法达到专业应有的水平，社区矫正执行机关容易将调查评估权异化为愿不愿意接收社区矫正对象的功利性考量，影响了评估结果的公正性。

由于以上原因，本文认为调查评估工作不宜委托社区矫正机构进行，应以社区矫正决定机关自身（公安局、法院、监狱）或者社区矫正监督机关（检察院）为主体来开展并形成调查评估意见，才具有客观性公正性，社区和居（村）委会积极配合。有条件的社矫决定机关可自行委托有资质的第三方机构进行审前调查评估。

（二）求真务实，打破"内卷化"僵局

为了落实《社区矫正法》的规定，各地纷纷出台了社区矫正工作细则等地方性规范性法律文件，其本意是为了使《社区矫正法》统一工作标准，便于操作，但有些"一刀切"的硬性要求，让基层部门难以依靠自身实际工作条件和现有的工作保障能力完成任务。

1. 制定切合实际的工作制度。当前由于管理部门的规定过高、过于全面且不切合实际，对基层社区矫正工作的管理，应当注重接地气，具备合理性、可行性和长远性。合理性即使基层在现有人力、物力、财力情况下，以正常的工作量，可以独立完成该项工作任务；可行性即便于操作，基层通过努力就能完成；长远性即有利于该工作的长远发展，这项工作应当能够给社区矫正工作人员提振士气，带来职业荣誉感和自豪感，而不是因责任过大让人望而生畏。有些困难和问题靠基层社区矫正机构或司法所是难以解决的，其结果是越干问题越多，越干隐患越多，人人自危，各种管理制度的制定，应当挤掉水分，适当降低标准，回到"做得到，行得通"的理性设计上来。

2. 实行尽职免责。正视工作量大而保障能力和基础设施保障严重不足的矛盾，不让基层社区矫正机构和工作人员在完成工作时困难重重，还承受着问责追责等巨大心理压力。而人员不足，职业化水平低，保障不到位，是基层自身解决不了的问题，出了问题若不顾客观实际一味地追责，容易挫伤基层工作人员的工作积极性。同时，过高的工作标准无法达到又容易成为检察机关纠违的重点，并且往复地恶性循环，这与《社区矫正法》保护工作人员依法开展社区矫正工作的精神背离。基层在现有条件下，在达不到过高的工作标准，而上级又不降低要求的情况下，容易出现应付检查，工作走过场，重文字痕迹，轻矫正效果的情况。好的管理制度就是着眼于当前从业人员不足，队伍素质不高，保障不充分的条件下，制定务实而可行的制度，推动社区矫正工作健康发展。

陕甘宁边区回村执行制度对当前我国社区矫正制度"内卷化"的启示[*]

李林蔚[**]

摘　要：回溯党领导下的具有中国特色的刑事执行制度，其对于行刑社会化的探索早已有迹可循，以陕甘宁边区的回村执行制度为例，这是战时努力修复被犯罪行为所破坏社会秩序的制度，是党对行刑社会化改革的尝试，对于如何改善我国社区矫正制度"内卷化"现象具有重要启示作用。

关键词：行刑社会化；社区矫正；内卷化

回溯中国共产党发展百年的历史，对于行刑社会化的探索早在抗日战争之前就已经在革命根据地开展，并且在当时的环境下取得了一定的成效。陕甘宁边区时期是中国共产党将马克思主义原理与中国实际相结合并取得丰硕成果的时期，陕甘宁边区政府坚持马克思主义政府理论的科学原则和精神，以马列主义、毛泽东思想为指导，在吸取以往成功经验的基础上，与时俱进，勇于创新各种制度，充分调动了当地民众建设边区的积极性，为最终赢得抗日战争和新民主主义革命的胜利奠定了坚实的基础。在探索行刑社会化制度方面，最为典型的是陕甘宁边区的回村执行制度。回村执行是将处于非监禁状态下的罪犯在区村（坊）公所等指定区域接受教育改造的规范性活动。这种主张改善罪犯与所处区村（坊）公所之间关系，以及努力修复被犯罪行为所破坏的社会秩序的制度，是行刑社会化改革的尝试，故回村执行制度亦是刑罚的执行方式之一。2020 年 7 月 1 日《社区矫正法》正式施行，这为我国

---

　*　本文为 2020 年度广西高校中青年教师科研基础能力提升项目"人工智能时代背景下广西智慧监狱建设问题研究——以广西女子监狱为例"（2020KY24003）阶段性成果。

　**　李林蔚，女，广西警察学院讲师。研究方向：刑法、刑事执行。

社区矫正工作提供了较高的法律位阶，有利于推进社区矫正工作法治化发展。社区矫正制度从属性上说，其本质是一种刑罚执行制度，惩罚改造罪犯，预防和减少重新犯罪，实现社会和谐稳定是其根本目的，这也正是回村执行制度与社区矫正的相似之处。在此背景下，结合党领导下的中国特色刑事执行制度的发展历程以及回溯我国社区矫正工作的发展，两者相辅相成，共同在时代的洪流中发展进步。本文拟以此制度为典型追溯回忆建党百年的具有中国特色的刑事执行制度，并结合当前社区矫正工作存在的"内卷化"困境，为当前社区矫正工作前进发展提供新的思路。

一、陕甘宁边区回村执行制度概述

回村执行制度，也叫"交乡执行制度"，是抗战时期中国共产党在陕甘宁边区政府实行的一种对于判处有期徒刑的刑事执行的改革。回村执行制度起源于1942年，从1943年正式提出到1949年完全废止。其间，回村执行制度作为边区政府行刑社会化改革的探索，其主要内容散见于边区颁布的一些文件规定、报告总结以及各抗日民主根据地制定的执行办法中。关于回村执行制度的阐述，笔者拟从有关原因、罪犯类型和具体行为准则的规定三个方面展开论述。

（一）执行回村服役制度的原因

1943年晋察冀边区发布了《晋察冀行政委员会关于处理监犯之决定》，决定应形势需要建立回村服役制度，并对这一制度的具体实施办法作了详细规定。[1] 关于执行该制度的原因，具体包括：一是犯人数目日渐增多，在战时环境下难以集中管理；二是大量青壮年犯人关押在监所中，是劳动力的浪费，影响边区生产；三是所需囚粮数量过多，边区难以拨付；四是回村服役可以"借社会群众力量促进犯人向上之心"。

（二）执行回村服役制度的罪犯类型

晋冀鲁豫边区也于1943年颁布了《自新人回村服役暂行办法》规定，自

---

〔1〕 参见韩延龙、常兆儒编：《中国新民主主义革命时期根据地法制文献选编》（第3卷），中国社会科学出版社1981年版，第386页。

新人处刑在 5 年以下徒刑，改悔有据，群众不大反对者，可以回村服役[1]。未判决的嫌疑犯得斟酌情形，准予保外听候传讯，以免有误农时；案情轻微且系纯由贫困所迫而初次行窃之盗窃犯回村执行；服刑期间表现良好并无再犯行为的，准由村公所或其亲属保回耕作；病犯无论已决未决均尽可能地回家疗养。由此可以看出，回村服役人员的适用范围非常之广，因此大大减轻了监所的压力。

（三）回村服役人员的具体行为准则

文件对回村服役人员在村服役期间的行为也作了详细规定：（1）自由受到限制，因故需要离开本村时，需向村治安员请假。（2）须承担比一般公民更多的抗战勤务，如属于公家建筑、修滩、开渠等，为抗属及贫苦而缺乏劳动力之人民代耕，同时规定了每月劳役天数的上限。（3）没有公民权利。（4）表现优异可以抵刑，如回村执行徒刑之窃盗犯，其服劳役日期与不服劳役日期均以一日折抵一日；保回耕作之人犯，期满时公所应予以鉴定，其安心劳动无何种不良行为者准一日折抵徒刑一日等。

二、回村执行制度对社区矫正"内卷化"现状的启示

（一）当前我国社区矫正工作"内卷化"表现

1. "内卷化"理论与社区矫正。近年来，"内卷"不仅成为当代网络流行词汇被广泛使用，而且许多有不同学科背景的人都借用它来分析中国社会现象，甚至于整个中国制度创新进程。最早用于人类社会演进涉及的"内卷化"初现于康德的《判断力批判》。关于"内卷化"理论的发展，根据其应用范围大致可划分为三个阶段：第一阶段是应用于农业生产范畴，代表人物有康德、戈登威泽和格尔茨。第二阶段从农业生产扩展到政治领域，"内卷化"理论正式登上中国舞台。代表人物有杜赞奇、黄宗智，这一阶段也是"内卷化"理论走向成熟的阶段。英国汉文学家黄宗智更是将此理论引入中国小农问题研究，并取得显著成果。美国学者杜赞奇则将这一概念引入政治过程和问题，在其《文化、权力与国家——1900~1942 年的华北农村》一书中，

---

[1] 参见《晋冀鲁豫高等法院关于颁发自新人回村服务暂行办法并指示执行时应注意之点的通令》，1943-7-5，山西省档案馆，档案号：198-6-13-5。

基于对 20 世纪前半期中国国家政权的扩张及其现代化过程进行充分翔实的调研基础上提出了"国家政权内卷化"这一概念。第三阶段是"内卷化"理论应用领域迅速拓展时期。以上可知，"内卷化"已逐步扩展运用至社会研究的各个领域，将该理论用于当前我国社区矫正制度研究具备合理性和可操作性。

社区矫正作为一种非监禁刑罚方式，我国自 2003 年推行社区矫正制度，从试点到全面实行历经十余年艰难历程，目前社区矫正制度从构建到实际运行操作仍问题丛生。根据"内卷化"理论，我们将这个回应过程及结果称为社区矫正的"内卷化"倾向，具体是指在外在条件的约束下，通过制度的确立、修改和补充使得制度本身不断地精细化和复杂化，而其结果并不完全与设计初衷相吻合，且有进一步自我维续、自我强化的趋势。[1] 无独有偶，与"内卷化"理论相似，我国社区矫正制度从创制发展至今也可大致划分为三个阶段，第一阶段为试点阶段，第二阶段为全面推行时期，第三阶段进入法治化建设时期。而也正是因为经历了这三个阶段，我国社区矫正制度呈现"内卷化"态势。尤其是 2020 年 7 月 1 日《社区矫正法》正式施行之后，如何在法治化道路上破解社区矫正的"内卷化"难题，成为当务之急。

2. 社区矫正"内卷化"表现特征。

社区矫正制度"内卷化"的表征如下：

（1）定位模糊。作为一项国家的刑事司法制度，虽然《社区矫正法》阐明其为非监禁刑罚执行制度，但法律规定与现实工作执行存在不符。前文提到过，社区矫正制度体现了刑罚人道主义原则以及我国宽严相济的刑事政策，其目的是消除社区矫正对象重新犯罪的因素，最终帮助其顺利回归社会，成为合格守法公民。但在实际工作中，对社区矫正工作确实严格执法管理，重点工作着眼于对社区矫正对象的监督管理，片面追求降低再犯罪率，偏离了社区矫正制度目标设计的初衷，把社区矫正的法定目标束之高阁。

（2）在工作中脱离实际出现模板复制自我退化现象。在社区矫正工作开展初期，由于缺乏相应实践经验，基本照搬监狱管理模式，将狱政管理中的相关工作制度复制到社区矫正监督管理工作中，如评分考核制度等。后又企

---

〔1〕 参见梁宇栋："'内卷化'理论视角下当前我国社区矫正立法的思考"，载《新疆社科论坛》2019 年第 4 期。

图探索新型制度，在这一阶段社区矫正工作呈现的特点是只要不超越法律界限，都认为是推进社区矫正制度创新的积极举措。这实际上会出现急功近利的现象，看似推进工作制度的表象下，实质是社矫工作的自我退化。

（3）在制度力求创新中出现偏差。主要表现为：一是对参与主体理解有误。政府主导，其他社会组织理解为政府"独家经营"，而社会组织沦为附庸工具，这是对《社区矫正法》的误解，并没有真正理解立法精神内涵。二是技术手段泛化异化。在人工智能时代背景下，随着"智慧司法""智慧警务""智慧监狱"的提出，社区矫正也步入"智慧矫正"阶段。不可否认，科技的进步使社区矫正工作向智能化、科学化、专业化持续推进，极大幅度提升了社区矫正工作的效率，但与此同时，也产生一些弊端：其一，"人"作为参与主体的主体地位的本末倒置，个人价值被边缘化；其二，出现了"工具化、技术化在官僚制的运行中……排斥人类的价值判断和道德自觉"[1]，导致社区矫正工作偏离了内在精神和价值目标；其三，对技术应用的过度关注，忽略了社区矫正本身的内在规律，以及社会力量对社区矫正对象在矫正教育中的潜在力量；其四，现代技术的应用，将社区矫正工作异化为技术化和数据化，把形式合理性等同于价值合理性。总之，技术理性的泛化和异化，使社区矫正工作呈现出"内卷化"状态。[2]

（二）回村执行制度对于社区矫正"内卷化"借鉴

回村执行制度的实施扩大了抗日民族统一战线，稳定了边区社会秩序，巩固了抗日民主政权，收到了良好的司法效果和社会效果，是中国共产党结合时局对于乡村治理作出的有益探索，其中隐喻着法社会学理念，在此值得社区矫正借鉴。

1. 回村执行制度的制定符合战时时代背景，体现了惩罚性与恢复性并举，行刑社会化的理念。恢复性司法是与报应性司法相对产生的，它是以修补被犯罪所破坏的社会关系为目标的司法模式。[3] 教育改造与抗战生产并重是回村

---

〔1〕 参见唐兴霖："再造公共行政的伦理向度——由《寻找公共行政的伦理视角》引发的思考"，载《学术研究》2003 年第 1 期。

〔2〕 参见连春亮："我国社区矫正制度的'内卷化'及其破解之道"，载《犯罪研究》2020 年第 6 期。

〔3〕 参见茅仲华：《刑罚代价论》，法律出版社 2013 年版，第 231 页。

执行制度体现出来的鲜明时代特色，也是法社会学理论中惩罚性与恢复性刑罚理念的体现。

2. 回村执行制度保证了战时陕甘宁边区刑罚执行的法律化与效益化。制度建设是开展任何工作的大前提。对照法社会学的基本理论，在制定回村执行制度过程中，中国共产党注重建立体现行刑社会化本质特征的管理程序，制定出了一系列相应配套的法律举措：1943年4月颁布的《晋察冀边区行政委员会关于处理监押犯之决定》首次明确了刑罚监外执行的适用对象，《自新人回村服役暂行办法》对回村执行对象的考查监督程序进行了严格的规定，1946年颁布的《太行区司法工作概况》肯定了回村执行过程中重视思想教育的作法等。以上这些内容在程序和实体上共同构成回村执行制度，确保该制度法律化。[1]

随着抗战的持续深入，抗战环境发生的变化及边区政府运用劳动生产方式改造罪犯获取的良好效果，加上大部分村（坊）公所在农忙时缺乏劳动力的现状，边区政府进一步放松了参加劳动生产罪犯执行环境的限制，准许大量符合条件的徒刑犯回村参加劳动生产。让罪犯回村参加劳动生产，既能减轻人民负担，亦能附带解决边区政府在抗战中执行徒刑的困难，更重要的是参加劳动生产可以改造他们的思想意识。根据法社会学的基本原理，这既适应了行刑社会化的客观需求，也整合了战时可以调配的资源，提升了陕甘宁边区的管理效益。

3. 回村执行制度在思想与实践中皆有所创新。在思想上注重结合本土法律传统，在方法上尝试了思想教育与劳动教育的结合。法律制度的硬性移植会出现"水土不服"的现象，表现为司法执行与群众和社会脱节。回村执行制度在实践中的探索，体现了中国传统思想中法律是成文的道德，道德是内心的法律的价值观。是在移植西方法律过程中重视本土化法律传统的结果。边区政府提出关于回村制度的执行要采取思想教育与劳动教育有效结合的办法，具体举措是：回村执行前对所有回村执行的罪犯必须先在看守所内进行思想教育，深挖犯罪的思想根源，消除其对村干部的错误看法后方可回村执行；

---

〔1〕 参见梁宇栋："'内卷化'理论视角下当前我国社区矫正立法的思考"，载《新疆社科论坛》2019年第4期。

回村执行后定期召开会议研究如何更好地帮助罪犯进行思想改造；在执行过程中村干部要把思想教育与生产劳动结合起来，用正确的价值观对罪犯进行教育，激发罪犯的劳动生产积极性。思想教育结合劳动教育的方法在改造回村执行罪犯的过程中取得了显著效果，许多罪犯的思想问题在劳动改造中得到消除解决。

三、社区矫正制度"内卷化"解决途径

对于社区矫正制度法治化的构建和完善，可以此为鉴，解决途径如下：

（一）明确思想目标导向

有学者认为，边区政府时期的法律思想是一种革命的法制观，是马克思主义法制（治）观在中国的成长，是从革命法制到社会主义法治的必由之路，打破了反动政府所制定的对人民行为约束与限制、批判与蔑视反动政府的法律制度。在革命法制观指导下构建的具体法律制度都包含着革命的理论。[1]社区矫正制度应以国家治理现代化为指引，以社区矫正立法精神为目标。根据最新颁布的《社区矫正法》的立法精神导向，社区矫正以"社区矫正对象回归社会"为目标。《社区矫正法》第1条将立法目的规定为，为了推进和规范社区矫正工作，保障刑事判决、刑事裁定和暂予监外执行决定的正确执行，提高教育矫正质量，促进社区矫正对象顺利融入社会，预防和减少犯罪[2]。社区矫正制度的完善，要以立法目的为导向。

（二）因时因地制宜

对制度建构环境进行科学评估，合理制定相应政策支持。马克思认为，人的本质并不是单个人所固有的抽象物，在其现实性上，它是一切社会关系的总和。[3] 回村执行制度在设计之初不仅没有强行避开本土化法律传统，相反，它很好地融合了本土法律传统中的一些积极元素。回村执行制度在实践中的探索，客观真实地反映了边区法制建设，尤其是作为行刑社会化探索的

---

〔1〕 参见陈金钊："从革命法制到社会主义法治——马克思主义法制（治）观在中国的成长"，载《法学论坛》2001年第4期。

〔2〕 参见王爱立、姜爱东主编：《〈中华人民共和国社区矫正法〉释义》，中国民主法制出版社2020年版，第4页。

〔3〕 参见中共中央马克思恩格斯列宁斯大林著作编译局编译：《马克思恩格斯选集》（第1卷），人民出版社2012年版，第139页。

一系列具体举措，收到了良好的司法效果和积极的社会效果。该制度在边区的成功，恰恰是其背后本土化法律传统长久影响的因素所致，即考虑到边区所处的政治、经济和文化条件以及重视传统乡村社会的社情民意。回村执行制度在边区司法制度建设的成功既有偶然性又有必然性。偶然性是边区所处时局动荡不安、抗战生产的现实需求，必然性是该制度的理念深深契合了本土化法律传统的精神，并与这种法律传统重视社情民意的要求遥相呼应。因此，回村执行制度不仅是中国共产党人结合边区实际实现乡村治理的有效探索，也是在移植西方法律过程中重视本土化法律传统的结果。

依照习近平法治思想，坚持党对全面依法治国的领导，是中国特色社会主义法治的本质特征和内在要求，中国共产党的领导是中国特色社会主义最本质的特征，是社会主义法治最根本的保证，是社会主义法治之魂。坚持以人民为中心，是全面推进依法治国的力量源泉。社会主义法治建设必须为了人民、依靠人民、造福人民、保护人民。对于社区矫正而言，在制度上，不能一味照搬国外社区矫正制度，还要结合我国传统文化和社情民意作出适时调整。既不走封闭僵化的老路，也不走改旗易帜的邪路，而要从中国国情和实际出发，传承中华优秀传统法律文化，从我国革命、建设、改革的实践中探索适合自己的法治道路，为全面建设社会主义现代化国家、实现中华民族伟大复兴夯实法治基础。要学习借鉴人类法治文明的有益成果，但决不能照搬别国模式和做法。在习近平法治思想指导下，要实现我国社区矫正现代化与法治化，就要着力构建党委领导、政府主导、社会参与、多元合作的参与主体间合作共建共治共享的结构体系，构建法律规则和道德规范相结合的社区矫正教育方法体系。[1] 在实践中，努力营造积极向上的社区环境。

（三）整合资源建构制度话语体系新范式

边区所处的特殊时期赋予司法改革以特殊使命，回村执行制度并非仅表现为对旧法的打破，还包含对新法的重建，以及在重建过程中的探索。该制度的指导思想是以尊重罪犯人格、教育转化其思想为基础，以边区政府主导下的依靠社会力量改造罪犯为手段，以促使罪犯重新做人为目的。这种打破

---

〔1〕 参见连春亮："我国社区矫正制度的'内卷化'及其破解之道"，载《犯罪研究》2020年第6期。

旧法律制度的努力，构建新法律制度的尝试，以及在行刑社会化方面突破简单移植西方法律制度所作的探索，阐释出全新的司法理念和价值底蕴。

于社区矫正而言，一是要考虑主体资源合理配置，社区矫正机构的"权力小，责任大"的问题不仅通过责任传导和分流给社区矫正小组来解决，更为根本的解决方式是合理、科学配置社区矫正机构的权责。目前许多地区司法所存在人力不足的情况，"一人所""无人所"现象普遍存在，各地应当根据实际情况按比例配置相应的司法助理员和社会工作者并且辅以相应的配套措施。针对社区矫正机构缺乏应有的强制性权力问题，在内部渠道无法解决的情况下，可考虑借助"智慧司法"功能，完善公检法司各部门在协商议事、数据信息共享、协同联动等方面的协调机制，最大限度地配合社区矫正机构工作的开展，以弥补社区矫正机构权威性不足的弊端。二是要把握技术资源合理利用。在大数据时代背景下，要充分利用先进的科技手段，整合司法资源更好地服务于"智慧矫正"建设，但切忌本末倒置，过分依赖和强调技术的应用而忽视社区矫正本身的价值取向及人本位的工作理念。毕竟技术只是手段，价值理念与人力资源才是构建社区矫正制度的根本所在。

我们推进国家治理体系和治理能力现代化，对先人传承下来的价值理念和道德规范，要坚持古为今用、推陈出新。[1] 当前，回村执行制度的宝贵经验和实践智慧也为完善我国社区矫正制度提供了重要参考。新时代社区矫正工作任重道远，在《社区矫正法》正式颁布施行之后，更是考验在高质量发展轨道上实现高标准的国家治理能力。解决社区矫正工作中存在的"内卷"困境，在《社区矫正法》指导下开展工作，必将促进我国法治化发展，提升治理效能，实现建设法治化国家的有效落实和深刻践行。

---

〔1〕 参见习近平："在纪念孔子诞辰 2565 周年国际学术研讨会暨国际儒学联合会第五届会员大会开幕会上的讲话"，载《人民日报》2014 年 9 月 25 日，第 2 版。

智慧法治时代我国社区矫正中的精准化普法研究*

秦双星** 梁祝花***

摘 要：社区矫正相关的法律规制以及司法实践，是我国法治发展的伟大成就之一。在基层社区，社区矫正工作正在不断进行着精细化运行。在智慧法治时代，我国社区矫正的相关基层普法也应当进一步突出精准化方向。基于此，在社区智慧法治资源、基层普法实践的基础上，应不断践行社区矫正普法的普世性嵌入方式与个性化融入方式，稳定推进社区矫正精准化普法的落实。但是，社区矫正普法实践中存在普法内涵的碎片化、效果的形式化问题，我们需积极地突出清晰普法构架，夯实普法细节的优化工作，不断解决存在的问题，进而助力于我国社区矫正工作的不断完善与精进。

关键词：智慧法治；基层司法；社区矫正；精准化；普法

《社区矫正法》是我国法治高质量发展与法治时代智慧的体现，也是我国社区矫正领域中"里程碑意义"[1]的存在，更是对"行刑社会化"[2]思维的精细彰显。与之相关的是，基层社区矫正工作的司法非监禁性、社会修复性能效巨大，社区矫正工作的具体落实，为我国基层法治运行中极为特殊的实践工作之一。但是，基于诸多因素，饱含特殊价值的社区矫正法治为社会大众所认识与理解尚处于开启阶段。鉴于此，我国社区矫正的精准化普法就

---

* 本文为四川省教育厅人文社会科学重点研究基地——社区矫正研究中心项目"四川省社区精准矫正的法治化研究"阶段性成果（SQJZ2020-10）。

** 秦双星，男，四川轻化工大学法学院讲师，博士后，硕士导师，研究方向：法律史学、基层司法。

*** 梁祝花，女，四川轻化工大学法学院，2021级硕士研究生在读，研究方向：法律史学。

〔1〕 参见刘晓梅、颜心茹："社会力量参与社区矫正修复社会关系的探析"，载《天津法学》2020年第3期。

〔2〕 参见郭健："社区矫正法的几个基础性问题探析"，载《犯罪与改造研究》2022年第5期。

显得意义极为重大。在智慧法治时代，智慧法治资源是科技化的法治力量，其可以体现出智慧科技与法治软实力的合力性，其也是一种极为优质的精准化普法凭借。智慧法治资源可以为社区矫正的精准化普法提升潜在的助力，可以提升社区矫正精准化普法的效率，更可以为社区矫正实践贡献坚实的效果基础。在新时代，我们需要立足于智慧法治的优质基础，充分结合社区矫正工作自身的特殊属性，全面解决社区矫正精准化普法中相关问题，积极地推进我国社区矫正的健康发展。

一、智慧法治时代我国社区矫正的精准化普法的基础

在智慧法治时代，我国社区矫正的精准化普法具有自身坚实的基础。依据新时代社区矫正普法自身的社区属性以及特点，其存在智慧法治的社区基础以及社区普法的实践基础两个方面。

（一）智慧法治的社区基础

智慧法治是科技与法治整合的有机体，更是一种极为优质的利法、普法资源。事实上，智慧法治资源是新时代我国法治发展的核心助力，更是基层普法所必须凭依的优质基础。特别是在基层社区中，大量智慧法治资源已经进入社区群众生活、工作之中。这些智慧法治资源具有极为突出的利好属性，可以为社区中的法治传播、法治服务提供强大基础。如社区智慧媒体、社区智能终端设备、社区智慧服务平台，以及社区微信公众号等，都是可以为我国基层普法实践提供优质基础。以社区矫正的精准化普法为出发点，这些智慧法治的社区基础资源可以多样化、高质量、强互动地推进精准化普法实践。特别是在区域法治数字化、数据化、智能化的助力下，社区矫正的精准化普法可以进行更为周延性、实时性地推进实践。这对社区群众充分理解社区矫正工作具有积极价值。如我们为了进行社区矫正的具象化宣讲，可以通过社区微信公众号、社区智慧服务平台等发布一些互动问答的题目。一方面，其可以极易引发社区群众对于社区矫正工作的兴趣，进而在社区矫正精准化普法中获得超越感官的参与以及具体专业知识，增益群众对于社区矫正工作的接触性理解；另一方面，其又可以便于社区矫正法治的智慧化传播，提升社区矫正精准化普法宣传的几何性效能，强化社区矫正普法资源的共享与互补。我们更可以认识到，这些智慧法治的社区基础，其可以有效地提升社区精准化普法的群众参与性、高效融入性，极容易生发出更多的普法衍生效益，更便于其他有益社会力量无阻碍地融入普法实践。可以说，这样的智慧法治社区基础，可以为社区矫正的精准化普法夯实科技化支点，起到了增益社区矫正的精准化普法的智慧资源性基础。

（二）社区普法的实践基础

在我国"八五"普法工作中，基层的精准化普法思维突出，这为新时代社区矫正精准化普法夯实了社区落实的理论基础。事实上，社区矫正工作自身是立足于社区修复、社区区域助力的监外司法，社区矫正精准化普法的根基也是立足于社区实践这一基层属域。我国社区普法活动已经进行多年，特别是在智慧法治时代，我国社区普法活动的形式、频度都已经在不断深化与精细的过程中。实际上，我国社区普法具有一种极为亲民、具体满足属性，表现为社区群众所求、所需、所遇等往往成为社区精准化普法的首先选择、工作重点。社区矫正因为其社区执行与社区修复等层面，其具备社区普法的首先选择、工作重点的基础条件。一般而言，社区矫正对象不脱离其生活的社区被组织监管、被帮扶教育等活动。社区矫正对象除了定期去参与社区矫正机关的定点活动外，其多数时间都是与社区存在高度的交叉性。社区成为社区矫正者实际的改造、修复以及从事服务活动的核心区域。基于此，社区群众对于社区矫正工作存有兴趣，同时也是对其切身利益的关心。我们立足于社区进行普法，就是在为社区矫正法治的传播、社区群众的相关认识以及理解夯实基础，也是构造社区矫正的小小环境，更是在夯实社区矫正者被接受或者被包容的处境基础。可喜的是，我们在以往社区普法活动之中，积累了大量经验以及有利资源，这些都是我们进行社区矫正亲和力普法的优势条件、前期基础。如社区普法资料合理分发、社区有奖活动、社区戏剧歌曲普法、居委会工作协同、社区周边社会力量融入等都是一些经验优势或者利好资源。同时，我们也需认识到社区精准化普法实践的时代化、个性化、差异化的问题，这也是社区矫正精准化普法在社区落实的新关注、新细节以及新发力。

二、智慧法治时代我国社区矫正中精准化普法的方式

在智慧法治时代，社区矫正的精准化普法方式与以往普法方式存在不少

差异性。特别是在智慧法治助力之下，社区矫正的精准化普法的方式出现了基础化嵌入方式与个性化融入方式这样两种典型方式。

（一）基础化嵌入方式

社区矫正的精准化普法，其实际上具有使受众对于社区矫正熟悉清晰化与增益理解包容的预设目的。对于我国社区矫正的精准化普法实践而言，我们需将其建立在全面智慧化解读与智能化细节定位的基础之中。从法治角度出发，社区矫正工作自身是一种基于社区或者基层区域性进行的、对于社区矫正者复归社会改造的监外执法实践，其体现着"社区和矫正人员互动的过程"[1]以及互相精细链接的过程。基于我国《社区矫正法》的创制目的与价值任务，其相关精准化普法实践还是应植根于对于社区内大众理念疏导与观念理解方面，积极地突出具有社区基础性嵌入思维方式。特别是智慧法治不断在社区深化嵌入时，社区矫正法律的宣讲务必构建起时代化、科技化的基础，以更为智慧化、便捷化方式嵌入基层社区中，积极地提升群众对于社区矫正具体工作的熟知度，精细化落实以社区为中心的精准覆盖。在智慧法治时代，大量的媒体科技形式或者平台已经嵌入基层社区公共设施领域。我们正是在通过合理有序地使用智慧化资源，以不断深度嵌入的方式提升社区矫正精准化普法的效果。如我们在社区适用数字化、5G技术支撑下的终端设备，不断把与社区矫正法制相关的资讯信息嵌入智慧化设备体系中，具体构建起社区矫正普法的基础化嵌入范式。特别是部分社区设置的触屏智慧终端设备，其可以嵌入有关社区矫正普法专项形式、内容，有效提升精专化普法效能。此种基础化形式嵌入的社区普法，其重视自然嵌入到群众生活中。这是一种主动性的、基础性的普法方式，其重视对于社区不特定的大众进行无差异性的普法，更是突出对于现有社区资源的合理使用或者镶嵌对接。特别是通过智慧法治资源的便捷效能，精准嵌入社区小群体范围之内，使其构建起一种社区内交流理解社区矫正的基础软环境。这样方式其可以最大程度淡化社区群众对于社区矫正工作的误解，甚至是软化群众对社区矫正者的歧视。这样的基础性嵌入方式，是具有极为积极意义的。

---

［1］ 参见蔡禾、王帅之："论城市社区矫正对社区凝聚力的影响"，载《学术月刊》2021年第2期。

（二）个性化融入方式

我国社区矫正的精准化普法实践，不仅是一种社区矫正领域专项法律的宣讲活动，而且更是一种推动大众对于社区矫正工作理解、满足大众诉求的活动。特别是在科技与法治结构化对接的时代，我们进行基层普法更是应当重视人民群众中个体化、类型化的法治服务诉求，突出个性化融入方式。这样的个性化融入方式，重视通过智慧科技平台以及手机 APP、线上人工服务等构建起精准化的个人化普法服务，具有普法方式的个体差异性、区别化。特别是在一些社区矫正相关的 APP 使用中，我们可以通过问题设置以及合理的信息交互，获得群众对于社区矫正工作个性化的法治诉求。这样的融入方式更是突出要切实地、自然地融入到社区矫正精准化普法实践中，其往往不生硬且不流于表面。特别是基于群众在社区矫正普法中的不同诉求，我们依托智慧法治资源构建起精准化的个性服务，可以达成社区矫正普法服务的精准对接以及个体满足效果。如为了满足矫正对象以及其家庭成员对于相关法律知识的理解诉求，或者是满足特定的企业、学校、单位等对于社区矫正工作的实践程序认识，我们可以具体结合个案进行讲解，或者模拟演示社区矫正工作的日常执行程序、内容等，也可以具体讲授社区矫正工作的对接关系、注意问题、执法目的等细节问题。这样的个性化融入方式，事实上是在解决社区矫正中最为群众所需的部分，其不仅是应对性的具体普法，更是具有个性化的法律咨询属性。这是将精准化普法推向了个性化服务的阶段，是对于社区矫正普法实践中个别化诉求的细腻达成。

三、智慧法治时代我国社区矫正中精准化普法的困境

在智慧法治时代，我国社区矫正的精准化普法工作虽然获得极好的历史机遇，但是也面临着诸多的现实困境。事实上，在社区矫正的精准化普法实践中，普法工作的碎片化、普法效果的形式化问题是较为突出的。

（一）普法工作的碎片化问题

基于社区矫正普法主体的差异性、普法内容的侧重、普法方式的选取等，我国社区矫正的精准普法工作中存在着一定程度的碎片化问题。事实上，这种碎片化问题多是因我们不适宜地截取部分社区矫正工作内容或者程序，或者过分地突出局部社区矫正环节而产生的。如在某些社区矫正普法工作之中，

我们有时可能会过分突出被矫正者的罪犯属性或者监外执行方面宣讲，或者过度渲染社区矫正者的监外社会活动问题等。这样可能会弱化大众对于社区矫正的社会温和性、修复性价值的认识。这实际上是我们用碎片化的、不系统的法律知识去强化社区矫正中的法律术语、技术、执行等产生的问题。这是一种普法实践的碎片化断层，更是一种普法的不利侧重。基于我们对于社区矫正的普法工作切实性理解，这种碎片化是与基层社区矫正工作执行阻力、基层法治资源基础配置等密切联系的。事实上，社区矫正普法链条是极为体系化的，是具有多样化价值的。社区矫正相关的基层普法工作，应当说是在引导群众对于社区矫正实践工作全面、正确的理解，是需要构建起有温度的社会包容与感化基础的。但是社区矫正普法碎片化问题，实际上弱化了其固有的社会复归价值与对社区矫正者的人格修复价值，间接导致了或者加剧了大众对于社区矫正工作的理解偏差，没有形成群众对于社区矫正工作的合理认识。特别是某些不适当的普法宣讲内容、格式化的普法方式，更是会将碎片化问题不断强化，轻犯复归与悔罪修复的善意思维没有得以传播，反而加剧大众对于社区矫正者贬低或歧视问题。

（二）普法效果的形式化问题

在社区矫正普法实施中，普法效果还存在一些形式化问题，影响了社区矫正工作的有力运行。这种形式化的问题可以体现为我们普法实践没有深入精准地与群众、社区矫正对象等构建起实际的理解、共识，更没有完成各方面协调共力的组建帮教基础。社区矫正的精准化普法特色价值，是建立在服务社区矫正者的社会性修复、复归社会性的目的基础上，其基层精准普法涵盖了从立法初衷到落实效果的全链条思维。在社区矫正普法的精准实施之中，我们有时过度重视社区矫正普法活动本身的形式、体量、范围、数量等，对于基层精准化普法实效的考量、评估以及事后修缮工作还是多有不足。这样导致社区矫正普法中，普法工作做了，具体效果未知，人员对接了，事情结果未知。这些现象还是反映出普法效果存在形式化问题。社区矫正普法效果的形式化，使得社区矫正的自身优势思维与利好价值受到限制。这使得社区矫正工作一方面没有得到社区大众的充分理解与全心接受，另一方面也使得社区群众可能会更排斥或者疏远社区矫正对象，甚至误解社区矫正普法工作的价值，社区大众对于社区矫正工作的认同感会更为不佳。这也使社区群众对于参与、协助社区矫正工作存在更多疑虑，减少了社区利好资源对于社区矫正工作的基础性支撑力。

四、智慧法治时代我国社区矫正中精准化普法的建议

在智慧法治时代，我国社区矫正的精准化普法自身存在的问题是较为突出的，需要进行对应性解决。我们立足于相关具体问题所在，凭借智慧法治的强力优势，去进行有应对性的优化处理，突出清晰构架以及夯实细节。

（一）清晰智慧法治精准化普法的架构

基于社区矫正精准化普法工作存在的问题，我们应当充分进行体系化的普法设计。智慧法治资源是整合科技与法治两种力量的存在，推进社区矫正普法工作的精准化，我们需依托智慧法治资源将社区矫正工作进行全体系的普及宣讲。我们需积极地以智慧法治资源清晰构建社区矫正普法工作的主体架构，提升社区矫正普法实践的整体性与周延性。我们需从几个方面入手：一方面，善用智慧法治资源的传媒效能方式，我们应当充分使用智慧媒体资源去构建优势级别的普法宣传体系，如夯实普法公众号中普法短视频系列剧等形式，推出围绕社区矫正工作体系构建起的普法优势性支点、全体系持续性关注，去不断解决社区矫正普法工作的碎片化难题，提升大众对于社区矫正工作全体系的认知度与理解度。另一方面，增强智慧法治资源的发力路径，积极地通过特色智慧法治平台的路径优势，推进社区矫正普法工作迈向强点辐射引领。以智慧法治平台构建普法高地核心，打造社区矫正普法路径的优质平台品牌效应，积极地减少大众对于社区矫正者的歧视以及对于社区矫正日常监管帮扶工作的误解。特别是通过地方性社区智慧法治平台，对发生在群众周边的个案进行实事说法。同时，我们积极避免忽略矫正的外部社区环境[1]等问题，以个案的完整性提升大众对于本地、本社区的社区矫正工作实践的真实感、融入感，这样可以有效解决碎片化问题。此外，突出智慧法治资源的延伸力量架构，我们也应当在智慧法治资源之上务求延伸创新，依托智慧法治资源进行一些多样化公益普法活动，提升不同主体对于社区矫正工作理念、方式、机制等的层级化理解，

---

[1] 参见周凌："社区语境下的矫正制度与矫正维度中的社区建构——基于犯罪社会学理论视野的概念化分析"，载《时代法学》2020年第6期。

协调法律知识传播与社会包容和谐有序的关系。如学校智慧普法小课堂、企业智慧法阵地、社区线上回答活动等形式设计。总体而言，我们不断守正创新为社区矫正普法工作完善支撑，推进碎片化问题的解决与具体普法工作的发展。

（二）夯实智慧法治精准化普法的细节

为了应对社区矫正工作中存在的具体问题，我们应当夯实智慧法治精准化普法的细节层面，特别是突出对于特殊关键环节的重视以及普法效果的合理评估。社区矫正普法工作实际上是极为特殊的，其具有极为突出的社区或者基层执行属性与社区修复属性。所以，一方面，我们应当立足于社区基层进行社区矫正普法细节的精准化设计，积极地在社区固有的智慧化资源之中进行更为细腻的、拓宽性的普法创新。特别是通过社区自身微信公众号、社区视频号等资源进行优质化的线上普法服务，同时促使智慧化资源的合理分布以及特色普法单元的展开。我们更是应当通过社区居委会等提升普法线下服务细节的对接性，推进社区矫正普法由被动普法到多方协同参与，推进社区大众对于社区矫正工作由浅层认识到深度理解，对社区矫正对象由不当歧视到理性包容。其中最应积极地将社区生活区域作为社区矫正者的监管、帮扶、辅导、修复之核心，以更多的人文关怀以及有效管理作为实施细节，营造社区矫正者周边社区小环境的温馨性、真实性和包容力。另一方面，我们应当立足于理性解读"基层社区矫正新模式"[1]，合理地进行社区矫正普法实践的创新。如在遵守法律的基础上，我们可以去反向引导进行社区矫正精准化普法大众化的监督、评估工作；可以进行情景化的角色换位思考、全社会化监督评估等活动，也就是以实务化思维方式去切实引导基层群众细腻地参与执行、监管、评估具体工作。这可以使社区群众真实地知晓社区矫正者的修复状态以及执行结果，提升社区群众的参与性，提升对于社区矫正者的信任感；还可以提升基层群众对于社区矫正工作的理性包容或者帮扶效力，更可以为社区矫正的推进夯实成效。

---

〔1〕 参见朱晓静："当社区矫正遇见精准扶贫：欠发达地区社区矫正新模式研究"，载《中国软科学》2021 年第 4 期。

结语

在智慧法治时代，我国基层精准化普法与以往普法实践有较大的差异，其智化方向突出。基于社区矫正自身的发展，我国社区矫正的精准化普法应立足于基层社区，凭借智慧法治优势不断助力社区矫正实践迈进精细化、实效化，积极地促进社区矫正法治的全面发展。

广西壮族自治区边境地区社区矫正工作的现实困境及路径探索

——防城港市、崇左市社区矫正工作调研报告

李海华* 李卓颖**

摘　要：《社区矫正法》的施行，标志着社区矫正工作进入了全面依法实施的新阶段。为推动《社区矫正法》的施行，广西社区矫正研究会调研组通过对广西壮族自治区部分市及其下辖部分区、县、镇开展基层社区矫正调研活动，对广西壮族自治区边境地区社区矫正工作开展情况、经验做法、工作亮点以及面临的困难和问题等进行了认真的分析、研判和思考，积极探寻突破困境的有效对策，以期对边境地区社区矫正工作的开展提供智力支持。

关键词：边境；社区矫正；社区矫正法；困境

2019年12月28日，第十三届全国人民代表大会常务委员会第十五次会议全票通过了我国首部《社区矫正法》，自2020年7月1日正式施行，标志着社区矫正工作进入了全面依法实施的新阶段。最高人民法院、最高人民检察院、公安部、司法部联合制定的2020年《实施办法》与《社区矫正法》同时施行。为了能更好地实施《社区矫正法》，进一步规范和推进我区社区矫正工作，自治区高级人民法院、自治区人民检察院、自治区公安厅、自治区司法厅根据《社区矫正法》、2020年《实施办法》，对2014年12月23日颁布的《广西壮族自治区社区矫正实施细则（试行）》进行了修订，并于2021年4月19日颁布了《广西壮族自治区社区矫正工作细则》。

为更好地了解掌握《社区矫正法》施行以来广西壮族自治区基层社区矫

---

　*　李海华，女，广西警察学院讲师，研究方向：矫正教育学。

　**　李卓颖，女，广西警察学院教师，研究方向：矫正教育学。

正工作的开展情况，在当前疫情防控常态化的形势下，广西社区矫正研究会课题组于 2021 年 6 月采取线上线下相结合的方式对广西壮族自治区部分市及其下辖区、县社区矫正中心、司法所进行了调研，对基层社区矫正工作开展情况、经验做法、工作亮点和面临的困难等进行了认真深入的研判和思考。广西壮族自治区地处中越边境，其中防城港市、崇左市与越南接壤，本次调研活动主要围绕这两地展开，因此，本文主要以防城港市和崇左市为例，讨论《社区矫正法》实施以来广西壮族自治区边境地区社区矫正工作开展的情况。

一、广西壮族自治区边境地区社区矫正工作的现状

广西壮族自治区自 2010 年开展社区矫正工作以来，截至目前，全区累计接收社区矫正对象 116 918 人，累计解除 99 962 人，现有在册社区矫正对象 16 956 人。[1] 社区矫正对象在矫期间无重大刑事、恶性案件发生，累计再犯罪率 0.09%，低于全国 0.2% 的平均水平，并持续下降，为创新社会治理、维护我区社会和谐稳定作出了积极贡献，取得了良好的法律效果和社会效果。其中，防城港市全市累计接收社区矫正对象 3052 人，累计解除社区矫正对象 2393 人，现在册社区矫正对象 659 人，其中缓刑 629 人、假释 19 人、暂予监外执行 11 人，重新犯罪率始终保持在 0.2% 的较低水平，无脱管漏管现象、无社区矫正对象参与影响社会稳定的事件。另外，崇左市累计接收社区矫正对象 5417 人，解除社区矫正对象 4373 人，现在册社区矫正对象 1044 人，其中管制 1 人、缓刑 1013 人、假释 24 人、暂予监外执行 6 人，社区矫正对象再犯罪率持续为 0。

表 1　各地区社区矫正对象人数统计

范围	接收社区矫正人数（人）	累计解除矫正人数（人）	在册人数（人）	重新犯罪率
广西壮族自治区	116 918	99 962	16 956	0.09%
防城港市	3052	2393	659	0.2%
崇左市	5417	4373	1044	0

〔1〕　本文数据统计截止时间为 2021 年 6 月。

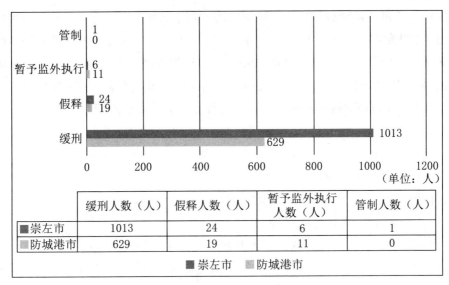

图1　崇左市和防城港市社区矫正对象各类型人数

	缓刑人数（人）	假释人数（人）	暂予监外执行人数（人）	管制人数（人）
■崇左市	1013	24	6	1
▨防城港市	629	19	11	0

　　近年来，随着全球化浪潮席卷世界各国以及交通方式的革新，加上东盟经济自由区的建立和发展，中国与东盟各成员国的联系日益紧密，经贸合作和人员往来也越来越频繁。位于祖国南部边陲的广西壮族自治区，直接与越南接壤的县、市共有8个，又与泰国、老挝、缅甸等东盟国家相近，东盟国籍公民在广西壮族自治区犯罪的现象不断涌现。因此，防城港、崇左市都曾有外国籍社区矫正对象，主要以走私、偷越国边境罪为主。

　　（一）社区矫正的领导体制和工作机制

　　广西壮族自治区各市、县、区建立起在党委、政府的统一领导和安排下，司法行政部门牵头组织、相关部门协调配合、社区矫正中心和司法所具体实施、社会力量广泛参与的社区矫正工作领导体制和工作机制。2020年6月，广西壮族自治区党委、政府正式批准设立广西壮族自治区社区矫正委员会，委员会下设办公室，办公室设在自治区司法厅，负责委员会日常工作。目前，广西壮族自治区全区市县两级基本都成立了社区矫正委员会，各级社区矫正委员会作为议事机构，负责统筹协调和指导本行政区域内的社区矫正工作。部分市、县（区）成立了社区矫正管理局，如南宁市、柳州市、百色市、南宁市青秀区等。社区矫正管理局承担统筹部署和调度本行政区域内的社区矫正工作，监督、管理和指导社区矫正中心、司法所开展社区矫正工作，衔接协调与各政法部门及其他有关部门间的工作和法律手续，同时承担一系列具体的社区矫正工作等。崇左市于2020年8月18日设立了"崇左市社区矫正委员会"，随后所辖7个县（市、区）也均设立了社区矫正委员会，在全区率先完成市、县两级全部成立社区矫正委员会。另外，防城港市截至目前市、县两级已全部设立社区矫正委员会，负责统筹协调和指导本行政区域内的社区矫正工作。

此外，在具体社区矫正工作方面，防城港市、崇左市两地的社区矫正机构皆制定了多项工作制度，包括日常管理、考核奖励、学习教育、公益劳动和帮困解难等，基本上覆盖了社区矫正工作的各个方面。

（二）社区矫正工作队伍建设

《社区矫正法》实施以来，广西壮族自治区不断加强社区矫正队伍专业化建设。通过招录公务员、协警、公益性岗位等多项措施，充实各级社区矫正中心执法力量。目前，防城港市共有社区矫正专职工作人员37人，招聘社区矫正协警39人，有社区矫正社会工作者60人，社会志愿者530人。崇左市共有社区矫正专职工作人员112人，招聘社区矫正协警、公益岗位81人，有社区矫正社会工作者99人，社会志愿者869人，建立社区教育基地4个，公益活动基地17个，就业基地7个。崇左市以机构设置、队伍建设、职责定位为着力点，依法推进高素质社区矫正工作队伍建设，以"队建制"推进社区矫正机构队伍专业化建设。另外，崇左市司法局还深入各县（市、区）督导检查并开展业务培训，全面提高社区矫正工作人员的业务能力。同时，各县（市、区）也积极组织开展相关业务培训，不断提升各基层司法所的社区矫正业务水平。

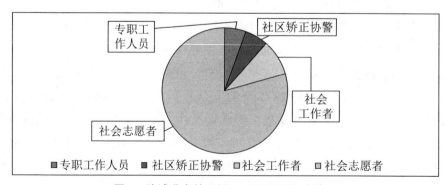

图2　防城港市社区矫正工作队伍构成情况

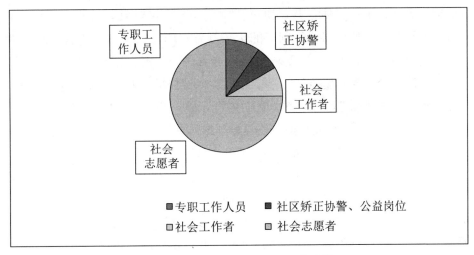

图 3 崇左市社区矫正工作队伍构成情况

（三）监管教育模式

1. 走访严查，强化监管

各级司法行政机关统筹社区矫正与扫黑除恶专项斗争、个人极端案件排查、特殊人群排查整治等专项活动，加强了对社区矫正对象的监管，严格外出审批，强化信息化核查手段。据统计，2020 年 7 月至 2021 年 6 月，防城港市累计对社区矫正对象训诫 5 人，警告 9 人，撤销缓刑 5 人，对暂予监外执行的社区矫正对象收监执行 1 人，有力维护了刑罚执行的严肃性。崇左市则根据自身地处边境国门城市的地理位置特点，积极加强与公安出入境、边管支队、边防部队的沟通协调，发现有社区矫正对象私自出入国境的，及时查扣并通报处理，避免脱管漏管情况的发生。

2. 创新监管教育模式，推进"刑罚执行一体化"

"刑罚执行一体化"旨在积极探索监狱警察职能延伸，扩大社区矫正用警规模，实现监禁与非监禁刑罚执行衔接互动、优势互补，不断提高教育矫正质量。从行刑一体化视角看，监狱民警参与社区行刑矫正模式主要为传统模式、专职模式和互帮互建模式。在当前情况下，自治区司法厅组织监狱人民警察挂职参与社区矫正工作，深入开展地方司法行政机关与监狱单位结对共建活动，形成了互帮互建的模式。2020 年 11 月 11 日，防城港市司法局与北海监狱签署刑罚执行一体化共建协议，建立社区矫正对象警示教育基地，推动监禁刑罚与非监禁刑罚执行制度的优势互补，印发《防城港市社区矫正对象警示教育活动实施方案》，创新教育改造方法，丰富教育改造内容。另外，崇左市司法局分别与黎塘监狱、南宁监狱、柳城监狱、西江监狱、邕州监狱、新康监狱、女子监狱等7所监狱单位签订了结对共建协议，崇左市7个县（市、区）局也分别与有关监狱单位签订了结对共建协议，为有关工作的进一步开展奠定了基础。崇左市司法局还积极组织开展监、地共建交流活动，组织社区矫正对象到有关监狱开展警示教育参观学习活动，提醒他们狱外生活来之不易，从而使他们更加珍惜非监禁刑罚的自由，并自觉接受矫正教育。崇左市司法局还安排挂职监狱人民警察深入参与社区矫正工作。

另外，防城港市司法局针对本市"跨一步就出境"的边境城市地理特点，2020年12月22日，联合法院、检察院、公安机关创新出台《防城港市社区矫正对象限制出境通报备案管理办法（试行）》（以下简称《办法》），明确各部门职责：人民法院负责对被其判处管制、宣告缓刑、假释或者暂予监外执行的四类社区矫正对象进行报备；司法行政机关（社区矫正机构）负责对所有在册以及外省市决定机关决定在本市纳管的社区矫正对象的报备工作；出入境管理部门履行法定不批准出境报备工作职责，及时执行限制出境措施，不予签发出入境证件，对持有有效出入境证件的宣布作废。

3. 加强基础信息化建设，不断提升"智慧矫正"科技含量

《社区矫正法》第5条规定，国家支持社区矫正机构提高信息化水平，运用现代信息技术开展监督管理和教育帮扶。崇左市在智慧社区矫正中心建设方面，通过社区矫正工作和信息技术深度融合发展，线上线下协同应用，构建互联互通、信息共享、智能高效的社区矫正监管、教育、指挥巡查和应急处置体系。崇左市司法局在加强基础信息化建设方面，适应辖区社区矫正对象服务管理需求，合理升级监督管理、教育帮扶、综合管理等相关功能室，不断提升县级社区矫正中心的实战化、扁平化、智能化水平；完善中心智慧矫正装备设施，推广运用智能机器人、报到一体机、自助矫正终端、移动执法等新设备，提升县级社区矫正中心执法执勤装备配备水平，从衔接、入矫，到监管、核查，到调查、执法，实施智能化管理；与公安机关衔接开通"雪亮工程"对社区矫正开通权限，与法院衔接推进"智慧法院""智慧矫正"

联网协同，与电信、移动签订信息化核查协议，利用社区矫正管理平台、社区矫正电子定位系统，以及"矫务通""在矫通""协矫通"手机 App、微信等信息化方式，对辖社区矫正对象实施信息化核查、动态监控。防城港市的县（市、区）司法局均建立了手机定位监控平台，社区矫正对象手机定位覆盖率达到 99%。社区矫正远程视频督查系统已建至司法所一级，均有信号推送至自治区厅平台。初步实现了司法行政信息统一归口，建构起扁平化指挥体系数据根基。

二、广西壮族自治区边境地区开展社区矫正工作的现实困境

（一）社区矫正机构设置缓慢，人员配备不足

《社区矫正法》第 9 条规定，县级以上地方人民政府根据需要设置社区矫正机构，负责社区矫正工作的具体实施，明确了县级以上地方人民政府设置社区矫正机构的要求，但是由于目前还没有统一明确的社区矫正机构建设模式，各级社区矫正机构的名称、级别、编制、经费等没有明确的标准，各地在推动规范设立社区矫正机构方面遇到极大的障碍。实践中，部分县、区在社区矫正中心的基础上设立了社区矫正管理局，为"一套人马，两块牌子"。目前，广西各地经编委批复同意已成立的社区矫正管理局，在人员编制方面非常紧缺，基本是从其他部门现有人员编制中调剂解决，并未新增人员编制。

另外，社区矫正工作人员严重不足。目前，基层社区矫正工作基本由司法所承担，而司法所本身就承担着人民调解、法治宣传教育、安置帮教、基层法律服务等工作，在此基础上再接受司法局委托负责社区矫正工作就显得更加力不从心。从调研的情况来看，社区矫正工作占据司法所工作的绝大部分。许多地方司法所内在编的工作人员仅有 1 人~3 人，能够专门从事社区矫正工作的人员更少。因此，在人员严重不足的情况下，想要取得比较好的教育矫正效果是非常困难的。根据崇左市司法局的统计，该市各县区社区矫正中心、各乡镇司法所，一年组织社区矫正对象集体教育 3565 人，个别教育 2520 人，心理辅导 802 人，组织公益活动 3467 人，社区矫正工作人员承担着巨大的工作量。另外，由于缺乏专门的社区矫正机构指导和调配工作，司法所只能不断调配本所其他部门工作人员负责社区矫正工作，这就导致工作上很难做到专业化和专职化。

（二）法律法规配套细则有待完善

《社区矫正法》第23条规定，社区矫正对象在社区矫正期间应当遵守法律、行政法规，履行判决、裁定、暂予监外执行决定等法律文书确定的义务，遵守国务院司法行政部门关于报告、会客、外出、迁居、保外就医等监督管理规定，服从社区矫正机构的管理。目前，关于报到、教育、公益活动等具体规定并未出台，基层社区矫正机构在实施分类管理、考评中难于把握尺度。同时，各级、各地对居住地（执行地）认定标准等存在分歧和争议，需要制定统一的解释，比如户籍地和居住地在不同辖区、社区矫正对象不能提供有效的文件来证明自己的居住地时，应该如何认定执行地才能便于监管和走访。因此，《社区矫正法》配套实施细则亟需完善。

（三）社区矫正基础设施建设和资金保障薄弱

随着社区矫正工作不断向前发展，经费保障水平不高、社区矫正场地和设备配备不足等问题进一步凸显，影响社区矫正工作向更高水平发展。在"智慧矫正"建设不断推进的情况下，升级信息系统一体化平台、打造全国一流"智慧矫正中心"等建设资金需求日益加大，资金保障薄弱。为规范全国司法行政信息化建设，加强对全国司法行政业务工作的指导，2021年6月21日，司法部发布了《社区矫正中心建设规范（SF/T 0087-2021）》标准，这又是对我区社区矫正建设的一大考验。根据文件的要求，社区矫正中心必须是独栋式建筑，还需配备信息采集室、宣告室、训诫室等25项要求。然而，目前为止，我区并未有社区矫正中心可以达到这个标准。

（四）社区矫正信息化监管存在盲区和困境

《社区矫正法》对社区矫正对象监督管理和教育帮扶提出了新的目标要求。该法正式实施以来，我区各地在具体实践中也遇到了一些问题，如定位手环进一步严格限定使用条件后，由于手机定位核查存在的信号漂移、精度不足、人机分离等先天不足，对社区矫正对象的信息化监管比较乏力。另外，社区矫正信息化建设有待加强。例如崇左市各地司法行政部门，有些没有及时调整信息网络运营服务商；有些没有及时录入工作信息；有些没有推广运用智能机器人、报到一体机、自助矫正终端、移动执法等信息化执法执勤装备等，这些问题使得对社区矫正对象难以进行有效监督，容易造成脱管的现象。

（五）参与社区矫正的社会力量薄弱

虽然广西壮族自治区也广泛动员社会力量参与社区矫正，但参与社区矫正的社会力量依然薄弱。目前，社区矫正工作主要力量是社区矫正管理机关，政府公权力占据主导地位，社会力量参与居于从属地位。为使社区矫正对象能够更好地融入社区环境，必须充分调动社会各方面力量参与社区矫正工作。社区矫正工作仅靠专职的社区矫正工作人员的力量远远不够，社会各方面力量的参与是非常重要的。《社区矫正法》对调动社会各方力量参与社区矫正作了诸多规定：国家鼓励和支持企业事业单位、社会组织、志愿者参与社区矫正；居委会、村委会可以引导志愿者和社区群众，利用社区资源，通过多种形式进行教育帮扶；社区矫正机构可以通过公开择优购买服务、项目委托的方式，委托社会组织提供心理辅导、社会关系改善等专业化帮扶等。这些规定充分体现了动员社会力量参与社区矫正工作的立法初衷。

三、基层社区矫正工作路径探索

（一）加快推进社区矫正机构设置

社区矫正机构设置缓慢导致基层社区矫正工作缺乏有效的指导和统筹，阻碍了社区矫正工作的发展，因此，需要加快推进社区矫正机构设置。调研中发现，设置社区矫正机构缺乏上级文件支撑，司法行政部门依法提出的设置执法机构的请求往往得不到支持。目前，广西壮族自治区各地经编委批复同意已成立的社区矫正管理局，在人员编制方面非常紧缺，基本是从其他部门现有人员编制中调剂解决，并未新增人员编制。可以参考借鉴各地社区矫正机构设立模式，结合当地实际情况加快推进社区矫正机构设置。积极向地方党委政府汇报，与有关部门沟通协调，争取多方支持，加快推进成立社区矫正管理局，切实解决社区矫正执法主体合法合规问题，为规范开展社区矫正工作提供组织保障。

（二）加强社区矫正工作人员专业化、专职化建设

通过调研，我们发现广西壮族自治区目前参与社区矫正的工作人员中，部分在编的社区矫正工作人员多数是由其他岗位调入，而不在编的工作人员则为临时聘用，社区矫正工作人员在矫正教育的理论和实践经验上有所欠缺，因此，亟需加强社区矫正人员专业化、专职化建设。

1. 注重与高校合作，培养专业人才

广西壮族自治区区内的部分高等院校开设有法律、教育、心理、社会工作等与社区矫正工作相关的专业，但是由于对社区矫正工作缺乏了解，很多学生没有意识到自己所学的专业知识与社区矫正工作相关，将来可以在社区矫正工作中发挥自己的专业特长。因此，学校应当加强就业指导，拓宽就业渠道，鼓励学生到基层从事社区矫正工作。另外，社区矫正项目也可以跟院校签订合作协议，学校可以组织学生参与社区矫正志愿者项目，也可以组织学生到社区矫正机构实习。一线的实践经验与先进的学术理论相结合，有助于社区矫正项目质量的提高，同时培养一批社区矫正工作的后备力量。

2. 培养"一专多能"的社区矫正工作人员

根据调研，基层司法所的工作人员数量非常有限，我们认为通过提升工作人员的专业知识水平，培养"一专多能"的人才可以有效缓解人员不足的压力。作为一名专业的社区矫正工作人员，需要具备法律、心理、教育等专业知识，同时还需要具备与社区矫正对象进行良好沟通的能力，以及与人民法院、人民检察院、公安机关、监狱进行工作衔接的能力，甚至进行社区矫正的法律宣传和公益活动的策划和控场能力等。随着"智慧矫正"的不断推广，社区矫正工作还需要一些掌握信息技术的人才。因此，培养"一专多能"的社区矫正工作人员是迫切需要的。

（三）完善社区矫正工作的配套法律规范

《社区矫正法》第23条规定，社区矫正对象在社区矫正期间应当遵守法律、行政法规，履行判决、裁定、暂予监外执行决定等法律文书确定的义务，遵守国务院司法行政部门关于报告、会客、外出、迁居、保外就医等监督管理规定，服从社区矫正机构的管理。目前，关于报到、教育、公益活动等具体规定并未出台，基层社区矫正机构在实施分类管理、考评中难于把握尺度。因此，要根据《社区矫正法》、2020年《实施办法》和《广西壮族自治区社区矫正工作细则》，全面清理和修订社区矫正现有规章制度，完善报到、教育、公益活动等具体规定。各地对居住地（执行地）认定标准等存在分歧和争议，给社区矫正工作带来很多困难，亟需制定统一的解释，进一步细化执行地的认定标准。

（四）建立协作机制部门联动

推进"智慧矫正"提升科学化监管水平，加强与信息化建设部门沟通合作，加快升级完善社区矫正信息系统一体化大平台，融合前端智能设备，提升应用体验。进一步加大"智慧矫正中心"建设力度，做好对广西壮族自治区首批 16 个"智慧矫正中心"建设、运行的指导管理，健全完善内部管理制度，确保发挥"智慧矫正中心"高效协同指挥管理工作效能。加强与财政部门协调沟通，推进第二批县级"智慧矫正中心"共建工作，加快推进全区"智慧矫正中心"建设进程。积极协调争取自治区公安厅支持，允许"天网""雪亮"工程视频监控全部向社区矫正机构开放，努力推进法院、检察院、公安、司法行政等部门之间信息共享，推动管理方式创新，着力推进集成业务管理、定位监管、远程视频督察、远程教育帮扶等业务应用的统一社区矫正业务平台升级建设，逐步实现数据共享化、管理智能化、办公移动化、指挥可视化的"智慧矫正"新模式。

（五）提升社区矫正社会化水平

《社区矫正法》第 13 条规定，国家鼓励、支持企业事业单位、社会组织、志愿者等社会力量依法参与社区矫正工作。社区矫正工作不仅需要专职社区矫正工作者对社区矫正对象进行监督管理、教育矫正、帮扶，还需要社会各界对他们关心、教育、帮助。坚持专门国家机关和社会力量相结合，积极协调民政、人社、财政、教育等部门，努力解决社区矫正对象生活、工作、学习面临的困难问题，充分依托工会、共青团、妇联、未成年人保护组织等的平台、阵地，形成部门常态化帮扶机制。继续大力推进政府购买社区矫正社会工作服务，为社区矫正对象在教育、心理辅导、职业技能培训、社会关系改善等方面提供必要的帮扶。积极推动村（居）民委员会协助做好社区矫正工作，动员鼓励企业事业单位、社会组织、社会工作者、志愿者等共同参与社区矫正工作，多元参与。

韩国恢复性司法对社区矫正的立法实践及启示*

赵　跃**

摘　要：韩国语境下的恢复性司法概念，不是特定模式或理论术语，而是解决犯罪所产生问题的一个动态过程，其强调犯罪如果是因责任适应能力、法律能力、地区社会保护责任作用所导致，就不应该由犯罪人承担完全的刑事责任。而将因犯罪行为陷入困境的人、直接或间接受害的人、有犯罪相关特定需求的人、或负有解决问题义务的人聚集在一起，最大限度地合理地解决犯罪受害而努力。具体表现为立足于社区这一基础性生活与生产单位，一方面有利于保护犯罪人的社会权利。使得犯罪人在社区中必须学会适应，包括学习职场经验和获得主动学习技术的机会；另一方面有利于实现刑事司法社区罪犯的控制机制。通过社区矫正环境，旨在将从偏离的法律体系的犯罪人，重新纳为生活成员。本文通过介绍韩国语境下的恢复性司法的理念及对社区矫正的立法实践的影响，以期提出重塑我国社区矫正恢复性司法的实践模式，重视恢复性司法理念下的社区矫正功能。

关键词：恢复性司法；社区矫正；非监禁主义；非设施主义

前　言

恢复性司法战略可以说是一项具有巨大潜力的刑事司法政策，能够非常积极地改变罪犯的行为和态度。因为恢复性司法具有将罪犯从拘留所、监狱、少管所等矫正设施带到社区。恢复性司法的出发点是相信，罪犯即使在监狱里，也有权得到尊重和体面认可，如果罪犯不再再犯，他们将具备基本的竞

---

* 本文为四川省教育厅项目"社区矫正人员再犯危险评估研究"（18SB0824）、四川省社区矫正中心项目"未成年人预警行为及新理念下的社区矫正"（SQJZ2018-07）的阶段性成果。

** 赵跃，女，四川省社区矫正中心助理研究员，韩国在读法学博士，研究方向：刑事法学、社区矫正。

争力和力量。因此,恢复性司法将犯罪人向受害人道歉寻求和解,以及在犯罪人力所能及的范围内对受害人进行赔偿,同时使其重新成为社区中负责任的成员,视为一种非常理所当然的矫正策略。作为恢复性司法正式计划出现是1976年在加拿大安大略省 Kitchener 成立的"受害者—加害者和解计划"[1],韩国自1981年引入恢复性司法理念,逐渐对于社区内处遇也产生了积极影响。为此,笔者通过介绍韩国语境下的恢复性司法理念对于社会内处遇见的影响及发展,探究现存基于社区的韩国保护观察的策略,以期对我国的社区矫正从理念根本性层面找到出口,从制度层面寻找社区矫正的方法,旨在恢复性司法在中国的落地生效。

一、韩国恢复性司法对社区矫正的影响

(一) 恢复性司法对罪犯社区的再融合

韩国恢复性司法在1981年《诉讼促进等特例法》实施损害赔偿命令制度以来,制定了《犯罪受害者救助法》(1987年)、《保护犯罪受害者援助综合对策》(2004年)、《犯罪受害者保护法》(2005年)。警察厅对待校园暴力案件也引入了恢复性司法制度试点运营(2007年)、矫正机关的恢复性方案实施法制化(2008年)、犯罪者—受害者—家属等多种对象和方法的适用等。表明了恢复性司法对于犯罪而言,如果犯罪是关于危害的,那么正义不是通过惩罚犯罪者就能实现的,而是通过治疗犯罪过程中的犯罪者、受害者和社区的创伤才能实现的。对于刑罚而言,恢复性司法内部存在两种观点:一种认为这是一种完全不同的替代传统刑事司法系统的分流系统,[2] 另一种认为这是一种补充传统刑事司法系统的系统。[3] 但无论这两者观点的区别是什么,恢复性司法最重要的脉络是消除导致犯罪的危害性—治疗因犯罪造成的受害者的身体、心灵、财产损失,恢复因犯罪直接或间接受到损失的地区社会才是正义。

---

〔1〕 参见李白哲:"世界矫正理念的潮流和韩国矫正",载《矫正研究》2003年第21期。

〔2〕 See Gordon Bazemore, Lode Walgrave, "Restorative Juvenile Justices: In Search of Fundamentals and an Outline for Systemic Reform", *Restorative Juvenile Justices: Repairing the Harm of Youth Crime*, Criminal Justices Press, 1999, p.234.

〔3〕 "受害者参与恢复性司法是义务,对与加害者的接触,感到负担,没有参与时感到内疚",引自李镇国:"外国恢复性司法制度的考察",载《受害者学研究》2006年第14卷第1号。

恢复性司法的理念表现在传统刑事司法程序中，特别是在犯罪发生的早期阶段，在传统刑事司法机关积极介入之前，是社区首先介入。大多数国家长期坚持的对罪犯的拘留政策造成了社会问题和经济成本，为了克服监禁刑这一问题，开始了社会内处遇的积极探索即从协调中心到家庭小组会议提出了各种解决犯罪问题的方案。这一趋势使越来越多的人认识到，通过正式的刑事程序解决犯罪问题的能力有限，这与犯罪问题是犯罪者、受害者和社区必须共同解决的一项社会课题的认识相吻合。[1]

韩国语境下的社区矫正也是来源于英文单词（Community Corrections），指包括犯罪预防，从正式审判程序转化、矫正、释放后项目等，在整个刑事程序中以社区为基础，具体分为三个步骤：一是把罪犯放在社区进行监督。通过社区各类项目予以监视控制，追求社区安定。二是使罪犯回归社会。即通过社区介入，针对犯罪人的犯罪需求，制定个别化的矫正项目，彻底使罪犯从自觉预防犯罪。三是罪犯积极修复社区关系。通过犯罪人积极主动的个人行为，一方面补偿被害人的损失，另一方面通过社会服务活动修复社区关系。进一步分析，犯罪分子重返地区共同体中，住着因犯罪行为而受害的人，以及从他们的族群及其受害遭受间接影响的很多人。因此，罪犯的重新整合不是由其终止应承担的罪责或由矫正机关的处遇单方面决定，而是包括犯罪受害者在内的社区成员，他们对犯罪分子的影响非常大。因此，为了让共同体在罪犯的重新融入中发挥重要作用，必须形成关于犯罪问题是共同体的集体问题的共识。即以社区为基础的重新融合模式和恢复性司法的原则，期望重新创造新的集合性和非正式性社区对犯罪和各种社会问题有所反应。共同体在提供社会控制和社会支持方面，从公民和社区之家所具有的自然作用的角度，应该概念化为首要行为主体的独立边缘人。进而强调共同体在罪犯重返社会和重新融入社会中的作用。理论观点可以整理成三个流程：第一，生平历史研究。强调了社区背景的重要性，这种背景可以保证对家庭、工作场所和其他制度所具有的正式作用的惯常承诺的发展，强调了以处罚为主的正式社会控制所产生的负面影响。同时，强调通过组建家庭、就业、参与公民活

---

〔1〕 参见金在熙："恢复性司法中关于共同体意义的诉讼"，载《刑事法研究》2021年第33卷第2期。

动和获得教育资格而提供的非正式社会控制的重要性。第二，集合效率观点认为，当公民们觉得自己被赋予了确定准则的权限，并且对其他社区成员的行为容易行使非公开的社会控制时，犯罪就会减少。强调社区应对青少年犯罪的社会资本动员非正式社会控制的歧视性能力，向犯罪影响的青少年和家庭提供社会支持，犯罪能力会随之降低。第三，关注罪犯身份变化的社会心理学。其强调罪犯的身份是如何通过与他人的社会交往形成和发展的。认为罪犯的身份可以通过提供亲社会身份的职业和家庭、社区背景中的角色数量来改变。犯罪分子通过尝试自己亲社会角色的新身份时，就会停止犯罪。犯罪分子在亲社会中与他人互动，最终人们通过这些新角色改变了对犯罪分子的印象。由此看来，犯罪分子不仅可以通过社区的作用重新整合，还可以通过自己的行为重新整合，换言之，如果没有对社区的态度和思维方式的变化，只考虑到犯罪分子的思维类型和技术变化而执行的监督、违反保护观察遵守情况的威胁，或者通过矫正处遇的服务，犯罪分子无法成功地重新融入社会。反之，通过共同体的参与，诠释了恢复性司法的原则，侧重于共同体群体和公民的作用，关注应对犯罪的非正式和自然的处理过程。

（二）恢复性司法对矫正有关的立法

韩国的恢复性司法自 1981 年根据《诉讼促进等特例法》实行损害赔偿命令制度以来，制定《犯罪受害者救助法》（1987 年）、《保护犯罪受害者援助综合对策》（2004 年）、《犯罪受害者保护法》（2005 年）、以及构建民官联合保护支援系统（2006 年）等。2007 年警察厅更是针对校园暴力等少年犯事件，进行恢复性司法的示范运营，2008 年将矫正机关的恢复性程序实行法制化。表明了恢复性司法对于加害者、被害者、家属等多种对象和方法的具体适用。尤其是 2006 年制定了《矫正行政变化战略计划》，[1]该计划以受刑者的"成功重返社会和防止再犯"为愿景，提出了以加强复原性专门化计划、防止受刑者再犯为主要目标的实践计划。这可以说是进一步扩大在调查、审判阶段以加害者—受害者之间的和解为中心运营的恢复性司法概念，在矫正阶段试

---

〔1〕 회복적.문화적 교정프로그램의 강화를 통해 회복적 정의（Restorative Justice）에 입각하여 수형자가가족,피해자 및 지역사회와의 관계를 회복할 수 있도록 지원하는 회복적 교정프로그램과 함께 음악, 미술, 웃음, 분노조절등 문화적인 교정프로그램의 시행을 확대하겠다고 밝혔다.《법무부 변화전략계획 발표》2006.

图与社会共同体恢复的开端。2007 年首尔地方矫正厅实施了"希望灯塔项目"等一系列尝试扩大犯罪者和受害者恢复的观点，试图让学术界、社区、媒体公司等参与的泛国民活动。

研究表明，在财产和居住环境以及社会信誉等方面，非犯罪者比犯罪者具有优越的地位。[1] 在一些地区，长期失业现象很普遍，这直接或间接地影响犯罪活动，呈现出恶性循环结构。城市中的低收入群体和罪犯群体等不断质疑社会不平等的本质性，成为社会解决课题的社会课题。在恢复性司法中，特别是社区干预的目的在于改变具体领域和邻里的物质状况和基础，改变居民和非居民之间的认识和态度。较低的社区纽带、经济差异、灾难和不足的社区组织影响着有犯罪倾向地区的建立，最终社会必须努力解决这一问题。犯罪分子可以在解决这些问题中发挥重要作用。更何况，个人的消极态度和反社会行为甚至会变成积极态度和亲社会行为。能够体现恢复性司法理念的成功，即矫正策略强调了对犯罪者有更有效的监督方法、转变为守法公民的方法等。支持者认为：恢复性司法在找到这些方法的同时，还存在着作为贡献者的角色关系。在社区实施的一些项目中，犯罪分子会体验到社会责任感、社会归属感、存在感等。比如让少年罪犯照顾患有阿尔茨海默症的老人及其家人的生活，会让懦弱的人感受到自己能帮上忙的存在感和社会归属感；让伪造药品生产日期的药剂师为邻居做 500 小时的社会服务，让他们感受到作为一个专业人士的社会责任感，让他们认识到为罪过付出代价。

然而，社区服务并非马上就等同于恢复性司法的概念。这取决于法院是将社区服务作为犯罪者惩罚的手段，还是作为教育和处遇犯罪者的再社会化手段。如果法院采取将社区服务作为再社会化的目的矫正理念，则是以补偿犯罪分子对社会造成的危害，使其与社区产生一致感，起到帮助社区居民和平生活的作用，即反映了恢复性司法精神的矫正策略。为此，要求矫正当局和狱警对罪犯的惩罚和控制对象有新的认识，以及社区居民的认识的改变必须绝对先行，只有打破固有意识结构，才能使得各种有效的策略得以制定与实行。

---

〔1〕 参见赵克勋："黑格尔哲学中的原谅言论和恢复性正义"，载《文化融合》2017 年第 39 卷第 5 号。

二、韩国恢复性司法与社区矫正的实践模式

韩国在恢复性司法理念的影响下，于 1988 年制定了《保护观察法》，适用范围包含了犯罪预防、从正式审判程序转换、矫正释放后计划等阶段，意味着在整个刑事司法程序中为罪犯运营以社区为基础的计划，概括为转换、维护、重新整合等多种方式。[1] 转换是指使罪犯从正式的刑事司法程序和过程绕道到非正式的程序和过程，以尽量减少罪犯烙印的影响，并为其重返社会提供便利。维护是指更加强调社会变革的必要性，而不是罪犯的变化，从而单纯地将罪犯委托给现有的刑事司法资源是不够的，如果所需资源不合适，就开发这些资源，并在现有资源难以利用时使之可用。重新融合是指寻求犯罪与社会的共同变革。这是建立在由于犯罪者因其家庭、学校或社会状况而成为犯罪者，为了防止其再犯，必须将教育、就业和咨询等犯罪者所需要的适当社会资源联系起来，从而使他们在社区中提供合法和适当的角色。换言之，以转换、维护和重新整合为主的保护观察制度，无不体现了恢复性司法的三个核心原理。即恢复性司法的核心从只关心犯罪分子人身危险性的矫正模式的资格原理转变为社会交换原理。需要为所有受到犯罪或其他危险行为伤害的社区、受害者和罪犯做出治愈努力。即赔偿个人或集体的损失，包括物质和情感上的损失，进行修正。在恢复性司法进程和重新融合的背景下，社会交换、形成社会关系的重要性建立在"社区"的观念基础上，该观念是社区和公民之间相互关联的纽带，这些社区和公民集体拥有可调动的资源和工具，以促进治愈和重新融合。

（一）刑事判决前积极干预

实现恢复性司法目标的方法包括：（1）调解与对话；（2）家庭会议协议；（3）量刑圆桌会议；（4）损害补偿性保护观察，这些方法表现为社区主动介入，如警方、检察机关等尚未介入，或已经进行了部分调查等情况，或以刑事司法机关调解的形式让社区介入解决问题。

（1）调解与对话。指在犯罪人与被害人之间，由第三方介入进行调解，使犯罪人与被害人和解，适当赔偿犯罪损失。一般来说，对于调解的结果，

---

〔1〕 参见金成敦："刑事审判中恢复性司法理念的实现和量刑""量刑研究会创立纪念研讨会资料集-通过刑事审判量刑体现恢复性司法理念和作为量刑因子达成协议"，大法院量刑委员会，2018.07。

犯罪人和被害人的满意度都很高，尤其对被害人的恐惧感或愤怒感等的消除有积极的影响。韩国以《犯罪受害者保护法》[1]和《诉讼促进等特例法》[2]为依据引入并实行刑事和解调解制度。《诉讼促进等特例法》第36条第1款规定："刑事被告案件的被告人与被害人之间就民事争执（限于包括与该被告案件有关的损害的争执）达成协议的；可以共同向该被告案件正在继续的第一审或者第二审法院申请将其协议记载于公审笔录。"第5款又规定："关于记载协议的公审笔录的效力及和解费用，准用《民事诉讼法》第220条[3]及第389条[4]的规定。"表明在刑事案件的协议中，民事诉讼法规定了执行力。一直以来在刑事案件办理过程中非正式进行的协议制度法制化的必要性，在一项调查中，法官的支持率为72.8%，检察官的支持率为88.7%，律师的支持率为92.7%，警察的支持率为95%，意味着处理刑事案件的相关人员认识到犯罪者与被害人之间的和解对于破案非常重要。这种现象已经非正式地证实了刑事案件中当事人之间的协议是影响检察机关对警察的调查指挥或法院对检察机关发出令状、检察机关对法院起诉等的因素。特别是对于检察官而言，根据韩国《刑事诉讼法》第247条[5]关于检察官便利起诉的注意，检察官可以酌情考虑犯罪人对被害人的损害赔偿而不提起公诉。同时，刑事司法官员认为，罪犯与受害人的对话有助于防止罪犯再犯。对于和解调解机构设

---

〔1〕 韩国《犯罪受害者保护法》第41条规定，公诉人认为有必要通过解决犯罪嫌疑人与被害人（以下简称"当事人"）之间的刑事纠纷，实质上弥补被害人遭受的损害的经调查的刑事案件可应有关人员的请求转交刑事调解。

〔2〕 韩国《诉讼促进等特例法》第36条规定，1. 刑事案件（限于与被告人案件有关的损害赔偿纠纷案件），被告人与被害人达成协议的；被害人可以共同向未决案件的一审、二审法院申请，将约定事实记载于审理程序中。2. 第1项约定涉及被告人向被害人支付款项的，由被告人以外的人担保或同意共同对被害人承担义务的，同时根据前款提出的申请，被告以外的人可以与被告和被害人共同申请在审判协议中写明该效力。3. 根据前前款提出的申请必须在诉状结束前在审判日期出现之前以书面形式提出。4. 在第3款规定的文件中，应当填写充分的事实，以说明与申请相关的协议和作为达成该协议的民事纠纷标的权利。5. 订立协议的审判程序的效力和和解费用，准用民事诉讼法第220条、第389条规定。

〔3〕 韩国《民事诉讼法》第220条规定，当和解、放弃或接受诉讼请求记录在诉状记录或预备听证记录中时，记录与最终判决具有同等效力。

〔4〕 韩国《民事诉讼法》第389条规定，和解成立的，费用由当事人各自承担，但有特别约定的除外；和解不成立的，和解费用由申请人承担。但申请提起诉讼的，和解费用应计入诉讼费用。

〔5〕 韩国《刑事诉讼法》第247条规定，韩国《刑法》第51条不予提出，考虑到成文法的要求。韩国《刑法》第51条规定，在规定刑罚时，应参考下列事项：1. 犯人的年龄、性行为、智力和环境；2. 对受害者的关系；3. 犯罪动机、手段和结果；4. 犯罪后的情况。

在哪个机构比较好这一问题，大部分人认为最好设在自己所属的机构，但从实际确保和解调解公信力的角度来看，最好设在第三专业机构。目前，检察机关正在以委托各地方检察厅下属的被害人支援中心进行刑事和解调解的形式利用该制度。该中心以《犯罪受害者保护法》为依据设立和运作，专门设立了刑事和解与调解委员会，对检察机关委托的案件实行和解与调解。

2. 家庭会议协议。以家庭为单位的协议包括：受害人康复——罪犯重新整合的耻辱感。该制度来源于新西兰《家庭法》第251条的规定："家庭团委协议包括犯罪少年及其亲权人或保护人、负责青少年司法的官员、相关的犯罪调查员（警察）、受害人及其亲权人或保护人、犯罪少年的律师、社会工作者、保护观察员等，以家庭为单位的协商。"这属于劝告事项，将一致决定犯罪者对受害者的道歉、继续或中断有关犯罪者的刑事程序、对受害者的补偿内容、对犯罪者的处罚程度等。由于协议的性质，任何一方不满意就没有意义，因此如果不能得出一致的结论，协议就会中断。[1] 在恢复性司法中，责任是行为人个人应当承担的，不同于传统刑事司法政策层面上的报应性质犯罪的责任。家庭会议非常重视犯罪少年的责任意识，加害少年必须从受害者及其家人那里听到犯罪行为的后果，承认其后果是由其行为造成的，必须道歉，并计划如何进行赔偿。犯罪少年自己决定、积极参与有助于自己自救的职业培训、戒酒计划，或者防御性驾驶计划等，可以说这一制度最终会产生效果。

3. 量刑圆桌会议。以社区居民介入、力量分散、社区影响力等因素解决犯罪问题的策略。努力和谈基础上寻求公正的共识。量刑圆桌会议是美国或加拿大原住民传统的犯罪解决方法的现代化改造，犯罪负责人和法官，或地区社会元老们为了解决问题而面对面对话进行。主要用于地区间问题、学生退学、停学、儿童保护事件等方面，经历过量刑圆桌会议的参与者表示满意，因为加害者与参与者之间的联系感、改变的行为、对受害者及共同体进行赔偿的机会、避免审判等。另外，受害者回答说："因为自己的感受和经验说明、与其他参加者的联系感等，感到满足。"

4. 损害补偿性保护观察。是指让犯罪者直接向受害者及地区社会进行补

────────────────

〔1〕 参见沈载皖："了解家庭集体协议"，载《法院研修报告》（2017）。

偿，从而使其认识到受害恢复和地区社会的影响力。罪犯必须在社区中为受害者或社区提供劳动。最近，韩国法务部在地区社会的被疏远阶层或福利设施等方面正在开发劳动服务计划。这样，实现恢复性司法的策略主要可以概括为：罪犯道德的恢复、对受害人的补偿、罪犯对社区的责任感、社区参与和介入解决犯罪问题等。

（二）中间处遇的激活

中间待遇制度指在传统的关押设施中让罪犯提前离开或出院，在社会内给予待遇，或在传统关押设施以外的社会内设施给予待遇的一种政策。典型形式包括假释、夜间监护、日间监护、有条件释放命令和电子监视。其中有条件释放命令，指有充分悔改余地的犯罪分子居住在社区，接受以咨询和适当监视为内容的处遇。即在需要对从监禁设施内出院的犯罪少年或成年人给予一定待遇和监督的前提下，从日间处遇项目、再收容援助等项目中选择一项，让其完成课程。再收容援助计划是由保护观察官或案例管理人员在家庭、学校或工作场所确定宵禁、社会服务、补偿等规则，通常为期3~7个月。在受到监禁处分的情况下，许多犯罪者得到了有条件释放命令，在社区内的固定设施接受矫正，而一些特定的犯罪者，如性犯罪者、药物犯罪者等，则根据有条件释放命令，接受相应的教育项目。再收容援助项目或日间处遇项目等运营的大体是精神教育、职业教育、学科教育、人格教育、愤怒管理、成为好父母、与受害者和解、药物酒精预防教育等。这些培训仅靠内部人员是难以满足的，因此社区的项目需要机构提供教育，积极提供志愿者一对一教育支持、计算机课程等服务。

（三）社会处遇的扩大

现行法规定有保护观察、赔偿、缓刑、听课令及社会服务令等。其中保护观察，是法院命令罪犯，在规定的时间内接受保护观察员的监督，要反复面谈。保护观察可以说是体现恢复性司法理念的社区矫正最具代表性的方法。韩国在《保护观察法》第3条中规定："保护观察对象人根据刑法以保护观察为条件被判处刑罚的人，以保护观察为条件被宣告刑罚缓期执行的，以保护观察为条件被假释或假出院的和少年法给予保护处分的，其他法律规定依照本法接受保护观察的"等。这里所说的其他法律，是指《关于处罚性暴力犯罪及保护受害人等的法律》《关于处罚介绍性交易等行为的法律》《关于处罚家庭暴力犯罪等的特例法》《关于青少年性保护的法律》等。《保护观察法》第 30 条规定，保护观察期间，以保护观察为条件，被缓期判处刑罚的人为 1 年；以保护观察为条件而被宣告刑罚缓期执行的，在该缓期期间（但法院另有规定该期间的除外）；假释者应在刑法或少年法规定的期间；临时出院者从出院日起 6 个月以上 2 年以下的范围内由审查委员会规定的期间；受到《少年法》第 32 条规定，保护观察对象接受保护观察员的指导监督，将常驻居住地、从事生业，放弃容易导致犯罪的坏习惯，行善，不要与有可能犯罪的人交往或交往，顺应保护观察员的指导监督和访问，迁移居住或 1 月以上的国内外旅行时，要提前向保护观察员申报等事项。由该法律规定的期间；根据其他法律依本法接受保护观察者由该法律规定的期间等。被保护观察者应接受保护观察官的指导和监督，常驻居住地，从事生计；摒弃容易导致犯罪的不良习惯，不要与可能实施犯罪的人交往或交往；应顺应保护观察官的指导、监督及访问，搬迁住所或进行 1 月以上的国内外旅行时，应事先向保护观察官申报等事项。为有效发挥现行保护观察的宗旨及功能，应使每位保护观察官的保护观察对象适度化，应实现保护观察员人均保护观察对象的适度化，在对少年犯罪分子进行保护观察对象选定审查时，应从该基准删除前科，扩大保护观察对象，制定与社区的学校及宗教设施等相关的保护观察项目等。

听课令及社会服务令，听课令通常与社会服务令一同宣告，因此重点审视社会服务令。社会服务令是指犯罪发生在一定的设施或团体等，通过规定的工作支援设施或团体。社会服务令是根据 1988 年修订的《少年法》，首先对少年犯实施的，后来根据 1995 年修订的《刑法》，扩大到成人犯，直到现在。社会服务令的效果是脱离拘禁设施，在社区给予矫正待遇，从而促进罪犯的再社会化。社会服务令的对象是根据现行《保护观察法》第 2 条第 2 款规定，国家和地方政府负责指导与监督使得犯罪分子健康回归社会。以社会服务或听课为条件，被判处缓期执行的人，根据《少年法》第 32 条第 3 款的规定，少年审判员考虑家庭情况等认为必要时，可以责令监护人在少年看守所、少年分级审查员、感化所等处接受少年保护特殊教育。此外，接受社会服务令或听课令的人，根据其他法律规定接受本法规定的社会服务或听课的人等。其他法律包括性暴力特别法、家庭暴力特别法和卖淫特别法。更具体地，《少年法》第 33 条规定，社会服务令可以与长短期保护观察并行，短期保护观察在 50 小时以内，长期保护观察在 200 小时以内宣告。此时，保护观察员要求不干扰少年的正常生活。根据《刑法》社会服务令由第 62 条实施，被判处 3 年以下有期徒刑或无监劳役或 500 万韩元以下罚金的情况下，延期不超过 1 年。但是，对于从判处无期徒刑或者较重刑罚的有期徒刑或者更重刑罚的判决为终审判决之时起，至执行终止或者免除执行满 3 年期间所犯罪行的，不适用本条规定。同时判刑的，可以暂缓执行部分刑罚，在 500 小时以内宣告社会服务令。性暴力特别法律规定对性暴力犯罪判处缓刑时，可以在一定期间内给予保护观察、社会服务令或听课令，此时可以两个以上并处。家庭暴力特别法第 40 条规定，社会服务令是对家庭暴力犯罪者的一种保护处分，规定为 100 小时，可延长一次。在《性交易特别法》中，作为对性交易犯的保护处分的一环，将社会服务令规定为 100 小时以内。现行社会服务令对少年而言，《少年法》规定的占 90% 以上，对成年犯而言，《刑法》规定的占 90% 以上。

三、韩国恢复性司法对于社区矫正的实践模式启示

综上所述，韩国的社区矫正以实现恢复性司法为目标，制定了社区介入犯罪、处遇罪犯的各种矫正项目，矫正贯穿于整个刑事司法系统。在刑事判决前阶段，表现为介入的调解、家庭协商、圆桌会议等；在刑事判决后，社区矫正措施有保护观察。同时，韩国以恢复性司法的定义为基础的刑事政策，通过各种法规和制度的制定和整顿，通过了《犯罪受害者保护法》（2005 年)[1]和《诉讼促进法》（2006 年）的修订[2]，刑事和解协调制度即是代表性的成

---

[1] 韩国《犯罪受害者保护法》第 7 条规定，1. 国家和地方政府根据损失程度和需要提供咨询、医疗（包括医疗费用支持）、救济金、法律援助和与就业相关的支持。应当准备保护和支持犯罪被害人、住房支持和其他保护犯罪被害人所需的措施。2. 国家设立和运营临时防护设施（以下简称防护设施），为犯罪受害人及其家属提供身心安定，帮助其回归社会。在这种情况下，国家可以委托犯罪受害者支援法人、医疗法规定的综合医院、高等教育法规定的设立和运营学校的学校法人以及其他规定的机构或组织运营保护设施。3. 国家开展犯罪受害人及其家属的心理康复咨询和治疗项目。4. 规定前项规定的防护设施安装运行标准和程序、入出院标准和程序、委托操作程序、监督标准和程序、辅导治疗项目运行等事项。

[2] 韩国《诉讼促进法》第 36 条规定，1. 刑事案件（限于与被告人案件有关的损害赔偿纠纷案件），被告人与被害人达成协议的；被害人可以共同向未决案件的一审、二审法院申请，将约定事实记载于审理程序中。2. 第 1 项约定涉及被告人向被害人支付款项的，由被告人以外的人担保或同意共同对被害人承担义务的，同时，被告以外的人可以与被告和被害人共同申请在审判协议中写明该效力。

果；通过了《关于对特定性暴力犯罪分子附着定位电子装置的法律》（2008年）的制定，首次引入电子监视制度，从预防特定犯罪分子再犯、保护社会的方面和社会对矫正社区的理解和必要性等方面来看，取得了积极的司法实践效果。

相较韩国的社区矫正，我国 2019 年制定了《社区矫正法》。我国早在 2006 年镇江市就已经启动了恢复性矫正实践、2018 年南通市司法局开展的以未成年社区矫正对象为主的"江苏省社区矫正损害修复创新试点"。但司法实践中我国社区普遍对于犯了罪的人，还是存在一定的标签效应，且民众参与度并不高。导致本应该作为社会内处遇，社会负责的社区矫正工作，实践中成了司法行政工作人员一方的任务，自然产生了责任大任务重的局面。对于矫正对象的社会调查评估，甚至民众也不愿意真实表达，导致制作社区矫正项目需求评估最重要的社会调查趋于形式化。

为此，结合韩国以恢复性司法为目的实施的社区矫正，本文为我国社区矫正司法实践，提供借鉴了新方向和新方法，以及研究内容。

（一）健全我国社区矫正的法制规范

1. 增设社会服务令的立法规定。社会服务令与一般保护观察和听课命令一起，是韩国保护观察的重要手段，最直接地体现了恢复性司法原则：一方面需要社会控制和支持，另一方面也要求犯罪人在社区内通过社会服务令或罚金的形式予以弥补受损的社会关系。反观我国的现行社区矫正法内容，对于教育帮扶的矫正目标来说，并不等同于韩国的保护观察法上的服务命令等内容，二者在性质上有根本性区别。教育帮扶是评估犯罪人人身危险性而制定个性化矫正方案，旨在防止再犯，是以犯罪人的需求为主，强调矫正性。但后者社会服务令是以国民的需求为主，命令犯罪人进行社会服务，强调的是惩罚性。为此，本文建议现行的社区矫正法中考虑添加关于社会服务令的规定。因为罪犯在执行过程中，与社区的紧密关系变得重要。另外，为了执行更多样化的社会服务，还可以发掘多样化的机构，包括公共设施相关和民间机构。即司法行政机关先列出社区可用的资源，并试探合作机构的参与意向。一旦形成一定的协议，就有必要就协议内容交换机关负责人名义的文件备忘录。接下来，两个机关的实务负责人要讨论并决定能够具体化协议内容的合作方案。通过这种方式，司法行政机关与可用的区域资源建立了"正式"

的关系。意味着要举行以司法行政主导的合作机构都参加的联席会议，公布 1 年或准备期间的社区矫正计划，安排合作机构之间的联系，并提供机会，促进机构间的其他合作可能性。经过这样的会议，可以对同一个矫正对象者制定社区矫正计划，根据合作机关的情况重新安排日程，或者共享必要的资源和信息。

2. 适当扩大社会内处遇的范围。我国的社区矫正法律体系，全国统一适用目前仅存在于 2019 年 12 月全国人大会议通过的《社区矫正法》及其具体实践操作的 2020 年《实施办法》。相关法律有《刑法》和《刑事诉讼法》等。我国《社区矫正法》第 1 条的规定[1]，表明我国的社区矫正是具有中国特色的非监禁的刑事执行制度，意味着社区矫正适用范围仅限于刑事司法体制中的判决以后的阶段，自然矫正对象都是经人民法院判决的罪犯[2]。即我国的社区矫正，形式上排除适用刑事判决前的任意阶段，对象上排除适用违法人员。这有可能产生的问题是对于在保护观察阶段具有非常重要意义的社会调查流于形式化。而韩国 1988 年制定的《保护观察法》发展至今，经历了向美国等英美法系学习，以及比较日本等大陆法系的更生保护制度，最后形成了较为完整的适合自己国家特色的社会内处遇的方式。即强调社会调查在刑事司法全过程中的重要性，积极探索社会调查制度一般化。

（二）重视恢复性司法理念的社区实践

根据一些调查发现，那些通过恢复性司法程序被审理结案的犯罪人的再犯率要小于那些经过传统刑事司法程序被处理的犯罪人的再犯率。如果对恢复性司法原理没有理解，这种制裁只不过是原始的处罚。为此，建议刑事执法层面应该始终坚持恢复性司法社区践行实践。

1. 各级矫正机构作为社区矫正活动的主导力量，应该熟知管辖社区的文化。因为恢复性司法理念下的社会内的处遇，强调的是在熟悉罪犯的社会环境中处遇可以与以恢复犯罪者和受害者（包括作为潜在受害者的社区）的信

---

〔1〕《社区矫正法》第 1 条规定："为了推进和规范社区矫正工作，保障刑事判决、刑事裁定和暂予监外执行决定的正确执行，提高教育矫正质量，促进社区矫正对象顺利融入社会，预防和减少犯罪，根据宪法，制定本法。"

〔2〕《社区矫正法》第 2 条规定："对判处管制、宣告缓刑、假释和暂予监外执行的罪犯，依法实行社区矫正。对社区矫正对象的监督管理、教育帮扶等活动，适用本法。"

任为目标的社区主义司法、恢复性司法原则相结合，旨在寻求更有效率、更成功的罪犯重返社会和社会回应的实际意义，而并非动员所有社会资源。

2. 要达到恢复性司法的重新整合，前提是必须能够促进重新整合过程中的共同角色的激活、组织责任和组织间责任改编到有意义的水平。虽然比起专家，恢复性司法更注重市民和社区团体行动的重要性，但这并不主张放弃政府的作用。相反，恢复性司法在社区矫正中有效实施，必须得到国家层面政府的有力支持。尤其是对恢复性司法的实践方案以社区为基础的犯罪问题重新融合共同体模式。期望重新创造新的集合性和非正式性社区对犯罪和各种社会问题的反应，允许对犯罪行为的有害影响进行规范确认，同时发展共同的行为标准，即为了一体化，最重要的是通过使行政规制成为可能的法律体系的具备或财政支持，使一体化体系成为可能持续下去的事情。当然参与的公民也可以与地方政府建立"共同生产体系"，补充地方政府的行政管理，将社区从目前的"需求满足型共同体"转变为"资源动员型共同体"模式。所谓"需求满足型共同体"，是指社区有无数个问题，地区居民有各种未满足的需求，为了解决这些问题，绝对需要政府为主的外部财政支持的社区。与此相反，"资源动员型共同体"拥有可以动员解决问题的资产和资源，当地居民作为社区共同体的成员，为了履行义务，成为主动的志愿者，有足够的能力去解决地区问题。这种资源动员型社区将是社区矫正重要的资源。

3. 重视社会支持的质量和优点，这直接关系到通过亲戚关系、朋友关系和工具性合作关系形成的非正式团结和社会化进程的质量。即使专家们能提供保护和支持，犯罪分子和专家们的关系也必然受到限制，社区志愿者亦如此。为此，在社区介入的早期阶段，最大限度地让利害关系人参与司法过程。最终目标是对犯罪的反应、形成主人意识以及承担对最受影响者的赔偿责任。此外，恢复性司法过程不仅在利害关系人参与时受害恢复的可能性会增加，而且在这方面也很重要，因为这本身就是使社会控制民主化的努力的一部分。因此，让公民参与和对社区有主人意识的目标可以通过满足受害者、加害者和社区成员情感需求的非正式过程来实现。

机构与队伍建设

论社区矫正机构刑事执行权 *

郑 艳**

摘 要：社区矫正机构行使刑事执行权的行为包含监管、教育、帮扶以及不得已时的惩戒，本质上是司法行政权。本文试图通过阐释社区矫正机构的发展历程、分析社区矫正机构履职行为的性质来厘清社区矫正机构的刑事执行权，在此基础上探寻重新配置社区矫正机构刑事执行权的路径，期冀对刑事执行理论的进一步深化有所裨益。

关键词：社区矫正机构；刑事执行权；司法行政权

社区矫正是立足我国基本国情发展起来的具有中国特色的刑事执行制度。自 2020 年 7 月 1 日起施行的《社区矫正法》第 1 条将"一审稿"中的"正确执行刑罚"改为"保障刑事判决、刑事裁定和暂予监外执行决定的正确执行"这一非常客观的表述，并在第 9 条回应了《刑事诉讼法》关于社区矫正机构的设置问题"县级以上地方人民政府根据需要设置社区矫正机构，负责社区矫正工作的具体实施"。最高人民法院、最高人民检察院、公安部、司法部发布的 2020 年《实施办法》第 9 条，进一步明确了由社区矫正机构负责社区矫正工作的具体实施，依法履行调查评估、接收、组织入矫、建立矫正小组、监督管理、考核奖惩、提出治安管理处罚建议、提请减刑、提请收监、提请逮捕、教育帮扶等一系列职责。在学界，对于社区矫正机构的刑事执行权是司法权还是一种特殊的行政权认识不一。对此，笔者试图通过对社区矫正机构在发展过程中履职行为性质的分析来找寻答案。

---

* 本文为浙江立法研究院、浙江大学立法研究院委托课题"浙江省实施《中华人民共和国社区矫正法》办法草案起草及立法相关问题研究"（202002）相关成果。

** 郑艳，女，浙江警官职业学院教授，社区矫正专业负责人，研究方向：行政法、刑事执行法学。

一、社区矫正机构的发展之路

在 2012 年《刑事诉讼法》修改以前，"社区矫正机构"并非一个法律术语，这才有了理论上的多重概念表达。有论者认为狭义的社区矫正机构是指社区矫正执行机构，广义的社区矫正机构包括社区矫正决定机构、社区矫正法律监督机构、社区矫正管理机构和社区矫正工作机构（其中包括社区矫正执行机构）、社区矫正协作机构等。县级以上司法行政机关是社区矫正的管理机构，县级司法行政机关及其司法所是社区矫正的执行机构，"阳光中途之家"等机构属于辅助机构。也有观点认为社区矫正工作机构包括管理机构和执行机构。社区矫正管理机构主要负责社区矫正的组织、协调和指导工作；社区矫正执行机构主要具体从事社区矫正对象的监督、考察、帮助、教育等矫正工作。[1] 还有观点认为，司法行政机关作为一个整体是社区矫正机构，就如同人民法院作为一个整体是我国的审判机关一样，根据层级和职能的不同来区分管理机构和执行机构没有实质意义。更准确地说，司法行政机关内部设置的专门负责社区矫正工作的部门就是社区矫正机构；更有观点认为，社区矫正机构不是一个单一性主体机构，而是一个由司法行政机关、公安机关、检察机关、人民法院、民政等多部门组成的联合体，是一个多部门联合办公的综合性议事机构，而非实体执法性机构。[2]

2012 年《实施办法》明确规定，司法行政机关负责指导管理、组织实施社区矫正工作。县级司法行政机关社区矫正机构对社区矫正人员进行监督管理和教育帮助。司法所承担社区矫正日常工作。自此，开始了社区矫正机构建设的实践历程。

（一）作为内设机构的社区矫正管理局（处、办、科）

2012 年《实施办法》出台后，全国各级司法行政机关纷纷成立社区矫正管理局（处、办）或社区矫正科（局）作为社区矫正机构。截至 2017 年，全国 100% 的省（自治区、直辖市、新疆生产建设兵团）的司法厅（局）、99%

---

[1] 参见但未丽：《社区矫正：立论基础与制度构建》，中国人民公安大学出版社 2008 年版，第 275 页。

[2] 他们认为，社区矫正是一项综合性的工作，涉及社会的方方面面，需要公检法司各部门的参与、配合，需要社会各界的协助、支持。尤其对社区矫正对象的帮扶、教育等工作，还需要民政、人力资源与社会保障、住建、教育、财政等部门的支持和配合。

的地（市、州）司法局和98%的县（市、区）司法局经编办批准单独设立了社区矫正局（处）或社区矫正科（执法大队），其中22个省（自治区、直辖市、新疆生产建设兵团）的机构改名为社区矫正管理局，北京市、天津市加挂"社区矫正管理总队"的牌子。这些司法行政机关内设的社区矫正局、处、科等机构不是执行层面的社区矫正机构，即使在县一级也并不具体执行社区矫正各项任务，其实体执法功能不明显，而是偏重对基层司法所的管理、监督和指导，社区服刑人员的日常监管均由司法所承担。[1]

（二）探索队建制模式下的社区矫正执法大队

2009年社区矫正开始全面实行，尤其2012年《实施办法》出台后，社区矫正对象数量增长迅猛，[2]社区矫正工作面临着矫正对象数量多、监管任务重、工作人员不足等诸多问题。浙江省台州市司法局为了破解这些难题，积极探索队建制模式的社区矫正机构改革。基层司法所存在人员配备不足、素质较低、工作任务繁重、职责分工不明等现实问题，容易出现社区服刑人员虚管、脱管、漏管和重新再犯罪的现象，司法所工作人员渎职失职等执法风险较大。2012年以来，台州市逐步推进社区矫正机构改革，2014年经编委同意成立市级社区矫正管理局增挂"社区矫正执法支队"牌子；经编委批准将全部社区矫正管理科更名为社区矫正执法大队，并设立承担执法监督职责的法制科。社区矫正大队统一行使社区矫正执法权，突出执法工作主体地位，协调社区矫正各职能部门间的工作，承担调查评估、接收、事项审批、司法奖惩、收监、追查、禁止令执行和应急处置等职责；乡级层面根据矫情和域情需要，对执法力量相对单薄的司法所进行资源整合与力量集中，建立乡镇（街道）执法中队；村居层面全面建立社区矫正工作站，协助社区矫正机构做好监管、教育和帮扶工作。由此形成了市、县、乡镇、村四级社区矫正工作体系。队建制模式社区矫正机构建设的探索和实践，实现了矫正机构实战化、实体化运作，集中了人员力量，规范了社区矫正工作。

---

〔1〕 参见郑艳："社区矫正机构的建设构想"，载《河南司法警官职业学院学报》2018年第2期。

〔2〕 据司法部统计数据，社区矫正对象截至2009年底21.5万人，2010年底27.8万人，2011年底40万人，2012年底56.4万人，2013年底68.1万人，2014年底73.2万人，2015年至2018年底，基本保持在69万人~70万人之间，2019年至2020年，保持在67万人左右。

（三）作为社区矫正执法主体的社区矫正（管理）局

从《社区矫正法》第9条的立法本意来看，社区矫正机构是县级以上地方人民政府根据需要设置的负责社区矫正工作具体实施的执行机关。据此作为社区矫正执法主体的机构不是一个内设机构，作为内设机构的社区矫正机构不能以自己的名义对外行使职权，所以在法律意义上的社区矫正机构未成立的条件下，与人民法院、人民检察院、公安机关等部门的沟通衔接只能以司法局的名义行文。实践中以社区矫正执法大队或社区矫正中心的名义提请撤销缓刑、假释、暂予监外执行建议书等作法，其实不符合独立承担法律责任的主体要求。

一个具有社区矫正执法主体资格的社区矫正（管理）局，应当具备以下条件：（1）其成立获法定机关批准；（2）已由法律确定了职责权限；（3）有法定行政编制并按编制配备了人员；（4）有独立的行政经费；（5）有办公地点和必要的办公条件；（6）通过公开的方式宣告成立。目前各地普遍建立的社区矫正中心，具备了办公地点和办公条件的要求；《社区矫正法》和2020年《实施办法》已明确规定了社区矫正机构的职责权限；社区矫正工作的经费保障在《社区矫正法》第6条中予以明确了的规定。最关键的问题是获法定机关批准，配置一定的法定编制并按编制配备工作人员，包括社区矫正执法人员、专职社会工作者和其他文职人员。

据调研考察，目前经编办同意改了名的省市，比如福建，大部分只是成立了形式意义上的社区矫正机构。把××省司法厅社区矫正管理局改为××省社区矫正管理局，把××市、县司法局社区矫正处（科、股）改成××市、县社区矫正管理局，有的明确说是司法局的（初级、科级、股级）直属行政机构（比如芜湖市南陵县社区矫正管理局），但所有的编制和职级保持不变，所需编制内部调剂。原有内设机构的编制数量根本无法完成社区矫正刑事执行、监督管理和教育帮扶等的工作量，只能把大量工作甚至全部日常工作委托司法所承担，[1]完全超出2020年《实施办法》规定的委托事项范围。截至撰写本文，全国仍有不少地方尚未成立形式上能相对独立行使职权的社区矫正机

---

〔1〕《社区矫正法》第9条第2款规定，司法所根据社区矫正机构的委托，承担社区矫正相关工作。相关工作具体可以参见2020年《实施办法》的相关规定。

构，而是继续延续原来的"司法局+司法所"的社区矫正执行模式。现有机构设置严重影响了《社区矫正法》所规定的社区矫正机构职责权限的行使和作为执法主体作用的发挥。

二、社区矫正机构履职行为的性质之考

在学界，有学者认为，刑罚执行作为刑事司法的最后一个环节，固然会和司法权有天然的关联性，但从权力本质属性来看，刑罚执行权并非司法权，其权限内容不具备司法权的裁判性、中立性、被动性的特征。[1] 还有学者认为，刑罚执行权是通过对权利的剥夺或限制达到执行法律（法律文书）的目的，故其本质上是一种执法权，即行政权。加之刑罚执行的启动具备鲜明的主动性，对受刑人权利的剥夺或限制也呈现明显的实质干预，故刑罚执行权从逻辑上看应该属于行政权，且属于行政权中的司法行政权。[2]

2019 年全国人大常委会在审议《中华人民共和国社区矫正法（草案）》时，有委员提出监狱这个机构的司法机关性质在法律里是得到明确的，涉及监狱管理的时候，司法执行的性质是非常清楚的，监狱在依法履行职责过程中侵犯了当事人权益，引起的是国家司法赔偿，不是引起国家行政赔偿。社区矫正机构在履行职务过程中，其行为性质是属于行政的还是属于司法的，这一点应当在这部法律中予以明确。从相关规定来看，好像还不够明确。有一些条款把社区矫正机构视为是行政机构，如规定社区矫正对象拒绝接受监督管理的，社区矫正机构应提请有关机关予以治安管理处罚。这就要明确社区矫正的性质究竟是什么，如果社区矫正是刑事司法执法的一种形式，就不应该适用治安管理处罚法。[3]

最终出台的《社区矫正法》虽未明确社区矫正机构的性质，但按其第 8 条和第 9 条的规定，社区矫正机构的业务主管部门是司法行政部门；社区矫正机构负责社区矫正工作的具体实施；社区矫正机构的设置和撤销由县级以上地方人民政府司法行政部门提出意见，按照规定的权限和程序审批。由此

---

〔1〕 参见孙笑侠："司法权的本质是判断权——司法权与行政权的十大区别"，载《法学》1998年第 8 期。

〔2〕 参见宗会霞："刑罚执行一体化的基本步骤与风险应对"，载《政治与法律》2018 年第 4 期。

〔3〕 参见王姝："明确界定社区矫正机构性质'是行政的还是司法的'"，载 http://www.bjnews.com.cn/detail/156180816414382.html，最后访问日期：2022 年 3 月 1 日。

可以推断，社区矫正机构毫无疑问是行政机关。

至于社区矫正机构履职行为的性质，则需作具体分析。社区矫正是立足我国基本国情发展起来的具有中国特色的刑事执行制度，是对刑事判决、刑事裁定和暂予监外执行决定的具体执行。既然监狱刑罚执行权的本质属性是一种司法行政权，那么社区矫正机构的刑事执行权为也应当是一种司法行政权。自社区矫正对象报到开始，社区矫正机构核对法律文书、核实身份、办理接收登记、建立档案、组织矫正宣告、确定矫正小组，到日常监管、教育学习、公益活动的落实、禁止令执行、脱漏管追查及处置、考核奖惩、提请收监等一系列行为均为行使刑事执行权，属司法行政权而非司法权。但需注意的是，社区矫正过程中拟适用社区矫正前的调查评估在性质上应属刑事司法行为，是司法机关为正确量刑裁判而委托社区矫正机构对被告人的社会危险性和对所居住社区的影响进行的调查评估，是诉讼过程中的委托行为。实务中，已有判决对此予以支撑。如"杨××诉司法局错误出具社会调查报告要求赔偿案"和"朱××诉某司法局某司法所要求确认审前社会调查违法无效案"均以"调查评估行为属于刑事诉讼法授权实施的刑事司法行为，该诉讼请求不属行政诉讼的受案范围，不予立案"而终结。

三、社区矫正机构刑事执行权之辩

作为公权力的刑事执行权，从不同角度可以细分为职能、职权与职责，这三个概念相互关联又有所侧重。职能往往是从应承担的职责与所具有的功能角度进行界定，其核心价值在于回答"应该做什么""不应该做什么"的问题，包括职权范围、职权深度和职权方式。职权，一般是指职务范围内的权力、权能和权限，是定位到某个具体的机关和工作人员身上的，是与其职能目标、职务和职位相适应的管理资格和权能。职责与职权是相统一的，公权力主体不得任意放弃或转让其所拥有的职权，有权必有责，失职必追究。在社区矫正执法过程中，监督管理、教育矫正以及帮困扶助都是以执行刑罚为基础的。

实践中，无论是《社区矫正法》还是2020年《实施办法》，皆未赋予社区矫正机构完整的刑事执行权。因社区矫正机构不配备人民警察的限制，公安机关承担了限制人身自由的强制措施权、因违反监督管理规定的治安管理处罚权和追逃权等。这种权力配置模式不利于社区矫正机构对社区矫正对象的监管，因约束力不够导致教育矫正的目标难以实现，从而增加了监管风险。一个未予管理的机构（公安机关）行使处罚权的根据何在，抽空强制措施的职能有无权力效能；[1] 公安机关行使针对社区矫正对象违反监督管理规定行为的处罚权是权责错位，对于社区矫正机构来说则是执法盲区。在刑罚执行一体化视野和改革实践的背景下，如何打通监狱和社区矫正机构之间的禁锢，盘活监狱民警参与社区矫正的实效，就需要从刑罚执行权的完整性科学合理配置社区矫正机构的职权职责。王利荣教授亦认为应归并执行权，改变"双主体"执行模式，[2] 联通管理与惩戒，社区矫正部门才能有效承担督导（观察、引导、干预和不得已时惩戒）和帮扶的职责。倘若因违禁处罚机关与日常管理机关分属不同行政部门而彼此各不买账，执法的局面只会更加被动。

以社区矫正对象违反监督管理规定而提请公安机关治安处罚为例。公安机关行使该处罚权的依据是《治安管理处罚法》第 60 条，"有下列行为之一的，处 5 日以上 10 日以下拘留，并处 200 元以上 500 元以下罚款：……（四）被依法执行管制、剥夺政治权利或者在缓刑、暂予监外执行中的罪犯或者被依法采取刑事强制措施的人，有违反法律、行政法规或者国务院有关部门的监督管理规定的行为"。2020 年《实施办法》第 36 条规定，社区矫正对象违反监督管理规定或者人民法院禁止令，依法应予治安管理处罚的，执行地县级社区矫正机构应当及时提请同级公安机关依法给予处罚，并向执行地同级人民检察院抄送治安管理处罚建议书副本，及时通知处理结果。执行地县级社区矫正机构提请治安管理处罚前需事先调查取证、司法所合议、评议审核、最后审批提请。公安机关作出的治安处罚是一个具体行政行为，属于行政复议和行政诉讼的受案范围，有被申请复议和提起诉讼的风险。公安机关一定会对司法行政机关提交的建议书和相关证据进行严格审查，方作出治安处罚决

---

〔1〕 参见王利荣："行刑一体化视野下的矫正体制架构——写在《社区矫正法》征求意见之际"，载《当代法学》2017 年第 6 期。

〔2〕 王利荣教授认为依据《中华人民共和国社区矫正法（征求意见稿）》和《中华人民共和国社区矫正法（草案）》规定，社区矫正的职能分工是"双主体"结构配置，司法行政部门负责社区服刑人员的行为督导，公安机关行使处罚权。否则认社区矫正机构的警察权配置，防范警察权由某种保卫社会的力量沦为压迫社会的工具而确认的"双主体"结构，势必将现制弊端带入后续社区矫正活动之中。详见王利荣："行刑一体化视野下的矫正体制架构——写在《社区矫正法》征求意见之际"，载《当代法学》2017 年第 6 期。

定。因对拘留的证据标准认知不统一，社区矫正部门很难预知自己提出的治安处罚请求是否能被公安机关认可。第一，若被公安机关否决治安处罚请求，社区矫正机构执法者不仅感觉有失颜面，更会削弱行刑的权威性。第二，公安机关作为一个行政机关审查另一行政机关（社区矫正机构）提出的建议书和相关证据，有待学理的检验。因此，实践中社区矫正机构宁可反复劝导、训诫和警告，也不太愿意使用提请公安机关治安拘留的惩罚措施。连带的一个后果就是因屡次违规和短期脱管，而提请决定机关撤销的概率不高。

近年来，因脱管未及时提请收监，导致社区矫正对象重新再犯罪，社区矫正工作人员责任倒查被刑事问责的案例不在少数。有的是因为未充分认识到社区矫正刑事执行的本质，未积极组织查找；也有的是因为和公安机关衔接不到位，公安机关未积极追逃。刑罚执行权一分为二导致职责不明，法令不通，进而对社区矫正对象的监督管理虚空或者疲软，都极有可能拉高社区矫正对象重新违法犯罪的概率。

可见，社区矫正机构的刑事执行权，应当是一个包含监管、教育、帮扶以及不得已时惩戒的完整的刑事执行权。赋予不服从监管时的惩戒权和强制权是履行教育帮扶职能的必要后盾，也彰显了刑事执行的强制性和执法严肃性。这种惩戒权和强制权不同于监狱行刑就是兑现惩罚（剥夺人身自由就是最大的惩罚），不代表需要对社区矫正对象采取 24 小时无间断和无缝隙的严格管控。按刑事法规范的真实涵义，假释、缓刑和暂予监外执行本身已经没有积极注入制裁的意思，消极限制自由意味着矫正部门另有积极作为的空间。将惩戒置于不得已才适用的最后阶段，强调行刑监管与教育帮扶并重，关照到了轻刑及附随性刑罚处分执行的规律。[1]

四、社区矫正刑事执行权重新配置之思

刑罚执行一体化思维不是用闭合惩罚切断一切社会关联，而是基于刑法任务确立行刑目标，围绕行刑目标联通行刑方式，整体表达法律理性。[2]基

---

〔1〕 参见王利荣："行刑一体化视野下的矫正体制架构——写在《社区矫正法》征求意见之际"，载《当代法学》2017 年第 6 期。

〔2〕 参见王利荣："行刑一体化视野下的矫正体制架构——写在《社区矫正法》征求意见之际"，载《当代法学》2017 年第 6 期。

于此，社区矫正刑事执行权的配置应作如下规定和调整：

（一）取消提请公安机关治安处罚建议权

有研究表明，社区矫正部门有搁置提请治安拘留的现象，导致治安处罚人数下降，撤销缓刑假释人数反而增多，处罚轻重倒挂。提请拘留处罚率低的原因，一方面是社区矫正机构对应否提请公安机关治安拘留顾虑重重，担心被公安机关驳回；另一方面是公安机关及具体承办人员因未参与日常矫正工作，对违规情况不甚了解，为了规避因行政复议和行政诉讼所引起的行政责任风险，对应否决定拘留的态度都很谨慎。社区矫正机构只能在两次警告后，若社区矫正对象仍违反监督管理规定的，直接提请撤销缓刑收监执行。从理论上来说，成年社区矫正对象适用拘留的概率更高，因拘留的威慑作用而不致再违反规定进而被收监执行。社区矫正的目的不是收监执行，而是通过引导、规制社区矫正对象的行为，使之不再重新犯罪，重新融入社会。对违规社区矫正对象的惩戒应该设置一个梯度，给予其自我改正和自我反省的机会，而不是以收监为目的。将因违反监督管理规定的缓刑犯和假释犯收监执行，执行原判刑罚或余刑，意味着考察期归零，这是一个非常重的惩罚。就如日本学者大谷实所言，撤销假释具有让现已出狱的人再度被收监的效果，其重要程度同允许假释不可相提并论，不能贸然行事。[1] 所以，应当在警告与收监执行之间，增加一些中间性的惩罚措施，形成惩罚的梯度与层级，作为规制社区矫正对象服从监管的威慑后盾。

从性质上考察，公安机关对违反监督管理规定的社区矫正对象处以治安拘留或罚款，是一个明确可诉的具体行政行为。而社区矫正机构的惩戒行为是刑事执行权的内容之一，是一种刑事执法行为，不属于行政诉讼的受案范围，由检察院对其执法行为予以监督。为避免社区矫正行为性质上的混乱，建议取消公安机关对违规行为的治安处罚权。[2]

（二）创设本土化中间制裁措施

社区矫正实践中工作人员一直呼吁可以使用的惩戒手段有限，以致社区

---

〔1〕　参见〔日〕大谷实：《刑事政策学》，黎宏译，法律出版社2000年版，第241页。

〔2〕　因四类人员是在社会上服刑，除了罪犯的身份需要履行法律规定的义务外，他们还是普通公民的身份，根据《治安管理处罚法》的规定，对于严重违反治安管理秩序的四类人员，公安机关可以直接处以治安拘留。

矫正对象屡次违规，但未达到收监的条件，只能继续训诫和警告直至收监而毫无他法。有的社区矫正对象矫正期限不长，即使屡次小违规也达不到收监的条件，这不仅践踏了刑事执行的严肃性，也无法体现行为与法律反应之间紧密的因果链。创设中间制裁措施，不是为了增加惩罚的力度，而是通过中间性的惩戒措施降低缓刑、假释的撤销率。目前《社区矫正法》规定的电子定位装置设备的使用，就是强化监管的一种手段。

近些年，社区矫正机构不断探索分类管理分类矫正，对具有不同再犯风险的社区矫正对象采取不同强度的管控措施。以电子监控为例，为了防止社区矫正对象脱管漏管，基本上对所有社区矫正对象都采用手机定位，通过电子围栏限制其活动的范围，通过信息化核查了解掌握社区矫正对象的活动情况和行为表现。但对于具有明显社会危险程度又不宜在监狱服刑的初入矫对象、社区矫正中违反特定义务经警告无效而仍不予收监的对象，在定位手机的同时加戴具有更强定位与报警功能且不可拆卸的电子腕带，进一步限缩其自由活动的空间，强化监管，维系社区的基本安全。这一曾经在浙江、安徽、四川等地施行的做法已经被《社区矫正法》所吸收。

仔细考察电子腕带的作用，除了能随时掌握重点对象详实且误差率更小的活动轨迹外，加戴腕带增加了社区矫正对象的心理负担，社区矫正机构改变按行政区划划出活动区域的一般做法，按其生活、工作和学习基本需要划出活动范围，标出活动范围内若干禁止出入的场所区域，进一步压缩了其活动范围，是一种升级管控措施。对于附有禁止令的社区矫正对象来说，社区矫正机构升级管控的依据是法院发出的禁止令。但对于未附有禁令的社区矫正对象，以违反特定义务为由加戴电子腕带限缩其自由，将加戴电子腕带设定为一种加强监管的中间性制裁措施。但是《社区矫正法》出台前，有的省份将电子腕带与手机定位同时使用进行双管控，是缺乏法律依据的，也是浪费。

以电子腕带技术为支撑的另一种可以考虑的中间制裁措施是家庭监禁。实践证明，对于一个有夜盗癖瘾或性取向畸形而意志控制力薄弱的人来说，电子定位设备几乎没有任何效果可言。近年来，一些法院陆续发出"禁止未成年缓刑人在外过夜、在规定时间内禁止外出"的命令，已具有定时监禁于居所的性质。在社区矫正执行过程中，对那些人身危险性相对较高的社区矫正对象，同样也可以提出类似要求和升级管控，作为典型的中间制裁。至于家庭监禁的决定权归属，可以参考其他大陆法系国家，由负责刑事执法监督的检察机关决定，可以减少法院与社区矫正机构之间的执法内耗，也可以在相当程度上预防社区矫正机构及其工作人员的不作为。

另外，取消公安机关对严重违反监督管理规定的拘留权，创设类似于国外的短期监禁中间制裁措施。在刑罚执行一体化的视野和监狱戒毒人民警察延伸社区矫正用警的改革实践背景下，社区矫正机构无须专门配置人民警察和新设拘禁场所，而是由社区矫正机构提请人民检察院决定 5 日~15 日的短期监禁处分,〔1〕然后交由轻警戒型监狱执行，移送和接收均由延伸社区矫正用警的监狱人民警察承担即可。短期监禁中间制裁措施的采取，将有利于促进监狱行刑与社区矫正的一体化互动。

---

〔1〕 交由检察机关决定短期监禁的理由有二：一是检察机关负责监督社区矫正活动，对社区服刑人员遵守服刑义务的情况比较清楚，能快速作出决定；二是若交由法院决定，审查决定期限相对较长，与社区矫正机构之间容易造成执法内耗。

基层社区矫正队伍专职化建设的初步探索

——以成都市青白江区社区矫正改革为例

朱大全　郑意雄　于　磊　赵　爽

摘　要：《社区矫正法》第 10 条明确规定，社区矫正机构应当配备具有法律等专业知识的专门国家工作人员，履行监督管理、教育帮扶等执法职责。第 16 条规定，国家推进高素质的社区矫正工作队伍建设。社区矫正机构应当加强对社区矫正工作人员的管理、监督、培训和职业保障，不断提高社区矫正工作的规范化、专业化水平。由此可见，建立专门化、职业化和高素质的社区矫正队伍是《社区矫正法》赋予社区矫正工作的法律保障。近年来，各地就社区矫正队伍建设进行了一系列的探索，形成了一些有益的经验可供借鉴。但受制于各地经济发展水平的差异，可能难以在短时间内实现统一"走正步"。因此，可以尝试先解决专门化，再循序渐进解决专业化和职业化的问题。如成都市青白江区成立专职专编的社区矫正管理局，将社区矫正从司法所剥离，设立片区社区矫正执法中心和中队，探索出"先专后职""以专促职"的专职化社区矫正队伍建设新模式，工作中日常参与矫正工作的公务员和矫正对象比达到 1∶100，工作规范性不断提升，取得了较好的成效。青白江区的实践为中国特色社会主义刑事执行制度的逐渐完善累积了地方经验。

关键词：社区矫正；队伍建设；专职化；刑事执行

自 2003 年，我国开始在部分省市试点开展社区矫正，社区矫正工作在我国蓬勃发展起来，各地根据自身特点先后探索了"北京模式""上海模式""台州模式"等极富地方特色的社区矫正模式。在各地的实践中，社区矫正作为"人类迄今为止最人道最文明最经济的非监禁性刑事执行制度"[1] 的各项价值不断彰显，作为制度设计，不断得到肯定。2019 年 12 月 28 日，具有里程碑意义的《社区矫正法》正式颁布，标志着我国从立法上首次规定了社区矫正制度，也解决了长期困扰基层实施的执法权等一系列问题，中国特色社会主义刑事执行制度完整地确立起来。《社区矫正法》关于社区矫正机构和队伍的规定，无疑为各地推进社区矫正队伍专业化和职业化提供了充足的法理依据。

一、部分国家社区矫正工作队伍情况概述

探讨社区矫正工作队伍专职化，有必要了解一下其他国家的实践情况，以对我国的队伍建设提供有益的借鉴。

（一）日本模式

日本的社区矫正工作队伍除了机构配置的专门的工作人员外，还有很多民间高素质的志愿者参与进来。在准入和考核上，日本不仅对专门的工作人员进行考核，也会考察民间志愿者的信誉、时间、生活条件，只有符合要求的社会信誉好、空余时间充足、生活稳定的人才能充当民间志愿者参与矫正工作，对于新选拔的志愿者要经过三次以上培训才能开展工作。因此，日本的社区矫正工作人员不仅素质高而且生活优裕，他们投入社区矫正工作更多是基于对社会志愿活动的热情和责任感。[2]

（二）美国模式

美国的社区矫正工作人员分为两种，一种叫假释官，另一种叫缓刑官。除上述两种人员之外，社区矫正工作人员的队伍中还包括社会上的一些志愿者以及一部分准专业人员。假释官和缓刑官是公务员编制，准专业人员和社会志愿者属于非官方的民间人员，没有编制。美国的社区矫正人员参与社区矫正管理的形式不多，假释官和缓刑官根据工作职能不同设置，对矫正对象进行监督、管理和帮助，是享有执法权的社区矫正工作人员，其身份既是社

---

[1] 参见王顺安："论《社区矫正法》的五大立法目的与十大引申意义"，载《中国司法》2020年第 5 期。

[2] 参见张楚、王廷兴："从日本社区矫正制度探求我国社区矫正工作的进程"，载《法制与社会》2017 年第 9 期。

会工作者又是政府公务员。在美国，对于社区矫正工作人员有着十分严格的准入要求，设置层层的条件限制，包括适当的年龄、相关的专业领域、相关的工作经历、出色的身体素质等。每一名社区矫正机构的工作人员在工作之前，都要经过相当长一段时间的培训，才可以到社区矫正工作的岗位上进行工作，工作之余同样有很多相关的培训课要上。准专业人员虽然不是正式的社区矫正机构工作人员，但是也要长期接受矫正知识的培训，以提供更好的矫正服务。[1]

（三）英国模式

英国中央和地方的社区矫正工作人员称为矫正官，属于公务员编制，除了要求具备本科以上学历和相应专业学位之外，还要接受矫正专门机构的培训。英国还有专门针对未成年人适用社区矫正的志愿机构，全国未成年人司法委员会，成员是来自政府、学校、警察、卫生等部门的志愿者，属于非政府组织。另外还有青少年犯罪特别工作组（简称 YOT），YOT 由地方政府牵头成立，在英格兰和威尔士有 150 余个。与全国未成年人司法委员会不同的是，该机构由地方政府拨付工作经费，接受地方政府的管理。英国志愿者数量庞大，政府提供一部分资金满足各个领域志愿活动，志愿者组织也可从社会和宗教的募捐中筹集资金。[2]

二、《社区矫正法》实施前关于队伍专门化的探索

在《社区矫正法》实施前，国内部分地方已经进行了一定的探索，试图构建专业化、职业化的工作队伍，由于警察化模式已经在事实上被否定，这里就不做讨论。

（一）安徽省怀远县社区矫正队伍专职化的探索

2019 年 8 月，经怀远县三定方案确定，怀远县司法局设立社区矫正工作股，并加挂"怀远县司法局社区矫正大队"牌子，与社区矫正工作股合署办公，负责全县的社区矫正工作。怀远县的社区矫正机构工作人员是经过县司法局党组任命，由市县司法行政机关统一领导；是具备组织实施刑事执行活动，调整日常监管方式，建议奖惩，组织开展调查评估，提出撤销缓刑、假

---

〔1〕 参见周槐鼎："社区矫正制度的发展与完善"，甘肃政法大学 2021 年硕士学位论文。
〔2〕 参见周槐鼎："社区矫正制度的发展与完善"，甘肃政法大学 2021 年硕士学位论文。

释、收监执行建议等刑事执行核心权力的职业化队伍。社区矫正大队下设 5 个中队，分别管理 3 个~4 个规定的乡镇。社区矫正中队为县司法局派出机构，在社区矫正大队直接领导下开展辖区工作。每个中队配备 2 名正式在编人员作为工作人员，另配备 4 名执法辅助人员。[1]

（二）浙江省台州市社区矫正队伍专职化的探索

浙江省台州市初步探索队建制模式，得到广泛的肯定。一是在市司法局单独设置社区矫正管理局，并加挂"社区矫正执法支队"牌子。市社区矫正管理局（执法支队）承担对下级社区矫正机构的业务指导与监管执法职责。二是县级层面设立社区矫正执法大队，并设立承担执法监督职责的法制科，规范执法程序与行为。执法大队统一行使社区矫正执法权，协调社区矫正各职能部门间的工作，承担调查评估、接收、事项审批、司法奖惩、收监、追查、禁止令执行和应急处置等职责，执法大队入驻社区矫正中心办公。三是在乡镇一级设置片区派出执法中队，由执法中队承担社区矫正日常监管职责，并积极组建与培育专业社团参与社区矫正工作，提高专业社会组织参与社区矫正工作力度，参与社区矫正对象教育矫正与帮扶工作，为矫正对象融入社会发挥相当的作用，提升社区矫正社会工作水平。

整体来看，各地的实践始终围绕着机构专门化、队伍专职化开展。[2]

三、成都市青白江区社区矫正队伍建设的实践探索

随着《社区矫正法》的颁布实施，2020 年成都市青白江区司法局被四川省社区矫正管理局确定为社区矫正省级改革试点单位。成都市青白江区设立了独立运行可对外行使职权的区级社区矫正管理局，下辖两个社区矫正片区化执法中心，按照 1:18 的比例进行了工作人员配备，司法所不再承担社区矫正主责，经区司法局同意，受区社区矫正管理局委托，配合开展社会调查、走访和协调村（社区）工作人员等三项职责。

（一）改革的基本情况及成效

1. 设置社区矫正委员会。青白江区司法局在原有社区矫正工作领导小组

---

〔1〕 参见纪金锋等："社区矫正队伍职业化建设探索——以安徽省怀远县为样本"，载《河南司法警官职业学院学报》2021 年第 1 期。

〔2〕 参见武玉红、赵洁："论我国社区矫正基层管理机构的创新——基于对浙江省台州市天台县社区矫正执法中队的调研"，载《河南司法警官职业学院学报》2014 年第 4 期。

的基础上，在四川省率先成立由区政府区长任主任、区委常委政法委书记任常务副主任、区政府分管副区长任副主任的社区矫正委员会。在委员会设立委员单位重点负责协调重大法律事务和案件管理问题，设立成员单位重点负责统筹协调教育帮扶和社会救助等社会化事务，明确了政法委、法院、检察院、公安、财政、教育、民政等部门的职能职责。在顶层设计上破除了区社区矫正工作统筹协调的壁垒障碍，实现了党委、政府对社区矫正工作的统一领导，解决了协调政法部门和保障部门不同频次的工作难点，实现了法律要求和实践需要的有机统一。

2. 成立专门的社区矫正局。将原社区矫正安置帮教科更名为安置帮教科，增设社区矫正科，增加聘用人员编制3名，为设立专门的社区矫正机构留足了人员编制空间。随着改革的推进，优化原有社区矫正中心，实现职能独立，实质上地建立社区矫正管理局，并在2021年获得区委编办批复同意设立可对外挂牌行文的成都市青白江区社区矫正管理局。青白江区社区矫正管理局，有政法专编6名、社区矫正社工10名，日常管理在册对象超过250名，为队伍进一步专职化发展、工作专门化开展奠定坚实基础。

3. 探索成立社区矫正片区执法中心。青白江区司法局根据区内南北片区差异大，南部三个镇目前主要涉农，北部四个镇（街）主要为工业和城区的实际情况，利用村（社区）合并后的闲置场所，打造两处总面积超过1000平米专门的社区矫正执法场地，分别在毗河以北设立大弯执法中心，毗河以南设立姚渡执法中心，实现了社区矫正管理专门化的全区覆盖。建立了片区集中执法的硬件标准，实现了执法场所与司法所的场所分离，保障了执法活动的专门化和严肃化，提升了司法所服务群众的安全感。同时，在社区矫正姚渡执法中心建立青白江区社区矫正警示教育基地，对社区矫正对象开展专门警示教育。

整体来看，目前的青白江区社区矫正机构呈现出专门、专职特点。南北两中心分别由3名政法干警负责日常运转，在社区矫正姚渡执法中心，日常参与直接管理的正编干警与社区矫正对象比达到1∶100，在大弯执法中心达到1∶80，均实现了较高的管理水平，甚至达到美国的日常管理水平，而从历次检查监督来看，工作水平不断提升，工作规范不断加强，达到了改革的目的。

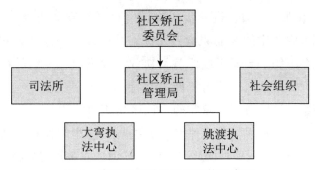

图1　青白江区社区矫正机构示意图

（二）青白江区社区矫正队伍专职化的体系支撑

1. 工作体系支撑，增强队伍内部稳定性。一是内部分工。遴选14名政治素质过硬、业务素质优秀、法律素养较好的干部，组成一支"正编干部+辅助人员""4+10"的专职队伍，这支队伍与社区矫正局正副局长共同构成了全区社区矫正工作主体（其中一名正编长期借调），进一步明确社区矫正机构工作人员和社区矫正社会工作者在社区矫正工作中的权责分布，明确社区矫正机构工作人员为执法类工作责任主体，解决执法身份争议。专门制定干部竞聘上岗制度和辅助人员薪酬管理办法，明确社区矫正社工薪酬高于区司法局一般司法社工，提高社区矫正社工的薪资待遇、提升社区矫正工作的职业认同感，激发干事创业的强大活力。二是发挥司法所作用。司法所作为最基层司法行政站点，根据《社区矫正法》规定，依法接受委托，从事相应工作。明确委托是抽象的事权委托，而非专门的事项委托。目前，司法所配合社区矫正机构开展社会调查和走访工作，主要发挥司法所扎根基层、熟悉情况的优势，禁止"一事一委托"的具体事项委托。司法所受委托，需社区矫正机构提请，经区司法局同意，并要求社区矫正机构就委托事项进行专门备案，严格防止随意地扩大或缩减的情况。目前，青白江区的"社区矫正机构+司法所"模式已经日渐规范和完善。

2. 社会组织支撑，形成强大的社会支撑。一是发挥基层力量作用。进一步明确村（居）民委员会在协调社区矫正机构开展社区矫正机构中的作用，引入网格员进入矫正小组，特别是在区级层面，将对社区矫正对象的监管明确为网格员的工作职责，做到在第一时间掌握矫正对象的具体情况，实现了日常监督的有效性。同时，进一步明确村（社区）在调查评估、走访调查、教育学习和社区服务中的职能职责，并探索社区服务的柔性方式。二是探索和培育专门社会组织。与义工组织签订协议，探索成立专门的社会组织并积极培育，一方面针对社区矫正对象能力和特长，建立"服务项目由各社区发布，义工机构组织社区矫正对象实施，社区矫正机构进行评价"的集抢单和指派为一体的公益活动供需信息平台，并指导社会组织在姚渡执法中心筹建了名为"光明农场"的农业技能培训基地，培训涉农矫正对象蔬菜、水果种植等技能，并开通了销售渠道，断掉犯罪"穷根"。另一方面，建立心理干预平台。将线上测评、线下咨询贯穿社区矫正始终，与精神卫生机构合作在社区矫正专门执法场地规范化建立智能化心理干预室，发现心理障碍及时干预治疗。

3. 智慧矫正支撑，以技术进步推动工作规范。一是全面启用省司法厅社区矫正办案平台，建立了"全流程、数据化"矫正办案平台。实现衔接、监管、反馈全流程的智慧监管，发动工作人员将青白江区自2005年确定为中西部地区首批社区矫正试点单位以来形成的40余万页历史档案全部上传，实现了历史数据和现行数据的无缝衔接，确保管理痕迹全流程数据化上传、全过程网络化监督、工作痕迹随时可查，一方面该平台任何操作均会第三方留痕，有力推动了日常监管的规范性；另一方面，大量的文书性内容能自动生成，有效降低了工作人员工作量，极大提升管理效率。二是全面落实信息化核查。积极落实社区矫正法规定，与三大运营商主动对接，初步实现了社区矫正对象手机定位信息化核查。并针对运营商信息化核查延迟和可能出现人机分离的情况，启用"新我系统"，实现刷脸生物识别定位，有效维护了法律和裁判的严肃性。

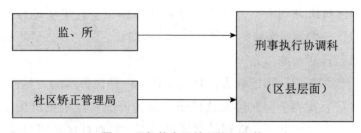

图2 理想状态下社区矫正机构

　　整体来看，在细化分工、社会支撑、智慧支撑到位的情况下，青白江区社区机构专门化、队伍专职化改革取得了一定的成效，达到了实施《社区矫正法》意图规范的刑事执行行为的效果。但工作中，以区县为单位的专职化存在队伍过于薄弱、矫正工作压力大等问题，下一步可以考虑以数个区县为单位成立片区社区矫正管理机构，区县司法局保留社区矫正协调职能的形式的改革（类似安置帮教科室和监所的关系），可整合安置帮教职能成立类似命名为刑事执行协调科的内设机构，并提升社区矫正工作者待遇，实现市一级社区矫正垂直管理，将社区矫正日常监管从区县司法局剥离，进一步推动队伍专职化，维护好刑事执行尤其是刑事责任处遇的严肃性，维护好国家法律的尊严。

监督管理

加强社区矫正工作突发事件应急处置机制建设的思考

——四川省社区矫正突发事件应急处置机制建设调研报告

张大立* 向 军**

摘 要：社区矫正是社会管理中的一个高危领域，突发事件随时可能发生。加强社区矫正突发事件应急处置机制建设，明确在社区矫正中发生突发事件时应采取的应对措施与活动，可以有效履行社区矫正职能，切实保障社区矫正工作的安全，提升社区矫正风险管控品质。对于推进司法制度改革、维护社会和谐稳定具有至关重要的作用。

关键词：社区矫正；突发事件；处置机制

为促进四川省社区矫正工作突发事件应急处置机制建设，2021 年 6 月至 8 月，四川司法警官职业学院（以下简称"学院"）与四川省司法厅社区矫正管理局（以下简称"厅社矫局"）组成调研组，通过问卷调查、文献研究和比较研究等方式方法，深入全省 21 个市（州）司法局就社区矫正工作突发事件应急处置机制建设情况进行实地调研，在广集意见建议、摸清底数实情、运用已有成果的基础上，基本厘清了存在的主要问题，初步提出了对策建议，以期为四川省社区矫正应急处置机制建设提供理论指导。

一、四川省社区矫正工作突发事件应急处置机制建设的做法与成效

近年来，四川省各级社区矫正机构在地方党委政府和司法行政机关领导下，充分发挥主体作用，坚持以规范化、制度化建设为抓手，在促进社区矫正工作应急处置机制建设、推进社区矫正工作改革发展等方面，取得了一定成效。

---

* 张大立，男，四川司法警官职业学院副院长，研究方向：社区矫正。

** 向军，男，四川省司法厅社区矫正管理局局长，研究方向：社区矫正。

（一）重视程度普遍较高

各级司法行政机关均能充分认清做好社区矫正工作突发事件应急处置的重大现实意义，积极研究解决工作中的困难和问题。少数市（州）从组织机构、人员配置、联动机制、建章立制、经费保障等多个方面入手，想方设法建立健全社区矫正工作突发事件应急处置机制。如，绵阳市司法局和市政府办公室、法院、检察院、公安局、应急管理局六部门组成处置社区矫正工作突发事件指挥部，分管副市长兼任指挥长，市应急管理局和司法局局长担任副指挥长，其他4个单位分管领导担任指挥部成员，下设协调、处置、保障3个专门小组，建有预警机制、分工清晰明确、配有专门人员，走在了全省前列。

（二）组织基础不断夯实

从调研情况看，21个市（州）社矫局及其所辖县（市、区）司法局，均根据《社区矫正法》等上位法律法规，建有应急处置组织机构并配有专兼职人员。除上述绵阳市司法局以外，成都市温江区司法局成立了以局长为组长的应急处置领导小组，并在社矫局设置领导小组办公室；达州市、眉山市、凉山彝族自治州、遂宁市和成都市青白江区司法局社矫局，均根据自身情况成立有社区矫正工作突发事件应急处置组织机构，有职责分工、有处置程序、有相关措施，为规范和完善四川省社区矫正工作应急处置机制建设提供了参考、奠定了基础。

（三）相关制度日趋完善

各级司法行政机关为提高社区矫正突发事件处置能力和水平，均能立足区域实际，积极推进社区矫正工作突发事件应急处置机制建设。在省级层面，厅社矫局制定有《社区矫正突发事件应急处置预案（研读稿）》；在市（州）级层面，21个市（州）社矫局有19家制定有《社区矫正突发事件应急处置预案》；在县（市、区）级层面，泸州市古蔺县2012年6月出台了《古蔺县社区矫正工作突发事件应急处置预案》；在乡镇级层面，德阳市中江县双龙镇2014年9月出台了《双龙镇社区矫正工作突发事件应急处置预案》，为形成此次调研成果提供了有力支撑。

二、四川省社区矫正工作突发事件应急处置机制建设的短板与不足

从调研情况看，各市（州）反映的问题主要集中在：指挥体制、预警机制和行动机构不完善；应急联动协调机制不灵活；专项资金投入和专门人员配备缺乏；现有预案科学性、操作性不强；突发事件应急处置的培训和演练不够，相关人员专业不专、素质不齐、能力不足等方面。具体表现在以下四点：

（一）指挥机制不畅

主要表现在社区矫正工作突发事件应急指挥网络覆盖不全，指挥机构稳定性不够。无论是纵向指挥，还是横向协调，既缺乏统一的指挥平台和指挥手段，又缺乏统一的指挥责任和协同机制。多地司法局反映，当可能或已经出现的突发事件情况超出司法行政机关处置权限时，需要逐级汇报寻求上级部门或领导的指示批示，极有可能因错失处置良机而导致事态进一步扩大恶化。

（二）预案建设不优

虽然多数市（州）制定了应急处置预案，也根据突发事件大致类型明确了相应处置措施，但仍然比较粗略。主要表现在未对突发事件进行细化分级，未明确不同层级突发事件的不同等级应急响应，而不同等级的应急响应直接涉及不同层次的工作机构和不同处置对策，导致现有预案科学性、操作性不强，极大影响了突发事件的处置质效。

（三）联动机制不活

社区矫正领域一旦发生较大规模的突发事件，不仅有政法委、公安、司法行政、法院、检察院等关联单位直接参与处置，还可能动用武警、消防、医卫、社区等多种力量协同参与处置，组织层级多、部门涵盖广。如何统一指挥、明确分工、区分责任，目前还缺乏相应制度规范。调研中，21个市（州）司法局有15家反映：现有联动机制不完善、不灵活，一旦突发事件超出本部门可控范围，无法与其他职能部门真正实现无缝衔接和有效联动，从而贻误时机。

（四）信息化水平不高

因四川省目前还未建立专门的社区矫正工作突发事件信息化平台和数据库，加之各级应急处置机构在数据交换、信息共享、团结协作等方面做得不到位，导致在部门联动、信息互用、联合处置、预演防控、经验交流等方面难以实现同频共振，进而在实际操作中出现信息不对称、预警监测难、合作不紧密等情况。

三、四川省社区矫正工作突发事件应急处置机制建设的思考和设想

综上，我们认为，建立健全四川省社区矫正工作突发事件应急处置机制的当务之急，是完善应急处置工作预案。为此，调研组根据《社区矫正法》、2020年《实施办法》《中华人民共和国突发事件应对法》《国家突发公共事件总体应急预案》和《四川省社区矫正实施细则（试行）》等法律法规和有关制度，遵循社区矫正工作可能发生突发事件的规律与特点，结合四川省经济社会发展水平和此次调研情况，组织草拟了《社区矫正突发事件应急处置预案（试行）》（建议稿），基本设想如下：

（一）适用范围

适用于四川省行政区域内社区矫正对象突发事件的应急处置，主要指社区矫正对象非正常死亡、涉嫌实施犯罪、参与群体性事件等9种典型情形。

（二）工作原则

1. 预防为主：社区矫正工作突发事件重在预防、重在事前。在日常工作中，既要遵循法律至上，依法依规开展工作，又要突出以人为本的精神，合理合情排忧解难，最大限度减少突发事件诱因。[1] 平时应当加强教育培训，强化防范意识，提高处置能力，全面做好风险预警、研判防范和应急处置的各项准备。在可能或者已经发生突发事件时，应当果断采取措施应急处置，防止事态演变、造成更大危害或引发次生问题。

2. 快速应对：社区矫正工作突发事件往往具有偶发性、变化性、连锁性。当突发事件发生时，必须第一时间启动预案，各方迅速介入，采取果断措施，及时控制局面，才可以赢得时机，有效防止突发事件的进一步扩大、加剧或恶化，避免造成更大社会危害后果，从而维护人民生命财产安全、社会和谐稳定。

3. 依法处置：在全面依法治国迈向纵深的新时代，"法有授权"和"依法办事"是公权力部门开展工作的前提。社区矫正工作本身具有极强的法律性和政策性，对于突发事件的应急处置应当更加严格遵循有关法律法规，依

---

〔1〕 参见刘政："社区矫正的惩罚功能重塑与惩罚机制重构"，载《法学论坛》2019年第6期。

法依规、有力有序落实各项处置措施，确保在法治框架下快速高效完成处置任务。

4. 分级负责：从把隐患消除在萌芽状态、把风险遏制在摇篮阶段的角度出发，在借鉴社会公共领域其他突发事件处置实践的经验基础上，我们认为，社区矫正工作突发事件应急处置应当遵循属地为主、层级响应、分级负责、协调联动的原则。属地应急指挥部启动本级预警无法有效处置时，须进行"双报告"：一是向上级应急指挥部报告，由其决定是否启动更高层级预警；二是向本级党委政府报告，由其统一组织实施应急处置工作。一般情况下应当逐级上报，紧急情况下可以越级上报。

（三）应急体系

有效的社区矫正工作应急管理并不能单靠司法行政机关一己之力，而是需要包括公、检、法、司以及政府其他相关职能部门多元主体的协调共进。坚持统一领导下的"分级负责"原则，在全省建立一个纵横贯通、立体联动的社区矫正工作突发事件应急处置体系十分必要。即纵向建立县（市、区）、市（州）、省三级应急处置体系；横向（各级内部体系）建立社区矫正工作应急处置指挥部、社区矫正工作突发事件应急处置联防联控机制、政府综合应急处置指挥部。

省、市（州）、县（市、区）三级司法行政机关分别建立的社区矫正工作突发事件应急处置指挥部，负责自身职责范围内的社区矫正工作突发事件应急处置。

由各级党委政法委牵头，依托社区矫正委员会分别建立的省、市（州）、县（市、区）三级社区矫正工作突发事件应急处置联防联控机制，由司法行政机关负责联防联控机制日常工作，综合治理、法院、检察院、公安等单位协同联动、齐抓共管、形成合力。

（四）组织机构

1. 指挥机构：指在应急处置社区矫正工作突发事件过程中发挥组织领导作用的机构，一般采用"应急处置指挥部"称谓，主要职责是组织领导、协调各方、调集资源、检查督导等。具体而言，省司法厅成立社区矫正工作突发事件应急处置指挥部，负责全省社区矫正工作突发事件的领导、处置、调查和善后等工作，设总指挥 1 名，由省司法厅分管社区矫正工作的副厅长担任；设副总指挥1名，由省社区矫正管理局局长担任；成员由省司法厅办公室、社区矫正管理局、法治督察处、装备财务保障处、法制宣传处、基层处等处室负责人担任。

2. 行动机构：指在应急处置社区矫正工作突发事件过程中实施具体处置工作的机构。一般采用"组"或者"小组"称谓，大体可分为联络组、行动组、宣传组、保障组、督察组等，主要职责是执行指挥部指令，按照职能分工落实具体处置措施。根据社区矫正工作实践，社区矫正工作突发事件应急处置组织机构建设重点，应放在县（市、区）一级。主要理由是，正常情况下社区矫正工作发生社会危害极其严重突发事件的可能性较小，即使发生带有一定社会危害的突发事件，县（市、区）一级社区矫正机构完全有能力高效快捷处置，无需动员更高层次的社区矫正机构作出应急响应。这样既可满足应急处置工作实际需要，也有利于节省社会资源，避免造成更大范围的社会影响。

（五）应急对策

1. 分级响应：全省按照《四川省突发事件总体应急预案（试行）》要求设置分级预警处置机制；各级社区矫正工作突发事件应急处置指挥部有权决定是否启动本级预警。根据不同等级突发事件启动相应层级应急响应和工作预案，有利于准确判定突发事件类型，保证应急处置时效，既可避免因事件类型判定不准而造成时机贻误、处置不当，也可避免因反应过度而造成资源浪费。

2. 分类响应：各级社区矫正机构应根据突发事件不同类型，相应制定社区矫正对象自杀自残、劫持人质、劫持交通工具、聚众上访、聚众械斗、暴力恐怖袭击等处置预案，切实增强应急对策的针对性、实效性。从工作实践和调研情况看，社区矫正领域最有可能发生的多为比较轻微的突发事件，发生较大突发事件或严重突发事件的可能性不大，可直接对应基层社区矫正机构。故而预案制定应当突出最常见、最有可能发生的突发事件的应急对策，便于基层社区矫正机构根据不同类型突发事件迅速进行分类响应并采取直接应急对策予以处置。

（六）管理与保障

1. 后勤保障：各级社区矫正机构应根据实际，建立突发事件应急处置装备和经费储备机制，专物专款专用，保障应急处置装备到位、经费充足。同时，建立专兼结合的突发事件应急处置队伍，加大教育、培训、演练的力度和密度，持续提升防范意识和处置能力。

2. 舆情监管：发生突发事件时，宣传组应当迅速介入，坚持疏堵结合，加大对舆情特别是网络舆情的监测、预警、研判和处置力度，适时召开新闻发布会，及时回应社会关切，防止突发事件及其处置过程出现负面舆情，确保引导有效、调控精准、处置快速，不给负面舆情发酵的时间和空间。

3. 信息化应急反应机制：依托"互联网+"和大数据技术，结合现有各类信息化平台，建立一套以数据为支撑的社区矫正工作突发事件应急反应机制，充分发挥信息化在情报共享、提前预警、快速反应方面的积极作用。

（七）奖惩与责任

1. 表彰补偿：社区矫正工作突发事件处置完毕后，应当根据相关法律法规，对具体处置工作中表现优异的机构和人员，给予精神或物质激励。同时，对处置工作中给有关机构和人员等造成的损失，最大限度给予补偿。如，抚恤伤亡人员，补助调用人力，补偿征用物资等。

2. 工作问责：社区矫正工作突发事件处置完毕后，应当根据相关法律法规，追究因失职、渎职等行为引发突发事件的人员和机构，以及在处置过程中履职不力或处置不当的人员和机构责任；对于构成犯罪的，依法追究刑事责任，通过强有力的问责倒逼责任落实，发挥警示作用。

3. 分析总结：社区矫正工作突发事件处置完毕后，各参与单位应当根据分工任务完成情况，进行全面深入的分析总结，及时完善本级应急工作预案，并报社区矫正工作突发事件应急处置指挥部，由其汇总经验问题、制定改进措施，进一步修订完善总体工作预案，为今后社区矫正工作突出事件应急处置提供更加详实有力的支撑。

全面依法治国背景下社区矫正执法风险防范机制研究

——以四川省 2103 份问卷调查情况分析为研究样本

苏飞举* 张文翰**

摘 要：全面依法治国背景下，在法治轨道上推进国家治理体系和治理规范化建设能力现代化，推动社区矫正工作规范化建设。目前，社区矫正工作中存在潜在的执法风险，影响矫正实效。通过分析四川省社区矫正工作中存在的执行风险，剖析潜在的危险因素，并提出解决路径，从而增强社区矫正工作防范风险能力，提高矫正实效。

关键词：依法治国；社区矫正；执法风险；机制研究

社区矫正是立足我国基本国情发展起来的具有中国特色的刑事执行制度。我国的社区矫正工作从 2003 年 7 月开始试点以来，全国累计接受社区矫正对象达到了 478 万，累计解除矫正对象 411 万。[1] 2020 年 7 月 1 日《社区矫正法》正式实施，为推进和规范社区矫正工作，保障刑事判决、刑事裁定和暂予监外执行决定的正确执行，提高教育矫正质量，促进社区矫正对象顺利融入社会，预防减少犯罪、维护社会和谐稳定等方面提供了法律支撑，同年 12 月 1 日，《四川省社区矫正实施细则（试行）》正式实施，对社区矫正的全业务、全流程、全时段进行了细化和规范。从现阶段整体制度设计来看，《社区矫正法》较以往更注重矫正对象人权的保障，更倾向于在监督管理的同时通过教育帮扶以保障其合法权益及其他衍生权益，而对社区矫正机构的人、财、

---

* 苏飞举，男，四川省司法警察训练总队，一级主任科员。研究方向：刑事法学。
** 张文翰，男，中央司法警官学院，硕士研究生在读。研究方向：刑事法学
〔1〕 参见"司法部：全国累计接受社区矫正对象已达 478 万"，载 https://www.sohu.com/a/363316339_123753，最后访问日期：2022 年 3 月 1 日。

物的保障上暂无根本性变化，基本保障配套不足、监督管理措施不够有力、执法保障不充分的问题仍然存在。社区矫正本质为一种非监禁性刑罚，给予人身危险性较为轻微的罪犯一定的人身自由，则作为管理者的社区矫正工作人员的执法风险不可小觑。

目前，实务界及理论界对社区矫正风险的探究，关注点多在工作风险及职业风险，对具体执法环节所衍生的风险尚未解答。本课题尝试以四川省全域社区矫正执法工作开展情况为样，廓清社区矫正工作的权力范围，深入探究剖析执法环节中潜在的风险点，健全执法风险防范机制，打造权责统一、权威高效的执法体系，增强社区矫正工作风险防控能力，为提升社区矫正工作质量、构建和谐社会奠定基础。

一、样本观察：社区矫正工作执法风险现状分析

通常意义上的执法风险包含了三个层次，即执法过错引发的渎职风险、抗拒干扰执法造成的人身或心理侵害风险以及制度不完善衍生的失职风险。在理论中，有的学者把廉政风险区别于执法风险，课题组认为，廉政风险难以显著区别于执法风险，两者在具体的执法过程中有"共生"和"转化"的可能，因此，课题组将廉政风险一并纳入执法风险的范畴进行研究。课题组以四川省全域内社区矫正机构和社区矫正工作人员为样本，通过问卷调查、走访座谈、资料查阅等方式对执法风险展开评价，以此呈现社区矫正执法风险情况及存在的问题。

（一）样本基本情况介绍[1]

为保证样本的多样性和层次性，调查研究工作在四川省全域的社区矫正机构中普遍展开，共收回有效问卷调查表 2103 份（含问卷 1、问卷 2）。同时，课题组在资阳市三区两县的社区矫正机构开展座谈 5 场，走访调研基层司法所 10 余个（以下简称"走访调研情况"）。

---

[1] 根据问题指向，问卷调查分别针对基层司法局的社区矫正局机关及社区矫正工作人员展开，共向全省 183 个县（区）社区矫正局发放问卷调查表（以下简称问卷 1），收回有效样本 126 份，回收率 69%，满足进行研究结论的要求。向全省 183 县（区）的社区矫正执法人员随机发放问卷调查表（以下简称问卷 2）10 份，收回有效样本 1977 份。

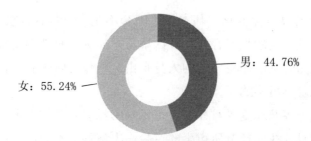

图1　基于1977份随机问卷中四川省社区矫正工作队伍男女比例（问卷2）

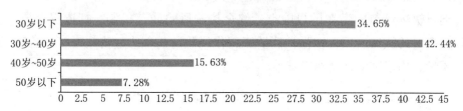

图2　社区矫正工作队伍年龄构成（问卷2）

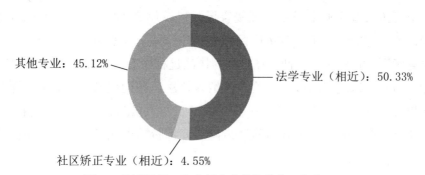

图3　社区矫正工作人员专业结构分布（问卷2）

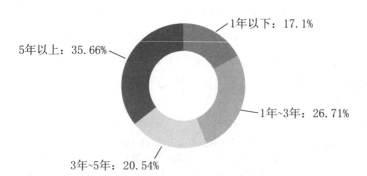

图4　社区矫正工作人员从业时间统计（问卷2）

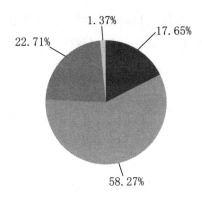

1.37%　　　　17.65%

22.71%

58.27%

- ■ 认为社区矫正工作存在较少风险，能较容易地应对
- 认为社区矫正工作存在一定风险，勉强胜任
- 认为社区矫正工作具有较高风险，难以应对
- 其他（请点击后单独说明）

图5　社区矫正人员对社区矫正工作的风险认知（问卷2）

由图可知，当前四川省社区矫正工作队伍呈以下特征：其一，女性社区矫正工作者多于男性，而从日常工作可知，社区矫正对象95%以上为男性，女性社区矫正工作者管理男性社区矫正对象可能更具有风险和挑战；其二，40岁以下的社区矫正工作者占矫正工作队伍的77.09%，其中30岁以下的社区矫正工作者占比高达34.65%，人员配置比例偏年轻化，具有学习快、工作勤奋的优势，但同时也存在应对执法经验不足的问题；其三，社区矫正工作者中54.88%为法学相近专业（含社区矫正相近专业），队伍整体具有良好法律素养；其四，社区矫正工作者中工作3年以上的占56.2%，1年以下仅占17.1%，整体队伍可以评价为工作经验较为丰富；其五，不可忽略的一个重要特征是社区矫正工作保障力量严重滞后。在走访调研中，社区矫正机构同时提到人员配备和经费保障的不足的问题。人员配备上，基层司法所"一人所"的情况普遍存在，监管力量严重不足，[1]个别地区监管比例为1∶20，尤其是机构改革后，司法局职能整合，而多数司法部门的编制并未增加，从而

---

〔1〕　根据问卷1的调查情况，目前126个县区的在矫社区矫正对象为20 977人，社区矫正工作人员共有2496人，管理比例约为1∶8，其中3个自治州的社区矫正对象较少，管理比例约为1∶1，成都市及其周边地区社区矫正对象数量较大，如新都区管理比例为1∶24，社区矫正工作人员力量明显不足。

加剧了人员紧张的局面。[1]在经费保障上，尽管各级人民政府将社区矫正经费列入了本级政府预算，但由于县区政府财政困难，拨付到部门的工作经费往往有较大比例的削减，社区矫正专项经费难以做到专款专用。

此外，在调研中，社区矫正人员认为社区矫正工作具有一定及较高风险的占比高达80.98%，可见，对社区矫正执法风险的研究确有必要。

（二）社区矫正工作各环节存在的执法风险

社区矫正执法环节包含居住地核实、矫前调查评估、接收宣告、日常管理、限制出境报备、集中教育、日常教育、请销假审批审核、进入特定场所从事特定行为或会见特定人员审批、居住地变更审批审核、奖惩、漏管、脱管、撤缓撤假收监执行、再犯案件办理、适应性帮扶、档案管理等十多项执法程序，而每项执法程序的实施，均或多或少地存在着潜在风险。因此，查找执法环节中潜在的风险点，有针对性地完善改革相应工作体制，从而有效防范执法风险，是当前亟待解决的问题。

1. 故意或过失引起的监督管理不到位造成的渎职风险

该类风险主要指社区矫正机构及其工作者违法执法、不当执法或作风不正，致使社区矫正对象重新违法犯罪事件的发生，使国家利益、社会利益或社区矫正机构及其工作人员的利益遭受损害的可能性及其不利后果。课题组在问卷调查中设置了"您认为社区矫正风险主要存在哪些环节（可多选）"的问题，1977份样本数据的选择如下：

选　　项	小计（人）	比　　例	
审前调查评估	953		48.2%
办理报到	206		10.42%
入矫宣告	129		6.53%
日常管理	1382		69.9%
限制出境报备	373		18.87%

---

〔1〕 在调研座谈中，从事社区矫正的一线工作人员均表示社区矫正工作占了司法所工作总量的80%以上。

选　项	小计（人）	比　例	
集中教育	207		10.47%
分类教育	172		8.7%
个别教育	196		9.91%
外出审批和监管	1410		71.32%
进入特定场所从事特定行为或会见特定人员审批	621		31.41%
居住地变更审批审核	443		22.41%
奖惩	335		16.94%
漏管、脱管	1637		82.8%
撤缓撤假收监执行	775		39.2%
适应性帮扶	365		18.46%
档案管理	425		21.5%
本题有效填写人次	1977		

图 6　社区矫正工作人员对社区矫正环节的风险评估（问卷 2）

　　由图可见，1977 份问卷调查中认为审前调查评估、日常管理、外出审批和监管、漏管脱管这四个环节存在风险的比例均高达 40% 以上。根据走访调研和座谈，四个执法环节存在的风险如下：一是审前调查评估阶段，基于短时间调查的片面性，调查人难以形成全面准确的评估报告，同时，评估报告也并不能完全被决定机关采信；[1] 二是日常管理阶段，日常管理事项繁杂且琐碎，社区矫正工作人员疲于应对，存在不按时完成规定任务、伪造档案记

---

　　〔1〕　课题组在调研中发现：存在决定机关即法院对调查评估不予采信的情况，即使调查评估意见是不同意纳入社区矫正，但决定机关仍判决缓刑，或者不同意在户籍地执行社区矫正，仍将法律文书发至户籍地司法局，迫使户籍地司法局不得不接收，将监管风险转移至执行机关，将不适合纳入社区矫正的罪犯放置社会上服刑从而可能导致重新违法犯罪、脱漏管等问题。

录、组织管理不力、资料审查不严的故意或过失行为，[1]存在履职不当的风险，造成相关利益损害；三是外出审批和监管阶段，存在违规审核社区矫正对象外出，或不落实定期走访、核查导致脱管的情况发生；四是在脱漏管阶段，是社区矫正工作人员最担心的执行环节。在社区矫正机构的问卷调查中，126个社区矫正机构5年内出现脱漏管情形的有33个，占总数的26.19%。造成脱漏管的可能性是多样的，如社区矫正对象不服从管理、定位系统延迟反应、工作人员失职等，一旦出现脱漏管情形，根据《社区矫正法》第61条第（二）项即可追究社区矫正工作人员责任，且目前尚未设立容错机制。此外，矫正对象重新犯罪也是较大的追责因素。

2. 执法履职中引发的人身安全风险

课题组在调研中发现当前执法环境的变化和执法要求的提高，以及入矫人数的急剧增长等因素，[2]给社区矫正工作人员带来较大工作压力。在对社区矫正工作人员"是否感到工作压力"的调查中发现，1612名（占比81.54%）社区矫正工作人员感到工作压力，1092名女性社区矫正工作人员中有968名（占比88.64%）对个人人身安全表示担心，可见社区矫正工作人员心理健康问题和人身安全问题值得关注。

---

[1] 如按照四川省司法厅工作要求社区矫正对象应当每日电子签到3次，社区矫正人员需监督矫正对象签到并录入管理系统，这一过程中存在矫正对象不会使用手机、忘记签到或者矫正工作人员未录入等情况，地方检察院直接将未签到的责任全盘归咎于社区矫正人员工作失职并发出检察建议。再如由于技术受限等非主观原因，个别社区矫正对象利用微信视频刷脸定位、人机分离、定位后再离开等方式逃避监管发生违法犯罪，工作人员未能及时发现而受到处罚。再如社区矫正工作人员因工作中的过失导致他人受到损害，如集中劳动过程中，组织管理不力，以致发生社区矫正对象斗殴事件。例如，在政法队伍教育整顿阶段，资阳市各县（区）司法局函请县（区）公安局对1147名社区矫正在矫对象活动轨迹实行智能化数据核查，发现有51名社区矫正对象未请假外出。对15名监管不到位的社区矫正工作人员给予提醒谈话或批评教育等处罚，1个司法所被要求限期整改。

[2] 参见"司法部：全国每年接收社区矫正对象50多万人 矫正期间再犯罪率低于0.2%"，载 https://finance.sina.com.cn/jjxw/2021-09-24/doc-iktzqtyt7808698.shtml，最后访问日期：2022年3月1日。

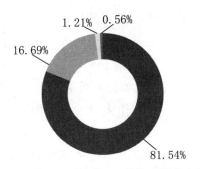

图7　社区矫正工作人员对工作压力认知情况（问卷2）

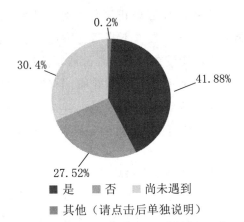

图8　社区矫正对象是否出现抗拒执行的情况调查（问卷2）

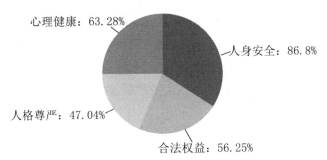

图9　社区矫正对象风险涉及的方面（问卷2）

　　根据调研，社区矫正工作人员在执法过程中面临的人身风险主要来自以下三个方面：

一是存在社区矫正对象抗拒执法的情况。社区矫正的对象是罪犯，相对于守法公民来说，人身危险性及主观恶性均较大。例如有些人有涉毒涉赌涉黄等恶习，有些人有好逸恶劳、不劳而获的错误观念，有些人有仇视社会、抗拒矫正的不良情绪，这些因素导致他们有可能是犯重罪的潜在人群。因此，在矫正过程中他们可能不冷静，与工作人员发生冲突，造成工作人员的人身伤害或财产损失，或因社区矫正对象的报复造成工作人员及其亲属的人身伤害或财产损失。同时被害人也有可能因不理解不冷静而情绪激动，与工作人员发生冲突，给工作人员或其亲属造成人身伤害或财产损失。

二是社区矫正机构执法严肃性不足。社区矫正的职能原由公安承担，在改革后划转入司法行政系统。社区矫正工作从性质上看属于刑事执行范畴，而社区矫正工作人员属于行政人员，不具备警察身份、未制发统一服装、未配置防身器具，社区矫正机构设在司法局内部或司法所，无独立的办案场所，多数基层司法所设在社区服务中心、乡镇政府，有的甚至因为历史原因设在居民楼，因此办公场所保障不够，社区矫正机构执法威信不足，工作人员缺少必要的执法强制力，导致社区矫正对象缺乏对社区矫正执法工作的敬畏之心。[1]

三是社区矫正工作人员存在职业暴露风险。矫正对象存在"三低一有"现象，即年纪低，主要集中于17岁到30岁之间，呈现年轻化现象；文化程度低，多为初中及以下文化程度；收入低，多数是收入比较低甚至是失业在家；有传染疾病，据问卷1调查的126个县（区）中，社区矫正对象患有疾病的832人中患有传染病人数为137人，其中有116个县（区）（占比92.06%）的矫正对象中有多位多重疾病交叉患者，76个县（区）（占比60.32%）的矫正对象中有多位传染病患者（如肺结核、肝炎、疥疮、淋病、梅毒等）。[2]诸如此类的高风险社会人员必然带给执法工作较高人身安全的风险。

---

〔1〕 部分矫正对象甚至认为社区矫正工作在于教育帮扶而非"监督管理"，个人就医、就业、置业、打架斗殴等事项均要求社区矫正工作人员协调解决，甚至把社区矫正工作人员当成服务人员。如资阳市某安岳县某社区矫正对象深夜致电女性社区矫正工作人员，要求其到酒吧为自己化解矛盾纠纷。

〔2〕 此外还存在部分吸毒惯犯，因身体原因监狱不收押，法院仅作病情检查，不作社会风险评估就决定暂予监外执行。课题组在调研中，基层社区矫正工作人员多次反映存在患精神病人员武力伤害、面对患传染病人员无防护措施、社区矫正对象侮辱恐吓工作人员等情形。

3. 执法工作衍生的廉政风险

廉政风险是指从事社区矫正工作执法和监管的工作人员在履职过程中客观存在的可能违反廉洁从政有关规定，应受到党纪、政纪追究的各种情形。《社区矫正法》第 61 条明确规定了社区矫正工作人员滥用权力违法违纪需承担的法律责任。

在社区矫正执行过程中，有些工作环节社区矫正工作人员有较大的自由裁量权，并对最终的结果具有重要的影响。近年来，社区矫正工作人员利用职务之便贪污受贿、玩忽职守、滥用职权等行为时有发生，检察机关查办的一批职务犯罪案件表明，社区矫正工作已成为腐败案件的新领域。课题组通过样本数据统计，126 个县区中社区矫正工作人员因违法违纪受到处理的人数为 19 人，约占全省社区矫正工作人员总数的 7‰；受访的 1977 名社区矫正工作人员中有 30.6% 遇到过领导"打招呼"、亲朋好友托关系说情，请求关照社区矫正对象的情况。如果对这些权力的监督不到位，就难免出现权力的滥用或"寻租"，导致腐败渎职及损害公民合法权益的风险后果。

（三）社区矫正制度不完善导致的失职风险

1. 缺乏程序法的相关规定

当前社区矫正法仅是实体法，缺乏全国统一的程序法。目前全国各地的做法是"一省一细则"，这就导致了社区矫正法律文书种类各省市规定不一致，《四川省社区矫正实施细则（试行）》与其他省的规定存在一定冲突。同时，在基层实践中，针对具体执法文书，缺乏规范统一的实操指南。

2. 法律法规规定不明确

《社区矫正法》对社区矫正适用范围、管理体制与工作机制、组织机构与工作人员、实施程序、监督管理措施、教育帮扶措施都作了明确规定，但在一些细节的操作上仍存在规定不明确的情况，如入矫评估缺乏具体指标、解矫程序适用情形不明确、惩罚性措施缺乏弹性、居住地信息认定规定不完善等，[1] 尤

---

〔1〕 如根据 2020 年《实施办法》第 21 条、《四川省社区矫正实施细则（试行）》第 59 条规定，入矫管理类别的确定，应当根据社区矫正对象被判处的刑罚种类、犯罪情况、矫正期限、矫正阶段、风险等级、悔罪表现、遵纪守法等情况进行综合评估，但这项评估内容比较主观，工作人员较难进行准确评判。又如，《四川省社区矫正实施细则（试行）》第 175 条规定，社区矫正对象矫正期满或被赦

其在入矫地的认定上规定较为模糊。

3. 部门合作衔接机制不完善

《社区矫正法》明确了社区矫正工作的管理体制和工作机制，提出了党委政府统一领导、司法行政部门组织实施、有关部门密切配合、社会力量广泛参与社区矫正的要求，但在具体的实务操作中公检法司衔接不通畅，社区矫正监管尚未形成合力，公检法司机关之间对社区矫正的认识和态度还不一致，体制壁垒有待破除。如部分公安机关，特别是外地公安机关，将缓刑期间的社区矫正对象进行刑事拘留后未及时通报司法行政机关。又如成都市郫都区矫正机构提出社区矫正对象收监执行由公安机关执行以后，发生过未执行的情形。再如一些法院将社区矫正告知书由社区矫正对象自行携带，导致该社区矫正对象没有按时报到，造成脱管、漏管的问题。

二、原因剖析：社区矫正工作执法风险产生的现实因素

社区矫正执法风险产生有其特殊原因，本文主要从社区矫正对象方面、社区矫正工作人员方面、规章制度建设方面来进行分析。

（一）社区矫正对象方面的因素

1. 法律知识淡薄，在矫意识不足

部分社区矫正对象认为自己犯罪是因为运气不好，或者是被同伴连累的，不注重法律知识的学习与积累；部分在矫对象认为未被法院判处实刑接受社区矫正，没有服刑意识，抱有已逃脱制裁的侥幸心理，对矫正规定没有严肃对待，在思想上并未彻底认罪服法。不端正的态度容易导致一系列的矫正风险出现。

2. 没有技术特长，缺乏谋生手段

一些社区矫正对象由于文化程度低，缺乏一定的劳动技能，没有一技之长，加上社区矫正对象这一身份，社会对他们的接纳程度不高，找不到工作或

（接上页）免三日内，社区矫正机构或受委托的司法所应当组织解除矫正宣告。第176条规定，社区矫正对象不按规定到场办理解除矫正手续的，执行地县级社区矫正机构或受委托的司法所应当在社区矫正期满鉴定表中做好记录，未明确之后是否要继续办矫手续和解矫宣告。再如，《社区矫正法》对违反社区矫正管理规定的情形设置了警告、治安管理处罚、撤销缓刑等惩罚性措施，不过惩戒措施种类较少，惩戒性效果不好，对一些社区矫正对象来说，警告并不足以对其产生威慑，而撤销缓刑等操作程序较为复杂，治安管理处罚则需要由公安机关执行。

无固定职业，没有谋生的渠道使他们在心理上承受着精神压力，容易产生自暴自弃的想法，导致矫正风险的发生。如资阳市社区矫正对象何某，因学历低，没有一定的技术特长，找不到工作，长期依靠父母，与社会闲散人员厮混，最终走上了重新违法的道路。

3. 家庭教育缺失，导致价值观和人生畸形

部分社区矫正对象因父母长期在外，缺乏必要的家庭教育和管教，形成逆反心理，或者是家长对未成年社区矫正对象过度溺爱、纵容，导致社区矫正对象对社会、社区矫正工作存在误解和排斥，客观上影响了矫正教育效果，出现再犯罪风险。

4. 交友不慎，重染恶习

社区矫正对象知识水平有限，结交的朋友良莠不齐，再加上辨别是非的能力弱，入矫后仍与原来有坏习惯的朋友一起交往，很容易重蹈覆辙，特别是吸毒、赌博、盗窃等这些有"瘾"的犯罪类型，进而出现脱漏管或者再犯罪的情形。

（二）社区矫正工作人员方面的因素

1. 社区矫正工作人员队伍建设层面

目前，我国社区矫正工作人员队伍按照专业化和群众性相结合的方式构建，由专业的社区矫正干部和社会工作者组成，居民委员会、村民委员会依法协助社区矫正机构。其中，社区矫正工作人员是专门国家工作人员，具体履行监督管理、教育帮扶等执法职责，与社会工作者和居民委员会、村民委员会等部门共同开展工作。社区矫正工作人员是开展社区矫正工作的关键，也是防范执法风险主体。在调研中，我们发现有的地方社区矫正工作由他人兼任，有的地方社区矫正工作人员文化素质偏低、法治素养不够，有的地方司法局领导对社区矫正工作不够重视、对社区矫正工作廉洁法律风险重视度不够、对于"一岗双责"制度落实不到位，这是社区矫正工作人员出现故意违法行为的主要原因。

2. 社区矫正工作人员自身层面

课题组在调研中发现：少数社区矫正工作人员在思想上对工作不重视，存在麻痹大意的思想，认为社区矫正对象每年也就只有那么几个，不是什么重要工作，虽然这部分人只占社区矫正工作人员队伍的少数，但是一旦出现

问题，就会给社区矫正工作带来风险，给自己带来责任风险，给社区矫正机构带来负面影响，特别是网络信息时代，容易引发负面社会舆论风险，这一点尤其值得重视；个别社区矫正工作人员忽视学习提高，对于自身能力过于自信，造成能力不足，导致工作中出现过失的问题。课题组在调研中发现存在社区矫正工作人员对社区矫正工作执法工作流程和制度不了解的问题，这就会导致社区矫正工作出现过失的情况，给社区矫正执法工作带来风险。

3. 社区矫正工作队伍力量配置层面

课题组在调研中发现，专职社区矫正力量配置不足、不科学也是引发社区矫正执法风险的因素之一。目前针对社区矫正工作的开展，司法局是按照每个司法所一位专职负责社区矫正工作的干部来设置的，有的司法所管辖的矫正对象少则十余人、多则上百人，专职社区矫正干部普遍面临工作量较大的问题，并且存在不同的司法所管理的人数不均的问题。这种人员力量配置不足的问题，会直接加重基层社区矫正工作人员的日常管理压力，导致社区矫正工作人员在开展社区矫正工作时往往会面临人手不足、力量不够的问题，出现勉强应对、创新不足的情况，难以应对复杂多变社区矫正工作发展形势；同时，随着司法体制改革的深入，司法所的法律服务职能不断增加，司法所的社区矫正工作人员日常工作还包括矛盾纠纷调解等工作，这样的配置加重了社区矫正工作人员的工作负担。因此未能充分整合社区矫正力量，厘清社区矫正工作权力清单也是造成社区矫正执法风险的因素之一。

（三）规章制度建设方面的因素

1. 人户分离带来的管理漏洞

在司法实践中，课题组发现随着人员流动带来的人户分离，给社区矫正执法管理造成了管理漏洞。主要体现为两个方面：一是流动人口中，外来务工人员的流动。这部分流动人口以办理暂住证为主，在成为社区矫正对象后，就出现了人户分离的情况；二是四川省外出打工、就业人员较多，在劳务人口外出打工、就业的过程中很容易造成管理漏洞。在调研中发现，户籍地与经常居住地的分离，是造成各地管理机构重复管理以及相互扯皮的主要原因。从座谈调研中发现，社区矫正工作人员普遍反映人户分离是社区矫正对象日常管理中一个较大的制度风险，给工作人员有效管理社区矫正对象带来困难。

2. 管理措施缺位造成管理力度弱化

课题组在调研中发现目前社区矫正执法监管措施不够完善，监督力度不足。基层司法所社区矫正工作人员人力、物力保障不够，面对日益繁重的工作，很难实现对社区矫正对象的实时监管。另外，我们发现个别单位对社区矫正对象的监督管理存在形式主义，对社区矫正对象的教育敷衍了事，存在"文件落实文件""材料代替行动"的现象。由于对社区矫正对象监管制度还不够完善，使得社区矫正执法工作缺乏应有的强制力和必要的威慑力，社区矫正对象就容易出现重新违法犯罪等问题。

3. 宣传不到位造成社会关注度不足

课题组通过历时 3 个月的调查发现，当前社区矫正工作宣传不够深入，社会对社区矫正工作的关注度不足，很多人对社区矫正工作不熟悉、不了解、不关心。有的社区矫正对象家属认为"判社区矫正就等于是没事了"，有的社区干部认为社区矫正对象给社区带来麻烦，不愿意配合社区矫正工作人员开展社区矫正工作。社会力量对社区矫正工作关注度不足、参与度不高是制约社区矫正工作高质量开展的瓶颈，而破解这一瓶颈的关键就是在于加大宣传力度，营造全社会关注社区矫正工作的良好氛围。

三、路径构建：完善社区矫正执法风险防范机制探析

（一）社区矫正立法方面

完善实体法，制定程序法。对调查评估、交付接收、解除矫正等环节的规定进行细化，特别是交付接收环节对矫正地的认定上，应根据矫正人员工作生活情况进行细化分类，如明确矫正人员工作周末异地时居住地的认定、明确未成年矫正人员异地就学寒暑假适用执行地变更还是经常性外出。制定程序法，针对具体执法内容，出台执法文书实操指南，内容可分解、文字简洁易懂、强调步骤化，标准统一量化，确保一线工作人员在实际处理时能准确、快速上手，保证执法的统一性、严谨性。

（二）社区矫正工作队伍建设方面

1. 提高社区矫正队伍的专业化程度

设立任职资格审批和考试制度，借鉴国外的社区矫正工作人员准入学历要求，增加法学、社会学、心理学等相关专业的人员引进、培养机制。在调

研中发现，具有法学、社会学、心理学等专业背景的社区矫正工作人员对社区矫正对象的管理时具有较大优势。建立科学的人员培训机制对于提升社区矫正执法工作具有重要意义，在课题组调研的过程中，社区矫正工作人员普遍反映需要加强培训，提高执法水平。课题组认为，在社区矫正工作人员上岗前应当经过系统的专业入职培训，可以考虑与监狱、戒毒系统的新干警一同参加入职培训，增强管理业务水平。建立社区矫正培训师资库，这些人员由具有专业知识的在校老师、社区矫正处专业人员、具有3年以上从事社区矫正工作经验的基层工作人员、心理学者等人员组成，按培训的需求，安排老师，设置合理的培训课程，如社区矫正法规课程、社会工作课程、心理学课程、社区矫正与实务课程，结合日常矫正案例，使每次培训都达到良好的效果。

2. 加强社区矫正工作规范化管理

社区矫正作为一项刑事执法工作，应当规范专用执法场所、配备专用执法车辆、统一工作制服、配置执法装备、落实工作保障经费，以确保执法工作的严肃性和威慑力。尤其配置执法记录仪便于使用科技手段收集、保全证据材料，配置执法装备能有效解决矫正工作人员普遍反映的人身安全问题，目前对于矫正对象暴力干涉执法的情况，尚无任何自身保障措施，只能联系公安协助处理。为切实维护社区矫正工作人员的人身安全，建议配置驱逐性执法装备，如警棍、电击器、麻醉枪、高压水枪、催泪弹、爆震弹、闪光弹等，没有人身攻击或攻击性较小的防护装备，用于矫正工作人员的人身防护。

3. 多渠道充实社区矫正工作队伍

根据每个基层司法所的实际工作情况，合理分配社区矫正工作人员和工作量，满足社区矫正队伍迫切需要：一是增加社区矫正工作人员的编制。对机构改革后的司法局编制重新认定，在人员配备上，司法所应当保障1人1所，对于中心城区和重要乡镇的司法所应当考虑每所配备2人~3人。二是通过社会购买服务增加司法辅助人员。目前，资阳市乐至县司法局先试行通过社会购买服务的方式增加了20名司法辅助人员，确保了司法所工作（含社区矫正工作）的顺利运转，取得了一定成效。可从省级层面制定相关措施，通过购买服务的方式充实全省社区矫正工作人员力量。三是开展校地联合人员交流。目前，在推进刑罚执行一体化建设中，资阳强戒所派驻了两名民警入驻资阳市雁江区和安岳县，但远不能满足社区矫正工作警力的需要。建议可与全省两所警校建立校地合作关系，新入职的教师或有研究需要的教师可派驻基层司法所交流学习，既可丰富高校教师的实践经验又可补充基层司法所警力资源。

4. 夯实社区矫正执法廉政防线

社区矫正作为一项司法工作，廉洁公正是社区矫正工作人员必须坚守的底线，也是坚持人民至上、司法为民的具体体现。课题组认为要通过加强廉政教育，采取多种形式开展廉政教育，使得廉洁司法深入人心，让社区矫正工作人员自觉抵制不正之风，保持清正廉洁。要通过扎牢制度的笼子，结合《四川省社区矫正机构刑事执行权力清单》，明确社区矫正工作人员权利义务，防止滥用职权的行为发生。要建立长效的执法监督机制，发挥检察机关检察建议的作用，使可能出现的问题及时得以纠正，司法机关内部要加强执法监督检查，对于出现问题的单位和个人要责令及时整改，防微杜渐。

（三）社区矫正对象管理方面

1. 信息化和实体化相结合

在资阳市，社区矫正工作启动定位手机跟踪系统，人脸识别签到系统，在已经成形的社区矫正对象电子档案系统中，全网络覆盖，更加信息化地掌握矫正对象的各项动态情况。但目前在电子系统的使用上仍有延迟或不精准的情况，建议以信息化和实体化相结合的方式加强矫正对象的管理。

升级 OA 管理系统和研发适用于手机 APP 的统一管理系统。一是提高定位精准性，显示定位的经纬度，避免出现误报和无效签到。如社区矫正对象在资阳市乐至县，OA 平台显示其在绵阳市三台县或其他地区，工作人员通过要求社区矫正对象见面、发送微信位置实时共享、现场实时点验等方式进一步核实，无疑增加了工作量。二是入矫办理登记时，录入信息可更简洁。如在录入社区矫正对象基本信息时，社区矫正决定机关在多个地方需录入相同信息，建议简化。三是社区矫正对象上传照片时，建议增加识别实时拍照和延时上传的功能，避免社区矫正对象用原来的照片冒充。

2. 建立风险评估运行机制

社区矫正对象的风险评估是关系社区矫正执法安全的重要抓手，通过对社会矫正对象进行科学、系统的风险评估，可以及时化解社区矫正执法风险。

课题组认为针对社区矫正对象在矫期间开展科学、动态的风险评估，特别是对可能存在再犯罪风险，故意伤害、自伤自残等执法风险进行及时危机干预，可以有效化解执法风险。例如，资阳市乐至县司法局童家司法所在对服刑人员顾某进行精神健康风险评估时发现该犯悲观绝望、有报复社会心理后，及时进行专人管理，实施危机干预措施，进行心理辅导，使得顾某能够正确看待生活中的困难和挫折，帮助顾某克服了心理危机，化解了可能出现的社区矫正执法风险。

（四）建立部门合作执法机制方面

针对社区矫正工作由于部门衔接中可能产生的风险，需要在建立部门合作执法机制方面下功夫，尝试建立多部门联动，形成执法合力，堵住执法漏洞。具体而言，可以从以下几方面入手：

1. 建立联席会议制度，加强部门协作。由司法局牵头定期召开联席会议，公检法司各部门相关人员参与会议，会议对社区矫正工作进行评估总结，对出现问题集中力量解决，遇到维稳等重大问题，及时召开联席办公会，共同协商，通力配合，消除信息壁垒。

2. 建立联合执法机制，加强监督检查。由司法局牵头成立联合检查组定期对辖区司法所开展联合执法检查，检查以现场点验、听取汇报、查看档案、思想法纪教育等方式，重点检查执法规范情况。通过联合执法检查，及时消除社区矫正管理和执法过程的安全隐患。

3. 加强信息共享，防止人员脱漏管。在司法局矫正中心，设立公检法联络室，实现检察院对社区矫正流程的全方位监督。通过矫正监管平台数据共享，实现部门间的信息互通和信息共享，防止发生因信息不对称和共享不及时引发的脱漏管现象。指定专人与法院刑庭对接，推进政法协同一体化建设，完善一体化办案系统有效协同率。指定专人与法院执行庭对接，及时获取社区矫正对象司法拘留情况。加强司法所和派出所日常信息核查机制，明确责任分工，做到信息互通，构建常态化共管机制，努力实现"无缝监管"。

（五）社区矫正执法工作容错免责机制方面

容错免责机制对于调动社区矫正工作人员的工作积极性、创造性和主动性具有重要意义。社区矫正工作是一项新兴的刑罚执行方式，在我国开展还不到20年的时间，在发展和完善中国特色社区矫正工作的过程中，不可避免地需要社区矫正工作人员发挥创造性，勇于摸着石头过河，在这一过程中，对于社区矫正工作人员因为主观经验不足或者客观条件不具备而造成损失，要容错免责。因此建立合理的容错免责机制显得尤为必要，2018年5月，中共中央办公厅印发的《关于进一步激励广大干部新时代新担当新作为的意见》对于我们怎样建立社区矫正执法工作容错免责机制作出方向性的指导。我们建议从以下几方面建立容错免责机制：

1. 明确容错免责范围，即哪些工作失误属于容错免责的范围。这要从两个方面作区分，一方面是把对待工作认真负责、积极探索创新的社区矫正工作人员在改革创新工作中出现的失误、错误进行甄别，保护他们工作的热情和积极性；另一方面对于徇私舞弊违法违纪的工作人员，则要依法追究责任，防止容错免责机制成为违法乱纪者逃避追究责任的借口。

2. 注重提前预防，即对社区矫正工作人员在工作中可能出现失误、错误的时候，做到早发现、早提醒、早纠正。对于社区矫正工作人员队伍存在的普遍性问题要及时开展有针对性的教育引导，最大限度避免和减少错误的发生。

3. 建立科学的容错免责机制启动程序，即从申请、核实、认定到公示和报备等流程要严格细化，制定和完善相关细则，经得起纪检监察、检察机关和社会公众考验。这就要求容错免责的事项要具体明确，能通过文字档案、执法录像、录音等材料和相关数据支撑。出现容错免责事项，要对事项开展调查，作出详实报告；认定容错免责事项要依法依规，严格核查；对容错免责事项要及时公示，主动接受监督。

结语

在全面依法治国背景下开展社区矫正执法风险防范机制研究，在基层实践中再次检视《社区矫正法》，对有效扫清长期阻碍社区矫正执法工作的桎梏藩篱，乃至加快法治建设步伐，具有重要意义。本文从社区矫正工作人员、社区矫正对象、相关制度机制保障等方面着手研究，仅为抛砖引玉，以期对我国社区矫正工作机制的良性运行有所裨益，为追求法治价值目标、维护社会和谐安宁、实现社会公平正义作出积极贡献。

我国社区矫正风险评估机制的困境与完善

——基于美国明尼苏达州社区矫正风险评估机制的比较分析*

王黎黎**　苏照桓***

摘　要： 我国社区矫正风险评估审前调查评估工作权责与步骤尚需明晰，风险评估方法和标准尚需明确。美国明尼苏达州社区矫正风险评估的实践遵循循证社区矫正的工作理念，形成了以借助工具的精算评估为主，临床诊断评估为辅的工作方法，风险评估与矫正措施的关联性不断加强，个人评估与社区评估相互结合。但我国与美国明尼苏达州相较，风险评估的类别和目的不同、风险评估工作的发展阶段不同。完善我国社区矫正风险评估工作，需坚持循证矫正的工作理念，实现审前调查评估与分类处遇评估有机结合，重视评估工具研发的同时，不可忽视临床诊断式评估方法的运用，并研发适合我国情况的评估工具。

关键词： 风险评估；社区矫正；审前调查；分类处遇

风险评估（Risk Assessment）在社区矫正中有着重要作用。在我国，风险评估主要为审前调查评估，即《社区矫正法》第 18 条、2012 年《实施办法》第 4 条所规定的，人民法院等裁决机关对被告人、罪犯作出实施社区矫正的决定以前委托相关机关开展的对拟矫正对象再犯罪风险性、对居住社区影响度的评估；也包括分类处遇评估，即 2012 年《实施办法》第 9 条规定的司法所在制定矫正措施之前对矫正对象悔罪表现等要素进行的评估，以及第 21 条

---

　*　本文为四川省社区矫正研究中心项目"域外社区矫正'合作模式'研究"（SQJZ2017-04）的研究成果。

　**　王黎黎，女，四川成都人，西华大学法学与社会学学院教授，研究方向：社会法研究。

　***　苏照桓，男，西华大学法学与社会学学院，硕士研究生在读，研究方向：社会法研究。

规定的为检验和调整矫正措施的日常考核评估。前者影响社区矫正决定的作出，后者影响分类处遇的开展和矫正措施的选择。而实践中，风险评估机制并不完善，立法上的规定模糊，[1]实施机关在操作中困惑重重，[2]评估主要依靠个人判断易致草率敷衍，[3]这对社区矫正决定的正确作出和社区矫正的有效开展非常不利。如何完善我国社区矫正风险评估机制也成为当前学界和实务界的讨论热点。

美国明尼苏达州的社区矫正风险评估以 RNR 模式为指引，其评估结果是审判前报告的核心内容即实施假释等决定的重要依据，也是社区矫正命令和矫正方案的重要依据。风险评估在美国社区矫正中发挥着重要作用，以评估拟矫正者的危险性、降低矫正者的再犯可能性为目标，遵循理论指引和严谨的实证研究基础，通过风险评估工具（Risk Assessment Instrument）的运用，有效提高社区矫正的效率。本文从我国社区矫正评估机制的困境出发，基于对美国明尼苏达州社区矫正风险评估开展和实践状况的比较研究，提出对我国制度与实践的完善建议。

一、我国社区矫正风险评估工作的实践困境

（一）审前调查评估工作权责与步骤不明晰

在很长一段时间，我国审前调查评估工作权责与步骤不甚明晰。根据《中华人民共和国刑法》第 72 条、第 81 条，适用缓刑和假释的条件包括"没有再犯罪的危险"以及对所居住社区没有重大不良影响。在 2011 年《刑法修正案（八）》之前，适用缓刑和假释的条件为"不致危害社会"。但社会危害性或再犯罪风险性、对所居住社区影响程度的评估由谁负责、如何开展，都缺乏细致的规定。虽然各地根据自身的实际情况出台了一些具体办法，如《四川省社区矫正实施细则（试行）》规定了由县级司法行政机关受人民法院、人民检察院、公安机关、监狱的委托，提出对适用社区矫正的评估意见；司法所根据社区矫正机构的授权，对拟适用社区矫正对象进行调查评估。《浙

---

〔1〕　参见林瑀："我国社区矫正风险评估立法的若干问题研究"，载《福建师范大学学报（哲学社会科学版）》2017 年第 6 期。

〔2〕　参见申心刚："我国社区矫正制度的确立与完善"，载《天津师范大学学报（社会科学版）》2015 年第 3 期。

〔3〕　参见顾顺生："社区影响调查评估中的问题与对策"，载《人民检察》2015 年第 17 期。

江省社区矫正审前社会调查实施办法（试行）》规定了审前调查由县级司法行政机关指派给司法所；司法所人员不足两人时，由县级司法机关派员或者指派其他司法所的工作人员参与调查。安徽省《合肥市社区矫正审前调查评估实施办法》规定了司法所根据县（市、区）社区矫正机构的委托，进行调查评估，给出初步意见，人民检察院也可以委托社区矫正机构或者有关社会组织开展调查评估。但是各地的规定有所差异，所涉及的部门广泛，没有一个明确的规定，各部门之间的工作开展需要多方协调，相关单位由于对社区矫正不了解、对司法行政机关的职能不清楚，往往不予配合，司法行政机关也没有任何可以制约上述单位的法律依据或执法手段。被调查人员如果没有犯罪前科或不属于本辖区派出所办理的案件，那么派出所则完全不了解被调查对象，可能会随意出具不同意被调查人员纳入社区矫正的意见，在这种关系中，多元行动主体间的地位平等，相互之间不存在从属关系，各个行动主体之间所行使的权力相互间无对应关系。这种非闭合的组织关系涉及部门较多，联系松散，组织运行成本较高，缺乏全国性的统一规范。

第一，审前调查评估责任机构不明确。2012年《实施办法》第4条规定，风险评估"可以"委托县级司法行政机关开展。2016年《中华人民共和国社区矫正法（征求意见稿）》第10条变更了受委托机构，但仍然沿用了"可以"一词，规定社区矫正决定机关可以委托"社区矫正机构或者居民委员会、村民委员会"开展风险评估。《社区矫正法》第18条再次调整了委托机构，但"可以"一词未改变，规定"社区矫正机构或者有关社会组织""可以"受委托开展调查评估。而"可以"一词在实践中会引起困惑，是否理解为相应机构就是风险评估的责任机构，抑或理解为风险评估还可另寻其他机构？这给实践操作带来了困扰。对于接受委托的社会组织来说，2014年司法部等六部委联合发布了《社会力量参与意见》，提到了进一步鼓励村（居）民委员会协助社区矫正机构，基层群众性自治组织依法参与社区矫正对象社会调查、入矫宣告、日常监管、教育帮扶、解除矫正等具体的环节当中。《社区矫正法》也规定了社区矫正对象所居住的村（居）民委员会工作人员作为矫正小组成员，对社区矫正对象承担着管理责任，同时《社会力量参与意见》也提到切实加强社区矫正志愿者队伍建设，但是无论是以前的《司法行政机关社区矫正工作暂行办法》，还是现行的2020年《实施办法》，两者对社区矫正志愿者身份与权责的表述都非常模糊。对于社区矫正机构来说，在四川省的规定中，县级司法行政机关社区矫正机构负责执行社区矫正，提出适用社区矫正的评估意见，人民检察院依法对社区矫正前调查评估进行监督，评估工作由社区矫正执法人员、社区矫正社会工作者承担，对于调查评估的责任承担问题并没有特别的规定。浙江省规定了县级司法行政机关在审查司法所提交的调查报告和相关材料后，无异议的，签署意见（盖章），送达委托机关，对于调查评估的责任则是针对进行调查工作的相关人员。安徽省合肥市的规定中，基层司法所受社区矫正机构的委托，参与调查评估，只是提出初步的意见，并未规定调查评估责任该由谁来承担，导致在实践的过程中出现权责不清的情况。

第二，审前调查评估的开展步骤与评估结论的价值规定不明。例如《四川省社区矫正社会调查评估办法（试行）》的第 14 条规定，人民法院、公安机关、监狱管理机关在对被告人、罪犯作出判决、裁决或决定是否适用社区矫正时参酌社会调查评估意见。此处的"参酌"应如何理解，没有明确规定。这会导致存在未接受评估即已判处社区矫正的案例，或风险评估结果为不适合接受社区矫正但仍被决定实施社区矫正的案例，比如一些暴力犯罪、性犯罪、毒品犯罪等，社区意志往往倾向于将犯罪人视为洪水猛兽而唯恐避之不及。司法行政机关可能会对这类社区矫正的执行产生抵触情绪，影响社区矫正的实施。[1]

（二）风险评估方法和标准不明确

审前调查评估的范围，规定在 2012 年《实施办法》第 4 条，即拟矫正对象的"居所情况、家庭和社会关系、一贯表现、犯罪行为的后果和影响、居住地村（居）民委员会和被害人意见、拟禁止的事项等"。《社区矫正法》第 18 条不再列举调查事项，而将调查范围概括为"社会危险性和对所居住社区的影响"。分类处遇评估的范围，规定在 2012 年《实施办法》第 9 条，即矫正对象"被判处的刑罚种类、犯罪情况、悔罪表现、个性特征和生活环境等情况"，但评估方法和标准没有统一规定。

各地在实施风险评估时，进行了一系列的探索，也开发了一些评估工具。比如北京市使用的"北京市社区服刑人员综合状态评估指标体系"就是通过

---

〔1〕 参见任文启："完善我国社区矫正审前调查评估制度的思考——基于文本和现实的比较分析"，载《甘肃政法学院学报》2016 年第 2 期。

三种问卷形式对社区矫正对象的基本情况、家庭情况、犯罪与刑罚历史以及接受社区矫正态度和心理状态进行整体的评估调查，再通过 SPSS 软件程序对有关样本进行统计学分析得出结论；上海市使用的《社区矫正服刑人员风险测评表》则是通过对社区矫正人员的基本因素、个性及心理因素、社会因素、综合因素四个方面进行总体的调查评分，再通过评分将矫正人员划分为稳定、重点关注、高危控制三个等级；江苏省使用"江苏省社区矫正风险评估系统"对社区矫正人员进行一个综合性的风险评估，再根据风险评估的报告对适用社区矫正的人员进行总体的评价，在实施过程中，还借助了电子定位、APP 签到等一系列的辅助手段来保障风险评估的准确性。但各地的评估工具还在进一步研究完善之中，其准确性还有待大量的实证研究以验证。未使用评估工具的地区，还依赖于定性的、临床诊断式的评估方法，或者静态因素简单统计的评估方法，此类方法对于实际上从事调查评估的工作人员的专业素养要求较高，进行实地调查时，司法所自身力量较为薄弱，需要借助基层群众组织以及其他社会组织的力量掌握对象的情况，其评估结果准确性易受较多因素的影响。

二、美国明尼苏达州社区矫正风险评估工作的开展与实践特点

（一）社区矫正风险评估的工作开展

在美国，各州社区矫正工作的开展都有所不同。其中，明尼苏达州最早颁布《社区矫正法》，对社区矫正及风险评估工作非常重视，也取得了丰富的经验。明尼苏达州设有矫正部（Department of Correction），下设监禁机构矫正委员会和社区矫正委员会，社区矫正委员会中设有风险评估与社区通知办公室（Risk Assessment/Community Notification）。该部负责的社区矫正对象为两类人员，在监狱中完成三分之二刑期并已释放的重罪罪犯和居住在无法实施当地矫正计划地区的未被收押的缓刑犯。在矫正部 2018 年~2020 年工作计划中，列举了五项工作目标，其中"提供有效的矫正服务"为首要目标，完成这一目标需对社区矫正对象提供以研究成果为基础的高效监督，以及为监禁对象提供安全可靠且人性化的环境，首要措施即为"确保风险评估的准确性"[1]。2018 年的财政预算中，社区服务项目中风险评估和社区通知的预算

---

〔1〕 See Minnesota Department of Corrections, "*Strategic Plan 2018*", https://mn. gov/doc/assets/Strategic%20Plan%202018_ final_ tcm1089-324996. pdf, last visited on Apr. 1, 2021.

为 2 217 000 美元，占所有社区服务项目预算的 1.7%，占明尼苏达州矫正部所有预算的 0.04%。[1] 风险评估预算的占比不多，总体预算主要用于各监狱矫正工作的开展和社区矫正中具体矫正项目的实施，该部负责的社区矫正对象总人数为 4 万人左右，人均风险评估的预算约为 60 美元。

风险评估由矫正官（Corrections Agent）负责，矫正官应法院、矫正机构的要求开展风险评估，以助于社区矫正决定、矫正计划、矫正解除决定的作出。法院判决前，矫正官对被告实施风险评估，以完成审判前调查报告（pre-sentence investigation reports，PSI reports）。社区矫正决定开始执行后，矫正官作为个案管理者负责开展风险评估。根据明尼苏达州文件（Policy 203.010），该州的社区矫正实行个案管理制（Case Management Process）。由个案管理者作为矫正对象与矫正机构之间的纽带，负责矫正项目的执行。个案管理者与矫正对象组成项目审查小组（Program Review Team），开展风险评估、健康服务、矫正项目任务安排等一系列的活动。

风险评估工作标准明确且风险评估结果直接关系矫正措施的选择。自1990 年起，明尼苏达州立法要求再犯风险高的矫正对象要接受严格监管。矫正对象的风险评估工作就尤为谨慎。根据该州立法（Minn. Stat. §241.01，Subd. 3a）、该州文件（Policy 203.015）规定了风险评估需适用经过许可和授权的工具，并明确成年矫正对象在进入矫正管理制（Correctional Offender Management System，COMS）时需适用的风险评估工具为 MnSTARR，在矫正部门户网站中适用的日常考核风险评估工具为 LS/CMI，未成年矫正对象需适用的风险评估工具为 YLS/CMI 2.0。若通过 MnSTARR 工具的风险评估显示为高再犯风险，则在矫正过程中需接受更为严格的综合案例管理（Integrated Case Management，ICM）。但风险评估工具的结论也不是决定矫正措施的唯一依据，若相关工作人员认为确有必要，虽然评估结果为低再犯风险，矫正对象也要接受严格监督。

（二）社区矫正风险评估的实践特点

近十多年来，美国社区矫正风险评估工作的变化巨大，计算机技术的应

---

〔1〕 See Minnesota Department of Corrections，"*Minnesota DOC Budget Fiscal* Year 2018"，https://mn.gov/doc/about/budget/，last visited on Apr. 1, 2021.

用、新型风险评估工具的诞生带来了个案管理制的革新和矫正官职责的变化。以科学技术为基础的评估和分类机制的运用不断扩大，使风险评估更合理、更高效、更公正。目前美国明尼苏达州社区矫正风险评估工作有以下特点：

1. 遵循循证社区矫正的工作理念

循证社区矫正是基于科学研究，以矫正对象的相关特征证据为基础而开展矫正，旨在减少再犯罪率，实施有效的矫正措施和受害者、社区恢复措施的矫正工作开展策略。美国社区矫正对循证策略的贯彻非常重视。2009年明尼苏达州立法要求该州矫正部的循证矫正政策小组评估社区矫正中循证矫正工作的落实，并在2009年明尼苏达法律汇编第59章第4条第8款中，专门列明了评估工作应包含的五个具体方面。在明尼苏达州矫正部的工作计划中，也多次出现循证工作（evidence-based）的要求。

贯彻循证矫正策略有三方面的原因：道德原因、实证原因和财政原因。首先，循证矫正充分维护矫正对象的权益。就风险评估而言，贯彻"风险—需求—回应"模式，考察评估对象的风险因素、需求因素、回应因素，遵循实证材料得出评估结论，减少了依据矫正官的个人经验带来的评估随意性。其次，循证矫正的效果已被大量实证研究证实。研究证实，加拿大实施循证矫正后的30年，再犯罪率降低了30%，甚至更多。[1]最后，成熟有效的循证矫正策略实施也为社区矫正节约了成本。就风险评估而言，风险评估工具的运用使评估过程更为高效且人力成本、调查成本更低。

循证矫正在风险评估中的运用体现为：以借助工具的精算评估为主，以临床诊断式评估为辅。矫正对象的再犯风险程度由一系列影响因素进行测量，评估结果有可能颠覆通常经验预测。比如一个成年重罪罪犯的再犯罪可能性，可能低于一个未成年被矫正者。

2. 风险评估与矫正措施的结合度愈来愈强

第一，风险评估与矫正措施的关联性不断加强。美国早期的风险评估方法缺乏实证支撑，风险评估与降低再犯率的矫正措施之间缺乏科学联系。相应再犯风险度的矫正对象为何适用相应的矫正措施，缺乏严密论证。这使得

---

〔1〕 See Andrews D A, "*Principles of effective correctional programs*", www.csc-scc.gc.ca/text/rsrch/compendium/2000/index-eng.shtml, last visited on Apr. 1, 2021.

风险评估结果存在随意性而缺乏科学性。这一现象引起了学者的关注和质疑。[1]后续研究揭示，风险评估的随意性将带来不利后果。某一矫正项目，适用于高再犯风险度矫正对象，则可将其再犯罪率降低30%；但同一矫正项目，若适用于低再犯风险度矫正对象，则会将其再犯罪率由7%升高至29%。[2]近年来，风险评估工具不断完善，矫正措施的设计也愈加科学，第四代评估方法中评估结果与矫正措施相关联，提高了矫正效率。

第二，个人评估与社区评估相结合，在风险评估中考察矫正措施的成功可能性。美国早期的风险评估关注评估对象的再犯风险认定，根据评估对象的再犯风险度即可完成报告，以建议其是否适合接受社区矫正和拟实施的矫正措施。但居住社区会对矫正对象产生影响，且社区环境与其能提供的矫正措施密切相关，高风险的社区环境能给矫正对象提供的矫正措施非常有限。[3]因此，有学者提出，风险评估还应考虑评估对象所居住的社区是否适合开展矫正措施，并应评估居住社区中存在的风险，即对评估对象的再犯罪风险度进行评估的同时，对所居住社区的风险度也一并进行评估。[4]目前的实践回应了这一主张。在明尼苏达州，风险评估时会考察评估对象在当地接受矫正措施的可能性，若评估对象无法在当地接受矫正则会归属该州矫正部直接管理。

三、我国与美国明尼苏达州社区矫正风险评估工作的差异

（一）风险评估的类别和目的不同

从法规政策上看，我国风险评估分为两类，一类在作出社区矫正决定以

---

〔1〕 See Byrne J. M, Pattavina A. F "Assessing the Role of Clinical and Actuarial Risk Assessment in an Evidence-Based Community Corrections System: Issues to Consider", *Federal Probation*, Vol. 70, No. 2., 2006.

〔2〕 See Lowenkamp C. T, Latessa E. J, "Understanding the Risk Principle: How and why Correctional Interventions can Harm Low-Risk Offenders", *National Institute of Corrections. Topics in Community Corrections Annual Issue*, 2004.

〔3〕 See Jacobson J, "Do Drug Treatment Facilities Increase Clients' Exposure to Potential Neighborhood-Level Triggers for Relapse? A Small-Area Assessment of a Large, Public Treatment System", *Journal of Urban Health*, Vol. 80, No. 2., 2006.

〔4〕 See Byrne J. M, Taxman F. S, "Crime Control Strategies and Community Change—Reframing The Surveillance vs. Treatment Debate", *Federal Probation*, Vol. 70, No. 1., 2006.

前实施，一类在制定、调整或解除矫正措施前实施。第一类风险评估针对评估对象的再犯罪风险性和对居住社区的影响度进行，目的是判断评估对象是否适合接受社区矫正。第二类风险评估主要针对矫正措施的实施条件进行评估，目的是判断评估对象矫正难度，便于开展分类处遇。法规政策对审前调查评估着墨较多。《社区矫正法》规定了审前调查评估，但对分类处遇评估没有规定。《四川省社区矫正实施细则（试行）》第三章"调查评估"共12条，对审前调查评估的权责步骤进行了规定，但对分类处遇评估仅规定在第56条和第112条。实践中，为实施分类处遇，分类处遇评估更为重视，大多数的风险评估工具都是为分类处遇设计的，如在浙江省杭州市余杭区司法局使用的"社区服刑人员再犯风险评估软件系统（CIRAI）"就是针对入矫初期、服刑中、解矫前的矫正对象进行评估。

美国明尼苏达州的风险评估则同时实现再犯罪风险性预测和矫正措施建议两项目的。风险原则、需求原则、回应原则的运用同时回答了评估对象是否适合接受矫正和适合接受哪些矫正措施两方面的问题。实际上，这两方面的问题是相互联系的，为回答这两个问题而要评估的因素也是有重叠的。美国明尼苏达州风险评估效率高，但我国的风险评估针对性更强。

（二）风险评估工作的发展阶段不同

我国社区矫正风险评估工作还处于摸索阶段。审前调查评估的权责分配和实施步骤还在逐步明晰之中，风险评估的标准和工具还在不断完善之中。由于风险评估工具的完善需要基于实证研究，在实践中不断摸索，其完善难以在短短几年之内完成。

美国社区矫正风险评估已经经历了相当长的时间，处于成熟运行阶段。2006年，曾有一篇文章指出当时美国社区矫正风险评估工作三大亟待解决的问题：风险评估与矫正措施联系度较低、过于迷信评估工具而忽视工作人员的主观判断、个人评估与社区评估的联系度低。[1] 十几年后的今天，这三个问题在风险评估中都有了很好的解决。对于评估工具的开发经历了从20世纪70年代至今50多年，评估工具还在不断接受验证和完善。但总体而言，风险

---

〔1〕 See Byrne J. M, Pattavina A. F "Assessing the Role of Clinical and Actuarial Risk Assessment in an Evidence-Based Community Corrections System: Issues to Consider", *Federal Probation*, Vol. 70, No. 2., 2006.

评估的方法运行上已经趋于成熟。

四、我国社区矫正风险评估工作的完善建议

(一) 坚持循证矫正的工作理念

近年来，循证矫正的工作理念受到重视，各地实践与科研活动广泛开展并取得了一定的成效。2012年司法部成立循证矫正研究与实践科研项目领导小组，推动了我国循证矫正的研究与实践。2013年9所监狱作为试点，开展监狱系统循证矫正的实践。2013年下半年起，江苏省苏州市开展社区矫正循证矫正实践的试点。循证矫正客观、高效的特点，形成了普遍共识。社区矫正风险评估也应坚持这一工作思路，确保评估工作客观、高效地开展。

(二) 探寻适合我国情况的评估方法

第一，审前调查评估与分类处遇评估有机结合。我国法规政策将两类评估分离，在实践中两类评估也相对分离。两者的负责机构不同，前者主要由县级司法行政部门负责，后者由实施矫正监督的司法所负责；评估范围和评估方法不尽相同，前者对再犯罪风险性的评估机制尚在完善之中，后者对矫正难度的评估机制已经得到了大量的实践。如果能将两类风险评估的评估范围和方法有机结合，即在评估工具的研发中，兼顾两类评估，在分类处遇评估工具的基础上进行评估工具的完善，使之亦能服务于审前调查评估。同时，审前调查评估的结果在分类处遇评估时充分利用，在此基础上开展进一步的分类评估，则风险评估的效率将有所提高。

第二，重视评估工具研发的同时，不可忽视临床诊断式评估方法的运用。我国目前的实践中，临床诊断式评估仍然占据了相当大的比例。该方法的运用，对工作人员的专业技能和个人素质要求较高，若一味追求评估工具的研究而忽视临床诊断评估方法，忽略对评估工作人员专业技能的培训，则不利于我国风险评估工作的开展。同时，临床诊断式评估可反映具体情况而弥补借助评估工具的精算评估的不足，目前明尼苏达州也采取了精算评估结果优先、临床诊断结果补充的原则。精算评估结果为低再犯风险时，工作人员仍可通过临床诊断调整其风险级别。完善的评估方法应该是精算评估与临床诊断的结合，所以临床诊断不可忽视。

(三) 研发适合我国情况的评估工具

第一，评估因素要符合我国评估对象的具体情况。风险评估工具选取的

评估因素需要以实证为依据，针对我国具体地区、甚至具体人群的特点进行总结。国外成熟的风险评估工具选取的评估因素，可能不适合我国情况。在研发我国评估工具时，应该进行取舍。比如"已接受刑罚情况"，对已释放的重罪罪犯、拟假释、拟实施监外执行的罪犯进行再犯罪风险评估时，这一因素非常重要。但若对我国判决前的被告人进行风险评估时，这一因素就不太合适。

第二，评估因素要适合我国评估人员理解把握。若评估因素包含大量的精神病诊断要素，则需评估人员具有较高的专业水平。但我国大多数评估人员未接受相应的培训，专业水平和评估程序都达不到相应要求，对这些因素评估的准确性将大打折扣。[1]因此，设计评估工具时需要考虑我国评估人员的运用能力和评估程序的严谨程度。

---

〔1〕 参见冯卫国、王超："中外社区矫正风险评估因素结构差异研究"，载《法学杂志》2014年第7期。

《社区矫正法》制定后暂予监外执行对象医疗管理规范化实证研究

——以地方性社区矫正立法及规范性文件为核心的考察*

曹兴华** 徐梦欢***

摘 要：我国社区矫正立法偏重对社区矫正对象进行改造监管，对其中所涉及的医疗管理内容关注较少。相较于其他社区矫正对象而言，暂予监外执行对象医疗管理所涉及的情况更为复杂。通过对地方社区矫正立法及规范性文件的梳理和分析，发现部分地区的地方立法或规范性文件未对暂予监外执行对象医疗管理内容进行分类且相关规定笼统模糊，缺乏现实可操作性。为了促进暂予监外执行对象医疗管理的规范化，应当采取"细则+专项规定"的二元化规范模式，依据暂予监外执行三类对象的不同特性进行类型化医疗管理，并围绕其医疗管理的保障性问题从医疗数据库档案管理、动态风险评估、医疗费用保障等方面进行措施细化。

关键词：暂予监外执行；规范性文件；社区矫正；医疗管理

社区矫正滥觞于 20 世纪 40 年代欧美国家，最早被称为社区治疗，是典型的现代法治文明的体现。[1]受到西方刑罚人道主义、行刑社会化、恢复性司法等理念的影响，我国也在不断地进行社区矫正规范化尝试，对于社区矫正的设想最开始出现在《刑法修正案（八）》与《刑事诉讼法》等文件中。

---

* 本文为四川省社区矫正研究中心项目"社区矫正法实施后地方社区矫正实施细则研究"（SQJZ2021-04）阶段性成果。

** 曹兴华，男，北京中医药大学法律系讲师，北京市东卫律师事务所兼职律师，研究方向：刑事法学。

*** 徐梦欢，女，北京中医药大学，硕士研究生在读，研究方向：刑事法学。

〔1〕 参见刘米兰："暂予监外执行制度研究"，复旦大学 2014 年硕士学位论文。

直至 2020 年 7 月 1 日《社区矫正法》的实施，我国社区矫正立法工作方才初步完成。《社区矫正法》明确规定了依法实行社区矫正的对象分为四类，分别是被判处管制、宣告缓刑、假释和暂予监外执行的罪犯。其中，《社区矫正法》对于暂予监外执行对象医疗管理规定方面只作出了原则性规定，散见于暂予监外执行对象会客、外出、迁居等监督管理性规定中。但是暂予监外执行对象相比其他社区矫正对象而言有着自身特殊的医疗管理面向的制度需求，那么，在后《社区矫正法》时期各地社区矫正立法及规范性文件是如何对其进行回应的？存在哪些问题？暂予监外执行对象医疗管理存在哪些特殊性？应当如何对其进行回应？本文通过对后《社区矫正法》时期暂予监外执行对象医疗管理规定的实证研究，力图回应围绕暂予监外执行对象医疗管理规范化的这些问题。

一、暂予监外执行对象医疗管理规范的现实样态

为厘清我国各地暂予监外执行医疗管理规范的现实样态，笔者通过网络查阅了我国 31 个省、自治区、直辖市的社区矫正立法及规范性文件，并对其规范形式进行了总体梳理。在总体梳理之后，又分别从暂予监外执行条款规范化现状、暂予监外执行医疗管理条款类型化和暂予监外执行医疗管理专项规定三个方面对这些规范进行具体分类和分析。

（一）社区矫正地方立法及规范性文件总体梳理

自《社区矫正法》颁布至今，我国共计 22 个省、自治区、直辖市废止了之前的地方社区矫正立法或规范性文件，并依据新出台的《社区矫正法》及 2020 年《实施办法》制定或修改了相应的社区矫正实施细则或工作细则。这些文件都由各地省法院、省检察院、公安厅、司法厅等部门联合制定，性质上皆为其他规范性文件。由于这些规范性文件都是依据《社区矫正法》及 2020 年《实施办法》制定或修改的，所以名称有些称为实施细则有些称为工作细则。例如陕西省的《陕西省社区矫正实施细则》（陕司通〔2020〕149号）、甘肃省的《甘肃省社区矫正工作细则》（甘司发〔2020〕190号）和上海市的《关于贯彻落实〈中华人民共和国社区矫正法实施办法〉的实施细则》（沪司发〔2020〕74号）。不过限于网络搜索工具的选择和笔者的查阅能力，天津、北京、黑龙江、青海四个地区的规范性文件，笔者并未查询到文

件全文。

表1 《社区矫正法》制定后各地社区矫正地方立法及规范性文件统计

未修改或制定	湖北、江苏、西藏自治区、内蒙古自治区、浙江、重庆、海南、河北、云南		
修改或制定		地方性法规	地方政府规章	地方规范性文件
	修改	/	/	福建
	制定	/	/	北京、上海、吉林、江西、天津、黑龙江、青海、湖南、广东、山西、山东、广西壮族自治区、辽宁、陕西、贵州、甘肃、宁夏回族自治区、四川、福建、安徽、河南、新疆维吾尔自治区

（二）暂予监外执行条款规范化现状统计

我们继续对《社区矫正法》颁布后18个可查阅的地方规范性文件进行分析，发现这些地区针对《社区矫正法》或2020年《实施办法》制定的实施细则或工作细则无一例外地都对暂予监外执行条款进行了相应的规定。其中，有10个地区将暂予监外执行条款规定在监督管理章节。有4个地区规定在审批事项章节或者无相关的章节规定。例如甘肃省规定在《甘肃省社区矫正工作细则》（甘司发〔2020〕190号）第六章审批事项第74、75条，而贵州省因其实施细则内未设章节规定，所以规定在《贵州省社区矫正工作实施细则（试行）》（黔司通〔2020〕66号）中的第32、33和52条。为了突出暂予监外执行条款的重要性，另有四个地区甚至在监督管理章节下设专节进行详细规定，例如广西壮族自治区就在《广西壮族自治区社区矫正工作细则》（桂司通〔2021〕38号）第五章监督管理章节中设置了暂予监外执行社区矫正对象特别监管规定。

表2　《社区矫正法》制定后各地暂予监外执行医疗管理条款规范化现状统计

	规范位置	省　份
暂予监外执行条款规范化现状	监督管理章	江西、宁夏回族自治区、新疆维吾尔自治区、吉林、湖南、山东、福建、广东、山西
	监督管理章下设专节规定	辽宁、四川、广西壮族自治区、河南
	审批事项章	甘肃、陕西、上海
	无章节规定	贵州、安徽

（三）暂予监外执行医疗管理条款的类型化

在现有的可查阅的地方社区矫正规范性文件中，暂予监外执行医疗管理条款类型可分为三类：第一类是未分类且规定笼统。其中有一半地区未对暂予监外执行医疗管理条款进行分类且规定笼统。例如江西省在《江西省社区矫正工作实施细则》（赣司发〔2020〕5号）第54条规定：“暂予监外执行的社区矫正对象应当每个月向社区矫正日常机构报告本人身体情况……对暂予监外执行的社区矫正对象可能存在暂予监外执行情形消失情况的，执行地县级社区矫正机构可以提请暂予监外执行机关对其进行病情、妊娠检查或者生活不能自理的鉴别。”；第二类是未分类但保外就医规定详细。所有地区对暂予监外执行对象中的保外就医问题都或多或少有所涉及，有少数地区虽未对暂予监外执行医疗管理条款进行分类但是对保外就医内容的规定却极为详细。例如广东省就在《广东省社区矫正实施细则》（粤司办〔2021〕174号）对保外就医的指定检查医院、病情复查材料、医学检查费用等相关问题作出了详细规定；第三类是分类但规定笼统。有近三分之一的地区采取了这种方式。例如吉林省在《关于贯彻落实〈中华人民共和国社区矫正法实施办法〉的实施细则》（吉司发〔2020〕30号）第28条内虽对暂予监外执行对象进行了简单分类但却只规定了“怀孕的，应当每月提交妊娠检验报告”“保外就医的社区矫正对象，应当到省级人民政府指定的医院检查”等。

表3　《社区矫正法》制定后各地暂予监外执行医疗管理条款类型统计

类　型		省　份
暂予监外执行医疗管理条款类型	未分类且规定笼统	江西、辽宁、宁夏回族自治区、四川、新疆维吾尔自治区、广西壮族自治区、河南、湖南
	分类但规定笼统	安徽、吉林、甘肃、山东、陕西、上海、山西
	未分类但保外就医规定详细	广东、贵州、福建

（四）暂予监外执行医疗专项规定比较分析

实际上，在《社区矫正法》颁布之前，我国就已经在 2014 年出台了《暂予监外执行规定》《保外就医严重疾病范围》等部门规章或规范性文件。各地也制定了若干规范性文件，例如江苏的《关于罪犯交付执行前暂予监外执行医学诊断工作的若干意见》；福建的《江苏省社区矫正执法回避管理规定（试行）》《关于建立暂予监外执行罪犯病情复查审查工作专家库及运行机制的实施意见（试行）》。这些地方文件从病情审查指定医院、社区矫正监督管理、医疗人员审查回避等多个方面进行专项规定，但是这些规范性文件主要是从检察院、法院、监狱、公安局等角度对暂予监外执行进行管理的细化措施。在《社区矫正法》颁布后，暂予监外执行对象的日常管理归属于社区矫正机构。因此，如何将原本配套于检察院、法院、监狱、公安局等的暂予监外执行规定衔接到社区矫正管理上来就成了一个重要的问题。

在《社区矫正法》颁布之后，除了表 1 中的 22 个地区针对《社区矫正法》进行了细化规定外，剩余的其他地区有的仍然沿用以往的社区矫正地方管理规定，极个别地区则采取颁布其他规范性文件的形式在原有的地方社区矫正规定上进行修补。例如江苏省颁布了《监狱暂予监外执行组织诊断工作规范》（苏司规字〔2020〕1 号）；云南省司法厅联合检察机关、卫生健康行政部门印发了《关于进一步规范保外就医社区矫正对象病情复查工作的意见（试行）》。另外，安徽、湖南等地除颁布实施细则外还通过制定暂予监外执行专项规定对其进行规范化，分别是《安徽省司法厅安徽省卫生健康委员会关于保外就医社区矫正对象病情复查工作有关问题的通知》（皖司发〔2021〕36 号）、安徽省卫生厅联合卫生健康委员会制定的《关于进一步规范保外就医社区矫正对象病情复查工作有关问题的通知》和湖南省司法厅会同省高级人民法院、省人民检察院、省公安厅、省卫生健康委员会制定的《湖南省暂予监外执行实施办法》（湘司发〔2021〕15号）。

表4 《社区矫正法》制定后部分地区暂予监外执行医疗管理专项规定规范文件统计

	省份	规范性文件名称	文件编号（发布时间）	文件内容
暂予监外执行医疗专项规定	湖南	《湖南省暂予监外执行实施办法》	湘司发〔2021〕15号	全文严格规定了暂予监外执行对象相关疾病诊断认定标准、病情复查诊断及监管机制
	安徽	《安徽省司法厅安徽省卫生健康委员会关于保外就医社区矫正对象病情复查工作有关问题的通知》	皖司发〔2021〕36号	全文对保外就医对象病情复查指定医院、定期病情复查材料和指定复查医院工作职责作出相应规定
		《关于进一步规范保外就医社区矫正对象病情复查工作有关问题的通知》	2021年9月6日	/
	江苏	《监狱暂予监外执行组织诊断工作规范》	苏司规字〔2020〕1号	全文共37条，分别对暂予监外执行人员的诊断医院、诊断医师、诊断申请、诊断准备、诊断组织、检察监督、责任追究等方面作出了详细的规定
	云南	《关于进一步规范保外就医社区矫正对象病复查工作的意见（试行）》	2021年8月20日	全文明确了保外就医对象病情复查医院资质和相关备案要求，规范了保外就医病情复查频率、费用、审查及组织等相关内容

二、暂予监外执行对象医疗管理的特殊面向

对社区矫正人员进行医疗管理是社区矫正机构日常监督管理的重要内容之一。我国的社区矫正立法侧重对社区矫正对象进行改造监管，对其中所涉及的医疗管理内容较少关注。我国依法实行暂予监外执行的对象有三类，

分别是怀孕或哺乳自己婴儿的妇女、身患严重疾病需要保外就医和生活不能自理的罪犯。这三类暂予监外执行对象适用社区矫正医疗管理各有其特殊性。

（一）保外就医型罪犯的医疗管理问题

患有严重疾病的罪犯不宜在监狱内服刑，一般会对其进行保外就医，尤其是一些具有传染性的严重疾病或者反复发作的导致无服刑能力的各种精神病，前者例如艾滋病、肺结核、肺炎等，后者例如精神分裂症等。[1] 然而，囿于社区矫正地区经济发展等各种因素，当地的医疗水平可能难以满足这类保外就医人员的需求。因此，一些家庭较为宽裕的保外就医人员会选择去其他医疗水平较高的城市进行救治，这就涉及了跨地区保外就医。社区矫正法对社区矫正对象外出及保外就医等情形进行了细致的规定，社区矫正对象离开所居住的市、县或者迁居，应当报经社区矫正机构批准。由于保外就医很容易导致罪犯脱离监管，所以各地区社区矫正立法对保外就医对象的日常外出审批、病情复查医院、保证人监管职责等方面内容进行了细化规定。但是，这些规定都或多或少存在一些问题。

首先，保外就医监管内容的随意性。《社区矫正法》规定，保外就医人员应当每月定期去社区矫正机构报告自己的身体状况，每3个月提交一次病情复查报告。在实践中，社区矫正机构通常要求保外就医人员在报告自己身体状况的同时，递交思想报告以保障对其实施有效的监管。但是，保外就医人员本人提交的思想报告因内容缺乏客观性有可能出现形式主义的现象。[2] 除此之外，保外就医人员本人提交的病历资料缺乏真实性。由于病情复查全程未进行监督、病情审查材料不明确等，所以保外就医人员的病历资料来源可能鱼龙混杂、这种情况下极易出现造假情形。例如在王某某暂予监外执行监督案中，罪犯王某某因保险诈骗罪被判处有期徒刑5年，其以"脑梗""高血压"等身体状况为由申请保外就医。在保外就医期间，因无法提交经诊断短期内有生命危险的证明而被收监执行。期后，检察院在监督中发现王某某之

---

〔1〕 参见杨木高："精神病罪犯保外就医若干问题研究"，载《河南司法警官职业学院学报》2021年第2期。

〔2〕 参见樊秋霞："保外就医制度的考查与完善——以法院暂予监外执行组织诊断为视角"，载《医学与法学》2021年第3期。

前申请保外就医而自行提交的病历材料均系伪造，王某某提交的司法鉴定材料系其与亲属通过请托行贿的方式获得。实际上，王某某本人两次司法鉴定都未曾做过头部 CT 的检查。[1]

其次，社区矫正机构需按照规定每 3 个月对此类罪犯的状况进行一次审查，但审查内容、审查人员、审查标准等要求不明确，这往往使监管流于形式。事实上，我国社区矫正机构乃至整个司法行政系统都没有能力对监外服刑人员提交的医疗证明材料进行实质性审查。此外，监外服刑人员就医的医疗机构参差不齐，其本人提交的病历资料的客观性和真实性得不到有效保障，导致社区矫正机构的监督管理难以到位，在保外就医罪犯因治愈或好转后其医学要件丧失而应收监时无法准确判断，造成管理难、收监难。备受公众关注的巴图孟和故意杀人罪减刑案就是上述这种情况的典型案例。[2]巴图孟和于 1993 年因犯故意杀人罪被判处死刑（缓期两年执行），其家属通过关系和金钱疏通违法为其办理了保外就医手续。保外就医期间，住所地看守所疏于监管，甚至在保外就医期限届满时也未认真审查巴图孟和提交的病历材料的真实性就为其开具了刑满释放证明。

最后，《社区矫正法》虽明确了保证人的义务，但是却没有规定保证人违反义务所应承担的法律责任。在保外就医中，保证人不仅需要照护保外就医罪犯还要承担着日常监督、定期向社区矫正机构报告的义务。保证人不履行保证义务，除了扣除保证金外，至多不过被教育批评或被取消保证人资格，保证人的监督管理很大程度上依赖保证人的诚信和自觉。而如果不能提出新的合格的保证人，保外就医罪犯就只能被收监执行。这些对保证人的惩罚措施实际上最后都由保外就医罪犯自己一力承担，这样做对保外就医罪犯极为不公并且也不能发挥保证人应有的监管作用。

（二）特殊妇女型罪犯的医疗管理问题

为了保障妇女的权益，采取更加人性化的刑罚执行措施，《刑事诉讼法》规定，对于孕妇和哺乳期的妇女可以实行暂予监外执行。这项特殊规定是践

---

〔1〕 参见最高人民检察院："最高人民检察院第十九批指导性案例第 72 号：罪犯王某某暂予监外执行监督案"，载 https://www.12309.gov.cn/12309/gj/hlj/qqhesy/yaxy/zdajxx/202112/t20211207_11210503.shtml，最后访问日期：2022 年 5 月 21 日。

〔2〕 参见内蒙古自治区高级人民法院（2014）内刑减字第 139 号刑事裁定书。

行我国法律尊重和保障权利理念的体现。[1] 但是司法实践中，一些女性罪犯却利用此项规定钻法律的空子，企图以恶意怀孕的方式躲避刑事处罚，并且这种规避刑法处罚的案例屡见不鲜。

以赵祖团、庄小红等人贩卖、运输毒品案为例。[2] 庄小红，女，初中文化，无业，系赵祖团的妻子。夫妻二人自 2008 年以来在浙江桐乡贩卖毒品并逐渐演变为家族式贩毒。庄小红本人因贩卖毒品多次被判刑，但为了逃避服刑，庄小红夫妻二人恶意怀孕并先后生育子女 4 人，但因需要哺乳婴儿或者多名未成年人子女需要抚养等原因而无法收监。正是因为无法收监执行，庄小红在暂予监外执行期间变本加厉地贩卖毒品。庄小红的这种行为不仅肆意践踏了法律的尊严和权威，而且也极大地减损了司法公信力，造成了极为恶劣的社会影响。

我国 2020 年《实施办法》规定，保外就医的，应当到省级人民政府指定的医院检查，每 3 个月向执行地县级社区矫正机构、受委托的司法所提交病情复查情况。但是目前，对于怀孕或哺乳期妇女却暂无类似需要提交病情报告并定期审查的相关规定。除此之外，怀孕或哺乳期妇女的监管内容也存在模糊性。社区矫正实施办法规定怀孕或哺乳期妇女需要向社区矫正机构定期报告，但是未列明需要报告的内容和相关材料。怀孕或哺乳的妇女不像身患严重疾病或者生活不能自理的罪犯那样行动不便，她们可活动的范围大、自由度高，一旦出现流产或者其他需要收监的情形，社区矫正工作人员无法及时掌握其身体状况，这类罪犯将会因为受到怀孕和哺乳期仍可以折抵刑期带来的巨大诱惑而做出规避行为。最后，怀孕或哺乳期妇女不像保外就医人员那样需要提供保证人，仅仅依靠社区矫正工作人员难以实现对这类特殊对象的有效监管。

（三）生活不能自理型罪犯的医疗管理问题

在社区矫正执行中，如果罪犯属于暂予监外执行中的生活不能自理的情形，往往会伴随瘫痪在床或行动不便等情况，需要专门人员进行照顾来维持

---

[1] 参见张福坤、杨宏强："决定暂予监外执行中存在的问题及对策"，载《人民检察》2021 年第 8 期。

[2] 参见浙江省嘉兴市中级人民法院（2018）浙 04 刑初 35 号刑事判决书。

正常生活。生活不能自理的罪犯进行社区矫正具有一定的困难性。首先，这种罪犯一般是不宜在社区内进行社区矫正的，社区作为一个流动的活动场所，没有专业的医护人员和强大的医疗设备对其进行相应的医疗与护理。其次，对于这类罪犯的治疗时长和护理费用通常来说都是花费巨大的，社区难以承担这么高昂的费用。最后，生活完全不能自理罪犯的身心因常年遭受疾病的折磨而难以实现社区矫正机构为其制定的改造内容。实践中，生活不能自理的罪犯或由自己的亲属在家照料生活或适用保外就医的相关规定。在安某某诈骗刑罚变更刑事裁定案中，罪犯安某某因生活不能自理而被法院决定暂予监外执行，丈夫李某担任其保证人。李某在家负责照料安某某的日常生活并协助其进行病情复查，但在监外执行期间，李某却多次以新冠疫情和安某某瘫痪在床为由，拒绝前往医院完成病情复查。最后，法院认为丈夫李某作为保证人未履行保证义务，将安某某收监执行。[1] 正是以上种种原因，对待这类暂予监外执行对象很难落实2020年《实施办法》中规定的监管内容。

三、暂予监外执行对象医疗管理规定的规范化进路

为了解决上述我国暂予监外执行对象医疗管理所存在的一系列问题，促进暂予监外执行对象医疗管理的进一步规范化，笔者认为至少可以从模式选择、具体内容、辅助措施三个方面进行完善和提升。

（一）模式选择：二元规范模式

我国目前关于暂予监外执行医疗管理的规范存在三种既有模式。

第一种是专门规定模式。制定专门的规范性文件进行专门规定，例如江苏。第一种立法模式，可以对医疗管理内容进行详细规定，江苏省采取了这种立法模式。江苏省沿用了之前颁布的《江苏省社区矫正工作条例》而未根据《社区矫正法》制定相应的实施细则。这与现阶段大多数地区社区矫正立法的情况大为不同，因此，这种立法模式对各地区而言不具有普适性。

第二种是实施细则专章专节模式。在实施细则内设专章专节进行规定，例如辽宁、四川等地。第二种立法模式，可以避免过多不必要的立法活动，统一法律的适用问题。现阶段，部分地区采取了第二种立法模式。但是这种

---

〔1〕 参见辽宁省锦州市古塔区人民法院（2020）辽0702刑更1号刑事裁定书。

立法模式呈现出了极大的弊端，即暂予监外执行对象医疗管理规定未分类且笼统模糊，现实可操作性不强。另外，考虑到地方社区矫正实施细则内涉主体多样、规定内容广泛。而暂予监外执行对象医疗管理规定只是地方社区矫正实施细则内众多规制内容的其中一项。若在实施细则中另设暂予监外人员医疗问题专章专节进行大篇幅的规定不免会使其内容过于庞杂冗余，与其他部分内容不相协调。

第三种是二元规范模式。在实施细则内作原则性规定，再辅之以专门规范性文件进行细化，例如安徽、湖南等地。第三种立法模式，既可以尊重现有立法框架以维护法律的稳定性，又可以对暂予监外执行对象医疗管理内容进行细化规定。现多数地区根据《社区矫正法》制定的实施细则都对暂予监外执行对象的医疗管理问题作出了原则性的规定，只是这些规定较为模糊、笼统。若采用第三种立法模式，则可以发挥各省市立法的积极性与主观能动性，依据其不同情况灵活立法。

综上，笔者认为采用第三种立法模式最佳。理由是二元规范模式综合了专门规定模式与实施细则专章、专节模式的优点，在尊重现有立法框架的前提下，对暂予监外执行对象医疗管理内容可再进行细化规定。但值得注意的是，各地区在采取第三种模式进行立法时，要充分考虑到现存有效的暂予监外执行各类规范性文件的相关内容。可以将以往行之有效并与暂予监外执行对象医疗相关的内容吸收至规范性文件中，比如说关于病情审查、指定医院、审查回避等规定。而对专属于社区矫正管理部分的内容可再进行另外规定。这样做的目的在于将暂予监外执行医疗管理内容与之前的各类规范性文件内容进行衔接，使社区矫正机构在实践中对暂予监外执行对象进行医疗活动管理能有法可依。

（二）规范内容：基于类型化的具体规定

暂予监外执行对象相较于其他社区矫正对象而言医疗需求更为特殊与多样，所涉及的社区矫正医疗管理情况也较其他三类社区矫正对象更为复杂。因此，有必要根据暂予监外执行三类人员的不同特性对其医疗管理内容进行类型化规定。

1. 保外就医人员社区矫正医疗管理内容的完善

首先，严格落实保外就医人员应当去省级人民政府指定医院进行病情复查的规定。另外，可以扩大省级指定医院名单目录的范围，将一些医疗水平较高、具备相应资质的县级以上综合性医院纳入省级指定医院名单中。实践中，有些保外就医人员身患严重疾病行动不便且所处地区偏远，常常需要长途跋涉去省级甚至外地医院进行病情复查。而保外就医人员每3个月就需进行一次病情复查，长此以往多有不便。因此，针对这种特殊情况，可以允许其就近到县级以上综合性医院进行复查。但是，为了保障病情复查材料的客观性与真实性，被纳入政府指定医院名单的县级综合性医院需与政府建立信任机制。与政府建立信任机制的医院出具的所有病历资料都需经复查医生本人签名并加盖医院公章。除此之外，还需明确若出现造假情形医院所需承担的法律责任，从源头上保障保外就医人员提交病情复查材料的真实性。

其次，对于所需检查的基础项目与内容进行统一规范，以避免各类疾病检查内容五花八门造成审查困难。列明所需检查的医疗材料清单并附上病历资料，应安排两名副高以上专业技术职称的医师按照《保外就医严重疾病范围》的要求进行审查，审查时需隐去被审查对象的个人信息。例如，新修订的《福建省贯彻〈中华人民共和国社区矫正法〉实施细则》就指定医院、医师资格和审查项目等问题作出了较为细致的规定，要求病情复查需按照医院通用门诊病历进行，并且需提交影像学、诊断书等病历材料。而关于审查人员组成部分的内容，社区矫正机构则可以采取政府公开择优购买服务或者招募志愿者的形式，吸纳具有医学、法学、心理学知识的专业人才，建立3人审查小组。审查小组成员应包括至少1名法学和医学的专业人员，对医院出具的病历证明材料进行最后审查。为了防止审查过程出现伪造病历材料或冒名顶替他人等现象，规定审查人员若与审查对象存在亲属或利害关系的应当进行回避，审查过程检察院可派人全程监督。与此同时，社区矫正机构也将与医院保持密切的联系，除了书面审查病历材料外，社区矫正机构也可定期去保外就医人员接受医疗的医疗服务机构进行实地访查。

最后，建立保证人追责机制，明确保证人违反义务的后果。对于以异地就医为条件而出现脱管、规避收监现象的保外就医人员，明确保证人需承担除扣除保证金外的行政处罚或民事赔偿责任。在李某监外执行抢劫杀人案中，李某因病被保外就医，其子田某担任保证人，在监外执行期间田某怠于履行保证人的监督职责，放任李某实施了抢劫杀人的犯罪行为，法院就按照过错程度让保证人田某为被害人及亲属承担了 20% 的民事赔偿责任。[1] 另外，保证人帮助其脱管、规避收监的，还需依法承担相应的刑事责任，以便充分发挥保证人的监管能力，促进对这类犯人的有效监管，避免实践中出现保证人认为"交钱了事"的错误观念。

2. 特殊型妇女社区矫正医疗管理内容的完善

首先，对于怀孕或哺乳期妇女可参照保外就医人员的规定适用保证人制度。有些怀孕或哺乳期的妇女在社区矫正的过程中，利用社区服刑的便利和社区矫正作为限制自由刑的执行方式所带来的相对自由作为条件来实现规避收监的目的。为了遏制这一行为，可参照保外就医人员的规定适用保证人制度。保证人在照料怀孕或哺乳期妇女的同时也承担着日常监管、定期报告的义务，一旦出现了怀孕或哺乳期妇女恶意怀孕或意外流产需要收监等现象，保证人需要及时向社区矫正机构进行汇报，否则保证人将承担除扣除保证金外其他监管不力的责任。建立保证人追责制度，可以填补社区矫正工作人员不足难以监管和无法监管的空白。[2]

其次，对于怀孕或哺乳期妇女可以参照适用社区矫正法对保外就医人员定期向社区矫正机构报告身体状况并进行病情复查的规定。怀孕或哺乳期妇女难以抵御折抵刑期带来的巨大诱惑，往往在其哺乳期即将结束的期间恶意怀孕，所以需要对其设立类似保外就医人员的定期审查制度，以便及时掌握这类罪犯的身体状况。应当考虑到，怀孕或哺乳不像身患疾病一样，它是一个相对确的状态，可以适当简化复查内容和程序，规定每个月提交妊娠检查报告等常规检查资料。[3] 社区矫正机构每 3 个月对怀孕或哺乳期妇女的身体状况进行一次复查，注意是否存在流产、终止妊娠等需要收监的情形。

最后，对于一些惯常通过怀孕来规避收监的妇女社区矫正机构还可以采取佩戴电子定位装置的方式对其就医行为进行监管。在周某伪造材料逃避收监案中，周某犯合同诈骗罪被判处 2 年 3 个月的刑罚，因怀孕被暂予监外执

---

〔1〕 参见李忠勇、郝红花："监外执行期间抢劫杀人　保证人按过错程度担责"，载 https://mp.weixin.qq.com/s/1b5uvSoDt-T1P2L4JQMCXw，最后访问日期：2022 年 5 月 21 日。

〔2〕 参见但未丽："社区矫正立法若干问题研究——以《社区矫正法（征求意见稿）》为分析对象"，载《首都师范大学学报（社会科学版）》2018 年第 2 期。

〔3〕 参见汪友海："暂予监外执行制度研究"，西南政法大学 2017 年博士学位论文。

行。但是，周某流产后为逃避收监，不仅伪造"生孩子"的假证明和超声诊断报告材料，而且将定位手机放至医院以应付检查。[1] 类似于周某这种假借怀孕来规避收监的妇女的案例不胜枚举，像这种情况就可以考虑使用电子定位装置来进行信息化核查。社区矫正机构使用电子定位装置对暂予监外执行对象进行信息化核查的优势不言而喻，可以实时检测其活动轨迹，轻易获知其行踪。但是应当明确，使用电子定位装置对恶意怀孕妇女进行监管的，应当严格遵守法律及地方行政法规对审批手续等的相关规定，合法规范地进行。

3. 生活不能自理人员的医疗管理内容的完善

首先，社区矫正机构在接收生活不能自理人员进行社区矫正之前，司法所工作人员可以会同监狱工作人员陪同生活不能自理的罪犯去省级指定的医院参照《劳动能力鉴定 职工工伤与职业病致残等级分级》（GB/T16180-2006）进行生活不能自理能力级别的鉴定，并根据《罪犯生活不能自理鉴定标准》划分生活不能自理程度级别。[2] 对于医院出具的鉴定报告，鉴定人需进行签字并加盖医院公章，鉴定材料后附社区矫正工作人员及监狱工作人员签名，以明确是否属于生活不能自理的情形。在盛某某伪装瘫痪收监执行一案中，宁波市镇海区的盛某某就因伪装瘫痪在床，被检察院发现不属于生活不能自理的情形而被收监执行。盛某某犯强奸罪被判处4年7个月的刑罚，法院以其生活不能自理为由作出暂予监外执行决定并交付异地执行。然而，实际上盛某某并未如其所称的"瘫痪在床、大小便失禁"，在暂予监外执行期间，他还多次在其监控点附近下地种菜、搬运重物。[3] 可见，对罪犯进行生活不能自理能力级别的鉴定何其重要。

其次，基于生活不能自理而被暂予监外执行的罪犯通常情况下身体状况或伤残严重，几乎无法痊愈或治疗周期极其漫长。相较于保外就医人员和怀

---

〔1〕 参见范跃红、平亦和："流产后为逃避收监，购买'生孩子'假证明、将定位手机放至医院、购买超生诊断报告应付检查……？刑事执行监督识破'纸面服刑'骗局"，载 https://mp. weixin. qq. com/s/5oCPQ64eUULu7OiHyjOqXQ，最后访问日期：2022年5月21日。

〔2〕 参见许滔滔："我国暂予监外执行问题研究"，华南理工大学2018年硕士学位论文。

〔3〕 参见高敏："'瘫痪在床'的强奸罪犯竟然在种菜、搬东西？检察官纠正一起'纸面服刑'案"，载 https://mp. weixin. qq. com/s/kRsJ04f6wFvzKuKG1_BJJQ，最后访问日期：2022年5月21日。

孕哺乳自己婴儿的妇女，生活不能自理人员的复查材料造假难度更大。为了节约医疗和司法资源，可酌情延长其病情复查、定期报告的时间，每6个月对其提交的病历材料进行一次审查。

最后，由于罪犯生活不能自理，而社区作为一个流动的活动场所没有专业的医疗人员和强大的医疗设备对其进行相应的医护，所以可以加大政府购买事务性管理服务的力度。社区矫正机构的日常工作纷繁复杂，除了需对社区矫正对象进行监督管理外还需对其进行职业培训、教育帮扶、心理疏导及医疗保障等。而社区矫正机构工作人员精力有限，无法独立完成上述所有工作，这时政府可以按照《中共中央关于全面深化改革若干重大问题的决定》的规定，通过合同、委托等方式向社会公开择优购买事务性管理服务，让社会组织参与进来，发挥其社区矫正的积极作用。[1] 对生活不能自理的人员可以由政府购买医疗服务或者让医疗机构定期来社区对其进行身体检查和日常护理。当然，对于那些生活完全不能自理的罪犯也可由亲属亲自护理。

（三）辅助措施：暂予监外执行对象医疗管理的必要保障

在社区矫正工作中，暂予监外执行医疗活动像其他的日常监管活动一样，都会面临一些亟待解决的共性问题。社区矫正机构为了能够更好地对暂予监外执行对象医疗活动进行管理，除了需对直接涉及暂予监外执行对象的特殊问题给出相应建议外，其他一些辅助措施也是必不可少的。

1. 对暂予监外执行对象进行分类管理，建立医疗服务信息数据库

第一，可以对暂予监外执行的三类罪犯进行细分，以人身危险性评估的方式作出评估报告，根据评估报告的等级进行分类管理并且定期进行动态评估，可以将其分为高、中、低三种类型。其中，在风险评估报告类别中处于高危险性罪犯进行医疗服务，例如跨地区保外就医等情况，则需要严格执行外出审批、定期审查等制度进行监督管理，而对于中、低风险的罪犯则可以适当放宽标准，按照一般地方社区矫正医疗服务法律规定进行监督管理。另外，可以规定每3个月对暂予监外执行的三类罪犯进行重新评估，人身危险性有所降低，日常监管表现较好的人员可以由高危险性转化为中、低风险性

---

〔1〕 参见连春亮："我国社区矫正基本理念的冲突与裂变"，载《河南司法警官职业学院学报》2018年第1期。

罪犯，对其医疗监管活动也要进行相应的调整。现部分地区出台了对社区矫正对象进行分类管理的相关规定，这为暂予监外执行对象医疗分类管理提供了一些参照。比如，呼伦贝尔市颁布了《海拉尔区社区矫正对象分类管理办法》，该办法就以罪犯的犯罪类型、对社会的危害性程度、家庭生活状况、在社区矫正期间的表现等综合性因素作为分类管理的依据，将社区矫正对象分为严管、普管、宽管三种类型进行管理。[1]

第二，县级社区矫正机构可根据分类管理信息建立健全医疗服务信息数据库。数据库中应包含不同类别罪犯的基本信息、病情诊断、妊娠检查、生活不能自理鉴别材料及日常诊疗、复查报告、电子病历及相关化验单、影像学资料等。建议将这些医疗服务信息数据库纳入各地区社区矫正信息化交流平台，单设一个医疗服务信息窗口以便监狱、检察院等监察部门进行实时监控与信息共享，以及时掌握罪犯的基本身体状况。这样既可以弥补社区矫正机构工作繁重、人员配备不足的空缺，又可以使其社区矫正工作与各监察、行政管理部门进行衔接。上海市嘉定区和苏州市的昆山、太仓三地新建的"嘉昆太"社区矫正与检察监督一体化平台实现了互通，这一举措为社区矫正机构建立跨省市医疗服务信息数据库提供了良好的思路。[2]

2. 将医疗费用纳入社区矫正专项经费支出，建立基本医疗保险制度

我国《社区矫正法》规定，各级人民政府应当将社区矫正经费列入本级政府预算，而《暂予监外执行规定》则规定，罪犯在暂予监外执行期间原则上其产生的生活、医疗和护理等费用由本人自行承担。基于社区矫正专项经费有限的现状，需要对暂予监外执行对象医疗费用承担的不同情况进行分类规定。

第一，由社区矫正机构统一组织进行的复查、鉴定所产生的工作费用和政府购买医疗服务的相关费用可纳入社区矫正专项经费支出。除此之外，日常诊疗护理、定期复查的医疗费用原则上应当由本人或亲属自行承担。但考虑到保外就医和生活完全不能自理所需医疗支出庞大，一般亲属可能无力救

---

〔1〕 参见朝霞："内蒙古海拉尔：分类管理+靶向施策 提升社区矫正对象管理水平"，载 https://mp. weixin. qq. com/s/j6A9pk8XeiGwB9bV3VR3Sw，最后访问日期：2022 年 5 月 21 日。

〔2〕 参见王小兵："'嘉昆太'社矫实现互通 江苏省首个跨省检察司法一体化平台上线"，载 https://www. 163. com/dy/article/H3AB0OSL0534B975. html，最后访问日期：2022 年 5 月 21 日。

济或罪犯因犯罪不被家人接纳，自身又无劳动能力缺乏生活来源，无法落实定期复查的监督报告义务的特殊情况，所以，对于这类情况定期复查确有困难的人员，可以向政府申请司法救助金。[1] 例如，广西壮族自治区南宁市新修订的《南宁市最低生活保障办法》就规定了社区矫正人员家庭生活确有困难、刑满释放后可单独享受低保。[2]

第二，考虑到司法救济金覆盖的范围有限，为了更好的解决暂予监外执行对象的医疗费用问题，还可以仿照《中华人民共和国精神卫生法》对精神障碍患者医疗保障的做法，为暂予监外执行对象建立基本医疗保险制度，将其保外就医严重疾病和生活完全不能自理需长期进行医疗护理并难以承担医疗费用的人员纳入基本医疗保险范围。实践中，越来越多的地区将暂予监外执行对象纳入基本医疗保险体系范围内，例如，北京市人力资源和社会保障局发布了《关于社区服刑人员参加城乡居民基本医疗保险有关问题的通知》，[3] 浙江省司法厅、财政厅、人力社保厅和医保局联合印发《关于社区矫正对象参加养老保险和医疗保险有关问题的通知》。[4]

四、结语

与被判处管制、缓刑、假释的社区矫正对象不同，暂予监外执行对象的情况更为复杂，某些情形下人身危险性也可能更高。前三类社区矫正对象的医疗行为可以通过严格遵守外出审批程序等监督管理规定进行统一管理，但适用暂予监外执行的医疗管理就需要针对其三类人员的不同特征与管理需求进行更加详细的分类管理。本文通过梳理各地区暂予监外执行对象医疗管理规定立法及规范性文件的现状，发现部分地区存在暂予监外执行对象医疗管理内容未进行分类且规定笼统模糊，缺乏现实可操作性的情况。针对这些情

---

〔1〕 参见上海政法学院刑事司法学院等："暂予监外执行人员监管问题及解决路径"，载《中国司法》2015 年第 12 期。

〔2〕 参见南宁市民政局："《南宁市最低生活保障办法》政策解读"，载 http://mzj. nanning. gov. cn/jdhy/zcjd001/t5019117. html，最后访问日期：2022 年 5 月 21 日。

〔3〕 参见 "社区服刑人员可参加城乡居民医保"，载 http://www. beijing. gov. cn/zhengce/zcjd/2019 05/t20190523_ 78806. html，最后访问日期：2022 年 5 月 21 日。

〔4〕 参见 "浙江出台社区矫正对象参加养老和医疗保险相关政策"，载 https://www. guojiayang-lao. com/2020/03/12/5620. html，最后访问日期：2022 年 5 月 21 日。

况，本文提出了建立"细则+专门规定"的二元化规范模式，并根据暂予监外执行三类人员的不同特性进行类型化医疗管理，对围绕其医疗管理的保障性问题提出辅助保障措施。通过这些提升暂予监外执行对象医疗管理规范化的建议，以期能纾解暂予监外对象医疗管理目前规范散乱和制度乏力的现实困境。

关于完善社区矫正检察监督的思考[*]

肖乾利[**] 　吕沐洋[***]

摘　要： 社区矫正检察监督，既是权力制约的内在要求，又是维护社区矫正对象合法权益的需要。目前社区矫正检察监督存在法律依据空泛、监督定位模糊、信息获取滞后、监督缺乏刚性等问题。我们认为，应通过明晰社区矫正检察监督功能定位与监督对象，加快立法进程，搭建全国统一的社区矫正信息共享平台，建立检察监督纠错机制，将派驻检察延伸到乡镇（街道）司法所等途径予以优化。在判断玩忽职守罪的因果关系时，可借鉴胡萨克的控制理论。

关键词： 社区矫正；《社区矫正法》；检察监督；派驻检察

随着 2019 年《最高检刑诉规则》的再次修订，刑事执行监督的延伸，[1]检察机关内设机构改革等一系列举措，社区矫正检察监督在各地进行了一系列创新。诸如，探索重大监督事项的"案件化"办理，[2]实行检察建议"一发两抄送"，[3]邀请人大代表等第三方人员参与检察建议的宣告与送达，[4]将

---

　*　本文为四川省高校人文社科重点研究基地——社区矫正研究中心 2019 年度项目"社区矫正检察监督问题研究"的阶段性成果。

　**　肖乾利，男，宜宾学院法学院教授，研究方向：刑事法学，社区矫正。

　***　吕沐洋，男，四川省珙县人民检察院党组书记、检察长，研究方向：检察工作研究。

〔1〕 基于检察职能从对传统的刑罚执行、监管活动监督，扩张到包括对指定住所监视居住、羁押必要性审查、强制医疗、财产刑执行等活动的监督，2015 年 1 月最高人民检察院将"监所检察厅"更名为"刑事执行检察厅"。

〔2〕 参见新化检察院："重大监督事项案件化办理路径畅通"，载 http://www.rmlt.com.cn/2018/1123/533780.shtml，最后访问日期：2021 年 1 月 4 日。

〔3〕 即向违法的对象发违法通知书，抄送被监督单位的上一级机关和上一级检察院刑事执行检察部门，达到上级机关控制、纠正、规范检察建议的目的。

〔4〕 参见林施兆："人大监督视角下加强检察建议刚性的路径探析"，载《中国检察官》2020 年第 9 期。

社区矫正对象的"补植复绿"等生态修复纳入监督范畴，[1] 就社区矫正对象申请经常性跨市县活动组织听证。[2]有的检察机关更是直接从建章立制的高度协助司法行政机关落实、保障社区矫正对象的权利。如 2020 年四川省宜宾市叙州区人民检察院联合区司法局针对社区矫正对象请假难等影响企业经营发展和外出务工的问题，制定了《叙州区社区矫正对象外出管理办法（试行）》。2021 年四川、陕西等省检察机关联合本省司法厅共同制定《涉民营企业社区矫正对象赴外地从事生产经营活动管理办法（试行）》。通过简化外出申请、审批、管理等环节批准程序，有力地维护了社区矫正对象的合法权益。前述探索与创新活动，既彰显了社区矫正外部监督的价值，又保证了社区矫正法治化、规范化运行。

一、社区矫正领域权力制约、权利维护需要检察监督

任何公权力的行使都离不开外部监督。在我国现行体制下，人大监督是宏观层面的监督，它难以监督社区矫正的具体运行。群众监督是体现民主性的监督，它难以形成与公权力的抗衡。检察机关是专门的法律监督机关。社区矫正各环节，涉及诸多公权力的运行与制约，自然离不开检察监督。社区矫正领域公权力的滥用，也时有报道。如 2019 年媒体曝光的湖北武汉林明学违法假释再犯罪案，引发武汉政法系统"地震"。[3] 仅 2020 年 1 月至 11 月，全国检察机关督促纠正脱管 6010 人、漏管 4379 人。[4] 不少监外罪犯脱管失控，"假"释"真"放，暂予监外执行变成"不再执行"，管制变成"不管不制"。[5]

基于秉持"客观公正立场"的需要，社区矫正检察监督的内容，不仅包括"权力监督"，以制约和规范公权力的运行，也包括"权利救济"，让社区

---

〔1〕 参见李明蓉著："生态司法中的社会服务机制探索——以福建省相关司法实践为视角"，载《海峡法学》2017 年第 2 期。

〔2〕 参见西安市碑林区检察院："全面履行法律监督职责 做好刑事执行检察工作"，载 http://www.legaldaily.com.cn/zt/content/2021-01/19/content_8411402.htm，最后访问日期：2022 年 3 月 1 日。

〔3〕 参见"判刑 20 年后获违法假释再犯新罪，湖北商人林明学的生意残局"，载 http://hb.news.163.com/19/1120/11/EUE3PB4504088CPP.html，最后访问日期：2022 年 3 月 1 日。

〔4〕 参见最高人民检察院："强化社区矫正监督 降低'又犯罪'比例"，载 http://www.legaldaily.com.cn/zfzz/content/2021-02/09/content_8431697.htm，最后访问日期：2022 年 3 月 1 日。

〔5〕 参见凌高锦："中国社区矫正检察监督制度路径选择"，载《党政干部学刊》2019 年第 9 期。

矫正对象的合法权益能被公平拥有而不被限制或者剥夺。《社区矫正法》将"社区矫正人员"改为"社区矫正对象"的去标签化称谓，通过对其身份信息、个人隐私、就学就业等权利的保护，坚持"不过度干预"其工作与生活的原则，其最终目的是帮助社区矫正对象重返社会。但实践中，挤压乃至侵犯社区矫正对象合法权益的现象还时有存在。如实践中存在的社区矫正决定机关"一刀切"，以户籍地来确定执行地；"图方便"，以电话简单询问结果来确定执行地；"自定义"，以各地自设标准来确定执行地。有的社区矫正机构还单独或者联合有关部门以"实施细则"或其他文件形式出台"执行地"确定的地方标准。对于本应适用社区矫正的外地户籍务工人员，在务工地未办理居住证，在户籍地未经常居住，务工地及户籍地社区矫正机构相互推诿，导致一些法院要么不判处社区矫正而升格为监禁刑，要么不核实居住地直接以"户籍地"作为执行地而下发执行通知。社区矫正对象一到户籍地矫正机构报到，因生计所迫只好提出变更执行地申请。因多种原因若变更不成功，就会极大地影响社区矫正对象的工作与生活，并影响其接受矫正的态度与配合度。此类问题，无疑需要检察监督出场，督促相关主体正确适用社区矫正，以维护社区矫正对象的合法权益。

在《社区矫正法》实施前，基于社区矫正实施时间的短暂，无论是现行《中华人民共和国宪法》还是《刑事诉讼法》，均没有"社区矫正检察监督"概念及其专门规定。"社区矫正检察监督"仅散见于规范性文件中，呈现出明显的原则化、碎片化特征，一般是从宏观层面笼统强调"检察监督"，但对于具体的监督方式、程序、效力以及后果等缺乏明确规范，实践操作无章可循。特别是 2012 年《实施办法》，大部分的篇幅都在于规定社区矫正机构及司法所的工作职责及其流程，人民检察院的监督职责仅作了简短的概括性、宣示性规定。2019 年《社区矫正法》的通过，标志着社区矫正检察监督从此纳入法治化轨道。该法第 8 条第 2 款[1]将"人民检察院对社区矫正实施监督"上升到法律层面。为细化检察监督，最高人民检察院 2019 年 12 月 30 日公布了修订后的《最高检刑诉规则》，最高人民法院、最高人民检察院、公安部、司

---

[1] 《社区矫正法》第 8 条第 2 款规定："人民法院、人民检察院、公安机关和其他有关部门依照各自职责，依法做好社区矫正工作。人民检察院依法对社区矫正工作实行法律监督。"

法部（以下简称"两高两部"）在 2020 年 6 月也联合印发了 2020 年《实施办法》。

《社区矫正法》、《最高检刑诉规则》与 2020 年《实施办法》颁行后，社区矫正检察监督呈现出了新变化：一是厘清了监督职责。2020 年《实施办法》第 6 条详细列举了检察机关应依法履行的 8 项职责，诸如，对适用前调查评估、监督管理、教育帮扶等活动实施监督、对相关职务犯罪，可以立案侦查直接受理等，充分体现了检察机关对社区矫正的全流程监督，并解决了此前理论界关于"审前调查评估、教育帮扶活动是否纳入检察监督"的争议；二是加大了监督力度。针对被监督单位对纠正违法、检察建议的不纠正、不整改，2020 年《实施办法》第 57 条[1]规定，检察机关可以向自己的上级机关"报告"，向被监督单位的上级机关、行政主管部门或者行业自律组织"通报"，甚至还可以向同级党委、人大"报告"，向同级政府、纪检监察机关"通报"。

前述规范性文件的相关规定，为社区矫正检察监督提供了依据。但是，在基本法层面，无论是《社区矫正法》还是《刑事诉讼法》，依然缺乏对社区矫正检察监督的具体规定，凸显空泛、过于笼统。《社区矫正法》仅仅是"人民检察院依法对社区矫正工作实行法律监督"的概括性规定。即使是《最高检刑诉规则》，也是带有浓厚的公文性色彩，不够具体。法律赋权的"集中空白"，使得检察机关在履行监督职责中缺乏权威性，渐感被动。

二、社区矫正检察监督存在问题透视

肇始于欧美的社区矫正，在中国本土化应用不到 20 年，法律、制度还处于完善之中。社区矫正检察监督，除却前述法律依据过于空泛外，还存在以下问题，实践中亟待解决。

（一）定位问题：监督者抑或参与者

检察机关能否定位为既是社区矫正的"参与者"，又是"监督者"？肯定

---

[1] 2020 年《实施办法》第 57 条规定："有关单位对人民检察院的书面纠正意见在规定的期限内没有回复纠正情况的，人民检察院应当督促回复。经督促被监督单位仍不回复或者没有正当理由不纠正的，人民检察院应当向上一级人民检察院报告。有关单位对人民检察院的检察建议在规定的期限内经督促无正当理由不予整改或者整改不到位的，检察机关可以将相关情况报告上级人民检察院，通报被建议单位的上级机关、行政主管部门或者行业自律组织等，必要时可以报告同级党委、人大，通报同级政府、纪检监察机关。"

者认为，检察机关是权力滥用的制约者，矫正对象权利的保障者，社区矫正工作的重要参与者。[1] 一些地方还探索了"嵌入式"检察监督模式，[2] 通过设立派驻检察官（室），下沉到社区矫正执法一线，以"旁观者"身份实施同步监督。认为只有将检察权如同"楔子"一样插入被监督权力流程，方可保障监督的强制力。[3] 实践中，社区矫正机构为了达到对矫正对象的人身管控目的，常常邀请检察机关参与社区矫正对象的管理，借助检察机关惩治违法犯罪职能，以形成对社区矫正对象的威慑。与此同时，基于法律规定的空泛，不少事项还存在难以把握的尺度。诸如，社区矫正对象外出请销假方面，《社区矫正法》仅规定有"正当理由"即可。但何谓"正当理由"，《社区矫正法》以及 2020 年《实施办法》均未作明确界定。社区矫正机构若把握宽松，一旦社区矫正对象重新犯罪，会启动倒查机制而面临追责；如果把握从严，在倡导"不过度干预"的当下，检察机关又会制发纠违通知。为了规避职业风险，一些社区矫正机构一遇到业务问题就首先请示检察机关而非上级社区矫正部门，混淆监督部门与业务指导部门的职能。前述诸多现象，难以凸显检察机关的独立的法律监督者地位。

（二）检察监督的立法冲突与疏漏

《社区矫正法》的个别内容目前存在立法冲突。如《社区矫正法》第 18 条规定，[4] 有权委托调查评估的是"社区矫正决定机关"。而从《社区矫正法》第 17 条第 4 款的规定看，[5] "社区矫正决定机关"仅指公安、法院以及监狱管理机关，并不包括人民检察院。但是，2019 年《最高检刑诉规

---

〔1〕 参见游支红、许泽："社区矫正检察监督的思考——以 E 市为参考"，载《法制博览》2019 年第 35 期。

〔2〕 参见贾永胜："打造嵌入式社区矫正检察监督新模式"，载《检察日报》2019 年 6 月 23 日，第 3 版。

〔3〕 参见徐继敏、张承思："宪制视野下法律监督和检察权能逻辑的重构"，载《四川师范大学学报（社会科学版）》2020 年第 2 期。

〔4〕 《社区矫正法》第 18 条规定："社区矫正决定机关根据需要，可以委托社区矫正机构或者有关社会组织对被告人或者罪犯的社会危险性和对所居住社区的影响，进行调查评估，提出意见，供决定社区矫正时参考。居民委员会、村民委员会等组织应当提供必要的协助。"

〔5〕 《社区矫正法》第 17 条第 4 款规定："本法所称社区矫正决定机关，是指依法判处管制、宣告缓刑、裁定假释、决定暂予监外执行的人民法院和依法批准暂予监外执行的监狱管理机关、公安机关。"

则》第277条[1]，以及最高人民法院、最高人民检察院、公安部、国家安全部、司法部（以下简称"两高三部"）《关于规范量刑程序若干问题的意见》第3条[2]，均规定检察机关可以委托社区矫正机构进行调查评估。前述规则、意见与《社区矫正法》之间的冲突，有下位法抵触上位法之"嫌疑"。该规定是否具备正当性，亟待理论与立法的调适。实践中，有的案件还处于侦查阶段、审查起诉阶段就开始委托社区矫正机构进行调查评估。特别是犯罪嫌疑人认罪认罚、检察院拟提量刑建议适用缓刑或者管制的案件，为完成相关考核以及增强精准量刑建议筹码，检察机关通常委托社区矫正机构进行审前调查评估。面对强势部门的委托，话语权较弱的社区矫正机构是否接受，往往左右为难。

在《社区矫正法》施行前，判决生效的法律文书，在法院向执行地社区矫正机构送达的同时，也向执行地的检察机关邮寄送达。执行地的社区矫正机构和检察机关在收到法律文书后会进行双向核查，从而确保了"全额"入矫，杜绝"漏管"。而《社区矫正法》施行后，根据该法第20条规定，[3] 由执行地社区矫正机构将法律文书转送所在地的检察机关，这将直接导致执行地人民检察院无法从源头上获取信息，从原本的"双方比对"变为"单方比对"，极易出现"漏管"。此外，人民检察院只能"静候"社区矫正机构转送法律文书的规定，将直接导致检察监督的被动、滞后。

（三）监督范围与对象存在分歧

社区矫正涵盖诸多环节，牵涉多个部门的执法（司法）活动，诸如，监狱、看守所对暂予监外执行的社区矫正对象的"移送交付"活动，公安机关

---

〔1〕《最高检刑诉规则》第277条规定："犯罪嫌疑人认罪认罚，人民检察院拟提出适用缓刑或者判处管制的量刑建议，可以委托犯罪嫌疑人居住地的社区矫正机构进行调查评估，也可以自行调查评估。"

〔2〕最高人民法院、最高人民检察院、公安部、国家安全部、司法部（以下简称"两高三部"）2020年11月5日联合印发的《关于规范量刑程序若干问题的意见》第3条第1款规定："对于可能判处管制、缓刑的案件，侦查机关、人民检察院、人民法院可以委托社区矫正机构或者有关社会组织进行调查评估，提出意见，供判处管制、缓刑时参考。"

〔3〕《社区矫正法》第20条规定："社区矫正机关应当自判决、裁定或者决定生效之日起五日内通知执行地社区矫正机构，并在十日内送达有关法律文书，同时抄送人民检察院和执行地公安机关。社区矫正决定地与执行地不在同一地的，由执行地社区矫正机构将法律文书转送所在地的人民检察院、公安机关。"

对违法违规行为的治安处罚与收监执行活动，法院裁定撤销缓刑、假释的司法活动等。将前述活动纳入检察监督范围，理论界基本不持异议。

但在监督对象与范围方面存在以下问题：一是检察机关往往侧重对社区矫正机构每半年一次的"例行性监督"以及派驻监督、巡回监督，而对公安机关、人民法院等强势部门是否履行《社区矫正法》、2020 年《实施办法》确定的自身职责，却缺失制度性、责任性的规定；二是社区矫正"相关主体"被忽略。随着《社区矫正法》的施行，社会组织被公权力机关授权从事具备"委托执法"性质的行为，诸如调查评估。自此，社会组织的"调查评估"纳入了检察监督视野。但是，《社区矫正法》将社区矫正对象的就读学校、所在单位、共产主义青年团、妇女联合会、未成年人保护组织，乃至教育等部门纳入了社区矫正"相关主体"的范围，并规定其"应当协助"社区矫正工作。照理，检察机关当然应对"相关主体"进行法律监督。但在实践中，检察机关重点监督的是社区矫正机构，导致前述"相关主体"成了检察监督的"边缘性主体"，也导致其参与社区矫正工作的消极懈怠；三是检察监督的对象范围存有争议。体现在检察监督的范围是否包括社区矫正对象。实践中，部分检察机关将社区矫正对象的守法活动也纳入了监督范围。例如，福建省龙海市检察院为每名社区矫正对象发放 GPS 定位手机，并对其开展心理矫正活动。[1] 又如，有的检察院采用"重点跟踪法"，对矫正对象进行跟踪谈话，掌握其思想动态、改造情况以及生活状态，杜绝其再次犯罪。[2] 再如，四川省成都市崇州检察院对未成年社区矫正对象开展线上集中教育活动。[3] 检察机关的前述做法，是有越俎代庖之嫌，还是通过此类活动才能掌握相关主体是否履职尽责的"证据"？值得理论界的进一步研究。

（四）缺失专门的监督机构与专业队伍

专门机构、专业人员是社区矫正检察监督有效运行的基本保障。但过去

---

〔1〕 参见林志南："福建龙海市检察院多项举措加强社区矫正监督"，载 http://www.jcrb.com/procuratorate/jcpd/201706/t20170601_1758729.html，最后访问日期：2022 年 3 月 1 日。

〔2〕 参见杨锐、郭志平："晋城社区矫正检察职能'有的放矢'"，载《山西法制报》2017 年 6 月 13 日，第 1 版。

〔3〕 参见"崇州市检察院联合市司法局对涉罪未成年社区矫正人员开展线上集中教育"，载 https://www.sohu.com/a/383263296_100253606，最后访问日期：2022 年 3 月 5 日。

一段时期存在"重审判、轻执行"。在执行环节，又存在重"墙内"，轻"墙外"。加之，刑事执行检察干警普遍存在数量不足、员额检察官比例偏低、年龄结构老化、学历偏低等问题。在西部省份，通常一个区（县）的刑事执行员额检察官为1~2名，书记员1名。市、县一级大多没有出台专门的社区矫正检察监督的实施细则或相关的操作规范，导致检察监督成效长期处于不理想状态。

目前，社区矫正检察监督主要有两种模式：一是派驻检察。按照"同级派驻、对等监督"的原则，部分检察机关建立了与司法行政机关相对应的派驻检察室。检察机关通常在区（县）或市级司法行政机关设立自己的派驻检察室；二是巡回检察。一般是一年两次的社区矫正专项检察。由于派驻检察室的设置以及职能，目前仅规定在检察机关的内部文件或者各省（市）的地方性文件之中，这些规定的位阶较低，难以为检察监督提供强有力的法律支撑。加之派驻检察入驻层次过高，检察人员往往派驻在司法局内部，没有下沉到司法所，无法"旁观"一线真实情况，且长期与社区矫正机构及其工作人员接触，易被同化，导致监督力度弱化。为此，全国绝大多数区县检察院采取前述第二种模式。部分省（市）实施了全省范围内交叉巡回检察。全省范围内交叉巡回检察，可以很好地避免人情关系，但是范围过广，实施一次交叉巡回检察将会花费较大的人力、物力与财力。为此，不少地方正在实施以地市州为范围的交叉巡回检察，同时增加巡回检察的次数。[1] 即使如此。这一做法在当前普遍面临人手不足境况下，尤其是西部地区，也难以复制推广。

（五）监督信息的获取与共享滞后

社区矫正涉及接收交付、日常监管、教育帮扶、违规处置等流程，节点多，而检察机关通常无法在第一时间获取信息、共享信息，往往在违法违规行为发生以后才予以跟进。虽然，2020年《实施办法》第14条要求社区矫正机构将调查评估意见应"同时抄送执行地县级人民检察院"，但未规定如若社区矫正机构不抄送，应承担何许责任。此外，工作档案的不真实记载，教

---

[1] 参见张樊、康文辉："社区矫正法视角下检察监督机制的完善探析"，载《北京政法职业学院学报》2021年第2期。

育学习、公益活动时间的随意填写，以及检察官"面对面谈话"时矫正对象因担心受到处罚而不敢讲真话等问题的存在，检察机关的信息获取很大程度上依赖于人民法院、公安机关、司法行政机关、监狱机关送达的文书。在前述情形下，监督信息的获取就显得异常困难了。

目前，区县社区矫正机构与检察院、法院、公安机关之间每月能进行数据核对，但通常仅有检察机关与社区矫正机构之间建立了信息共享机制，检察机关、社区矫正机构与人民法院、公安机关之间的信息未联通，相互之间各自拥有。同时，不同县（区）之间也没有实现信息共享，更别说是市一级或者全省、全国层面信息的共享。当下，各省正在推广的智慧矫正与政法数据大平台，只是解决了数据通联问题，没有解决数据变更及时的问题，导致社区矫正对象被依法决定行政拘留、司法拘留、强制戒毒或者因涉嫌再犯新罪、发现漏罪被采取强制措施的，相关的公安机关、人民法院往往不能及时向执行地社区矫正机构和检察机关通报。社区矫正机构往往在发现和社区矫正对象联系不上时，经查寻后才知道其被拘留、强制戒毒或者被采取强制措施，而检察机关通常则是在社区矫正机构提请撤销缓刑、假释或暂予监外执行时才掌握该情况，这给检察监督带来很大的困扰。

（六）检察监督模式单一、监督效力不足

提出检察建议、纠正违法意见和查办职务犯罪案件，由轻到重、由软到硬，构成了刑事执行检察有机结合的三种监督手段。

基于现有的机构设置与人员配置，全国各地检察机关每年至少开展两次"例行性检察"模式，通常采取"一听、二看、三访、四见、五反馈"的办法，以查阅台账、翻看档案、询问谈话等方式进行事后的审查，且以书面审查为主，致使社区矫正检察监督长期以来流于形式。如有的基层检察机关为考核需要每年至少要向社区矫正机构发出1份纠正违法通知书。

笔者通过调研发现：检察院向法院发出的纠正违法通知，主要是针对法院矫正期间计算错误或者文书制作错误。这些错误多由法院书记员填写时笔误造成，即使检察院不发纠违通知，法院自身也会裁定更正。人民检察院向社区矫正机构发出的检察建议，大多是针对应当提请而没有提请的收监执行。其实，社区矫正机构已经掌握了相关矫正对象应当收监执行的违法违规信息。只是因为提请收监执行建议需要向公安机关提供矫正对象违法违规信息，调取其被行政拘留等相关材料，具体是否收监一般还需要司法行政机关开会讨论，报领导审批等多个程序，耗时较长。也就是说，提请收监程序并非因为检察建议而启动。[1]

对于已经发出的纠正违法意见、检察建议，有关部门及人员是否真正整改落实，没有相应机制予以监督。实践中，不仅存在被监督单位"以文书回复"代替实际纠正。藐视或者无视纠违通知和检察建议的情况时有发生，而检察机关却只能无可奈何。[2] 如检察机关针对法院刑期计算错误而发出纠违通知后，一些法院虽然改正了相关错误，但是却不复函反馈。这种缺乏强制力、没有惩罚性的"乞丐式监督"[3]，极大地损害了检察监督的权威性和严肃性。

三、社区矫正检察监督的路径完善

"只要是权力，总有扩张的倾向，有滥用的可能，因此权力扩张到哪里法律控制就应该跟到哪里。"[4] 检察机关是法律的监督者，作为法律的守夜人，检察官既要使被告人免于法官的擅断，又要保护其免于警察的恣意。检察制度创设的初衷和根本目的在于通过限制权力实现权利保障。[5] 为保障社区矫正规范运行，防止脱管、漏管、重新犯罪，强化社区矫正对象人权保障，以及社区矫正执行主体的清正廉洁，外部监督的重要性毋庸置疑。在当前的社区矫正检察监督，急需完善以下问题：

（一）明晰功能定位与监督对象

我们认为，检察机关作为法律监督者，不是社区矫正机构，不应越位直接参与社区矫正对象的监管、帮教乃至心理矫治。一些地方探索的"嵌入式"检察监督模式，强调检察机关要跟随社区矫正相关主体全流程的同步参与，

〔1〕 参见刘强、姜爱东主编：《社区矫正评论》（第八卷），中国法制出版社2018年版，第207页。

〔2〕 参见蒋伟亮、张先昌主编：《国家权力结构中的检察监督——多维视野下的法学分析》，中国检察出版社2007年版，第241页。

〔3〕 张建伟："从权力行使型到权力抑制型——刑事程序构造的重新设定"，载《政法论坛》2004年第3期。

〔4〕 胡亚球、陈迎："论行政自由裁量权的司法控制"，载《法商研究（中南政法学院学报）》2001年第4期。

〔5〕 参见孙万怀主编：《检察权的规范运作与人权保障》，法律出版社2005年版，第8页。

实施同步监督。但需要明白的是：此时检察机关就是一个球场上的"裁判"，是跟随竞技双方跑入球场，其职责不是运球或者踢球，不是参与双方的对抗性竞技，而是进入球场去发现球员的违规，通过吹口哨等方式引领双方按规则比赛。况且，在基层刑事执行检察人员普遍不足且短期难以改变的境况下，难以复制推广。这一模式也必然要求社区矫正检察官与相关主体执行人员"朝夕相处"，在此背景下时间一长，还难以避免出现"同化现象"。

笔者认为，如果检察机关插手社区矫正机构等相关主体的有关活动，就不是一个独立的监督者，会大大影响检察机关在社区矫正中的法律监督的效果。如何既要保证检察职能的充分发挥，又不越俎代庖？值得思考。在社区矫正检察监督的对象方面必须予以明确：检察监督的对象不包括社区矫正对象。尽管检察监督不可能脱离对社区矫正对象的有效监控，但这种监控的目的是及时发现社区矫正执（司）法部门在工作中的不当、失职或违法行为，并督促其采取改正措施，而不是要代替其行使管理或矫正职责。

既然社区矫正的性质界定为"刑事执行"活动，那么，社区矫正检察监督的范围自然也不应当包括执行之前的审判和执行完毕之后的安置帮教。不能认为，只要和社区矫正相关的司法或执法活动都属于社区矫正检察监督的范围。否则，不仅会打破检察机关内部的分工配合机制，而且也会带来操作上的困难。[1] 由专门的社区矫正检察监督机构来承担如此大范围的监督工作，受司法流程和职能分配的限制，在实践中是难以实现的。

（二）搭建全国统一的社区矫正信息共享平台

2016 年"两高两部"联合公布的《衔接配合意见》中最重要的一个内容，就是明确提出利用互联网技术加强法、检、公、司之间针对社区矫正工作的信息交换与信息共享，并规定该信息交换平台由司法行政机关牵头建立，且要推动与公检法信息的互联互通。2020 年《实施办法》明确提出，要加强社区矫正各相关部门的信息共享。所谓的"相关部门"，按照《社区矫正法》的规定应有包括人民法院、人民检察院、公安机关等 20 余个，意味着矫正信息和数据要共享给前述部门，从而为他们的决策和参与提供支撑。2020 年

---

〔1〕 参见敦宁："社区矫正检察监督对象与内容的合理确定"，载《铁道警察学院学报》2018 年第 6 期。

《实施办法》关于社区矫正信息化建设的目标已经从过去的信息共享，信息收集，信息交换转向业务综合处理大平台建设，将社区矫正各项工作纳入网络系统，全程留痕，为检察机关的全面监督、深入监督、全程监督提供一个完善的平台。为此，公检法司和监狱等部门应打破部门"信息垄断"，实现社区矫正信息共享。近年来，公安机关依托"天网工程"建设，在DNA、人脸识别以及行动轨迹等大数据建设上成效显著，检察机关、司法行政机关各自独立建立社区矫正大数据平台，既不可能超越公安机关，又会造成重复建设而浪费财力。为此，应在政法委员会或社区矫正委员会的协调统筹下，在公安机关大数据平台基础上，构建全国统一、公检法司等部门共享的社区矫正信息平台，设定刑事案件不同阶段不同部门的权限，以"实现业务协同、互联互通"，提高社区矫正信息化水平，实现网上办案、网上监管、网上监督。

平台建立后，公检法司和监狱等部门所需共享信息如何上传、如何流转、如何使用，还需要加以规范。基于公检法司和监狱等部门之间存在行业（部门）利益的博弈，在这里需要一个没有利益勾连而又超然、权威的主体来搭建，这个"主体"在当前可以考虑政法委员会或者社区矫正委员会。

（三）构建社区矫正检察监督纠错机制

检察监督虽然不包含实体处分权，仅有"程序启动功能"，但我们可以借力外部手段确保其纠错的"刚性"：一是增强纠正违法、检察建议等法律文书的说理性。高质量的法律文书不仅能够向诉讼参与人传递出公平正义、司法权威等价值，还能对普通公民有指引、教育作用。在说理论证中应事实清楚，证据充分，法律依据明确。特别应加强类案检察建议的高质量制发，聚焦社区矫正对象权利保障等社会高度关注的问题，在共性、普遍性问题上发力；[1] 二是多维度规范法律文书的公开宣告机制。邀请人大代表、政协委员、社区代表和相关单位参与纠违通知、检察建议等文书的宣告活动，[2] 并通过网络、媒体向社会公开并允许查询。借助社会力量，督促被监督单位及时纠正；三是设置复议复核程序，赋予被监督单位程序救济权利。被监督单位对纠违通知、检察建议有异议的，可向监督机关提出复议，对复议决定有

---

〔1〕 参见肖乾利、吕沐洋："《社区矫正法》实施效果考察"，载《宜宾学院学报》2021年第4期。

〔2〕 参见邓贵杰、朱砚博："以再社会化理念指引社区矫正检察监督"，载《检察日报》2021年1月18日，第3版。

异议，可向监督机关的上一级机关申请复核；四是借助地方监察委的权威以震慑监督对象。对社区矫正领域发现的公权力机关的重大违法违规事项，除检察机关依法自行立案侦查以外，一律移交监察委，报请监察委监督调查处置；对一般性问题，检察机关在发出纠正文书后，应当同时抄送监察委。这样可以借助监察委的权威震慑监督对象；五是发挥地方人大常委会作用。以最高人民检察院 2018 年向教育部发送"一号检察建议"为启示，可以设计将检察建议和人大监督相融合，以提升检察建议的刚性。[1] 对于检察机关提出的纠违通知、检察建议，被监督对象既不提出异议又不实施纠正，或者经检察机关复议复核维持原纠违通知、检察建议，被监督对象仍然不予以纠正的，检察机关在向被监督对象上级主管部门抄送、通报的同时，提请本级人大常委会启动人大监督。本级人大常委会可以采取询问、质询、执法检查等方式启动监督程序。对不执行纠违通知、检察建议造成严重后果或影响的，人大常委会可以组织特定问题调查或提出撤职提案，或要求被监督单位负有领导责任和直接责任的人员依法予以处理。此外，对于疑难、复杂或有较大社会影响的案件，人大常委会还可以将研究处理相关情况以典型案例形式予以刊发，使其他被监督单位引以为鉴，起到类案指导的作用。

（四）加快立法进程，强化机制建设

首先，应及时出台相应的法律。实践中，看守所为了规避羁押风险，收押标准把握过于严苛，对审判和执行带来了不利影响。为此，应尽快出台"中华人民共和国看守所法"，并对病残罪犯、艾滋病罪犯、体内有异物或者故意吞食异物的罪犯的收押作出合理规定，解决收押难的问题。目前，部分省（市）也在积极探索解决收押难的问题，如 2021 年 8 月印发的《广东省社区矫正实施细则》就明确了看守所、监狱不得以超容量、无关押病残犯能力为由，[2] 拒绝收押被裁定撤销缓刑、假释、决定收监执行的病残犯。只是，该细则效力层级过低。若能尽快出台"中华人民共和国看守所法"、修改《中华人民共和国监狱法》是最为便捷的解决问题之策。

---

〔1〕 参见林施兆："人大监督视角下加强检察建议刚性的路径探析"，载《中国检察官》2020 年第 9 期。

〔2〕 参见"《广东省社区矫正实施细则》正式发布实施"，载 http://www.gdzf.org.cn/zwgd/202109/t20210902_1084310.htm，最后访问日期：2022 年 2 月 5 日。

其次，对于一些法律法规应该及时梳理与调适。正如前述的《社区矫正法》第18条、《最高检刑诉规则》第277条，以及"两高三部"联合印发的《关于规范量刑程序若干问题的意见》第3条，三者关于人民检察院是否具备委托社区矫正机构进行调查评估的职责与权限，需要从立法层面予以梳理与调适。否则，地方省市制定社区矫正实施细则，依然将人民检察院增补为调查评估的委托机关，并不断自我扩权、任务层层加码，并规定过细、过严、过于繁琐的流程，必然会给基层社区矫正工作造成极大压力和困难。

最后，细化相关规定，增强实务操作。一方面，在遇到有争议的疑难或敏感、重大事项时，检察机关可以联合司法行政部门共同出台相关文件，对特定问题达成共识，供基层适用。如前述的为解决社区矫正对象外出请假、跨市县活动难问题，四川省宜宾市叙州区检察院、四川省检察院先后联合同级司法行政部门共同制定《叙州区社区矫正对象外出管理办法（试行）》《四川省涉民营企业社区矫正对象赴外地从事生产经营活动管理办法（试行）》，规范了涉民营企业社区矫正对象赴外地从事生产经营活动的监管执法和法律监督工作。前述做法值得效仿与推广。与此同时，相关规范性文件还需要进一步完善与细化，如《四川省社区矫正实施细则（试行）》第70条明确了社区矫正对象要离开所居住的市、县的，要提前3个工作日书面申请和紧急情况下的口头申请，[1] 但对于临时性的跨市县活动该如何申请以及紧急情形的划分没有明确与细化，使得社区矫正机构在实际操作中不好把握分寸，也让检察监督难以进行。如何让涉民营企业社区矫正对象接受监管和生产经营两不误，如何发挥检察职能，把法律的刚性规定与实践中的灵活方式结合起来，找寻涉民企矫正对象外出管理经验方法，还需要在实践中进一步探索。

（五）延伸派驻检察，实现实时、同步监督

延伸派驻检察是基层组织权力制衡的要求。现实中的派驻检察，大多入驻市、区（县）社区矫正机构，没有真正派员常驻一线社区矫正机构，其实质仍然是巡回检察。巡回检察始终存在巡回时间和检察对象相对固定、检察

---

[1] 《四川省社区矫正实施细则（试行）》第70条规定："社区矫正对象确需离开所居住的市、县的，一般应当提前三个工作日向执行地县级社区矫正机构或受委托的司法所提出书面申请。社区矫正对象发生紧急情形的，可以用电话方式提出口头申请，按审批权限报请批准，紧急情形消失后应当及时补办书面手续。"

内容受限、监督时间滞后等问题。而在我国的乡镇（街道）基层政权中，公安、法院、司法行政等部门已经普遍设立了派出机构，权力延伸到基层是当前加强基层治理的发展趋势。检察机关将权力延伸到基层，在乡镇（街道）司法所设立社区矫正派驻检察或者分片设立派驻检察，对基层执法实施监督，可以赋予其对辖（片）区社区矫正领域违法犯罪行为的初核权。乡镇（街道）派驻检察的设立，不仅可以下沉监督视角、消除监督盲点，实现基层权力之间的相互制约，还可以回应基层群众对社区矫正的需求，保障社区矫正依法规范开展。

基于实践中派驻检察存在的问题，笔者以为应严格落实派驻检察岗位责任制和人员定期轮岗交流制度，防止出现"派而不驻、驻而不察、察而不纠"等问题，为提高司法公信力，社区矫正派驻乡镇（街道）检察应有一个时间标准。有学者提出，社区矫正派驻检察可以参照最高检关于派驻监管场所"每月不少于 16 个工作日"的标准执行。[1] 但笔者以为，若参照派驻监管场所的驻扎时间，从现有基层检察机关的人员编制来看，显然捉襟见肘，尤其是西部地区。从现有每个司法所受委托管理的矫正对象人数来看，也悬殊较大，不宜"一刀切"实施派驻并强求派驻时间相同。可以考虑在受委托管理的矫正对象在 50 人以上的司法所或者片区设立乡镇（街道）派驻检察，派驻时间每月不少于 6~8 个工作日。此举设置，既能满足乡镇（街道）检察监督的需求，又考虑到了基层检察员的编制短缺。

四、社区矫正对象重新犯罪与社区矫正执法人员因果关系之探讨

因果关系之所以重要，是因它在犯罪论体系中具有出罪功能。社区矫正对象在矫正期间重新犯罪，与社区矫正执法人员渎职行为之间是否具有刑法意义的因果关系，牵涉到对社区矫正执法人员刑事追责问题。在《社区矫正法》施行前，实践中普遍存在从结果倒推原因的悖论。检察机关、上级社区矫正机构基于"寻根溯源"式的逆向倒推思维，只要社区矫正对象重新犯罪，或者被拘留、强制戒毒就启动责任倒查机制，并基于档案或者管理不规范给予相应处理，让社区矫执法人员承担刑事责任。诸如，2017 年安徽黄某某玩

[1] 参见天津市河西区人民检察院课题组、韩东："社区矫正派驻检察的强化"，载《人民检察》2017 年第 24 期。

忽职守案，在一审、二审宣判无罪的情况下，经安徽省人民检察院抗诉后在 2019 年再审改判有罪。[1]笔者以 2012 年～2020 年时段在裁判文书网以"社区矫正职务犯罪"进行检索，共搜集到 46 个案件。其中，玩忽职守案 33 件，占 71.73%。大多数玩忽职守案件对社区矫正执法人员最终被判处有罪免了刑事处罚或者判处缓刑。

纵观社区矫正领域的玩忽职守案件，几乎都是社区矫正对象在矫正期间实施盗窃、故意伤害、抢劫杀人等重新犯罪的同时，社区矫正执法人员未严格落实好管控措施而启动责任倒查被追究刑事责任的。实际上，上述"逆向倒推"思维与做法忽略了社区矫正的社会性、开放性特征，"重新犯罪"与"玩忽职守行为"之间，既不具备相当因果关系说的"行为足以发生结果"，也不符合客观归责理论"结果发生是因行为人所制造的不被法律容许的风险"，[2] 而是一种"介入因素"情形下的因果关系。玩忽职守行为正是借助"介入因素"才导致了危害结果的发生，其发生的逻辑结构是：社区矫正执法人员→玩忽职守行为→产生危险状态→借助"介入因素"→危害结果（重大损失）。"重新犯罪"与"介入因素"形成因果关系，而不应让"重新犯罪"与"渎职行为"形成因果关系，"重新犯罪"结果的发生超出了社区矫正执法人员的监管范畴与能力。

现实中，社区矫正对象在比较自由的空间下，社区矫正执法人员对其重新犯罪也难以预见和控制。目前仅有的定期报告、外出请假、禁止令等管控手段无法阻却社区矫正对象的重新犯罪。在电子定位装置被限制使用后，社区矫正对象的外出机会更大，脱管漏管风险更高。特别是互联网时代，犯罪不受时间和空间的限制，能预防矫正对象去外地犯罪，无法预防他在本地犯罪。能预防矫正对象实施强奸、杀人犯罪，无法预防他在互联网上实施电信诈骗、组织卖淫犯罪等。

---

〔1〕 社区矫正工作人员黄某某，在矫正对象张某某没有按矫正方案电话汇报的情况下，作虚假登记；在没按规定实际走访的情况下，虚假填写走访登记表。矫正对象张某某长期未请假外出，在矫正期第五个月的一天，张某某到北京市某酒店，要求与在此打工的前妻复婚，双方未能谈妥，张某某持刀将前妻砍成重伤，自己跳楼自杀身亡。参见安徽省马鞍山市中级人民法院（2019）皖 05 刑再 2 号。

〔2〕 客观归责理论有三个基本规则：一是制造法不容许的危险；二是实现法所不容许的风险；三是结果存在于构成要件的效力范围之内。

为此，基于社区矫正工作人员的执法环境，需要一个由若干要素构建的出罪保障机制。因果关系即可作为一个出罪事由。笔者以为，在判断社区矫正领域玩忽职守罪的因果关系时，可借鉴胡萨克的控制理论。胡萨克认为，一个人对事态的控制包括行为、后果和意图等。[1] 如果行为人即便是认真履职也不能预见和控制结果的发生，那么便不能认定行为人的行为与结果之间存在着刑法上的因果关系；反过来说，行为人之所以要对结果承担刑事责任，就是因为其被法律赋予了特定的风险控制义务，故行为人对不履行特定的职责义务将会出现的结果就具有相应的预见性，也才能通过认真履职来对结果的发生进行有效地控制，这种预见性和控制力便是行为对结果的发生所具有的原因力。

将这一理论运用于社区矫正领域来审视，无论是《社区矫正法》，还是2020年《实施办法》和地方省（市）的社区矫正实施细则，乃至社区矫正实施前的《公安机关对被管制、剥夺政治权利、缓刑、假释、保外就医罪犯的监督管理规定》，上述法律、规章以及规范性文件关于对社区矫正（监督考察）执法人员的职责规定，都没有赋予其对社区矫正对象重新犯罪的预见性与控制力。正如胡萨克所说，把刑事责任施加于人们无法控制的事态即为不公正。一个人，如果他不能防止事情的发生，就是对事态不能控制。如果事态是行为，他应该能不为该行为；如果是后果，他应该能防止其发生；如果是意图，他应该能不具有这个意图。[2] 对社区矫正执法人员来说，他既不能预见和控制矫正对象的重新犯罪行为，更无法控制矫正对象的犯罪意图。

笔者以为，为应对社区矫正执法人员渎职被追责的职业风险，需要建构社区矫正执法人员"尽职免责"机制。在建构时，首先是"厘清职责"。制定社区矫正执法人员权力清单、职责清单，让社区矫正执法人员明晰自身职责；其次应"制定标准"。应有一个可操作、可量化、可考核的执法标准，让社区矫正执法人员知晓履职尽责的边界、深度以及考核问责的尺度，这是"免责"的避风港。四川省率先在《社区矫正法》施行后制定《社区矫正调

---

〔1〕 参见［美］道格拉斯·N·胡萨克：《刑法哲学》，谢望原等译，中国人民公安大学出版社2004年版，第159页。

〔2〕 参见［美］道格拉斯·N·胡萨克：《刑法哲学》，谢望原等译，中国人民公安大学出版社2004年版，第159页。

查评估规范》地方标准，[1] 有助于社区矫正执法的规范化与标准化，这一模式值得肯定与推广；最后，需要执法留痕、过程规范。只要社区矫正执法人员基本履行了监管职责、监管标准、程序规范，并有证据支撑，我们认为社区矫正对象的偶发性犯罪，应当免除社区矫正执法人员的法律责任。目前，虽然多数省份社区矫正实施细则有"尽职免责"的规定。但从不少社区矫正对象重新犯罪个案处理来看，多数案件仅仅为"尽职"社区矫正执法人员免于刑事责任追究，而依然交由地方纪委、监察委等机构让其承担了行政责任。笔者强调的是，基于权责一致，在此的"免责"不仅应免除刑事责任，而且还应免除行政责任。毕竟，社区矫正领域的渎职有其特殊性。在开放的社区，社区矫正执法人员现有的管控手段，无法排除或者阻止社区矫正对象重新犯罪。

结语

肇始于欧美的社区矫正，近年来的本土化应用不断演进。它既是国家犯罪治理体系的重要组成部分，也是提升社会治理、帮助罪犯回归的刑事执行制度。社区矫正事业的蓬勃发展在我国虽然得到了政策与规范性文件的回应，但现实困境还面临诸多问题，社区矫正检察监督的依据空泛、定位模糊、信息滞后、监督乏力等问题亟待解决。幸好社区矫正的方向明确，前景不言自明，否则，"如果根本不知道道路会导向何方，我们就不可能智慧地选择路径。"[2]

---

〔1〕 参见"四川省《社区矫正调查评估规范》地方标准正式实施"，载 https://www.sohu.com/a/4873 31846_ 384290，最后访问日期：2022 年 3 月 7 日。

〔2〕 〔美〕本杰明·卡多佐：《司法过程的性质》，苏力译，商务印书馆 1998 年版，第 63 页。

社区矫正对象疫情防控期间矛盾纠纷调解及稳控创新机制的研究

魏明华[*]　吕严^{**}

摘　要： 随着宽严相济政策和《社区矫正法》的施行，人民法院对缓刑、假释的适用力度不断增大，社区矫正对象的人数也在逐年增多。《社区矫正法》的落地实施也伴随着整个社会开展疫情防控的大背景。在防控管理体系的制约下，多数民众在生活上存在一定的压抑感，进而导致矛盾突发状况多，矛盾类型多元，纠纷调解过程棘手，而作为特殊人群之一的社区矫正对象更是容易产生矛盾纠纷的群体，特殊人群的矛盾纠纷防范化解工作如果处理不当极易引发再犯罪风险。社区矫正对象在疫情防控期间的矛盾纠纷排查化解工作区别于一般处理方法，不仅要做到讲理讲法，更要体现出相应的人文关怀，还应加大事后心理干预和教育帮扶，从而更好地规范社区矫正对象行为，消除社会稳定的隐患。本文将会结合实际的疫情防控期间社区矫正对象发生的纠纷案例，具体探究社区矫正对象涉疫情纠纷矛盾解决和稳控的创新方式。

关键词： 社区矫正对象；疫情纠纷；矛盾纠纷防范化解创新机制

查阅宜宾市司法局社区矫正管理局近期发送的社区矫正安全稳定通知以及四川省司法厅关于社区矫正安全稳定形势分析会内容，我们不难发现，各类有关社区矫正的通知及会议，首要强调的都是抓好疫情防控、严格管控并及时开展社区矫正安全稳定风险隐患排查。在疫情防控最紧张的阶段，除了保障民生以及国民经济发展的相关产业之外，国内各行各业的运行基本"停摆"，工地、厂区停工，多数以务工作为主要收入来源的社区矫正对象不得不

---

　*　魏明华，男，宜宾市叙州区社区矫正管理局局长，研究方向：社区矫正。
　**　吕严，男，宜宾市叙州区司法局高场司法所所长，研究方向：社区矫正。

禁足在家，社区矫正对象群体本就普遍存在是非辨别能力差、自控能力不强的特点，在疫情阴霾的笼罩下，此类社区矫正对象的身心都受到一定的影响，特别是在经济压力和心理压力的双重作用下社区矫正对象内心的不满情绪与烦躁情绪更容易因小事而激化，矛盾一触即发。

社区矫正对象疫情防控期间产生的矛盾纠纷主要表现在基层一线，主要体现为婚姻家庭纠纷、邻里纠纷、经济纠纷等。具体原因主要包括历史性原因、社区矫正对象对疫情防控期间社会和矫正机构工作存在的不满、对现有生活境况不满以及因无法务工所引起的矛盾。疫情防控期间的矛盾纠纷发生情况，基本都是一些琐碎的小矛盾，多数矛盾问题无法通过法律的途径进行诉讼，问题的解决方式基本都需要依靠于人民调解机构进行处理，而《社区矫正法》第9条第2款规定："司法所根据社区矫正机构的委托，承担社区矫正相关工作。"2021年12月9日发布实施的《全国司法所工作规范》第6.1.1~6.1.2.4也明确了基层司法所要负责指导调解和参与调处矛盾纠纷，因此司法所在开展社区矫正对象矛盾纠纷排查化解工作上有天然的职能优势。客观上来说，建立调解工作机构的主要目的是从建设和谐社会这一大局出发解决社会矛盾，这也符合中华民族以和为贵的基本思想。在发现社区矫正对象矛盾纠纷处理阶段，司法所工作人员要转变角色为人民调解员，既能高效地解决问题，促使矛盾双方达成满意与和解，又能妥善地完成疫情防控工作，避免人员聚集，引发不稳定风险，在处置矛盾纠纷后角色再度转变为社区矫正管理者，有针对性地对社区矫正对象开展法治教育、心理疏导，最大化地消除危险因素，防范社区矫正对象重新犯罪。为此，在开展社区矫正对象涉疫情矛盾纠纷调解及稳控工作上，必然需要采取创新的方法，达到既高效解决矛盾纠纷又充分消除危险因素的目的。

一、社区矫正对象矛盾纠纷发生概况

2020年春节一场突如其来的新冠疫情席卷全国，牵动着所有人的心，疫情防控期间无法开展集中教育学习，线下教育转为线上教育，矛盾纠纷凸显，这都给社区矫正工作带来了新的挑战。[1] 笔者拟以宜宾市叙州区社区矫正管

---

[1] 参见刘文俭等："完善多元联动治理体系构建矛盾纠纷'大调解'格局"，载《山东人大工作》2020第6期。

理局 2019 年～2021 年社区矫正对象在册人数及矫正对象矛盾纠纷化解数为参考，探讨疫情期间开展社区矫正对象矛盾纠纷化解情况。

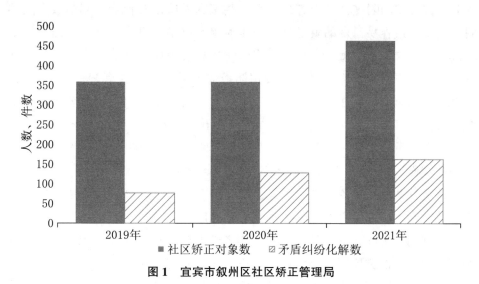

图 1　宜宾市叙州区社区矫正管理局

2019 年～2021 年社区矫正对象在册人数及矛盾纠纷化解数情况图

　　宜宾市叙州区司法局下辖 14 个司法所，受叙州区社区矫正管理局委托开展社区矫正工作，通过柱状图综合来看：2019 年司法所化解社区矫正对象矛盾纠纷比例为 21.4%，2020 年为 35.7%，2021 年为 35.4%，其中对比 2019 年及 2020 年数据我们不难发现，2020 年疫情暴发后社区矫正对象矛盾纠纷发生率明显上升，2021 年疫情常态化防控时期社区矫正矛盾纠纷发生率趋于平稳。

二、疫情防控期间社区矫正对象矛盾纠纷的类型特点分析

（一）主观原因占主导，矛盾纠纷易被激发

从疫情防控期间社区矫正对象矛盾纠纷产生类型的角度来分析，社区矫正对象矛盾纠纷诱因除了引言叙述的外部环境影响外，占主要原因的仍是主观原因。部分社区矫正对象遇事不冷静思考，法律意识淡薄，更不多问几个为什么，不能运用正确的途径、正确的方法解决问题，而是粗鲁行事，动辄恶语相加，拳脚相向，这成了主要的导火索，此类社区矫正对象极易再犯罪，

直接诱发了家庭矛盾、人身损害纠纷的出现。在疫情背景下，社会生活模式有了巨大变化，社区矫正对象的身心也承受着巨大的压力，内心焦躁，渴望早日脱离疫情的阴霾，进而容易暴发一些家庭矛盾以及社会不同层级之间的冲突情况。最容易暴发的就是社区矫正对象与疫情管理者之间的矛盾，例如2020年3月1日，宜宾市叙州区高场镇青山村疫情防控劝导点发生一起因社区矫正对象不配合体温检测推搡疫情防控志愿者造成志愿者轻微伤的纠纷，对此，高场镇派出所在接到报警后，第一时间与司法所对接启动公调对接机制，安排调解员（社区矫正工作人员）一同出警，在矛盾纠纷现场开展调解，最终当事人承认错误，并赔偿志愿者损失，双方达成和解。

（二）"监管矛盾"不容忽视，矛盾双方都存在心理压力

除了社区矫正对象主观原因外，社区矫正机构对《社区矫正法》的理解存在偏差和采取的监管措施不当也是引发社区矫正对象"监管矛盾"的诱因之一。据调查统计，一线社区矫正工作者普遍认为社区矫正对象难管理、难教育。因为疫情防控期间上级社区矫正机构都相应地制定更为严格的监管措施，部分社区矫正机构为了做到"合格"的矫正，让社区矫正对象的权益受到侵害，例如对不应当采取电子监控的社区矫正对象进行电子设备监控以及对社区矫正对象采用虐待的方式进行教育，这些都严重背离了社区矫正的本质，而《社区矫正法》的制定和实施有利于保障矫正对象的人权，在性质上是刑事执行制度，这就意味是我们开展的社区矫正工作是以社会潜在的危险管控和矫正对象的矫正教育为主导性的工作。如果社区矫正机构片面地以完成社区矫正工作为目标，而忽略了社区矫正对象实际需要的教育问题和心理建设，则容易引发社区矫正对象与矫正机构的"监管矛盾"，[1] 表现形式主要为社区矫正对象抵触矫正小组人员监管、违规外出，极易造成脱管漏管，甚至引发再犯罪风险，危害社会和谐稳定。

（三）社会歧视造成心理失衡，难以排查不稳定因素

矛盾纠纷的造成必然存在双方的问题，比如社区矫正对象受到刑事处罚后，使他们成了人群中的"另类"。无论在主观上，还是受客观环境的影响，都容易打破他们的心理平衡，出现负面情绪。许多贪占型职务犯罪者，认为

---

〔1〕 参见何为民主编：《犯罪心理矫治》，法律出版社2001年版，第47页。

自己为国家辛辛苦苦工作了几十年，只因私心和贪欲为一点钱犯了罪，职务、公职、待遇一齐丢掉，心理很不平衡，认为处罚太重；一些危险驾驶的社区矫正对象认为自己仅仅是喝了一点酒开车，又没有对他人造成伤害，就被判刑，处罚过于严重；还有一些滥伐林木的罪犯，认为自己砍的是自家种的林木，又没有偷别人，抢别人的，为什么也要被判刑处罚，实在太不公平了。

在他们没有真正认罪伏法、好好改造前，这种心理失衡容易使他们与社会产生对立心理。社区矫正对象虽然有着开始新生活的热望，但被判刑后现实与他们的期望值有着巨大的差距。在求学、找工作过程中和家庭婚姻中难免遇到重重压力和困难，有时还会遇到别人的歧视。这些都会打击他们对生活的热情，对社会产生强烈的不满，甚至丧失当初的良好愿望，极端自卑，自暴自弃，而此类矛盾纠纷诱因较难排查。

三、疫情防控期间社区矫正对象矛盾纠纷解决的创新机制

（一）建立矛盾纠纷线上申报调解机制，社区矫正机构做到及时响应

由于疫情防控期间社区矫正对象主观原因易引发矛盾纠纷，社区矫正机构委托的司法所又身兼数职，工作量大、工作人员较少，成了阻碍社区矫正对象矛盾纠纷调解工作顺利开展的主要原因。特别是在疫情防控期间，社区矫正工作人员需要在疫情防控的前提下，做好矛盾纠纷调解工作，这无疑对沟通方式提出了较大的挑战。为此，在疫情防控期间社区矫正对象矛盾解决上，可以建立实用的线上纠纷矛盾调解申报机制。[1] 现阶段，可以与村组、各职部门进行相互合作，开设社区矫正对象纠纷矛盾的专用调解通道，尽可能地让社区矫正对象有调解需求时第一时间有诉求渠道，第一时间得到响应，把纠纷停留在当地，化解于一线。

为及时快速地解决社区矫正对象纠纷矛盾，除了构建线上调解机制之外，还需要进一步完善监测力度，在矫正小组职能职责设立上可以明确专兼职矛盾纠纷监测管理人员，对于社区矫正对象线上所反馈的矛盾纠纷情况，社区矫正工作人员可以派专业的人民调解人员了解案情，在一线现场彻底地解决案情。另外，对于矛盾纠纷发生过程中社区矫正对象存在恶劣行为的，例如：

---

〔1〕 参见宫步坦："集中化解社会矛盾纠纷急需运用线上线下联动的律师调解平台"，载《中国司法》2020 年第 5 期。

家庭暴力、冲撞防疫人员、拒不配合矫正等情况，社区矫正机构可以开通相应的视频专线，利用5G技术的通信支撑，由矫正小组成员在矛盾纠纷发生时能通过专线直接联系辖区司法所及县（区）级社区矫正机构开展视频在线训诫或警告以及固定证据材料，及时遏制矛盾纠纷激化苗头，实现纠纷矛盾解决的在线化、实时化。

（二）立足社区矫正对象需要，做好矫治工作

社区矫正不仅仅是对矫正对象的监管和控制上的行为矫正，还包括对矫正对象的思想教育矫治，两者不可偏废。为了把对社区矫正对象的监督管理、教育矫治、奖惩考核等各项工作制度真正落到实处，在健全组织机构的基础上，依法监督管理尤为重要。科学成立矫正小组、制定矫正方案，形成严而有效的监督管理网络，制定并落实社区矫正对象报到、迁居、外出请销假、会客等各项制度，通过社区矫正工作人员定期走访、回访、实施考核奖惩等措施，加强对社区矫正对象的监督管理，确保其不脱管、失控，实施行为矫正。组织有劳动能力的社区矫正对象参加公益劳动，如照顾孤寡老人、打扫公共卫生等，社区矫正对象通过公益劳动参与文明建设，从而增强社区矫正对象社会责任感和公德意识。开展社区矫正对象的帮困解难工作。社区矫正是一种非监禁性的、人性化的刑罚执行方式，只有坚持"以人为本"的原则，集管理、监督、关怀、帮助于一体，才能达到预期效果。矫正对象一般都存在就业困难的问题，有的还受到亲人的责怪，甚至社会的歧视。这些问题处理不好，矫正对象极易再次走上违法犯罪的道路。社区矫正机构应该一手抓矫正环境，主动上门做好矫正对象亲属和周围群众的工作，引导矫正对象亲属和周围群众接纳矫正对象，帮助矫正对象，减轻矫正对象的思想压力，鼓励他们勇敢地面对现实，接受矫正；另一手抓矫正对象的"立足"问题，帮助指导他们就业，对生活困难的给予经济救助，对符合要求的，为其办理低保手续，使他们有田种、有工做、有生活来源，从思想深处感化矫正对象，提高其接受社区矫正的自觉性，帮助他们更快融入社会，重新树立对生活的信心。

（三）重点排查，化解纠纷矛盾的"苗头"

解决矛盾纠纷的根本目标是实现矛盾纠纷的排查与预警，提前对矛盾纠

纷进行预判，控制矛盾冲突的范围性与多发性。[1] 在疫情防控期间社区矫正对象矛盾纠纷解决的创新机制构建方面，仍然需要通过深入排查、建立科学预警的方式，对社区矫正对象的需求进行调研，在涉疫情严重的区域内，需要通过电话问访、一线调查的方式，了解社区矫正对象所需，协调社区部门、物业管理、村社区委员会等相关的基层网格管理部门，尽可能地聚焦社区矫正对象的工作、生活、家庭、社会交往等方面，逐一摸排社区矫正对象是否存在因疫情影响导致的劳动人事、医疗、合同、婚姻家庭等矛盾纠纷，还需要协调相关的心理咨询师为社区矫正对象提供免费的心理问题咨询的服务，掌握社区矫正对象的思想意识形态，对于一些思想偏激的社区矫正对象需要重点关注，并且及时地进行心理疏导，特别在其发生矛盾纠纷后，社区矫正机构要及时跟进相应法律法规学习和心理疏导，彻底解决矛盾纠纷隐患。

（四）加强监督，落实矛盾纠纷的研判工作

解决矛盾纠纷的根本在于强化管理监督，加强风险的联防联控。[2] 因而，在社区矫正对象发生具体的矛盾冲突调解管理阶段，社区矫正机构能第一时间介入还需要与其他部门进行协调配合，深入地落实"诉调、警调、访调"的对接措施，充分发挥出先行调解机制的作用，与矛盾纠纷处理部门开展联防联控工作，发挥出第三方调解员的作用，做到将矛盾纠纷化小。社区矫正机构可以通过有效地化解纠纷矛盾的预判工作，对不同类型社区矫正对象可能发生的矛盾纠纷类型进行提前预控。如通过新媒体平台落实相关政策的宣传，进一步地通过案例警示教育威慑一部分社区矫正对象，避免他们在疫情防控期间行为过激、思想偏激。另外，也需要借助社区矫正对象学习签到手机平台，有针对性地推送线上学习内容，起到影响社区矫正对象意识形态的作用。

结语

总的来说，在疫情防控这一特殊时期，受到外界环境的影响，疫情防控期间社区矫正对象矛盾纠纷的数量持续的增加。为了有针对性地解决这一类

---

[1] 参见李亚雄、向雷："乡村民间纠纷解决与有效治理研究"，载《河海大学学报（哲学社会科学版）》2020年第3期。

[2] 参见彭毅："疫情下的人民调解'成绩单'"，载《人民调解》2020年第5期。

型相关的纠纷矛盾，社区矫正机构有必要开展更为深入的调研工作，了解社区矫正对象需求，通过创新工作方式、调整工作机制，开展好疫情防控期间社区矫正对象矛盾纠纷调解与稳控，主动帮助社区矫正对象解决诉求，扼杀纠纷矛盾的"苗头"，帮助他们重新融入社会，不仅仅是给予他们一个公平公正的生活就业环境，更是维护社会安全稳定，预防和打击犯罪，构建社会主义和谐社会的重要组成部分。加拿大学者西莉亚·布朗奇菲尔德在《刑罚的故事》一书中写道，罪犯是我们这个社会的产物。许多今天的罪犯就是昨天的受害者。我们不能只是驱除他们的邪恶而不检讨我们自己。为了充分理解人类行为，我们必须学会像理解最好的人一样去理解最坏的人。[1] 这种认识也许对稳控社区矫正对象，避免因产生矛盾纠纷无人处理而激化，导致重新犯罪具有观念上的指导意义。随着社区矫正工作的不断深入拓展，无论是从法律上，还是从体制机制上，都必将对社区矫正工作进行规范和完善，使社区矫正工作充分发挥其特殊功能，起到确保刑罚执行制度更好实施的作用，有效维护社会稳定。

---

〔1〕 参见［加］西莉亚·布朗奇菲尔德：《刑罚的故事》，郭建安译，法律出版社2006年版，第189页。

对社区矫正对象脱漏管问题的思考

王　刚*

摘　要：社区矫正对象在进入社区矫正环节后，脱管漏管现象时有发生。为了防止社区矫正对象脱管、漏管，本文以法律文书送达过程、矫正对象自身以及社区矫正机构监管为切入点，剖析存在的问题并提出相应的解决措施。

关键词：社区矫正；社区矫正对象；检察监督

伴随《社区矫正法》以及 2020 年《实施办法》的正式实施，社区矫正相关法律体系不断完善。但仍然存在一些亟待解决的问题。如社区矫正对象脱漏管问题仍时有发生，面对新形势和新要求，基层检察院刑事执行检察部门作为监督主体如何对社区矫正对象脱漏管问题进行及时有效监督，充分发挥检察监督在社区矫正中的作用，成了当前检察机关面临的一项重要任务。

一、"脱漏管"的定义及其危害

脱管一般是指社区矫正对象在监督管理过程中脱离社区矫正机构的监督管理。漏管一般是指社区矫正对象在交付执行环节由于未到社区矫正机构报到或者人民法院、监狱、看守所未按规定送达法律文书等原因而未被列为监督管理对象。以上两种情形都使得社区矫正机构无法对矫正对象进行监督管理，对社会产生较大危害：一是严重损害司法权威和司法公信力，使刑罚执行的严肃性受到影响。二是社区矫正对象由于脱漏管而没有得到必要的矫正教育，自身缺乏负罪感，严重削弱了刑罚执行的惩罚性和教育性，使得刑罚执行效果无法实现。三是社区矫正对象由于长期没有受到监管，无法及时接受社会教育帮助和技能培训，极有可能发生再犯罪，造成严重后果，成为危

---

* 王刚，男，宜宾市兴文县人民检察院第三检察部主任，研究方向：社区矫正。

害社会稳定的安全隐患。

二、"脱漏管" 问题主要原因分析

（一） 法律文书送达不规范

司法行政机关依法对社区矫正对象实施社区矫正的法律依据是法律文书。在基层实践中，法律文书送达不规范、不及时造成了很多脱漏管问题的发生。缺失法律文书，社区矫正对象就无法被顺利列管，从宜宾市兴文县人民检察院近年来纠正矫正对象脱漏管情况来看，因法律文书送达不及时造成矫正对象脱漏管的情形占了较大比例。如宜宾市兴文县人民检察院在 2021 年办理的一起社区矫正漏管监督案件中，法院的相关法律文书交 EMS 法院专递邮寄，但在邮寄过程中，由于快递员未及时投递，导致法律文书没有及时送达，从而造成了社区矫正对象漏管。

（二） 社区矫正对象未及时报到、认识不到位

实践中，矫正对象不按规定及时报到也时常发生，在脱漏管检察监督案件中占较大比例。有的社区矫正对象是故意逃避社区矫正，故意逃脱社区矫正机构的教育、监管，这类漏管对象主观上不愿接受社区矫正的约束，如宜宾市兴文县人民检察院办理的一起脱管监督案件中，社区矫正对象吴某某无正当理由未在规定的期限内到司法行政机关报到，所有联系方式失联，逃避监管。另一种情况是，有的社区矫正对象对社区矫正认识不清，不知道去哪里报到，甚至根本不知道自己在法院被判决后还要参加社区矫正，主要原因是决定机关作出监外执行决定后，没有按规定向矫正对象履行告知义务，致使罪犯对社区矫正认识不到位。如宜宾市兴文县人民检察院曾遇到过有被判处缓刑的社区矫正对象拿着法律文书到检察机关来报到，其根本不知道社区矫正的监管机关，也不理解社区矫正的具体内容。个别社区矫正对象在报到入矫后，拒不参加学习教育，不接受监督管理，目无法纪，我行我素，对监外执行认识不到位，认为自己犯的罪没有什么大不了的，对社会、对他人没有造成多大危害，更有甚者不认为自己是犯罪。

（三） 社区矫正机构监管不力

社区矫正工作主体是基层司法所，但大多数地方的司法所人员力量、人员素质与刑罚执行要求存在差距。从力量上看，司法所人员力量薄弱且担负

着基层人民调解、法律援助、法制宣传、安置帮教、社区矫正等多项工作职能，每项工作职能都直接服务于基层群众，执法力量编配明显不足，聘用的司法辅助人员仅能从事一些日常事务性的工作，他们不能代表司法干警去行使职能。从人员素质上看，司法所工作人员普遍缺少刑事执法、社区矫正工作的专业知识和经验，难以适应社区矫正刑罚执行活动的要求。从执法职能上看，司法所对监外执行罪犯实施矫正，对违规矫正对象没有直接实施强制性硬性处罚的权力，需要协调公安等有关部门才得以实施。而在具体的实施过程中，又要看协作部门的情况。因此，对违规对象处罚，不能做到及时到位，矫正对象脱管后得不到相应的处罚，影响社区矫正工作的严肃性和处罚的威慑力。

三、"脱漏管"问题的思考与建议

（一）强化交付衔接，确保法律文书及时送达到位

做好交付衔接工作是社区矫正顺利开展的前提，要解决因交付衔接不规范产生的脱漏管问题，首先，涉及的相关部门要提高认识，增强责任心，严格遵守交付规定，落实责任，切实维护好《社区矫正法》的严肃性；其次，检察、法院、公安、监狱、社区矫正机构应加强沟通协调，形成衔接工作的合力，在交付执行环节做到无缝衔接，严防脱漏管问题发生。检察机关要加强社区矫正交付执行环节的检察监督力度，要与社区矫正机构逐月核实矫正对象基本信息，发现法律文书送达不规范的，要通报原决定机关查找原因，督促纠正整改；最后，要强化学习，提升社区矫正执法水平。社区矫正工作在我国起步较晚，相关法律、法规更新较快，执法人员应加强相关政策法规的学习和运用，特别是要加强对《社区矫正法》的学习，在交付执行环节履行好相应的告知义务，做到依法履职，规范执法。

（二）强化教育管理，提升社区矫正对象思想认识

切实加强对社区矫正对象的教育管理，使社区矫正对象的思想认识得到提升，做到遵纪守法，才能从根本上有效防范脱漏管问题发生。做好教育管理，一是要做好庭审和出监（所）教育，通过政策法规的学习，让社区矫正对象明白社区矫正制度的优越性，同时知晓违反相关规定的严重后果，司法行政机关在开展审前调查时，也应该抓住时机，做好相关的宣传教育工作，

通过教育，提高社区矫正对象按规定及时报到的自觉性；二是要做好入矫教育，让社区矫正对象提高认识，明白其身份的特殊性，明确社区矫正的制度和相关政策法规的要求，弄清如何接受社区矫正，应该遵守的规定是什么，通过入矫环节的教育，提升社区矫正对象的思想认识；三是要做好个别谈话教育，在社区矫正实施的不同时段，开展好对矫正对象的个别谈话教育，个别谈话教育的最佳时机是在对矫正对象进行季度评审前，社区矫正工作人员可以根据矫正对象一个季度以来，接受社区矫正的表现情况，开展个别谈话教育，对好的方面要进行表扬、鼓励，对存在的问题要进行点评、教育，并限期改正，对违反规定的要及时开展个别谈话教育，严重的要进行训诫，并提出警告，通过个别谈话教育的方式纠正问题，使矫正对象不脱离矫正监管。

（三）强化基层执法力量，提升监管能力

针对基层社区矫正机构执法力量薄弱的问题，一是增加司法所的人员编制，专人专职专用，着力解决目前司法所隶属于乡镇，工作人员兼职、空挂、专职不专用等问题，有条件的地区可以抽调业务骨干成立片区社区矫正执法中队，集中执法力量和执法资源。二是要加大对社区矫正相关业务知识的培训力度，提升执法人员的业务水平，增强责任心，做到履职尽责。社区矫正工作是刑罚执行活动的重要内容，开展培训要让执法人员掌握熟悉社区矫正工作的内容和要求，把握对监外执行罪犯进行改造的特点和规律，增强从事社区矫正工作的方法和能力，能善于与矫正对象沟通交流，并熟悉辖区社情、民风，掌握矫正对象的动态情况，依法处理社区矫正工作的突发事件等，同时熟悉运用与社区矫正相配套的法学、教育学、心理学和社会行为学等理论知识，对社区矫正对象认真负责，能切实协调、帮助他们解决工作、生活中的实际问题。

（四）强化配合协作，多部门管控形成合力

社区矫正工作的开展涉及检察、法院、公安、司法行政等多个部门，防范和解决社区矫正对象脱漏管问题，要强化部门之间的协作与配合，做到信息互通、职能互补，做到互为支撑的管控网络，在交付执行、教育管理、刑罚变更执行等环节形成工作合力，防止在任意环节出现脱管漏管。对于在监管过程中出现脱管漏管情形，社区矫正机构应当及时组织进行查找，加强与法院、公安等相关单位的配合协作，及时向相关部门通报告知，争得配合支持，对符合行政处罚的脱管漏管矫正对象，要建议公安机关对其进行行政处罚，对符合收监条件的脱管漏管矫正对象，要及时建议相关部门收监执行。检察机关应充分发挥法律监督职能，提升社区矫正法律监督实效，完善脱漏管监督纠正机制，对脱漏管情形及时发现，及时纠正。

（五）强化立法建设，进一步完善制度

社区矫正作为非监禁刑罚执行活动，是一项严肃的执法活动，惩罚和改造罪犯，必然要有法作为执行的依据。目前，尽管我国已制定《社区矫正法》，但对脱管漏管仍然存在责任划分不明，工作主体缺乏刚性手段等问题。社区矫正机构工作人员，对矫正对象缺乏威慑力，管理措施不到位，相关责任不明，致使脱管漏管现象屡有发生。因此，必须尽快完善相关制度，规范程序，明确责任，依法实施处罚，脱管漏管现象才能得到有效的控制。

教育帮扶

基于宽度学习的多模态社区矫正心理评测研究

姜斌祥*

摘　要：针对社区矫正领域对社区矫正对象的量表心理评测"测不准"问题，本文梳理了当前主流非接触式心理测量和接触式生理测量，并提出了改进传统量表为智能量表，进而提出采用多模态融合机制进行心理评测，旨在解决社区矫正对象心理评测存在的问题。针对非接触式心理测量、接触式生理心理测量以及智能量表，本文采取了基于宽度学习系统的人工智能算法，改进为多宽度学习算法模型进行特征级别融合，并在三个维度多模态特征层融合之后，采用级联三宽度学习算法进行决策级融合多模态心理评测。仿真实验证明，采取基于宽度学习技术的多模态心理评测进行心理评测更加有效，更适合社区矫正心理评测实务。

关键词：宽度学习；非接触式心理测量；接触式生理心理测量；智能量表；多模态融合评测

一、社区矫正心理测量现状、问题与对策

（一）现状

当前，我国社区矫正领域对社区矫正对象的心理测量一般采用传统量表进行，其中采取的量表大都是国际标准的，诸如心理健康临床症状自评量表（SCL-90）等，有的采用人工计算进行测量，有的采用这类量表的软件进行测量，可供选择使用的候选量表目前有 200 多种，社区矫正也有部分采取接触式和非接触式装备进行单项心理评测。

---

* 姜斌祥，男，教授，博士；山东大学计算心理学研究院院长、特聘教授；中国政法大学青少年犯罪与少年司法研究中心研究员。

（二）问题

社区矫正心理测量实践表明，当前心理评测有下列问题：（1）采用传统量表进行社区矫正心理评测"测不准"；（2）具有"霍桑效应"；（3）不适合未成年人社区矫正对象；（4）不适合文化水平较低社区矫正对象；（5）本土化研究不足；（6）量表的选择使用过度依赖使用者经验；（7）单项非接触式心理测量技术不能全面表达社区矫正对象的心理状态，导致无法"对症下药"。导致当前社区矫正实务不能准确测量社区矫正对象的心理状况，使得心理测量更体现为作表面文章应付上级检查。

（三）对策

针对上述问题，本文首先采用以非接触式心理测量和接触式生理心理测量为主，兼顾智能化改造的智能量表，以多模态融合方式进行社区矫正对象的心理评测。本文首先梳理了当前非接触式心理测量与接触式生理心理评测技术，并提出了改进传统量表为智能量表，进而提出采用多模态融合机制进行心理评测，旨在解决社区矫正对象心理评测的问题，并进行仿真实验。

本文主要贡献：梳理当前主流非接触式心理评测方法；采用 AI 方法弥补传统量表的部分缺陷；研究多模态融合机制进行多模态融合社区矫正心理评测。

二、当前主要非接触式心理评测技术梳理

非接触式心理评测（Contactless Psychological Assessment，以下简称 CPA）可以在不接触人体时获得生命体征信息，进而投射心理评测。它具有不侵入、便捷、不受场地限制等优点。

（一）超宽带雷达心理测量方法–UWBR

基于超宽带雷达（Ultra Wide Band Radar，以下简称 UWBR）生命体征检测是通过发射电磁波信号穿透非金属障碍物，提取接收信号中与呼吸和心跳运动相关体征信息，估计各参数，进而重构生命体征波形的非接触体征检测技术。[1] 利用 UWBR 进行自动非接触式生理信号检测或人体动作分析，接收超宽带雷达回波，采用二维小波包分解结合奇异值分解特征提取和降维方法，有效抓取不同人体动作类别属性信息，显著增强不同人体动作可分性，再利

---

[1] 参见段珍珍："基于 UWB 雷达传感器的人体体征监测"，电子科技大学 2019 年硕士学位论文。

用支持向量机（Support Vector Machine，以下简称SVM）分类器实现对人体动作有效区分；采取深度学习或其他方法进行生理指标与心理症状的映射算法与模型训练实验研究。

（二）rPPG心理测量方法

远程光电容积脉搏描记法（Remote Photo Plethysmo Graphy，rPPG）是在环境光下，利用数码相机可从被试者面部视频中提取心率数据。[1] 通过摄像头捕捉皮肤区域（通常选取人脸或胳膊上的皮肤）的视频，分析皮肤区域因心跳带来的血流脉动而产生的周期性颜色变化，进而恢复出相应的BVP信号并进行生理指标的测量，从而实现非接触式监测，再利用深度学习算法来检测皮肤区域，结合相机单通道rPPG算法来实现无约束环境中的心率信号监测；采取深度学习进行rPPG心率检测指标与心理症状的映射算法与模型训练实验研究。

（三）微表情心理测量方法

微表情是人们试图抑制或隐藏真实的情感时，泄露出的持续时间非常短暂、强度微弱且不能自主控制的面部表情。它反映了人类真实情感，是有效非语言线索，通过其变化发现一个人内心世界真实变化。它与人类内心情感活动过程有着紧密联系，无法捏造，无法掩盖。由于它是一种短暂的、微弱的、无意识的面部微表情，持续时间往往在0.5s内，能揭示人类试图隐藏真实情绪，它的有效性显著高于言语内容、语音、语调、身体姿势等。将基于3D梯度投影微表情捕获方法，运用3D梯度直方图识别、区域分割与光流法微表情识别、放大微表情识别法三种技术，结合微表情编码，建立逼真有效微表情数据库，缩短微表情捕获时间，建立自动识别系统和微表情。

（四）HTP房树人绘画投射心理测量方法

HTP能有效分析出被试的部分人格特征以及潜意识中的情绪状态和部分成长历史。人物画大小、线条、压力和面部表情等特征能表现出绘画者焦虑、冲突和人格特征；树木个体与外界的关系、个体在环境中体验和获得幸福感的能力以及个体体会到现实感的能力；房子代表个体与家庭的关系，能表现出家庭的情感和安全感。由于HTP是一种距心灵最近的活动，反映了内心世

---

〔1〕 参见王慧泉等：“基于rPPG的脉搏波提取及心率测量方法研究”，载《计算机应用研究》，2020年第S1期。

界，描绘了情感，表达了心理健康状况，体现了冲突和担忧。绘画过程本身是表达自我有效工具。山东大学计算心理学研究院姜斌祥教授团队研究的基于 AI 的 HTP 于 2019 年发布，引起了强烈反响，使得绘画投射心理技术的智能化实现成为可能，利用绘画投射智能终端，在不改变传统书写绘画习惯的同时，数据自动处理与识别，并建构绘画知识库进行 CBR 推理。采用动静结合方式进行：静态分析包括绘画色彩、构图、内容以及笔触等分析，动态分析包括绘画创作过程与联想分析。

（五）文视听情感识别研究现状

1. 文本特征情感识别研究现状

基于情感词典的文本情感识别依赖于情感词典构建，它包含大量情感词，利用对应情感词对分类文本进行标注，从七情（喜、怒、哀、惧、爱、恶、欲）的划分，到从强度、相似性、两极性三方面进行情绪划分。有学者最先在电影评论的情感分析问题中应用了最大熵、SVM、朴素贝叶斯三种机器学习方法。大量的试验证明机器学习在文本分类中取得了不错的效果，因而基于机器学习的方法是目前文本分类的主流方法。[1]

2. 面部表情特征情感识别研究现状

前述已对当前微表情给予说明，深度学习技术越来越多地应用于表情识别领域。如果说 CNN 专为计算机视觉而生，那么循环神经网络专为时间序列问题而生，可以很好提取连续帧的时间特征。利用 CNN 学习代表状态帧的空间特征，然后将 LSTM 引入网络学习空间表征的时间特征。这种方法的关键在于网络训练使用了具有代表性的表情状态，该状态可根据表情的强度和持续时间来确定。[2]

3. 语音情感特征情感识别研究现状

语音情感是说话人所处环境和心理状态的反映，语言包含了强烈社会和文化背景，可在非面对面情况下表达出自己心理状态，可通过语音表达传递出情感信息并达到一些基本理解。语音情感识别是让计算机能够通过语音信号识别说话者情感状态，将韵律特征、谱特征和音质特征作为基本特征，基

---

〔1〕 参见刘继明等："多模态的情感分析技术综述"，载《计算机科学与探索》2021 年第 7 期。

〔2〕 参见董建功："多模态情感识别及其虚拟环境人机交互研究"，重庆邮电大学 2021 年硕士学位论文。

于 CNN 模型通过频谱图或音频特征（如梅尔频率倒谱系数）从原始音频信号中提取的信息进行训练和低级描述符，将声学特征与语言信息结合，建立基于信念网络情感关键短语识别方法，并从音素序列和词语两方面评估言语线索情感显著性。具体而言，首先通过语言识别设备（比如手机、录音、专用设备等），采集语音并储存和语音转化为词语文本；其次根据词语的情感极性和词性设计词语特征，将文本中的每个词语映射成情感词向量，并采取因素空间工程方法进行情感因素提取，进而将其作为 CNN 的输入，并加入注意力机制对输出结果进行优化，得到包含情感特征的文本向量表示；再次使用Bayes 正则化算法优化权值，控制并平衡神经网络拟合程度，改进神经网络算法的网络泛化能力；最后将文本向量作为 Bayes 正则化神经网络的输入，预测被测的心理状态。[1]

三、生理心理测量研究

对于复杂多变的生理机制而言，情感与中枢神经系统（CNS）机制有关，即当人体情感状态发生变化时，在中枢神经系统以及外周神经系统（PNS）都会有一定的激活反应。外周生理信号的变化受其中自主神经系统（ANS）的影响，而脑电信号的产生与变化受中枢神经系统的控制。当人们的情感发生变化，生理信号是对人体中枢神经系统及自主神经系统激发水平的响应，即可对情感进行反应。一般分为以外周生理信号为主的情感识别，如心电信号、肌电图信号和脉搏波信号等，以及以脑电信号为主的中枢神经生理信号情感识别两类。

（一）脑电 EEG

EEG 是一种使用生理上指标来记录大脑活动方法，当大脑神经元发生活动时，大脑内突触会由于刺激发生一系列变化，其中包括电位变化，这种电位变化总和是产生 EEG 信号来源。脑电波是有规律变化神经电的活动，在利用脑电信号进行情绪识别时，其频率在 0Hz～50Hz：Delta 频段（1Hz～4Hz）、Theta 频段（4Hz～8Hz）、Alpha 频段（8Hz～14Hz）、Beta 频段（14Hz～31Hz）、Gamma 频段（31Hz～50Hz）。脑电信号通过电极在头皮采集，采集设备主要

---

[1] See BX Jiang, "Research on Factor Space Engineering and Application of Evidence Factor Mining in Evidence-based Reconstruction", *Annals of Data Science*, Vol. 9, No. 3., 2022, p. 121.

是脑电图仪。它以 μV 为单位，获取后经过信号放大、滤波和模/数转换等。

（二）脑磁图 MEG

MEG 是一种没有创伤的、对脑部功能进行检测的技术。它的采集是在大脑外部进行，且对人体没有损伤，所以适合大面积用于脑功能研究和脑疾病诊断。MEG 数据实际采集是通过对大脑发射非常轻微的、无害的物理磁场信号，检测仪器不需要固定在被试头部，不需要其他特殊设备，过程安全，准备时间短且易于操作。MEG 刺激呈现在左边屏幕上，受试者坐在右侧脑磁图设备下面，可记录被试有意义反应，给被试较少心理压力，方便后期编辑长时间被试情感记录。

（三）心电 ECG

ECG 利用心电仪器从人体体表来记录每一周期心脏跳动波形。心肌细胞膜是半透膜，在安静状态下，心肌细胞处于平稳模式，是没有电位变化的，那么心电图是一条直线，这个状态是体表心电图的等电位线。当受到外部事物或者人的刺激导致情绪发生一定变化时，细胞内电子会转移，进而导致电位差产生。被电流记录仪记录下来的心肌细胞发生电位变化的过程就是心电图。

（四）皮电 GSR

GSR 主要是通过皮肤电阻改变产生，皮肤会根据心理或者外界刺激引起情绪变化而变化。当人体情感发生变化时，无论是喜悦还是愤怒，只要引起了汗液分泌变化，就可导致皮肤电反应产生，GSR 信号具有较强情感信息。皮肤电信号记录了汗腺活动和变换，反映了情绪发生时强度。GSR 测量设备通过监测汗腺活动引起正负离子变化记录汗腺状态，设备采样率通常在 1Hz ~ 10Hz，人体汗腺活动变化会导致皮肤电学性质不断变化，可反映情感激烈程度，其导电能力会随着皮肤出汗程度产生改变，当汗腺活性增加时，皮肤表面会出汗，此时皮肤导电率会发生相应改变，因此皮肤电导可以作为情感反映量度。

（五）肌电 EMG

EMG 和脑电图一样也是电位总和，由于肌肉在运动过程中产生电位差，肌肉动作电位将会产生 -90mV ~ 30mV 的电势差。神经是控制人体各种行为方式的地方，也可以控制肌肉运动，因此肌电图能够代表神经肌肉活动，故能表示情感。肌电信号是一种复杂信号，受神经系统控制，当肌电检测仪位于皮肤表面时，会同时收集来自不同运动单元信号，这会产生不同信号的相互作用。肌电图中运动单元动作电位形态和触发率为探究神经肌肉关系相关研究提供了重要信息来源，肌电信号是由肌纤维运动产生，由神经引导的。采用小波变换方式，对肌肉表面肌电图信号不稳定特征进行提取，提取各层次小波系数最大值和最小值，将提取小波系数最大值和最小值的经过由 CNN 进行情感识别。

（六）呼吸 RSP

呼吸是人体生理信号重要组成部分，呼吸频率一般描述固定时间内呼吸次数，呼吸幅度是指每一次呼吸胸腔起伏程度。呼吸模式检测一般为：呼吸波形、呼吸频率、呼吸幅度的变化。呼吸作用检测的方法一般是阻抗法，阻抗法是通过胸腔内呼吸频率变化以及气体体积变化来引起阻抗发生变化，能很好地表现呼吸作用。人类在发生情绪上和情感上变化时，也能引起呼吸变化。呼吸过程不仅承担了人体代谢动力角色，还可反映人类情感状态，是情绪研究中不可或缺的一部分。对于呼吸信号进行情感识别的研究指标为：呼吸频率、速率以及幅度等。不同呼吸状态可反映不同类型情感。另外呼吸作用可反映在警觉、情感变化和精神负荷状态下自主神经系统活动，有助于识别一个主体的潜在情感状态。

（七）眼电图 EOG

EOG 是对眼睛周围电位发生变化的检测，当神经指挥眼球或者当视网膜感受到一些外部环境变化时，眼睛周围电位会发生变化。通过眼球变化来分析人类心理活动，一般是从对应的视觉神经和一些其余的视觉通路传播到大脑后端，大脑经过处理之后形成视觉影像，眼动数据常常被用作情感和情绪度量主要手段。例如将眼动追踪技术用于精神疾病辅助诊断以及用于抑郁识别方面，已经成为是一种可靠、有效的手段。通过采集眼动数据，使用统计分析方法，可分析出抑郁症患者在反应抑制、注意、记忆以及其他认知活动等方面与正常人群的差异。

（八）面部血流脉冲信号 BVP

前述已对 rPPG 进行了描述，恢复出相应的 BVP 信号可以进行生理指标的测量。除了基于皮肤模型或特定假设来增强 BVP 信号外，还可以通过数据驱动的方法来进行 BVP 信号的提取和生理指标的测量，从而实现非接触式监测，利用 CNN 或其他学习算法来检测皮肤区域，结合相机的单通道 rPPG 算法来实现无约束环境中的心率信号监测。

（九）温度 TEMP

人体皮肤的温度变化主要是由于毛细血管壁的收缩和舒张导致血流量变化引起的，体温是个非电量，各种工频噪声、肌电噪声等电磁干扰对体温采集电路的影响较小；而且体温是个变化十分缓慢的生理信号，在频谱上可以把它看成一个直流信号，所以用于体温采集电路的放大器，其本质是一个直流放大器。由于皮肤电阻的个体差异较大（$2K\Omega \sim 1M\Omega$），并且随着测量方式的不同，得到的值也不同。对于皮肤电阻而言，一般是定性地分析它与情绪状态变化之间的趋势，而不去定量计算它们之间的确切值。

四、传统量表与智能量表研究

心理量表在心理测量中专指测评人的心理状态的表和问题集合。心理量表可以建立用来测量被测评者不同心理特征（能力、人格、成就、兴趣等）的工具。研究者通常采用量表评估被测评者的情绪状况。量表是用于量化评估过程中所得到的对被测评者印象的一种测量工具，也是收集资料的主要手段之一。心理评估量表可以从多角度进行分类：依据评定者性质可分为自评量表和他评量表；自评量表是由被测评者对自己的行为、态度或症状表现，按照自己的意见进行评定的一种方法；他评量表是由专业的评定者通过对被测评者个体或群体的行为、社会行为进行观察，并对观察结果采用数量化的方式予以评价和解释的方法。

（一）社区矫正心理测量相关传统量表

经过考察与实验，得到下列量表与社区矫正心理评测相关：

1. 心理健康量表：心理健康临床症状自评量表（SCL-90）；生活满意度评定量表 LSIA；心理健康自我评价；生活事件量表 LES；社会适应性自评问卷；社会功能缺陷量表 SDSS；压力知觉量表；防御方式问卷 DSQ；压力应对方式问卷；自卑感量表 FIS；恐怕否定评价量表 FNE；自信心测验；信任量表 TS；自尊量表 SES；嫉妒心理诊断量表；容纳他人量表；社会支持量表 SSQ；领悟社会支持量表 PSSS；责任感测试；UCLA 孤独量表；情绪-社会孤独量表 ESLI；青少年生活事件量表 ASLEC；青少年行为问题量表。

2. 犯罪相关量表：罪犯心理结构状况分测验 COPA-SCMI；罪犯个性分测

验 COPA-PI；罪犯犯罪心理结构变化状况分测验 COPA-TCMI；罪犯社会适应状况分测验 COPA-SAI。

3. 神经症和精神障碍量表：简明精神病量表 BPRS；交流恐惧自陈量表；贝克躁狂量表 BRMS；精神症状自我诊断量表；Marks 恐怖强迫量表 MSCPOR/MOS；社交回避及苦恼量表 SAD；汉密顿焦虑量表 HAMA；忧郁自评量表 SDS；交往焦虑量表 IAS；焦虑自评量表 SAS；Beck 抑郁问卷；汉密尔顿抑郁领标 HAMD；状态-特质焦虑问卷 STAI；艾森克情绪稳定性测验 EES。

4. 家庭相关量表：家庭教育方式综合测评；父母教养方式 EMBU；婚姻关系合适度评价量表；OLSON 婚姻质量问卷；爱情关系合适度评定量表；家庭功能评定量表；家庭环境量表 FES。

5. 人格量表：明尼苏达多相个性测查表；卡特尔十六种人格因素测验 16PF；艾森克人格问卷 EPQ（少年版）；艾森克人格测验 EPQ（成年版）；人格障碍筛查问卷 PDQC；人格特质测试。

6. 其他相关量表：心理年龄测试量表；自杀态度测评量表 QSA；人生观量表；霍兰德职业倾向问卷；酒精依赖筛查量表 MAST；冲突处理能力测评；心理承受能力测评；沟通交流能力测评；意志力测验；自我控制能力测试；精神卫生心理控制源量表 MHLC。

（二）心理量表增加心理幸福的内容已是刚需

国内外许多心理健康量表的被测评者是精神障碍患者，这类量表根据心理病理或痛苦症状的有无及严重程度不同编制而成，主要评价心理病理单一或多个症状群出现的频度或强度等。这些量表仅能判断症状的有无及其严重程度，但不能评价人们的生活满意度、幸福感和快乐感等心理幸福的内容，应用于普通人群不太合适。这类量表的内容异质性较强，也许这些异质性的内容可以较好满足个体健康状态的测量，却很难区分躯体健康问题引起的心理健康变化。因此如果要了解个体的心理健康水平，选用既包括消极性心理健康内容，又包括积极性心理健康内容的心理健康量表比较理想。

（三）心理量表本土标准化研究势在必行

多年来，国内的心理健康研究多采用西方的有关理论和概念，并通过修订西方学者所编制的心理健康量表，直接应用于有关研究、评估、咨询等方面。由于民族和社会文化等诸多方面的差异，中西方的人格和心理健康结构也存在明显差异，西方的心理健康测验的项目反映了西方人心理健康特质，即使经过修订也很难准确有效地反映出具有古老东方传统文化的中国人的心理健康特质。故构建符合中国社会文化背景的心理健康量表非常必要。量表的标准化，编制符合心理测量学要求的量表，是评价量表品质的重要指标。目前国内心理健康量表的应用研究较多，而针对心理健康量表品质的研究不多，一定程度上限制了有效心理健康测量工具的使用，有时甚至导致心理健康量表的不恰当使用或滥用。许多心理健康科普书籍附有多种自评心理健康量表，有些量表有待进一步的心理测量学研究。

（四）发展智能心理量表研究是必然趋势

心理问卷量表作为传统心理测量的主要方式，过度依赖测量者的主观择表进行测量，导致人为误差存在，山东大学计算心理学研究院姜斌祥教授团队采取智能量表方式，建构自动识别和择优量表组合模型，测量时，一定要根据被测者的具体情形施加量表组合进行测量。第一，进行智能分别，并根据识别模型自动择优组合量表进行测量；第二，将多个量表测量的结果，采取深度学习或其他方法进行单量表指标与心理症状的映射算法与模型训练实验研究进行决策级融合，形成智能量表测量结果。

五、多模态融合心理评测

最初研究者定义为多模态融合是将来自多个模态的信息与预测结果的目标相结合，通过分类算法预测得到一个具体类别（例如，快乐与悲伤），或者通过回归算法得到一个连续值来表示情感的强烈程度。最初在视听语音识别领域，研究者将嘴唇视觉描述与语音信号相融合，预测说话者表达的文字信息。不同模态的信息具有不同的拓扑结构，传统融合过程中一个或多个模态可能丢失部分情感信息，导致最终的预测结果存在偏差甚至错误。多模态融合心理评测法有三个优点：对同一对象有多种不同的观察方式，预测结果可能会有更加稳健；单模态中某些无用特征可能在多模态融合过程中以互补的方式被利用，而这些信息可能影响最终的情感走向；当其中一个模态信息缺失或者情感特征无法支持最终的判断时，剩下的模态通过补充的方式仍然可以让多模态系统运作。融合方式总结为基于特征的早期融合、基于决策的晚期融合以及综合两种方式的混合融合。

（一）宽度学习系统 BLS 及多宽度学习系统 MBLS

1. 宽度学习系统 BLS 原理

宽度学习系统（Broad Learning System，BLS）是由澳门大学陈俊龙教授提出的一种基于 RVFL 平面网络结构的增量学习算法，[1] 模型结构如图 1 所示。在 BLS 中，原始输入数据首先通过一些特征映射转换为特征节点中的随机特征，这些随机特征通过非线性激活函数传递到"增强节点"。然后，将随机特征节点与增强节点相结合，连接到输出层，则输出权重可以通过求解线性方程的伪逆或利用梯度下降算法快速得到。

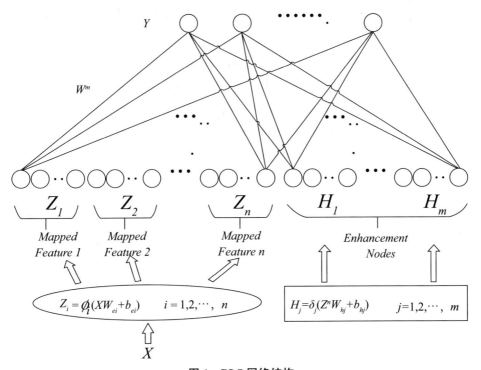

图 1　BLS 网络结构

---

〔1〕 See C. L. P. Chen, Z. L. Liu, "Broad Learning System: An Effective and Efficient Incremental Learning System Without the Need for Deep Architecture", *IEEE Transactions on Neural Networks and Learning Systems*, Vol. 29, No. 1., 2017, p. 769.

给定训练样本集$\{(X,\ Y)\ |\ X\in R^{N+d},\ Y\in R^{N+c}\}$，以及 n 个特征映射 $\varnothing_i$，则第 i 个特征映射矩阵为式（1）：

$$Z_i=\varnothing_i\ (XW_{ei}+b_{ei}),\ i=1,\ 2,\ \cdots,\ n \qquad (1)$$

其中 N 是输入样本个数，d 是每个样本维数，C 是输出样本维数，X 和 Y 的每一行分别记作输入：$x_i=\left[x_{i1},\ x_{i2},\ \cdots,\ x_{id}\right]$ 和目标值 $y_i=\left[y_{i1},\ y_{i2},\ \cdots,\ y_{ic}\right]$，权重 W_{ei} 和偏置项 b_{ei} 是随机确定的，记式（2）：

$$Z\overset{\Delta}{=}\left[Z_1,\ Z_2,\ \cdots,\ Z_n\right] \qquad (2)$$

这是 n 组特征映射节点的集合，这里值得注意的是随机初始化的权重 W_{ei} 和偏置项 b_{ei} 是由稀疏自编码微调得到，目的是更好的特征 Z^n。随后，为了弥补模型的非线性能力，利用激活函数将 Z^n 连接到增强节点层。假设有 m 组增强节点，其第 j 组增强节点定义如下式（3）：[1]

$$H_j=\varsigma_j\ (Z^nW_{hj}+b_{hj}),\ j=1,\ 2,\ \cdots,\ m \qquad (3)$$

其中，ς_j 是激活函数，一般选用一个 S 型非线性激活函数。W_{hi} 和 b_{hi} 分别是连接特征映射节点与增强节点之间的随机生成的权值和偏置。增强节点的输出矩阵表示如下式（4）：

$$H\overset{\Delta}{=}\left[H_1,\ H_2,\ \cdots,\ H_m\right] \qquad (4)$$

2. 多宽度学习系统 MBLS 网络结构及原理

多宽度学习结构是一个以 BLS 为基本单元的多宽度学习（Multi-BLS，MBLS）框架，[2] 如图 2 所示。

〔1〕 参见闫文彬："基于宽度学习的多模态情绪识别研究"，北方工业大学 2021 年硕士学位论文。

〔2〕 参见姜斌祥等："毒品检验区块链数据共享融合激励算法"，载《吉林大学学报（工学版）》2022 年第 5 期。

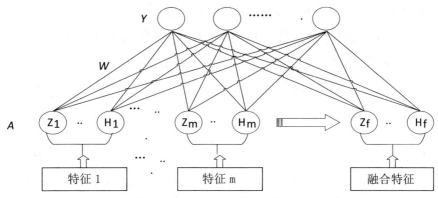

图 2　MBLS 特征层融合网络结构

由图 2 可知，此结构主要由多个 BLS 单元组成，用于处理不同模态的融合问题。主要由多个独立的 BLS 单元组成。图中 Z 是特征节点，H 是增强节点，下标 1 表示特征 1，m 是特征 m，f 是多种特征的融合特征。MBLS 网络的训练分为三个过程：首先，利用宽度学习单元分别提取每个模态的高维特征，分别将特征 1 到特征 m 输入各自的 BLS 单元，生成特征节点和增强节点；其次，在融合节点层将 m 个模态的特征映射经过一个非线性变换抽象融合起来；最后，将特征 1 的特征节点和增强节点到特征 m 的特征节点和增强节点以及融合节点的特征节点和增强节点这三部分节点合并起来，通过网络权重与MBLS 网络的输出层相连接。通过学习输出权值矩阵，用岭回归广义逆直接求取全局最优解得到输出类别属性。

假设 MBLS 网络输入的样本为 N，以两个单模态特征为例说明。特征 1 模态的特征节点数和增强节点数分别为 N_1、N_2，特征 2 模态的特征节点数和增强节点数分别为 N_3、N_4。那么模态总特征可表示为式（5）：

$$A_h = \left[Z_h, H_h \right] \tag{5}$$

信息熵模态总特征可表示为式（6）：

$$A_f = \left[Z_f, H_f \right] \tag{6}$$

两种模态总特征可合并为式（7）：

$$F^{N*(N_1+N_2+N_3+N_4)} = \left[A_h^{N*(N_1+N_2)}, A_f^{N*(N_3+N_4)} \right] \tag{7}$$

两种模态的总特征 F 经过一个 S 型非线性激活函数映射为融合节点，设生成融合节点的个数为 N_5，则融合节点层输出特征为式（8）：

$$T^{N*N_5} = \varsigma \ \left(F^{N*(N_1+N_2+N_3+N_4)} * W_t^{(N_1+N_2+N_3+N_4)*N_5} + b_t^{N*}N_5 \right) \qquad (8)$$

将 MBLS 网络中生成的特征 F 和特征 T 合并起来作为 BLS 单元的最终输入，通过网络连接权重 W 与输出 Y 相连，如公式（9）所示。

$$Y = \left[F^{N*(N_1+N_2+N_3+N_4)}, \ T^{N*N_5} \right] \ W \qquad\qquad (9)$$

MBLS 网络权重更新方式和单独 BLS 网络一样，同样利用了岭回归求伪逆的方法。

以 MBLS 为基础，把两种模态经过特征节点和增强节点提取的样本特征统一映射到 CCA（典型相关性分析）生成的特征子空间上进行学习、匹配和降维，然后再由融合节点直接非线性化融合，连接到输出层进行分类输出。

（二）基于 MBLS 的非接触式特征层融合

本文采用 MBLS 结构思想，构建一个多模态非接触式心理测量特征层融合的 MBLS 网络模型。如图 3 所示，此结构主要由五个 BLS 单元组成，用于处理 UWBR 单模态生理心理测量、rPPG 单模态生理心理测量、微表情单模态生理心理测量、HTP 绘画单模态投射心理测量、文视听情感单模态生理心理测量五个不同模态的特征层融合问题。主要由五个独立的 BLS 单元组成。图中 Z 为特征节点，H 为增强节点；下标 u 为 UWBR 特征，r 为 rPPG 特征，e 为微表情特征，h 为 HTP 绘画特征，t 为文视听特征；f 为五种模态的特征融合特征。

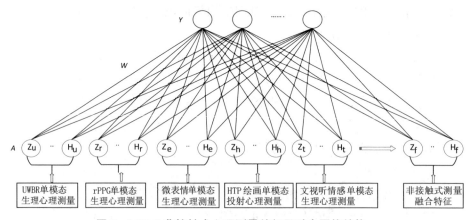

图3　MBLS 非接触式心理测量特征层融合网络结构

假设 MBLS 网络输入的样本为 N，相应单模态的特征节点数和增强节点数分别为（Nu、Nu）（Nr、Nr）（Ne、Ne）（Nh、Nh）（Nt、Nt）。将提取的对应非接触式单模态特征作为 MBLS 网络的原始输入。训练前，本实验提前设定 MBLS 网络参数（Nu、Nu）（Nr、Nr）（Ne、Ne）（Nh、Nh）（Nt、Nt）的值均为15，训练过程中，利用网格搜索法改变这些参数的值增减特征节点、增强节点和融合节点从而调整网络结构。当 MBLS 网络中单模态的特征节点数为 20 * 15，增强节点数为650，融合结点个数为900时，基于 MBLS 的特征层融合结果为 39.8%。当融合后的特征节点数为 22 * 38，增强节点数为600时，融合结果为 50.6%，相比于单模态的识别结果提高了 3.5% 至 8%。在特征层融合的识别结果中平均比单模态下提高了 21%。

（三）基于 MBLS 的接触式生理心理测量特征级融合

本文采用 MBLS 结构思想，构建一个多模态智能量表心理测量特征层融合的 MBLS 网络模型，如图 4 所示。此结构也是以九个 BLS 单元组成（可以更多量表单模态），用于处理脑电 EEG、脑磁图 MEG、心电 ECG、皮电 GSR、肌电 EMG、呼吸 RSP、眼电图 EOG、面部血流脉冲信号 BVP、温度 TEMP 单模态心理量表测量九个不同模态的特征层融合问题。主要有九个独立 BLS 单元组成。图中 Z 为特征节点，H 为增强节点；下标 e 为脑电 EEG 特征，m 为脑磁图 MEG 特征，c 为心电 ECG 特征，g 为皮电 GSR 特征，r 为肌电 EMG 特征，p 为呼吸 RSP 特征，o 为眼电图 EOG 特征，b 为面部血流脉冲信号 BVP 特征，t 为温度 TEMP 特征；f 为九种模态的特征融合特征。

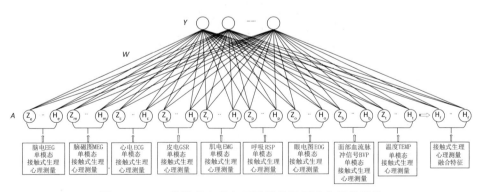

图4　MBLS 接触式生理心理测量特征层融合网络结构

假设 MBLS 网络输入的样本为 N，相应单模态的特征节点数和增强节点数分别为（Ne、Ne）（Nm、Nm）（Nc、Nc）（Ng、Ng）（Nr、Nr）（Np、Np）（No、No）（Nb、Nb）（Nt、Nt）。将提取的对应非接触式单模态特征作为MBLS网络的原始输入。训练前，本实验提前设定MBLS网络参数（Ne、Ne）（Nm、Nm）（Nc、Nc）（Ng、Ng）（Nr、Nr）（Np、Np）（No、No）（Nb、Nb）（Nt、Nt）的值均为15，训练过程中，利用网格搜索法改变这些参数的值增减特征节点、增强节点和融合节点从而调整网络结构。当MBLS网络中单模态的特征节点数为20 * 15，增强节点数为650，融合结点个数为900时，基于MBLS的特征层融合结果为46.5%。当融合后的特征节点数为22 * 38，增强节点数为600时，融合结果为53.1%，相比于单模态的识别结果提高了6.2%至11.8%。在特征层融合的识别结果中平均比单模态下提高了28%。

（四）基于MBLS的智能量表特征层融合

本文采用MBLS结构思想，构建一个多模态智能量表心理测量特征层融合的MBLS网络模型。如图5所示，此结构也是以五个BLS单元组成（可以更多量表单模态），用于处理SCL-90、社会支持量表（SSQ）、罪犯犯罪心理结构变化状况分测验（COPA-TCMI）、艾森克人格测验（EPQ）（成年版）、汉密顿焦虑量表（HAMA）单模态心理量表测量五个不同模态的特征层融合问题。

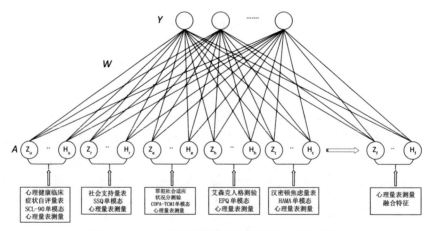

图5　MBLS心理量表测量特征层融合网络结构

主要由五个独立的BLS单元组成。图中Z为特征节点，H为增强节点；

下标 u 为 SCL-90 特征，r 为 SSQ 特征，e 为 COPA-TCMI 特征，h 为 EPQ 特征，t 为 HAMA 特征；f 为五种模态的特征融合特征。

假设 MBLS 网络输入的样本为 N，相应单模态的特征节点数和增强节点数分别为（Nu、Nu）（Nr、Nr）（Ne、Ne）（Nh、Nh）（Nt、Nt）。将提取的对应非接触式单模态特征作为 MBLS 网络的原始输入。训练前，本实验提前设定 MBLS 网络参数（Nu、Nu）（Nr、Nr）（Ne、Ne）（Nh、Nh）（Nt、Nt）的值均为 15，训练过程中，利用网格搜索法改变这些参数的值增减特征节点、增强节点和融合节点从而调整网络结构。当 MBLS 网络中单模态的特征节点数为 20*15，增强节点数为 650，融合结点个数为 900 时，基于 MBLS 的特征层融合结果为 29.7%。当融合后的特征节点数为 22*38，增强节点数为 600 时，融合结果为 33.9%，相比于单模态的识别结果提高了 3.1% 至 6.5%。在特征层融合的识别结果中平均比单模态下提高了 19%。

（五）基于三宽度学习决策级融合

1. 决策级融合框架

本文提出并研究采用级联特征层融合的决策级融合机制属于三宽度学习系统（TBLS）。以 BLS 网络分别作为非接触式心理测量、接触式生理心理测量和智能量表心理测量的分类器，首先将分别经过相应 MBLS 特征融合得到的非接触式心理测量、接触式生理心理测量和智能量表心理测量特征输出结果作为原始输入到对应 BLS 网络中；然后把每个分类器针对每个样本最后输出的 softmax 形式的决策概率拉伸为一个新的特征向量，见式（10）：

$$Soft\max(Z_i) = e^{Z_i} / \sum_{j=1}^{k} e^{Z_j} \qquad (10)$$

softmax 函数是一个非线性激活函数，其计算一个事件（类）在 K 个不同事件（类）上的概率值，它计算每个类别的概率值，所有概率的总和为 1，这意味着所有事件（类）都是互斥的。最后将三个分类器输出的新的特征合并起来作为下一个级联 BLS 网络的输入再次进行训练和测试。如图 6 所示。将 MBLS$_1$、MBLS$_2$ 和 MBLS$_3$ 分别经过特征级融合取得的决策概率合并起来，输入到下一个级联 BLS 网络中继续训练和测试，以进行决策级融合。

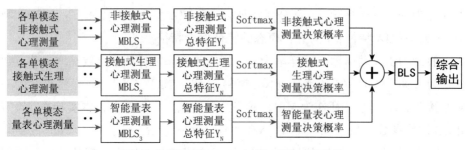

图6　基于级联 TBLS 决策级融合网络结构

2. 实验结果与分析

经过训练和测试，在测试数据集上，基于 TBLS 网络级联的决策层融合结果如表1所示。

表1　基于级联 TBLS 的决策层融合结果

N1	N2	N3	T1（s）	T2（s）	准确率（%）
35	50	1400	5.45	0.08	42.3

由表1可知，当最后一个嵌套式级联 TBLS 网络中特征节点为 50 * 35，增强节点为 1400 时，基于 TBLS 网络级联的决策层融合效果最好，为 42.3%。同时，网络测试需要的时间也只有零点几秒，相比其他神经网络十分快速。在 TBLS 决策层融合的识别结果中，平均比单模下提高了 27%。

六、仿真实验

为评价本文所提出的基于 BLS、MBLS、TBLS 等的结合非接触式心理测量、接触式生理心理测量和智能量表测量等进行的多模态融合心理评测融合机制，笔者进行了仿真实验。笔者寻找 102 个社区矫正对象志愿者进行实验，其中已获知 102 个社区矫正对象中有各类心理问题的有 21 人，正常状态的有 81 人。实验具体按照五种非接触式单模态心理测量并记录并进行 MBLS 特征层融合，并按照九种接触式单模态生理心理测量并记录并进行 MBLS 特征层融合，以及按照五个典型（可以更多个量表）适合于社区矫正对象心理测量量表（SCL-90、SSQ、COPA-TCMI、EPQ<成年版>、HAMA）进行测量以及进行 MBLS 特征层融合。实验仿真对比了单模态测量结论与多模态测量结果，实验结果如图 7 所示。

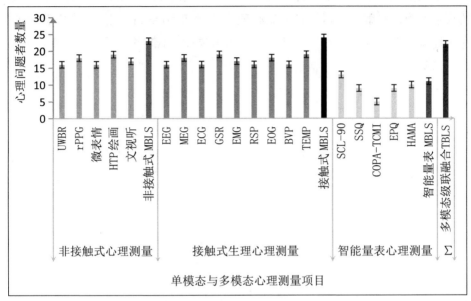

图 7 单模态心理测量与多模态融合心理评测比较

实验表明，引入 MBLS 和 TBLS 的多模态融合心理评测机制后，非接触式 MBLS 特征级融合的多模态检出结果比五个非接触式各单模态均更接近实际情况，比实际情况超出 2 个数量；接触式 MBLS 特征级融合的多模态检出结果比九个接触式各单模态均更接近实际情况，比实际情况超出 3 个数量，略差于非接触式 MBLS 特征级融合；智能量表 MBLS 特征级融合的多模态检出结果比五个传统量表各单模态均更接近实际情况，但却比实际情况少了 10 个数量，与非接触式 MBLS 和接触式 MBLS 的特征级融合相比差距较大，可见传统量表最差；在非接触式 MBLS、接触式 MBLS、智能量表 MBLS 的三个特征级融合结论基础上进行的级联 TBLS 决策级融合多模态心理评测结果最接近实际情况，仅仅比实际情况超出 1 个数量，优于其他单模态和其他 MBLS 特征级融合。可见采取多模态融合心理评测能提升社区矫正对象心理评测的实效。

七、结论

本文提出并研究采用五种非接触式心理测量、九种接触式生理心理测量以及 N 个适合于社区矫正对象心理测量的传统量表进行多模态融合机制并研究了采取多宽度学习 MBLS 特征层融合以及三宽度学习 TBLS 级联决策层融合的技术实现，以解决社区矫正对象心理测量的测不准等问题。仿真实验表明，在这种级联融合算法机制作用下，所获得的检出精准率高于传统单模态心理测量机制。

基于优势视角的社工介入对促进女性社区矫正
对象社会适应有效性的系统评价[*]

陈　珊^{**}　李晓兰^{***}

　　摘　要：本文的目的为评估优势视角对促进女性社区矫正对象社会适应的有效性。方法为运用系统评价方法，系统检索 5 个国内数据库，从 48 个原始研究中筛选符合既定纳入标准的文章，通过观察性研究质量评价工具（STROBE 声明）对纳入研究进行质量计分，运用归纳描述方法评价干预措施的效果。评价指标指向社会适应能力提升这个维度。结果为共纳入 3 项原始研究，并对其进行分析，客观评价优势视角对促进女性社区矫正对象社会适应的作用。3 项研究均为低等偏倚风险且 3 项研究都呈现出女性社区矫正对象社会适应改善效果。结论为本研究提示采取优势视角理论设计矫正措施干预女性社区矫正对象有助于提升其社会适应能力，具体表现为基于优势视角的社工介入对于促进老龄女性社区矫正对象社会适应具有较为显著的效果；基于优势视角的社工介入对于促进具有多次犯罪前科的女性社区矫正对象社会适应具有较为显著的效果；提供超过 3 个月的基于优势视角理论的社会工作介入，对于促进女性社区矫正对象社会适应有较为显著的效果；基于优势视角理论的介入工作需要家庭、朋友、邻里以及社会的共同支持，才能取得既定效果。

　　关键词：优势视角；女性社区矫正对象；社会适应；有效性

　　* 本文为四川省社区矫正研究中心项目"域外社区矫正'合作模式'研究"（SQJZ2017-04）的研究成果。

　　** 陈珊，女，西华大学法学与社会学学院副教授，硕士研究生导师，研究方向：民商法学、社会法学。

　　*** 李晓兰，女，西华大学法学与社会学学院，硕士研究生在读。

一、研究背景

过去较长一段时期内我国法律维持着重刑主义的传统，强调刑罚功能的最大化，重视刑罚的惩罚性，而忽视了刑罚对犯罪的预防功能以及罪犯的人权保障。随着保障人权成为时代的主题，行刑趋于社会化，司法趋于人性化，部分监狱内服刑被监狱外服刑取而代之。我国从2003年开始社区矫正试点，2005年扩大试点，2009年全面试行。十几年来社区矫正工作有序推进，成果斐然。在司法部2017年5月正式颁布的19项信息化实施标准中，中央政府进一步对社区矫正的建设做出了重要指示。2019年12月28日《社区矫正法》经第十三届全国人大常委会常务委员会第十五次会议表决通过，于2020年7月1日实施。2020年6月，为做好社区矫正法的贯彻实施，进一步推进和规范社区矫正工作，司法部与最高人民法院、最高人民检察院、公安部积极进行沟通协调研究，广泛向社会征求意见，制定出台了2020年《实施办法》，作为与《社区矫正法》同步配套的规范性文件。

社区矫正的目的是让被矫正者认罪服法，改过自新，接受监管，不再重新犯罪，从而维护社会的稳定。但是除了这个目的外，还有个重要的目的就是帮助被矫正者融入社会，这也是社区矫正与监禁刑最大的区别。社区矫正的社会意义，既在于使被矫正者能够在良好的社会环境中接受改造，免受狱内其他罪犯的"交叉感染"，从而提高改造效果，有利于其重新顺利回归社会，也在于更广泛地利用社会资源，降低行刑成本，同时避免矫正对象的社会关系遭受太大影响，有利于维护社会的和谐稳定。近年来，随着社会经济的不断发展及女性地位的提高，女性在各行各业中充当不同的角色，也面临着不同的挑战，但仍有极少部分女性因为法律意识淡薄，越过法律的底线，导致我国社区矫正中女性呈现人数逐渐上升的趋势。虽然总体人数不多，所占比例不高，但仍应该引起社会对该问题的关注。

社会适应是指个体逐渐地接受现有社会的道德规范与行为准则，对于环境中的社会刺激能够在规范允许的范围内做出反应的过程。社区矫正对象的社会适应难题其实也是犯罪人重归社会的阿克琉斯之踵，犯罪人如果能重回社会，能很有效地降低犯罪人的再犯率。横亘在犯罪人和社会之间的问题就是社会很难再次接收犯罪人，可是如果社会不能接纳这些曾经误入歧途的人，不为他们留下重返社会的路，等待他们的可能就只有再次犯罪。社区矫正对象作为犯罪人中最接近社会的那一部分，理应帮助他们重新回归社会，这也是《社区矫正法》设立的目的。

因女性社区矫正对象过去的犯罪行为很难取得社会公众的同情与谅解，社会歧视导致女性社区矫正对象的基本权益无法得到保障，如：正常沟通与交流的需求，就业等基本生存条件保障的需求，这使她们难以适应社会。女性犯罪的原因各不相同，但对于犯罪后的表现却呈现出强烈的相似性。由于女性感情细腻，情绪又复杂多变，犯罪后产生的自卑心理导致其心理负担加重，对自身产生怀疑，不愿意与他人接触，也不愿意配合矫正教育。例如，女性在被贴上社区矫正对象这个身份标签后，对就业持消极的态度，她们的收入、社会福利保障普遍偏低。在劳动力市场、社会网络以及社会保障等领域遭遇社会排斥后，这种社会排斥又会导致自我排斥的产生。社会交往方面，由于女性敏感的思想，强烈的羞耻感让她们降低社会交往的频率，再加上她们大多社交圈子狭窄，容易形成自我封闭，进一步加剧了社会排斥，从而不利于社会适应。矫正人员的身份导致其家庭关系紧张，甚至一部分女性社区矫正对象婚姻关系存在解体的可能性。其子女可能会埋怨，身边的朋友也渐行渐远，这些社会关系的淡化严重影响女性社区矫正对象的社会适应效果。所以，总的来看，女性社区矫正对象的社会适应呈现低水平的特点。具体表现在就业率低、再犯率高和收入水平显著低于男性社区矫正对象。女性社区矫正对象的社会适应是"自愿型社会化"，她们的主观能动性即矫正态度在其中起到关键作用。女性社区矫正对象需要在社会各界的理解与帮助下，发觉自身优势，恢复正确认知，重建与社会的联系。

目前，我国社区矫正工作仍然是围绕问题视角开展。问题视角下的矫正对象是需要被治疗的问题患者，而该视角下社区矫正机构工作者的任务就是一次又一次地揭开被矫正者的伤疤，进行外部治疗。[1] 从保障社区矫正对象权益上看，问题视角不能提升社区矫正对象的自信心与自我认同感，并不利于抑制矫正对象再次犯罪。

---

〔1〕 参见李星辰："增权视角下未成年人社区矫正的实践探究——以北京市 A 区社区矫正项目设计与评估为例"，北京城市学院 2014 年硕士学位论文。

优势视角是社会工作领域中逐渐发展起来的社会工作实践方法新模式，它强调以人的优势为核心。优势视角理论也是社会工作介入社区矫正实践中常用的理论，优势视角理论要求社会工作者以人文关怀的视角，在对社区矫正对象进行帮助时将关注点聚焦在发现并发挥案主自身的优势和潜能上（既包括他们自身所包含的个人优点，也包括相关他人的优点和可以利用的资源），利用这些优势对社区矫正对象进行帮助并使其得到自我发展、在社区中完成矫正并且回归社会。同时，优势视角肯定了矫正对象的个人尊严和社会价值，强调"平等"，即社工运用自己的专业知识与技能，帮助矫正对象提升自信心与自我认同感，协助他们用积极的态度思考问题和处理问题，提升其社会适应能力，促进其社会化。人的性格后天可以基于教育指导而改变，人同时也具有抗逆性，在受到压迫和折磨时以及在面对困难时发挥自身潜在的优势，即使是有过犯罪前科的人也具有这种品质。女性社区矫正对象更需要重建抗逆性，发现自身的优点与长处，适应社会的发展和自身的变化，以良好的心态重新回归社会。为此，用优势视角理论指导女性社区矫正工作，就是要通过教育帮扶引导女性社区矫正对象树立正确的人生观、价值观，帮助她们改掉恶习，发现女性的优势特征，助力其能力提升以适应不断发展变化的社会环境。

二、文献综述

第一，基于优势视角的社会工作介入社区矫正领域相关研究综述。

国内部分，相较于传统的社会工作视角，优势视角建立在对人有主观能动性的理解上，认为人不是被动的，而是有潜力和优势的，有依靠自身能力解决问题的能力。随着优势视角在各领域运用中优势的显现，近年来我国关于优势视角在社会工作、社区矫正中的运用的研究也逐渐增多。

闻英（2005）在研究中比较了问题视角和优势视角两种不同的社会工作方法，发现优势视角有着优越性，更有利于社区矫正工作的开展。[1] 范燕宁（2006）结合北京市未成年人社区服刑者的矫正实践情况，提出关于抗逆力问题的另一种研究视角：抗逆力在青少年成长过程中具有双重性质及社会作用。她的研究认为，正向恰当运用的抗逆力对于儿童及成年人的健康成长具有重

---

〔1〕 参见闻英："社会工作中问题视角和优势视角的比较"，载《南阳师范学院学报（社会科学版）》2005年第10期。

要的推动作用，负向不当的抗逆力则对人的成长起着阻碍作用，因此在青少年的社区矫正中应该重点预防负向抗逆力所带来的不良影响。[1] 杜立婕（2007）提出，在社会工作实践中运用优势视角理念具有可行性和一定技术性，每一个案主具有自己的优点和抗击逆境的能力，通过发现这些优点，不仅能够使案主做出改变，更能激发其抗击逆境的能力，且优势视角理论在中国的文化和实践中有着很大的适用性。[2] 李小燕（2008）在借鉴英、美等发达国家矫正工作经验的基础上，明确提出了我国应将社会工作的价值理念和方法应用于社区矫正，实现两者的有机结合，以完善青少年罪犯社区矫正制度的发展。在探讨我国青少年罪犯社区矫正制度不足的基础上，打破传统的矫正观念，提出了一系列具有科学精神的矫正措施、方法和对策。强调运用社会工作的理念与方法并对它们进行本土化改造；矫正工作者从矫正对象自身的认知、情绪问题、人际关系等方面存在的不足和缺陷入手；运用小组、个案、社区三大专业工作方法，调动社会资源，打开存在于矫正对象自身人格中的力量之源，积极地从外部推动矫正对象的增权，进而恢复其社会功能。[3] 董明伟（2008）在研究中借助优势视角，分析了优势视角介入青少年社区矫正的三个层面的策略：发现优势、发挥优势和发展优势。认为社会工作应关注青少年所具有的优势而非问题、社会工作者和青少年之间是合作的伙伴性关系、青少年应该为其自我恢复负主要责任。在社区矫正策略中，社会工作者应运用专业方法帮助青少年发现优势、发挥优势、发展优势。[4] 付立华（2009）指出，与问题视角不同，优势视角下的社区矫正是指在对矫正对象潜能充分挖掘的基础上实施的社会工作介入，在整个过程中，社工和矫正对象之间始终是平等的伙伴关系。他认为优势视角的特点主要有：强调每一个矫正对象都有自己的优势、注重发掘矫正对象的抗逆力、主张所有的环境

---

〔1〕　参见范燕宁："抗逆力在青少年成长过程中的两面性特点——以北京市未成年人社区矫正服刑者的情况为例"，载《中国青年研究》2006 年第 11 期。

〔2〕　参见杜立婕："使用优势视角培养案主的抗逆力——一种社会工作实务的新模式"，载《华东理工大学学报（社会科学版）》2007 年第 3 期。

〔3〕　参见李小燕："增权：社会工作对青少年罪犯社区矫正的介入"，南京航空航天大学 2008 年硕士学位论文。

〔4〕　参见董明伟："优势视角下的社会工作介入青少年社区矫正初探"，载《山东青年管理干部学院学报》2008 年第 5 期。

都可能充满资源，强调关注矫正对象及其家庭与环境之间的关系。[1] 张凯、朱晓杰（2010）以优势视角为主要出发点，结合了社区矫正实践中的典型案例，阐述了优势视角的具体运用过程及其策略，论证了优势视角对于社区矫正的积极作用。[2] 史柏年（2010）认为在优势视角下每个人、群体、组织和社会都有其内在的能力，包括天赋、知识、社会支持和资源，只要存在适当的条件，就可以建设性地发挥自身功能。[3] 严念慈（2010）分析比较了问题视角和优势视角两种理念，认为通过发掘优势，能更好地解决矫正对象的问题。[4] 关宇晴（2013）针对青少年社区矫正中存在的"失权"现象，立足于增权理论，结合社会工作的价值理念与工作方法与社区矫正的发展模式进行研究，透过增权理论的三个层次，探索了青少年社区矫正者个人能力提升的问题。[5] 赵明思（2013）指出，优势视角是一种新的理念和实践模式，越来越多的社会工作中，使用了优势视角的工作模式，这个词汇广泛存在于理论和实践中，但是，国内还是对优势视角理论缺乏一个系统和完整的体系。为解决这方面的不足，作者试图讲述优势视角的理论基础和演进进程，并介绍了优势视角的论点，最后提倡将优势视角理论运用到实践中。[6] 李星辰（2014）的研究案例中，社会工作者不仅对同案犯矫正者进行有效介入，而且以小组工作的形式实践了社区矫正者与案发时受害人和解的小组工作，该研究对我国未成年人社区矫正工作提出了全面转变矫正观念、创新社区矫正方法和尽快建立涉罪未成年康复园区等建议。[7] 王中岭（2016）在关于青少年社

---

〔1〕 参见付立华："优势视角下的社区矫正介入策略研究"，载《中国社会科学院研究生院学报》2009 年第 5 期。

〔2〕 参见张凯、朱晓杰："优势视角的社会工作在社区矫正中的运用——以社区矫正对象 G 某为例"，载《行政与法》2010 年第 8 期。

〔3〕 参见史柏年主编：《社会保障概论》，高等教育出版社 2012 年版，第 47 页。

〔4〕 参见严念慈："社区矫正社会工作两大理念探析——'问题视角'与'优势视角'的比较"，载《新一代》2010 年第 11 期。

〔5〕 参见关宇晴："增权视角下青少年社区矫正中个人能力提升的研究——以 C 市 C 区为例"，吉林大学 2013 年硕士学位论文。

〔6〕 参见赵明思："优势视角：社会工作理论与实践新模式"，载《社会福利（理论版）》2013 年第 8 期。

〔7〕 参见李星辰："增权视角下未成年人社区矫正的实践探究——以北京市 A 区社区矫正项目设计与评估为例"，北京城市学院 2014 年硕士学位论文。

区矫正的研究中，以优势视角下的社会工作为主要工作方法，提出了青少年社区矫正的具体目标和新的途径。[1] 国内优势视角下社区矫正的相关论文中，均提倡优势视角理念，并详细论述了优势视角理念的概念，内涵、理论基础和工作理念，然而大多数文章只是简单比较了问题视角和优势视角工作模式，并没有进行详细论述。多数学者均在文章中得出了要以优势视角理念指导社区矫正的结论，但是在深入挖掘为什么要用优势视角完善社区矫正方面缺少相关理论及实证研究，对优势视角下社区矫正的研究缺乏系统完善的体系。

国外部分，优势视角社会工作模式首先在国外得以开展，在国外相关著作、文献中，类似优势和抗逆力的词语频繁出现。早期，Carl Brun 和 Richard（2001）提出以优势为本的实践在社会工作中有着很强的理论基础，优势视角应该是一个有效的帮助策略，能够帮助一个人建立成功。[2] 尽管有如McMillen（2004）等部分学者认为优势视角并不见得比传统模式存在多大的新颖性和差异性，[3] 但大部分学者的观点与由 Dennis Saleebey 等人（2004）在其著作中对优势视角的概念和原则、优势视角在社会工作中的应用做出的详细论述一致，认为优势视角日益彰显出其合理性和有效性。[4] 虽然不同的学者都在宣称"他们是以优势视角开展社会工作实践的"，然而他们所谓"优势视角"的实践标准又不尽相同，在此现象下，Charles A. Rapp（2005）提出在未来的社会工作中以优势为本是充满希望和不确定性的，并探讨出了评判"优势视角实践"的六个标准。[5] Richard（2007）认为优势视角理念的主要工作任务就是发掘案主本身的优点和可利用的资源。尽管案主是带着问题和

〔1〕 参见王中岭："基于优势视角下的社会工作介入青少年社区工作矫正研究"，载《教育现代化》2016 年第 27 期。

〔2〕 See Carl Brun, Richard C. Rapp, "Strengths-Based Case Management: Individuals' Perspectives on Strengths and the Case Manager Relationship", *Social Work*, Vol. 46, No. 3. , 2001, pp. 278-288.

〔3〕 See Mcmillen J C, Morris L, Sherraden M, "Ending Social Work's Grudge Match: Problems Versus Strengths", *Families in Society the Journal of Contemporary Human Services*, Vol. 85, No. 3. , 2004, pp. 317-325.

〔4〕 参见〔美〕Dennis Saleebey 编著：《优势视角：社会工作实践的新模式》，李亚文、杜立婕译，华东理工大学出版社 2004 年版，第 137 页。

〔5〕 See Charles A. Rapp, Dennis Sleebey, W. Patrick Sullivan, "The Future of Strength-Based Social Work", *Advances in Social Work*, Vol. 6, No. 1. , 2005, pp. 79-90.

病症而来，但是，我们花费了过多的精力去寻找缺陷，我们应该帮助案主找到成就感，转移对问题的过度注意力。[1] 优势视角理论在国外有着比较成熟的研究，大多数国外的社会工作中均采用优势视角的观点，在优势视角的影响下，当今社会存在病症或者有问题的人越来越少，存在优势和潜能的正常人越来越多，虽然优势视角理论较多，但对于如何将优势视角理念引入到社区矫正中的研究并不多，理论尚不成熟。

第二，女性社区矫正对象社会适应相关研究综述。

我国《社区矫正法》第1条阐明了立法目的，其中"促进社区矫正对象顺利融入社会"是社区矫正的重要目标。当代社会女性地位逐步提高，女性犯罪问题亦演变为一个不容忽视的社会问题。随着女性犯罪比例的不断增加，如何对女性罪犯进行矫正并促进"顺利融入社会"成为社区矫正部门关注女性社区矫正的重大课题。我国有关学者和社区矫正实务工作者对女性犯罪的理论研究与实践经验，为如何对女性社区矫正对象实施社区矫正及如何促进其融入社会提供了理论指导。在我国，社区矫正相较于监狱矫正起步较晚，我国的社区矫正制度自2003年最高人民法院、最高人民检察院、公安部、司法部联合下发《关于开展社区矫正试点工作的通知》开始在部分省份范围内进行试点，2008年在全国范围内开展试点，到今年也仅仅只有十多年的历史。在全国社区矫正总人数中，女性社区矫正对象数量相对较少，无论是针对女性社区矫正制度建设还是矫正效果评估都缺少专门的研究。从心理学的角度来看，女性感情一般较丰富，相较男性更容易感到焦虑、也更脆弱，她们的情绪波动幅度大，自我评价低，应变能力差，优势视角理论能更好地让女性社区矫正对象发现自身的优点，纠正其自卑心理，通过建立与社会的沟通机制，促进其社会化。通过文献检索，发现以优势视角研究女性社区矫正对象社会适应的文章甚少，大部分文章都是从社会支持等研究视角出发阐述女性社区矫正对象的犯罪特殊性、矫正现状、制度构建等，并提出矫正建议。佟向杰（2011年）的"女性社区矫正对象的特殊性及社会工作的介入"从女性社区矫正对象的特殊性、主要需求等方面进行分析，女性犯罪主要为财产型

---

[1] See Richard C. Rapp, "The Strengths Perspective: Proving 'My Strengths' and 'It Works' ", *Social Work*, Vol. 52, No. 2., 2007, p. 185.

犯罪和情感型犯罪，提出社工在进行工作时要根据女性自身的不同特点实施不同的措施、进行个案对待，完成社会融入。[1]禹红梅（2016）的"关于女性社区服刑人员社区矫正现状的调查与研究"以问卷调查方法了解了 M 市 F 区女性社区矫正对象的现状及其存在的问题，作者认为，M 市 F 区矫正机构未调动社会各界力量，矫正队伍相对弱小，且矫正项目相对单一，未对女性社区矫正对象实施特殊矫正教育。作者建议应尽快建立一支以社区矫正执法人员为核心力量、社会工作者参与、社会志愿者为辅助的专兼职相结合的社区矫正工作人员队伍，设计适合女性社区矫正对象特点的矫正方法。[2]杨木高（2021）的"新世纪以来女犯矫正理论研究的回顾与展望"整理了 20 年以来对女性社区矫正对象的理论研究成果，发现研究具有"有组织、接地气、持续性、多角度"的特点，指出针对女性犯罪跨部门、跨学科的研究鲜见，对研究成果的转化与运用应重视和提高。王恬恬（2020）的"社会工作介入女性社区矫正工作的研究——以黑龙江省佳木斯布×司法局为例"通过对黑龙江省佳木斯市×司法局中的女性社区矫正对象开展个案调查，发现当前针对女性社区矫正立法不完善，工作开展具有局限性，社会力量参与度低。作者以社会支持理论、增权理论等对×司法局女性社区矫正对象存在的问题进行研究，并提出政府在矫正工作中的重要作用，要协调多部门、多方面开展矫正工作，动员多方力量，协助女性社区矫正对象进行矫正教育，促进社会融入。[3]张磊等（2021）的"女性社区矫正对象回归社会的困境与出路——以某区社会支持系统的构建为例"分析女性社区矫正对象再社会化过程中的困境，以某区社会支持系统的构建为例，指出女性社区矫正对象存在高龄、高学历化趋势，且就业意愿呈两极化状态。作者建议要以正式社会支持为主导，辅之以非正式社会支持，重视构建以情感支持为主的心理帮扶体系，完善以就业支持为主的社会保障制度，让女性社区矫正对象在专业的社会化关怀中回

---

〔1〕　参见佟向杰："女性社区矫正对象的特殊性及社会工作的介入"，载《全国情商（理论研究）》2011 年第 14 期。

〔2〕　参见杨木高："新世纪以来女犯矫正理论研究的回顾与展望"，载《犯罪与改造研究》2021 年第 3 期。

〔3〕　参见王恬恬："社会工作介入女性社区矫正工作的研究——以黑龙江省佳木斯市×司法局为例"，东北石油大学 2020 年硕士学位论文。

归社会。[1]

西方发达国家的社区矫正起步早，矫正工作开展已经有很长的历史，实践经验相对充足，针对弱势群体增强社会适应能力助力社会融入的研究也较全面。世界上第一部有关社区矫正的法律是1973年美国明尼苏达州通过的《社区矫正法》，欧美国家的学者从法学、心理学、社会学等方面对社区矫正对象进行研究。根据美国第19版的《社会工作大全》丛书，研究人员在他们的文章中列举了司法社会工作者的工作领域，其中就涉及了女性犯罪及其政策建议。[2] 在美国也有针对女犯特殊需求的机构，如霍普之家（Hopper Home）和萨拉·鲍威尔·亨廷顿之家（Sarah PowellHouse），它们强调培育女犯生活技能，强调自立自强思想，重视朋友、同伴的支持和参与家庭和社区生活。[3]

通过对文献的检索和初步分析可以看出，此研究领域中仍有诸多值得深入探讨之处。因此，本文选择以基于优势视角的社工介入促进女性社区矫正对象社会适应为研究主题，致力于评估女性社区矫正对象社会适用能力改善与运用优势视角理论介入之间的关系，为提高罪犯改造的质量，实现其社会融入提供高级别证据。

三、对象与方法

（一）检索策略

使用计算机检索以下数据库：中国学术期刊 CNKI 数据库、维普中文期刊服务平台、万方数据资源系统、读秀知识库、中国人民大学复印报刊资料数据库。检索词主要涉及：优势视角、女性社区矫正对象、社会适应，在检索词的查询中，根据概念的相近性或包含关系将优势视角扩大至赋权、增能、抗逆力；将女性社区矫正对象扩大至女性社区服刑人员、女性社区矫正人员；将社会适应扩大至社会化或再社会化或社会融入。检索式：（优势视角

[1] 参见张磊、马寅矗、王超："女性社区矫正对象回归社会的困境与出路——以某区社会支持系统的构建为例"，载《犯罪与改造研究》2021年第10期。

[2] 参见谭飘："女性社区矫正对象的社会工作介入研究——以长沙市开福区为例"，湖南师范大学2017年硕士学位论文。

[3] 参见杨梦暄："社会工作介入女性社区服刑人员的社区矫正研究"，河北大学2019年硕士学位论文。

OR 赋权 OR 增能 OR 抗逆力）AND（女性社区矫正对象 OR 女性社区服刑人员 OR 女性社区矫正人员）AND（社会适应 OR 社会化 OR 再社会化 OR 社会融入）。

（二）纳入与排除标准

1. 纳入标准

（1）采用社会科学研究方法；（2）检测任何以优势视角理论作为介入理论指导对女性社区矫正对象社会适应的帮扶；（3）案主为女性（包括缓刑、假释期接受社区矫正的女性罪犯以及管制、暂予监外执行的女性社区矫正对象）；（4）结局指标特指：有利于促进女性社区矫正对象社会适应；（5）语种为任何一个国家采用中文写作的文献；（6）公开发表或未公开发表；（7）发表年限：2012 年 3 月 1 日至 2021 年 12 月 31 日；[1]（8）采取观察性研究。经过筛选，共有 3 篇文章符合条件。

2. 排除标准

（1）排除主题与女性社区矫正对象社会适应无关的研究；（2）排除纯理论研究及不能有效提供重要信息的研究；（3）排除通过多种数据库查找的重复研究；（4）排除目的涉及提高监狱管理水平的研究；（5）无权限下载的文献；（6）报纸、杂志等非学术类刊物。

（三）研究的质量评价标准

鉴于干预措施与结论异质性较强，本研究运用限制偏倚风险的评估工具对所纳入的文章进行整体质量评分，评价方式主要采用观察性研究质量评价工具（STROBE 声明）。观察性研究质量评价工具（STROBE 声明）的评测原则主要有以下方面：题目和摘要（题目和摘要是否用专业术语表示研究设计）、背景和合理性（是否对研究背景和原理进行解释）、研究目标（任何预先确定的假设是否详细指明人群、暴露和结局等）、研究设计（是否写明研究设计的要素）、研究现场（是否清楚描写研究现场、具体场所和相关时间）、研究对象（队列研究是否描述研究对象的入选标准、来源和方法，描述随访方法等）、研究变量（是否明确界定结局指标、暴露因素、预测指标、潜在混

---

〔1〕 2012 年《实施办法》是我国《社区矫正法》颁行之前社区矫正领域重要的规范性文件，故本研究选择将 2012 年 3 月 1 日即 2012 年《实施办法》实施之日作为纳入文献的起始发表期限。

杂因素及效应修饰因子，如有可能应给出诊断标准)、资料来源与评估（是否描述每一研究变量的数据来源和详细的测定、评估方法等)、偏倚（是否描述潜在的偏倚及消除方法)、样本量（是否描述样本量的确定方法)、定量指标（是否解释定量指标的分析方法，如有可能应描述如何选择分组及其原因)、统计学方法（a. 描述所用统计学方法，包括控制混杂因素的方法；b. 描述亚组分析和交互作用所用方法；c. 描述缺失值的处理方法；d. 描述敏感度分析)、研究对象（a. 详细报告各研究阶段中研究对象的数量；b. 描述各阶段研究对象未能参与的原因，帮助读者判断研究人群是否代表目标人群，是否产生偏倚例)、描述性资料（a. 描述性资料是否描述研究对象的特征以及暴露因素和潜在混杂因素的信息；b. 描述各相关变量有缺失值的研究对象数量；c. 队列研究描述随访时间)、结局资料（a. 报告结局发生事件或暴露类别的数量 b. 队列报告研究发生结局的数量等)、主要结果（是否给出未校正和校正混杂因素的关联强度估计值、精确度等)、其他分析（有无报告其他分析结果)、重要结果（是否概括研究假设的重要结果)、局限性（是否结合潜在的偏差和误差来源，讨论研究的局限性及潜在偏倚方向和大小)、解释（是否结合研究目的、局限性、多因素分析和其他相关证据解释结果)、可推广性（讨论研究结果是否具有普适性和可推广性)、资助（是否写明研究的资金来源和自助者）等 22 个方面进行整体评价。由此，对观察性文献进行评分，评分标准为："是"计 1 分，"不清楚"计 2 分，"否"计 3 分。总分得分为三个类型，分别代表不同的风险水平：22~36 分为低风险，37~51 分为中风险，52~66 分为高风险。

四、研究结果

（一）纳入过程

由两名评价者根据纳入排除标准独立检索筛选文献，阅读题目、摘要和全文，共纳入 3 篇文献（如图 1)。

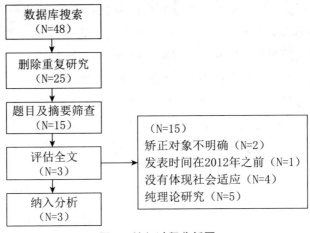

图1　纳入过程分析图

（二）纳入研究情况

一共纳入3篇观察性研究，从纳入的研究对象上看，针对经济犯罪等不同犯罪类型，缓刑、假释等不同刑罚类型及不同心理行为特征的女性社区矫正对象。从犯罪类型及研究样本数量上看，有2项是针对经济犯罪（杨梦暄，2019；刘令衣，2020），且只有一个研究对象，有1项是针对多个研究对象（黄译，2020）。从刑罚的类型来看，有2篇是针对被判处缓刑的女性社区矫正对象适应社会进行的分析（杨梦暄，2019；刘令衣，2020），其余1篇文章的研究对象包括被判处缓刑的女犯、暂予监外执行和假释的女犯（黄译，2020）。从矫正对象年龄来看，2篇是针对30岁~50岁的矫正对象（杨梦暄，2019；黄译，2020），1篇是针对20岁~30岁的女性社区矫正对象进行的研究（刘令衣，2020）。

从研究方法来看，主要运用案例分析法、文献法、参与观察法、访谈法来了解女性社区矫正对象的现状及其问题（黄译，2020），运用优势视角理论介入主要是采用个案研究的方法（刘令衣，2020）。

从纳入研究的文献选取时间上看，纳入的文献刚好是近3年之内发表的文章，主要是描述性研究，在3篇观察性文章研究中，其中2篇实地调查的周期为3个月（刘令衣，2020；杨梦暄，2019），剩余1篇未明确进行描述（黄译，2020）。

（三）纳入文献的质量分析

针对已纳入的3篇文章，运用观察性质量研究评价工具（STROBE声明）

对纳入文章进行文献质量分析。3 篇文章均为 2012 年之后的研究，经过系统评分其中 3 篇都为低等偏倚风险，偏倚风险越低表示原材料的可信度越高，偏倚风险越高则说明原材料并不具备参考价值。

在 3 篇观察性研究的文献中，"社会支持网络视阈下女性社区矫正人员的社会融入困境与对策研究——以温州市龙湾区为例" 以实地调查法的方式对龙湾区司法行政部门及社区矫正人员收集资料，从多个维度分析龙湾区女性社区矫正对象存在的社会融入问题，分析优势视角对女性社区矫正对象社会融入是否具有促进作用，详细描述其数据来源与测量方法，通过 STROBE 声明评分为低等风险；"社会工作介入女性社区服刑人员的社区矫正研究" 的研究对象为被判处缓刑的女性社区矫正人员，通过观察性研究的方式对女性社区矫正对象重新回归社会进行深入剖析，通过 STROBE 声明评分为低等风险，本篇文章具有一定的参考价值并具备一定的推广价值。"女性社区矫正对象再社会化的个案研究" 对此领域的现有相关研究进行了归纳与整理，运用访谈法、参与观察法进行个案研究，根据研究对象个体特征制定服务计划，数据真实且具有参考价值，通过 STROBE 声明评分为低等风险。

（四）效果分析

从具体干预效果来看，首先，基于优势视角的社工介入对于促进老龄女性社区矫正对象社会适应具有较为显著的效果（见表 1）。本次纳入的 3 篇原始研究中，有 1 篇研究针对老龄女性罪犯提供基于优势视角的社会工作介入服务，从研究质量上看，该项研究为低风险；从研究结果上看，该项研究结果具有显著性（黄译，2020）。研究结论也印证了优势视角对于帮助老龄女性社区矫正对象发现自我价值，树立自信心，提高问题解决能力，提升社会适应能力，最终顺利融入社会具有促进作用。

其次，基于优势视角的社工介入对于促进具有多次犯罪前科的女性社区矫正对象社会适应具有较为显著的效果。有文献显示，经过 3 个月的个案介入后，女性社区矫正对象的再社会化程度明显提高（黄译，2020）；同时也有文献显示，通过参与观察并结合社区工作，女性社区矫正对象重新融入社会的程度显著提高（杨梦暄，2019）。

再其次，提供超过 3 个月的基于优势视角理论的社会工作介入，对于促进女性社区矫正对象社会适应有较为显著的效果。1 篇研究的介入期间大于 3

个月，并取得明显效果。例如，有学者通过在社区对女性矫正对象进行优势视角帮扶后反馈，坚持 3 个月以上接受帮扶的女性社区矫正对象，在遇到困难时仍会出现自我怀疑，自信心被打击，此时若继续开展优势视角帮扶，对于该矫正对象适应社会具有积极的作用（刘令衣，2020）。

最后，基于优势视角理论的介入工作需要家庭、朋友、邻里以及社会的共同支持，才能取得既定效果，同时最好运用社会工作的个案工作方法和社区工作方法对女性社区矫正对象的心理与行为进行干预。本文纳入的 3 篇文献中，都采用了家庭关爱、朋友帮助和社会工作实务相结合的方法，均取得较好的矫正效果。

表 1　纳入研究的显著性特征表

作者	时间（国家）	风险	提升社会适应能力	针对群体
杨梦暄	2019（中国）	低	Y	女性经济罪犯
刘令衣	2020（中国）	低	Y	女性经济罪犯
黄译	2020（中国）	低	Y	女性其他罪犯

五、讨论

如前所述，经过观察性研究质量评价工具（STROBE 声明）测评后，证明基于优势视角的社工介入能够有效地促进女性社区矫正对象的社会适应，本次系统研究主要是纳入了 2012 年以后的 3 篇文章，在促进女性社区矫正对象社会融入的过程中，家庭、朋友、社区、政府等对女性社区矫正对象的社会适应能力提升起到了极为有效的作用。本次研究存在以下局限：（1）由于检索到的可用性文章很少，因此选取的文章只有 3 篇，数量偏少，且研究所选取的原始研究均为观察性研究，缺乏实验性研究的文献。（2）所针对的群体是较为广泛的，并未明确具体的针对某一年龄或某一犯罪类型的女性社区矫正对象进行社会适应的分析。（3）由于英语水平有限，本文在进行资料的搜集检索时，并未对英文的文献进行检索，可能会在一定程度上影响系统评价的严谨性。

上述只是对本次研究中的不足进行了简单的归纳，这些都是值得我们注意的。同时，通过此次对文献资料的搜集，发现针对女性暴力犯罪社区矫正对象社会适应的研究几乎没有，因此在未来的研究中，需要特别关注基于优势视角的社工介入对于促进暴力犯罪的老龄女性社区矫正对象社会适应的矫正效果。

六、思考

通过前期研究，本文简单阐述了本次系统评价的局限性和下一步研究计划。同时通过本次系统评价，发现在传统社区矫正实践中，有一部分矫正措施由于具体操作等原因存在无效性，或是研究结果无法证明其有效，并且司法行政机关投入的公共资源也会存在未达到预期效果等问题。而循证研究范式大大弥补了传统研究范式的不足，循证矫正旨在寻求最佳证据，能够有效解决传统矫正范式效力不足等问题，使得社区矫正措施更有效。从理论研究上升至实践意义得力于循证研究结论的转化与推广，为此，笔者提出以下建议：

（一）细化女性社区矫正制度

制度因素是导致女性社区矫正对象社会适应困难的原因之一。制度因素主要是指执行机关的矫正方法、部分法律法规、资源整合政策等。女性社区矫正对象对政策性支持的满意程度越高，她们对社会支持利用度就越高。[1]所以社区矫正政策应尽可能满足女性社区矫正对象的合理需求，这样有利于她们对社会支持利用最大化，使她们更顺利地适应社会。

我国社区矫正工作自 2009 年在全国全面推开，由于起步较晚，女性社区矫正对象的教育矫正工作还不够完善，有关女性社区矫正对象教育矫正的研究也还处于起步阶段。2012 年《实施办法》将未成年社区矫正对象作为一个特殊群体制定了特定的政策，而对女性社区矫正对象这一社区矫正的另一弱势群体，并没有制定针对性的法律政策。其后颁布实施的《社区矫正法》设定专门一章规定未成年人社区矫正特别规定，包括有针对性的矫正措施，与成年人分别矫正，矫正中监护人的义务，身份信息的保密等，而仅在第 25 条规定针对女性社区矫正对象，矫正小组应有女性成员，尚无专门女性犯的社

---

[1] 参见陈姝宏："社区矫正对象再社会化研究——以长春市 D 区典型街道、社区为例"，吉林大学 2014 年博士学位论文。

区矫正制度。我国现行的矫正机制、管理机制、评估标准等几乎都是按照矫正对象中占大多数的男性社区矫正对象设计出来的，很少考虑到女性社区矫正对象的弱势地位和特殊性。[1] 在社区矫正机构为主导的社区矫正过程中，大多是重视监督管理与教育矫正等法律法规要求的社区矫正程序，忽视了女性社区矫正对象对于家庭和社会关怀的迫切需要，强硬的社区矫正工作方式有时候会也引起一定的争议，比如有些地方的社区矫正工作人员身着职业制服，走访的时候开着警车，女性社区矫正对象的心理更加脆弱和敏感，更容易引发她们的自卑心理，时时刻刻都是在提醒她们自己与别人不一样，社区归属感和社会融入意愿降低，进而会影响她们社会适应能力的提升。

为了确保法律适用的可操作性，还需要制定更为详细的女性社区矫正制度实施细则。第一，女性社区矫正对象有其自身的独特性，比如心理承受力弱，经济依附性强，通过加强制度建设，充分激励和发挥家庭的协助矫正功能，并构建妇联等女性组织参与社区矫正的常态机制，帮助女性社区矫正对象从心理层面提升社会适应能力。第二，建立适宜女性社区矫正对象的安置帮教制度，挽救处于社会边缘的女性社区矫正对象。比如说，针对因犯罪而失业的女性，国家可以通过政策鼓励企业参与社区矫正对象再就业，对响应企业实施优惠补贴，促使企业积极主动帮助女性社区矫正对象更好地适应社会。同时，开展职业技术教育，拓宽其经济来源。[2] 从历年来数据统计分析，造成女性社区矫正对象社会适应困难的原因很多，比如文化程度偏低，没有一技之长，精力体力明显低于男性，情绪不稳定等。而且国家对于犯罪人的再就业还有特别限制。有些女性社区矫正对象在接受社区矫正后会失去之前的工作，就业情况变得不稳定。就业是自身的经济来源，是融入社会的物质基础，通过工作才能满足自己及家人的基本生活需求，实现自己的价值，女性社区矫正对象也不例外，尤其在现代女性意识逐渐崛起的社会，大多数女性社区矫正对象都有强烈的就业意向。因此提高女性社区矫正对象的职业技能，拓宽就业渠道是提高其社会适应能力的关键举措。

---

〔1〕 参见杨彩云："社区服刑人员的社会融入与精神健康：基于上海的实证研究"，载《华东理工大学学报（社会科学版）》2014 年第 4 期。

〔2〕 参见自正法："涉罪未成年人社区矫正的实证考察与治理路径"，载《西南民族大学学报（人文社科版）》2020 年第 10 期。

（二）建立"家—友—社"良性环境体系

家庭对女性社区矫正对象社会融入是非常关键的。女性社区矫正对象在家庭中充当着不同的角色，母亲、妻子、女儿，家人的支持是其最重要的情感支持来源。在矫正过程中，社区矫正工作人员应当采取适当措施，帮助女性社区矫正对象恢复或者重建其与家人之间的情感纽带。通过获得家人的支持与鼓励，来消除其自身的敏感和不安，促使其更好地适应社会。

女性因自身的人际交往范围比较窄，朋友是其主要的倾诉对象。但调查显示，女性在进行社区矫正时，因自身的羞愧，拒绝主动与亲密的朋友进行联系，情绪的宣泄途径关闭，导致不良情绪大量聚集，更不易于其社会融入。[1] 此时，就更需要朋友主动的关怀与开导，及时与她们进行沟通，给其提供强有力的情感支撑，帮助她们适应社会。

社区是女性社区矫正对象社会交往与互动的社会空间，也是实施社区矫正的主要场所。良好的社区关系可以帮助女性社区矫正对象更好地适应社会。各个社区可以因地制宜开展各项社区文化活动，加强女性社区矫正对象、社区居民、社区矫正工作者之间的沟通与交流。通过这种交流与互动，使矫正人员接受正确的价值引导，让其对社区有归属感和被认可感。

总之，在对女性社区矫正对象开展提升其社会适应能力的社区矫正时，离不开家庭、朋友及社会的支持，特别是与其关系亲密的家人对女性矫正对象进行鼓励，使其重建自信心与自我认同，会有事半功倍的效果。"家—友—社"良性环境体系是一个循序渐进的过程，在前期，女性社区矫正对象的心理更脆弱，家人和朋友往往比社会对女性矫正对象有更多的善意和耐心，使女性社区矫正对象初建信心，才更有勇气适应社会、融入社会。

（三）继续开展女性社区矫正工作循证实践

首先，建立女犯矫正循证试点社区。我国社区矫正开展时间不长，目前还没有针对女性社区矫正对象的试点社区，循证实践应在合适的试点社区开展。建议选择包括不同年龄、不同犯罪类型以及不同刑罚类型的女性社区矫正对象在内的社区进行试点，使女犯矫正试点社区具备较高的试点价值。同时，设置社工机构入驻门槛，社工机构应经过培训指导后，具有熟练掌握循证矫正

---

〔1〕 参见郭砾："女性犯罪的社会性别视角"，载《大连大学学报》2001年第5期。

的能力，方能进入社区实施基于优势视角的社工介入。此外，系统评价结果显示提供超过 3 个月的基于优势视角理论的社会工作介入，对于促进女性社区矫正对象社会适应有较为显著的效果，故应延长社工介入的期限。当然，对介入的效果评估，还应建立起科学的评估与反馈体系，注重结果的科学性和有效性。

其次，辩证实施矫正工作。司法社会工作者在进行矫正实践时，可以采用多种形式，既可以开展小组工作，也可以进行个案实践。矫正项目的制定要体现个性化，方案实施过程既要体现女性社区矫正对象的个体特性，也要在一定程度上反映共性。在对矫正方案进行优化时，创新矫正模式，使方案更具科学化；在开展循证矫正工作时，个案矫正与类案矫正协调开展，大样本对照试验与系统性调查研究协同推进。

再其次，通过大数据优化矫正方案。基于女性社区矫正对象生理及心理上的特殊性，社区矫正工作人员通过数据库收集整理的信息和拟定的方案只是初步的基础性方案，未能体现矫正对象的个案特征。在社工介入后，应当根据基础矫正方案的实施情况、女性社区矫正对象行为与心理的变化等，对矫正方案进行调整与优化，使其更适合矫正对象。搭建增强女性社区矫正对象社会适应能力提升的大数据平台。而调整优化后的实证依据、项目、目标与矫正结果均通过数据库留证，并可再隐去真实身份信息后通过司法大数据平台实现共享，以便为未来的矫正工作提供参考。具体而言，通过大数据优化矫正方案是指采用"互联网+"模式将矫正对象的基本信息存储于平台上，实时更新矫正对象的活动轨迹及矫正效果，并与各地矫正机构进行经验分享。平台上可设有不同学习版块，如职业技能培训、电子书刊等供矫正对象学习，通过学习在一定程度上提升女性社区矫正对象的社会适应能力。但须注意两个方面，一是矫正对象隐私保护。平台应设置防入侵及重要信息隐藏，防止信息泄露；二是建立专项资金保障机制。平台的维护与运转离不开资金的支持，大量的信息存储及矫正开展需要专项资金予以保障。

最后，建立定期回访机制。女性社区矫正对象心思较敏感。在矫正工作开展末期及矫正工作结束后，要对其进行定期回访，了解社会适应的进程。若发现其有退缩、自我怀疑的行为，应再次介入，调整其心理状态，探索出现该状况的原因，做好经验积累，帮助其解决问题。建立定期回访机制有助于矫正工作的深入开展，真正帮助女性社区矫正对象回归社会。

社区矫正帮扶问题研究[*]

李明春[**]

摘 要：对轻微罪犯实施非监禁、轻缓化处置，是 20 世纪 80 年代以来世界各国刑罚发展的主导方向。尽管《社区矫正法》对帮扶主体、运行机制等内容作了系统规定，但目前我国社区矫正帮扶领域还存在理念落后、制度排斥、项目虚化等缺陷。应通过树立刑罚人道理念、修缮法律制度、激励企业参与、实现公平就业等途径实现帮扶途径的优化。

关键词：社区矫正；帮扶；《社区矫正法》；公平就业

对轻微罪犯实施非监禁、轻缓化处置，是 20 世纪 80 年代以来世界各国刑罚发展的主导方向。以惩罚性为基础、以恢复性为核心、以重返社会为目的的社区矫正，是一项重要的刑事司法制度。社区矫正一般包括监督管理、教育帮扶两项工作。前述两项工作，监管是基础，帮教是核心。"帮教"在多数情况下又统称为"帮扶"。根据内容的不同，通常划分为经济困难、重新就业、家庭关系、社会适应与心理健康五方面的帮扶。轻微罪犯在承受刑事处罚代价的同时，均面临重新回归社会的使命。国家在惩戒这些轻微罪犯的同时，当然也负有促进他们重返社会的义务与责任。为此，我国 2020 年 7 月 1 日施行的《社区矫正法》，用 9 个条文专章规定"教育帮扶"，凸显了社区矫正的恢复性价值。

---

　* 本文为四川省社区矫正研究中心项目"社会力量参与社区矫正研究"阶段性成果（SQJZ2017-03）。

　** 李明春，男，北京市慧诚（成都）律师事务所专职律师。

一、社区矫正"帮扶"之境外经验

在西方国家，社区矫正工作包括"监督"与"帮助"。从历史嬗变视角审视，社区矫正在产生之初，就是以"帮助"社区罪犯为主要背景的。梳理现有境外"帮助"制度创新以及潮流，可以找寻借鉴之处。

在西方，帮助（包括"治疗""社区矫正计划""释放后安置""改造"等多种提法）犯罪人是社区矫正的重要内容。从欧美等西方国家看，作为社区矫正最初起源的缓刑，是以"帮助"社区罪犯为主要内容的。譬如，作为"缓刑之父"的约翰·奥古斯塔斯就是通过帮助醉酒者而赢得法院暂缓判决的。仅仅是随着矫正哲学和刑事政策的转变，特别是20世纪70年代中期以来刑事政策趋于严厉，监督地位更加凸显，而帮助似乎降到了次要地位。尽管如此，帮助或者服务，仍然是社区矫正的重要方面。

（一）"帮助"之前的需求评估

"帮助"社区矫正对象，通常要遵循一定程序。其中，首要的是进行"需求评估"。在北美、英国还通过研究，设计出了评估需求的专门量表。如威斯康星州矫治局编制的"当事人需要评估"（Assessment of Client Needs）量表。[1] 评估内容从瘾癖戒除、心理疏导到吃穿住行等无所不包。需求评估目的在于掌握社区矫正对象心理需求基础上便于采取有针对性的矫正项目与举措。

（二）帮助内容广泛，特别强调就业帮助、职业技能培训

国外社区矫正"帮助"涵盖经济困难、就业、就学、社会交往、心理矫治等多方面，既包括物质帮助，也包括借助宗教力量的"精神帮助"，但特别强调就业帮助与职业技能培训。

社区矫正对象无法就业，会增强其再次犯罪几率。美国的特伦斯·肖恩波利与 R. L. 克里斯汀森两位犯罪学家，通过对1000名生于费城的男性犯罪的研究得出结论：失业对于犯罪的增加具有即时的或短期性刺激效果，两者具有相互强化的关系。[2] 西方学者普遍认为，对包括社区矫正对象在内的刑

---

〔1〕 参见吴宗宪：《社区矫正比较研究》（上），中国人民大学出版社2011年版，第378页。

〔2〕 参见李光勇："社区矫正人员帮扶现状、困境与对策调查研究"，载《中国刑事法杂志》2013年第4期。

释人员提供技能培训和就业帮助，是预防他们重新犯罪的重要手段。为此，不少国家，如德国推行"日间假释"制度（即白天走出监狱，晚上回到监狱，使罪犯逐步过渡到自由状态），爱尔兰还为社区矫正对象实施免费1~3个月的职业技能培训，美国在早期设立"感化院"，用于训练矫正对象的劳动技能。

（三）项目化经营、市场化运作

美国社区矫正的项目设置是目前世界上最先进且最具有代表性的制度。美国的社区矫正项目主要分为干预类（如对家庭暴力犯罪的干预）、改造类（如认知行为治疗）、药物滥用的管理与治疗类（如对毒品犯罪者的脱瘾治疗）、管控和惩戒类（如矫正训练营、中间制裁）四个大类。同时，每个州的矫正项目均各不相同，但都具有针对性。

如何对社区罪犯进行管理？境外不少国家有成功探索。如英国自2014年起通过政府购买服务方式在全国设立社区更生公司，将轻微罪犯，即"一般风险、低度风险罪犯"，委托给21家社区更生公司进行管理。[1] 社区更生公司与罪犯管理部门之间仅仅是民事合同关系，没有行政隶属，公司在人财物等方面独立运作。此类罪犯管理模式，激发了非政府组织参与社区矫正工作的积极性与活力。

（四）强调社会力量参与

社区矫正需要对轻微罪犯实施惩罚，让其对自己犯罪行为付出代价，诸如权利剥夺、人身自由受限、名誉受损。但社区矫正以社区矫正对象的重返社会为根本目的，为此，它不仅需要家庭、社会的接纳，更需要社会保护和社会支持网络。引导普通民众对社区矫正对象实施帮助，"民间主导、官民互动"，是日本社区矫正的显著特色。由私营企业经营的"矫正援助馆"，如"矫正援助妇女联合会""大哥哥大姐姐运动"等组织。[2] 前述社会组织都无偿为社区矫正对象（包括刑满释放人员）提供物质乃至精神上的帮助；同时，他们对于社区罪犯的矫正针对性也较强，会更多站在矫正对象视角保障其权益。日本的"中途之家"成了世界各国学习的典范。

---

〔1〕 参见刘强等：《社区矫正制度惩罚机制完善研究》，中国人民公安大学出版社2016年版，第69页。

〔2〕 参见冯建仓、闫佳："国外社区服刑人员权利保障对我国的借鉴"，载《犯罪与改造研究》2017年第7期。

二、《社区矫正法》关于"帮扶"规定之解读

针对社区矫正对象回归社会通常面临的思维紊乱、生活救助与情感依赖等问题，《社区矫正法》第35条至第43条构建了多元化的帮扶体系。具体而言包括以下内容：

（一）帮扶主体：政府主导、部门参与、社会协同

《社区矫正法》第8条、第35条，分别规定了根据需要设置"社区矫正委员会"以及"动员社会力量"来从事帮扶工作；该法第37条至第39条还规定，社区矫正机构应当"协调有关部门和单位……开展职业技能培训""引导志愿者和社区群众……进行必要的教育帮扶""社区矫正对象的监护人、家庭成员，所在单位或者就读学校"也有义务从事帮扶工作。在此，《社区矫正法》建构了社矫委员会统筹协调、地方党政统一领导、司法行政组织实施、社矫机构具体执行、相关部门协调配合、社会力量广泛参与的帮扶机制。将各级党委政府、有关部门、企业事业单位、工青妇等人民团体、居（村）委会以及社会力量均纳入了社区矫正帮扶主体。这一机制清晰划分了社区矫正工作的协调主体、领导主体、承担主体、协助主体与参与主体。尤其值得注意的是，居（村）委会以及矫正对象的工作单位、保证人、家属，以往是作为社区矫正志愿者，而根据《社区矫正法》，前述人员参与社区矫正工作是法定义务，体现了社区矫正的目的在于通过帮扶让矫正对象实现回归社会。

（二）帮扶原则：因"需"而个别化

根据《社区矫正法》第36条之规定，帮扶应当根据社区矫正对象的"实际情况"，充分考虑其工作和生活需求。为此，《社区矫正法》废止了2012年《实施办法》中关于"每月不低于8小时教育学习""每月不少于8小时社区服务"的硬性规定，体现了社区矫正不过度干预矫正对象工作与生活的原则，要"因矫正情况而异"，强调帮扶的效果与精准。

《社区矫正法》还将"社区服务"改为"公益活动"，并取消"每月不少于8小时教育学习"的"标配"规定，[1]这一重大变化是对理论界"公益劳动不是社区矫正对象应当承担的一项刑事强制义务"的肯定，凸显了社区劳

---

〔1〕 参见杨维立："公益劳动服务应成社区矫正'标配'"，载《宁波日报》2019年12月23日，第8版。

动的目的在于培育社区矫正对象的社会责任，是帮扶手段，而非此前实践中将此作为管理手段。

依据《社区矫正法》第43条的规定，社区矫正对象可以申请社会救助、参加社会保险、获得法律援助，第37条还强调应帮助"在校学生完成学业"，在此构建了广泛的帮扶内容。

（三）帮扶运行机制：队伍建设专业化、社会支持多元化、项目委托市场化

针对实践中从事帮扶工作大多不是专业人士的情形，《社区矫正法》要求社区矫正机构应当配备具有专业知识的专门人员履行帮扶职责，并组织专业社工开展相关工作，强化了队伍的专业化建设；同时，明确了居（村）委会、就职单位或就读学校以及其他企事业单位、社会组织、志愿者等社会力量依法参与社区矫正受法律保护的多元化社会支持机制。该法第40条还对实施项目委托和市场化公开择优购买社会服务予以规定，前述规定汲取了国外的成功经验。

（四）帮扶保障机制

《社区矫正法》要求各级地方政府（含乡镇、街道）设立社区矫正委员会，负责统筹协调和指导辖区的社区矫正工作。这一协调机制对因地制宜、充分利用地方资源优势开展帮扶提供了重要保障。《社区矫正法》第41条还对帮扶保障机制作出了具体规定，通过前述具体规定可以获得所需的场地、岗位、培训机会等条件。同时，《社区矫正法》第6条要求各级政府保障社区矫正经费，并特别明确：居（村）委会协助社区矫正工作所需经费列入本级政府的财政预算。前述规定解决了长期以来社会力量参与社区矫正工作有关帮扶保障，有利于建立社会支持的长效机制。

诚然，该法在帮扶领域还存有盲点，诸如第25条没有明确规定矫正小组中应包含多少位居（村）委人员、社区矫正对象的监护人、保证人、家庭成员等参与主体；吸纳进矫正小组的参与主体应针对社区矫正对象的不同情况扮演何种角色与责任。角色定位不明确、职责义务不清晰，难以对社区矫正人员有针对性地开展精细化的矫正工作。但该法至少明确了教育帮扶的框架性方向与原则。

三、现行社区矫正帮扶中的突出问题

尽管《社区矫正法》对帮扶进行了精妙设计，基于多方面缘由，施行中还存在不少问题。

（一）普遍存在"重监管，轻帮扶"现象

受传统报应刑思想的影响，部分社区矫正执法人员依然把社区当成了"没有围墙的监狱"，模仿监狱管理模式，只求人身管控"把人盯住""不脱管漏管""不重新犯罪"，而轻视对其的帮扶工作。普遍采用手机定位、定位装置，且采取一定到底、一戴到底的方式进行活动范围监管。这样的思路显然也是源自监狱，在司法行政机关的思维中，法律中的不得离开所居住的市县的规定，就相当于给矫正对象划定了无形的高墙，擅自越界就等于监狱罪犯越狱，如果未经批准离开所居住的市县即可认定为脱离监管。不少地方除家庭重大变故、看病就医两类事由外一概不批。某地甚至出现这样的情况：某矫正对象在农业领域取得了一定成果，获得省政府表彰，要到省城领奖，司法所请示司法局，司法局以去省政府领奖不属于"两类事由"为名不予审批。加之，帮扶工作没有专门的法律规定，缺乏应有的强制力，使得帮扶措施难以落实到位，帮扶工作在社区矫正中长期处于虚化状态。

（二）帮扶项目缺乏针对性、有效性

基层社区矫正机构在落实教育帮扶活动时通常采用以下方式：一是司法所所长或工作人员亲自充当"帮扶者"身份，为社区矫正对象讲解法律、时事政策，提供临时救助；二是司法所装备法律法规和相关书籍，让社区矫正对象到司法所学习并书写读书笔记或者心得体会；三是司法所聘请社区律师或专家为社区矫正对象开展专题讲座或活动；四是外包第三方组织，由第三方组织为社区矫正对象开展帮扶活动。虽然社区矫正机构认真、努力地组织帮扶教育，但差不多都是同一个学习内容"打包"、同一种方式的临时救助，没有考虑不同矫正对象的需求。

此外，帮扶方式采用"我说你听""我命令你服从"的模式，在"教育"的双方之间缺乏互动性，难以产生"心悦诚服"之后的行为改善。这种被动接受方式，导致帮扶效果的真实性、适应性和持续性难以确定。没

有关注社区矫正对象的犯因性需求，尤其是，农民工社区矫正对象外出务工的需求、未成年社区矫正对象就学需求、老年社区矫正对象身体健康需求等。

（三）社区矫正对象面临较多制度排斥

当前，社区矫正对象在"回归"之路上还面临不少制度排斥。如社会救助方面，经济困难的社区矫正对象一旦就业，"低保"资格即丧失，即使就业收入低于"低保"收益也没有"低保"；养老保险方面，社区矫正期间达到法定退休年龄的，需要延迟到矫正期满才能办理退休手续，享受养老保险；退休后进入社区矫正的，虽然可以继续领取养老保险金，但不参加调整。前述规定，使社区矫正对象遭遇经济压力。用人单位在录用员工之前通常会要求应聘者出具公安机关开具的"无犯罪记录证明"，使社区矫正对象遭遇就业瓶颈。又如，前科制度还影响到犯罪人的亲属享受社会经济文化权利，即使是犯轻罪的犯罪人的亲属，由于政治审查制度，报考公务员会存在职业限制问题，入伍以履行法定义务也会受到影响。

现实社会中，因前科而受到就业歧视的案件并不鲜见，2016年深圳市政府部门约谈网络约租车平台所公布的网约车司机为重大刑事犯罪前科人员有1661名的消息引发社会强烈反响，[1]不难发现，社会公众尚对有前科者持如此之多的歧视，更何况招聘单位。诸多用人单位变相地以其他理由不予聘用或者利用地位优势损害有前科者的合法权益，类似歧视有前科者的现象损害了公平正义，但是又没有相应的制度规制，没有具体的制度、机制和政策保障，公平正义便是一句空话。让一个已经受过处罚的人在合法的情况下，继续承受该违法犯罪行为带来的种种不利，将有失公正。烙印在身，犯罪人若是滋生永无出头之日的情绪，绝望之际难以控制其再次犯罪，被贴上无法撕下的"犯罪人"标签的初犯者最终将被推上再次犯罪的歧路。

前科制度有助于观察犯罪人适用刑罚的效果，但未实施任何犯罪行为的公民因其亲属为前科人员而受到职业限制，这违反了罪责自负原则。前科制

---

〔1〕 参见"深圳通报'专车'平台管理五大问题 将清理不合格司机和车辆"，载 http://www.gov.cn/xinwen/2016-03/29/content_5059591.htm，最后访问日期：2020年11月21日。

度是刑罚在刑法领域外的延伸，犯罪人在受到刑罚处罚后还要背负着一生的"延伸刑罚"的制约，是无形的再次处罚，此实际为罪刑不均衡，产生不公正的情绪会挫伤犯罪人重新生活的积极性和上进心。

（四）帮扶专业队伍建设长期欠账

由于社区矫正机构建设的缺失，这项工作被长期交由司法所承担。而司法所受制于乡镇站所的建制，本身就面临人员不足的问题，更不可能配备职业培训、心理治疗以及专业社会工作者，部分地方虽然为司法所配备了社工，但其身份和作用等同于一般单位里以劳务派遣方式聘任的辅助人员，并非按照社会工作原理开展工作。

（五）帮扶协调机制如同镜花水月

社区矫正工作长期由司法所负责，这一乡镇站所由于级别过低，在有关部门开展职业培训、就业辅导等方面难以开展相关协调工作。再加上社区矫正实施之后，我国现行法律、法规、规范性文件中一些同社区矫正不协调、不适应的规定长期得不到修改，更加大了教育帮扶工作开展的难度。例如《中华人民共和国劳动法》第 25 条规定，劳动者被依法追究刑事责任的，用人单位可以解除劳动合同；教育部《普通高等学校学生管理规定》（教育部令第 41 号，2017 年实施）第 52 条规定，学生触犯国家法律，构成刑事犯罪的，学校可以给予开除学籍处分；辽宁、湖北等地的普通高中学籍管理规定中，依然存在对被判刑的学生可以开除的条款。而对这些法律、规章、规范性文件的协调修改，没有司法部、司法厅两级的协调介入，是无法实现的，但是十多年过去，没有任何改变。

（六）帮扶价值目标出现严重错位

由于司法行政部门在开展社区矫正工作时更看重对社区矫正对象的人身管控，导致教育学习和公益劳动也异化为管控和惩罚措施，严管的多学多干、宽管的少学少干，但是每月不得少于 8 小时教育学习。甚至有的学者直接宣称，就是要通过劳动让社区矫正对象感受到痛苦。如此一来，帮助变惩罚，社区矫正对象的相关权利自然也难以得到保障。

社区矫正，来源于西方的"恢复性司法"理念，其本意就是避免监禁刑的弊害，让轻罪、不至于危害社会的罪犯在社会上接受监督考察，同时采取一定帮助其回归正常社会生活的教育帮扶措施来修复其社会关系、促使其回归社会。而 2003 年以后的社区矫正实践，却不同程度上背离了这一理念。在所谓"刑罚执行一体化"的旗号下，各种监狱管理措施都被搬到了社区矫正中，计分考核粉墨登场，惩罚式的学习劳动大行其道。甚至在一些地方，社区矫正对象到司法所参加活动时要穿上象征罪犯身份的马甲，美其名曰增强"身份意识""在刑意识"。这些措施毫无疑问都是推翻公安机关监督考察经验后对监狱的无价值模仿。众所周知，监狱的计分考核制度是以减刑、假释为抓手的，而社区矫正的减刑本身受到严格限制：缓刑罪犯除重大立功外没有减刑空间；管制罪犯本身数量极少，如何操作减刑至今没有明确规定；而假释、暂予监外执行更谈不上减刑。这种没有抓手的计分考核显然是毫无意义的。而所谓社区矫正的学习劳动不同于监狱的劳动改造，本身并非惩罚，我国也没有西方那种社区服务刑，在刑法规定的刑罚体系之外创制刑罚，违反了罪刑法定原则。而要求社区矫正对象穿马甲的做法更是毫无法律依据，具有一定侮辱性，同社区矫正修复社会关系、回归社会的理念完全背道而驰。

四、我国社区矫正帮扶工作的建议

在城乡二元经济结构的存在及"农村第三部门"缺失的语境下，无法复制发达国家的帮扶模式，需要探索本土化之路。毕竟，刑事法律规范的制定是一个国家和地区政治、经济、文化和社会发展状况的体现，而且有其特定的思想渊源和文化背景。

（一）树立刑罚人道理念

社区矫正的价值就在于通过帮扶来矫正犯罪人的心理和行为恶习，促使其重返社会，而不是惩罚犯罪，即"惩罚为恢复，监督为回归"。为此，社区矫正担负的监督管理、教育帮扶任务中，监督管理是基础，帮扶教育是核心。罪犯回归社会、回归正轨，不仅仅是其行为本身，更是仰仗其心灵。而心灵的扶正，必须仰仗教育帮扶。

随着刑事理念的进步，国家在刑事执行过程中的角色也随之变化。国家应去除对刑罚的崇拜与依赖，树立"共建共治共享"的社会治理理念；社区矫正机构也应理性对待社区矫正对象，克服以报应为主题的"重刑主义"而树立"刑罚人道"理念，对其工作与生活不实施过度干预，为重返社会创造相关宽松的环境与机会。

（二）帮扶需求评估，实施"精准"帮扶，避免随意性

在对社区矫正对象进行帮扶之前，应有一个精准的需求评估，以明白社区矫正对象究竟需要什么。犯罪学研究发现：一些因素往往与持续性犯罪密切相关，如薪酬收入低、住房条件差、就业不稳定、滥用药物或酗酒、与家人关系紧张、心理障碍、在家庭或学校受过严厉而反复无常的纪律惩戒等。而这些因素在很大程度上表明了犯罪人的心理需求，它们可以为社区矫正工作者的矫正介入提供重要参考。

如果社区矫正工作人员缺乏对社区矫正对象相关情形的知悉，显然难以实施有针对性、有个性化、精准性的帮扶。为此，应由单向强制灌输向"个性需求导向"转变；公益活动项目由"简单劳动型"向"多元需求型"转变，要有与其匹配的公益活动项目供其选择；帮扶内容由"传统救助"向"按需帮扶"转变，并及时制定个别化帮扶措施。

（三）激励企业参与帮扶

企业是提供就业的源泉。目前，需要倡导企业发挥社会责任，引导有良知、有善心的企业家们积极参与到社区矫正对象的就业中来；同时，企业接纳社区矫正对象，承担了一定的人身危险性和劳动生产率降低的风险，也需要接受法律、政策、税收减免、财政资金补助等方面的支持。此外，还可以借鉴"新疆经验"，对社区矫正对象实施免费的职业技能与文化培训，并推荐到当地企业就业。所谓"新疆经验"，即新疆政府依照有关法律法规，在新疆和田、喀什等地开办职业技能教育培训中心，对被恐怖主义和极端主义愚弄的违法群众，以职业技能培训的方式，展开源头治理。此外，还可以鼓励职业技术院校参与社区矫正对象的职业技能培训。基于当前社会重视证书、学历的实际，社区矫正对象要获得就业，多数地方还需要拥有职业技能证书、学历证书。若将职业技术院校作为社区矫正对象的职业培训阵地，可以帮助其了解最新就业政策、选择合适职业、获得就业技能、获得职业技能证书。这些既是职业技术院校的社会责任，也能弥补计划生育政策带来的生源不足的问题。司法行政部门与职业技术院校共建职业教育体系，既可以充分保障社区矫正对象种类繁多的就业需求，又能在一定程度上缓解司法行政部门自

建职业教育软硬件欠缺的问题。[1]

民政部等六部委 2014 年颁布的《社会力量参与意见》规定，提供社区矫正服务的社会组织符合规定条件的可以享受相应的税收优惠政策。但遗憾的是，《社会力量参与意见》基于其规范性文件的效力层级较低，实践中缺乏执行力度。笔者以为，在此不仅需要提升该《社会力量参与意见》法律效力层级，还应借鉴《中华人民共和国企业所得税法》关于企业吸收残疾人就业的做法。《中华人民共和国企业所得税法》第 30 条规定，企业安置残疾人员及国家鼓励安置的其他就业人员所支付的工资，可以在计算应纳税所得额时加计扣除。《中华人民共和国企业所得税法实施条例》第 96 条进一步规定，企业安置残疾人员的，在按照支付给残疾职工工资据实扣除的基础上，按照支付给残疾职工工资的 100% 加计扣除。如果允许吸收社区矫正对象就业的企业，享受接收残疾人就业的税收优惠，势必对吸收社区矫正对象就业的企业产生激励。笔者以为，可以行政法规或地方规章的形式，将《中华人民共和国企业所得税法》第 30 条规定的安置残疾人员及国家鼓励安置的其他就业人员所支付的工资，可以在计算应纳税所得额时加计扣除中的"国家鼓励安置的其他就业人员"扩大到"社区矫正对象"，给予安置企业税收减免，以此激励其对社区矫正对象的就业安置。

（四）修缮法律，革新帮扶制度

用"陈旧"的规范来约束、限制"新时代的公民"显得有些不合时宜。现行法律中有关前科记录、就业地域限制、政治审查等制度，对社区矫正对象的工作与生活造成极其严重的干预，不断压缩了社区矫正对象的就业空间。

笔者以为可以建立成年人轻罪前科消灭制度。现行刑法中规定的前科报告制度，容易造成前科者重返社会的障碍。让一个已经受过刑事处罚的人在合法的情况下，继续承受该犯罪行为带来的种种不利，是无形的再次处罚，此举实际为罪刑不均衡，产生不公正的情绪会挫伤犯罪人重新生活的积极性和上进心。在宽严相济的刑事政策下，应建立轻罪前科分类消灭制度，实施成年人轻罪前科消灭制度。

---

〔1〕 参见周健宇：《社区矫正人员教育帮扶体系比较研究》，法律出版社 2020 年版，第 136~138 页。

结语

国家犯罪治理体系现代化需要政府、市场和社会的多方协作参与。如何在刑事惩罚与帮扶之间调整均衡，如何大力培育社会力量、激发社会组织活力，形成国家与社会在社区矫正帮扶实践中的良性互动，对推进社区矫正工作常态化、法治化和社会化进程意义重大。

重视个案管理在社区矫正工作实践中的作用

李　英* 刘　箴**

摘　要：司法实践中，针对不同的社区矫正对象采用同一的矫正方法是行不通的，应根据每个社区矫正对象具体情况进行具体帮扶教育。因此，结合国内外社区矫正实践的有益经验，把个案管理服务吸纳进社区矫正中，不仅能够提升工作人员的服务能力与质量，而且会提高社会资源的有效利用。

关键词：社区矫正；个案管理；矫正效果

《社区矫正法》正式确立了社区矫正在我国的法律地位，也对社区矫正的工作方法和效果提出了更高要求。然而，我国社区矫正工作经历了 20 年的发展，依然存在"宏观不宏，微观不微"的状况。"宏观不宏"，即尚未建立一个完整的社区矫正工作实践体系和制度，以致工作的创新、成果是碎片化的，甚至是割裂的，缺少承接和连续性；"微观不微"，即具体的工作方法缺乏科学性和可操作性，对工作缺少具体的指导，实践中难以深入和细化。

一、个案管理符合社区矫正工作精细化的要求

司法部副部长刘志强在 2021 年 5 月 31 日全国司法行政系统贯彻《社区矫正法》经验交流电视电话会议上做了题为"坚持法治思维 系统观念 强基导向 奋力开启社区矫正工作发展新征程"的讲话。他在讲话中指出要坚持系统观念，运用系统思维，同时指出，要树立科学理念，不断提高社区矫正工作精细化水平，实现由"大水漫灌"向"精准滴灌"的根本转变。这就要求实践中建立系统化工作理念的同时，进一步借鉴、探索有效实践的工作方法。

---

　*　李英，女，江苏省扬州市蜀冈-瘦西湖风景名胜区社会治理局（司法局）副局长。

**　刘箴，女，江苏省扬州市珍艾社会工作事务所主任。

个案管理是一种系统性的方法，是工作人员在处理复杂个案时使用的一种专业工作方法，是国际社区矫正领域普遍的做法，但却被中国社区矫正学界和实务界长期忽略。运用并深入实践个案管理方法能够在系统化的社区矫正工作框架下提高社区矫正工作精细化水平，提高个别化矫正效果，有效实现犯罪预防。

（一）个案管理重视过程与协作

个案管理不是个案工作，而是个案工作的延伸，是更好地满足对象的需要而进行的安排、协调、监督等服务活动，需要依据工作对象的需求与资源情况来做出诊断评估，制定、执行个案管理服务计划，衔接服务资源，实施个案服务以及对个案管理过程进行评估与检测。个案管理是个案工作中的一种向多机构、多领域的延伸与拓展，是随着个案工作中工作对象的一些问题及需求应运而生的。

个案管理的功能主要包括：针对复杂问题及多重需求的案主提供协助；开展横向式服务与纵向式服务；服务中专业整合与优化；确保服务的品质与效率。

总体来说，个案管理是一个合作的过程，包括评估、计划、执行、协调、监督和评价所选择的服务，通过沟通交流，合理选择可用资源，以满足服务对象的需求，改善服务质量，以产生高质量、高成本效益的结果。

（二）个案管理是分阶段的工作

个案管理应用的领域和服务的对象不尽相同，但普遍要使用到以下一系列方法，包括：评估、计划、对接资源、监督计划开展和工作效果评价，总体可以分为三个阶段：初始评估、制定计划和落实。

个案管理在初始评估阶段的工作，包括面谈过程、面谈类型及保密方面的问题，也包括接案面谈及其所需的技巧。个案管理的初始评估阶段是对工作对象和工作对象所在环境做诊断，主要是跟工作对象做初步接触以及收集初始评估资料。这两项活动的重点是评估工作对象需求。作为个案管理的初始阶段，初始评估通常聚焦于识别问题以及解决问题所需的资源，将工作重点放到个案所涉及的本人身上，包括关注工作对象的优势，这些优势能成为鼓励工作对象参与和促进解决问题的宝贵资源。

制定计划是个案管理的第二个重要阶段，包括如何确立目标，如何寻找资源，如何收集接案会谈之外的资讯，选用合适的测评工具也在这一阶段开展。与此相对应，个案管理员需要团队工作、网络营建、转介和协调方面的技巧。

个案管理的第三个阶段，即执行和评估服务计划。个案管理人员的任务或者是提供服务，或者是监察服务传输并评估服务质量。他们要处理的问题是每项工作由谁来提供，如何监察落实情况，如何跟其他专业人员一道工作以及如何评估结果。个案管理人员掌控工作进度和方案实施。在服务传输中灵活性是最重要的，服务计划需要相应改变。因此，在落实阶段常常有可能也有必要修改计划书内容。计划书其实是动态性文件，可以根据需要做改动。现有问题改变、工作对象生活状况发生变化，或者是出现或发现了其他问题，都可能有必要修改原计划（方案），当然也要求同时收集或附加额外的资料。

（三）社区矫正领域的个案管理

在社区矫正工作中运用个案管理方法，能够提升矫正工作水平和矫正质量，提高社会资源的有效利用，帮助社区矫正对象与社会环境之间建立关系，引导其更好地使用社会资源，融入社会，减少重新犯罪、维护社区安全。

矫正领域的个案管理方法和模式有多种，但都需要遵守风险（Risk）、需求（Need）和响应（Responsivity）原则（RNR），并且鼓励个案管理人员与被矫正对象建立有利于矫正的工作关系，这样才能使最终的矫正工作有效果。在国外，社区矫正个案管理通常按照以下顺序开展工作：（1）准入。初始评估（Intake Assessment）后将案件分配给不同个案管理人员；（2）评估。包括再犯风险评估、犯因性需求评估；（3）制定计划。具体来说，矫正领域的个案管理建立在对矫正对象的再犯风险水平的测评基础上，并且聚焦再犯风险因子，并以此制定个案管理计划，同时依据监管等级确定在哪里开展计划（国外有中途住所、中间制裁的矫正机构、心理治疗机构、成瘾性治疗机构等）；（4）执行计划；（5）监督计划实施（与矫正对象面对面，或者向其他参与矫正的机构和单位了解社区矫正对象参与项目和活动的情况）；（6）回顾计划执行情况。在计划执行期间也要多次回顾和检查计划执行情况，而不是仅在最后阶段开展工作评价。在这期间，需要多次对矫正对象参与矫正计划的情况进行了解，比如矫正对象参与干预项目的情况，以及高风险的矫正对象是否受到相应的措施，确实开展了"密集"的干预和监管。简而言之，矫正领域的个案管理人员需要真正理解犯罪行为背后的成因，准确把握再犯风险的核心点，清楚哪些干预手段和项目能有效降低再犯风险，并实现这一目标。这是一个相当专业且具有挑战性的工作。

（四）个案管理人员需要具备综合性的能力

个案管理是一种立体式的、框架性的工作，需要个案管理人员承担多种角色。社区矫正领域的个案管理人员的核心任务包括：面对面谈话、通过电话了解情况、定期家访、核实居住场所、了解工作和学习情况、参与尿检、开展危机干预。作为个案管理者，除了专业理念、知识和能力，还应深刻了解相关社会政策和法律法规，熟悉相关的社会资源，以及不同机构的政策与程序。

二、国外社区矫正个案管理的模式

（一）社区矫正个案管理模式的演变

在一些欧美国家，社区矫正个案管理正在从一般的个案管理模式（通才模式）转向专家管理模式。这种转变可能与英国、美国、澳大利亚和其他英语国家的刑事司法和惩戒系统正在发生的一种更广泛的理念转变有关，即采用更加具有惩罚性和基于风险的方法来管理犯罪和罪犯。例如，英国国家罪犯管理局的既定目标是"惩罚罪犯""保护公众""减少再次犯罪""改造罪犯"，以及"确保受害者感到正义得到伸张"。在澳大利亚，也出现了"保护公众"和"减少再犯"的理念转变，其中修复矫治的目标（Goal of Rehabilitation）主要是作为确保社区安全和防止罪犯再次犯罪的一种方式。对应的变化则是公众对社区矫正工作者"管理"社区矫正对象（特别是"风险管理"）而不是提供直接服务的期望越来越高。

在英国的英格兰和威尔士缓刑工作中常用的有三种案例管理方法：通才模式（Generalist Models）、专家模式（Specialist Models）和混合模式（Hybrid Models），其中通才模式为矫正对象提供了总体上更一致的监管和矫正体验。一般来说，这种模式的工作人员具有更高的积极性。由于工作人员参与处理矫正对象的多个干预项目，并持续与同一个矫正对象接触，从而能够跟踪个案管理工作最终所产生的影响，会有一定的成就感。相比之下，专家模式有助于管理人员密切协调某些矫正对象所需要的项目干预和直接资源。但专家模式给矫正对象带来的是不连贯的监管和矫正体验，因为他们要配合不同工作团队的干预要求。由于矫正对象参与矫正计划和项目是被动的、不自愿的，那么向其澄清其角色，明确其服刑人员的身份和明确对其干预目标就显得格外重要，而专家模式仅仅关注"症状"，而不关注"人（矫正对象）"本身，可能会偏离法律对其身份本身的限制，而采取一些"不合时宜"的矫正手段。因此，需要将通才模式和专家模式相结合，即通才模式中的个案管理人员有必要监督、跟踪专家模式中专业机构或专家的干预过程和结果，因此产生了混合模式。

（二）基于理论的国外个案管理范例

个案管理工作必须基于一些犯罪学和社会学理论来丰富其工作内容。下面通过一个基于"美好生活理论（Good Lives Model）"的个案管理来说明具体的个案管理步骤和内容，该管理由六个步骤组成：（1）信息收集（准入）。这一步与其他个案管理模式基本一致，即根据收集的信息进行初始评估（Intake Assessment），但是要着重了解犯罪经过和动机；（2）将信息转化为情报。包括根据对罪犯的优先处理事项、愿望、动机、面临的挑战和矫正对象优势的了解来解释所收集的信息；（3）数据记录。旨在总结罪犯的生活和经历，并将这些数据转化为案例计划；（4）初步建立干预计划，旨在 a. 发现矫正对象个人以及在他和罪犯生活中什么是好的和正确的；b. 突出其所有需要改进和改变的方面；c. 确定干预方面的优先次序。优先考虑的是哪些显示直接导致其犯罪路径的方面；（5）分析。要求个案管理人员就能力、手段、范围和一致性等良好生活模式概念进行分析，然后描述和分析罪犯过去的生活计划/生活方式（在犯罪期间）和他或她当前的生活计划（可能相同，也可能不同）。目的是揭示最值得关注的需要干预的方面；（6）计划和目标设定。形成个性化个案管理内容，包括短期和长期目标。

总体来说，在社区矫正领域之所以有不同的个案管理模式，以及根据不同犯罪学和社会学理论所采取的不同具体方法，主要是在国际社区矫正实践中已经充分证明仅仅依靠监管和监视的方法不太可能导致再次犯罪的显著减少，当个案管理人员能够让他们的工作对象——犯罪人员，参与到行为改变的工作过程中，并确保向高风险罪犯提供治疗恢复的干预时，结果会更加令人鼓舞。当然，为了开展有效的工作，个案管理人员需要具备人际交往技能、并获得相应的专业技能培训，以及职务、待遇等方面的支持。

三、探索建立本土社区矫正个案管理模式

即使在中国，"个案管理"都不是一个新鲜词汇，只是一个大家尚不了解的词汇。在实际社区矫正工作，各单位基本都已经开展过其中部分类似工作，诸如，社会调查评估、再犯风险评估、制定矫正计划、开展心理辅导、调整认知行为、提供就业培训、组织志愿服务等方面的工作，甚至还接触过循证矫正、RNR（风险、需求、响应三原则）。实际上这些工作就是个案管理工作流程或者框架中基本的工作内容和原则。由于我们缺乏对矫正领域个案管理的系统了解，导致我们对社区矫正工作的探索处于零散甚至是发散的状态。社区矫正是一个舶来品，大部分从业人员无法直接阅读英文原版资料，只能在实践中根据问题导向艰难摸索，或者阅读翻译过来的资料，由于知识结构的不同，翻译者的理解也是不尽人意，以至于这么多年来，中国社区矫正似乎学习了很多先进的东西，但由于缺乏对社区矫正工作方法系统的理解，许多探索或者成果没有办法前后衔接或者融会贯通，成为不接地气的，无法使用的成果，甚至导致我们对社区矫正工作的一些基本认识还存在争议。因此，有必要深入理解"个案管理"这个系统性的工作模式，根据中国社区矫正目前工作实际，重新整合现有的成果和经验，构建本土社区矫正个案管理模型和模式：以区县社区矫正中心（社区矫正机构）为载体，坚持循证矫正原则，通过建立个案管理工作制度，实现个别化和精准化矫正工作。

（一）实践意义

第一，个案管理是一个协作的过程，包括评估、计划、执行、协调、监督和评价所开展的工作，是一种灵活的、系统的、合作性的方法，为特定人群开展工作并对其进行协调。因此，个案管理是个案管理人员基于工作对象的复杂情况和需求，联动不同部门，整合内外资源对其开展持续性、全面性的工作，并且在工作过程中注重部门之间的沟通协调以及工作对象的自助，分层次、分阶段解决不同的问题，以达到降低综合治理成本，工作效果提升的目的。

《社区矫正法》第9条规定，县级以上地方人民政府根据需要设置社区矫正机构，负责社区矫正工作的具体实施。司法所根据社区矫正机构的委托，

承担社区矫正相关工作；第 11 条规定，社区矫正机构根据需要，组织具有法律、教育、心理、社会工作等专业知识或者实践经验的社会工作者开展社区矫正相关工作；第 12 条规定，居民委员会、村民委员会依法协助社区矫正机构做好社区矫正工作。社区矫正对象的监护人、家庭成员，所在单位或者就读学校应当协助社区矫正机构做好社区矫正工作；第 13 条规定，国家鼓励、支持企业事业单位、社会组织、志愿者等社会力量依法参与社区矫正工作。对照个案管理的工作特点，我们可以很清楚地看到立法者的用意：在区县社区矫正机构这一工作平台，个案管理人员以循证矫正为原则，运用个案管理方式开展社区矫正工作，根据工作开展需要委托司法所、对接专业人员、发动多种社会力量、家庭成员参与社区矫正工作，这与国外个案管理的工作模式是一致的。

第二，个案管理需要依据工作对象的需求与资源情况来做出诊断评估，制定、执行个案管理服务计划，衔接服务资源，实施个案服务以及对个案管理过程进行评估与监测。《社区矫正法》第 24 条规定，社区矫正机构应当根据裁判内容和社区矫正对象的性别、年龄、心理特点、健康状况、犯罪原因、犯罪类型、犯罪情节、悔罪表现等情况，制定有针对性的矫正方案，实现分类管理、个别化矫正。矫正方案应当根据社区矫正对象的表现等情况相应调整；第 36 条规定，社区矫正机构根据需要，对社区矫正对象进行法治、道德等教育，增强其法治观念，提高其道德素质和悔罪意识。对社区矫正对象的教育应当根据其个体特征、日常表现等实际情况，充分考虑其工作和生活情况，因人施教。对照个案管理的工作内容，我们再一次清晰地看到《社区矫正法》对社区矫正工作具体内容方向性的指导：以循证为实践原则，实现个别化矫正，精准矫正，预防犯罪。

总之，个案管理模式是解决社区矫正管控手段不足以及社区矫正对象需求复杂多元的问题的途径和科学方法。在社区矫正工作中有必要运用个案管理模式，通过持续性关注、部门联动、内外资源整合和增强权能等对社区矫正对象开展个别化的工作，在监管的同时，帮助他们培养生活适应能力、纠正偏差行为、塑造自我认同、重建社会关系网络，成功再就业，从而恢复社会功能，修复社会关系，避免重新犯罪。在社区矫正工作中运用个案管理方法，能够提升矫正工作水平和矫正质量，提高社会资源的有效利用，帮助社区矫正对象与社会环境之间建立关系，引导其更好地使用社会资源，融入社会，减少重新犯罪、维护社区安全。

（二）理论意义

1. 丰富社区矫正工作理论体系。目前我国社区矫正工作处于发展的阶段，相关工作的理论体系依然比较薄弱，通过研究和发展个案管理在社区矫正工作的应用能够有效地丰富矫正工作方法，提高矫正效果，同时丰富社区矫正理论体系。

2. 促进社区矫正工作本土化实践。一些发达国家开展社区矫正工作实践相对较长，对社区矫正工作模式和方法研究也较为深入，而我国开始社区矫正工作较晚，相应的矫正工作方法的本土化研究较少。发展具有中国特色的社区矫正工作，需要在借鉴外国相关理论的同时发展本土理论。因此，尝试并深入探索个案管理运用在我国社区矫正领域的实践方法，发展社区矫正个案管理模式，可以不断丰富我国社区矫正工作方法和内容。

四、建立我国社区矫正个案管理工作模式

将个案管理应用于社区矫正工作是可行而且必要的，可以以区县社区矫正机构这一工作平台为依托，在区县社区矫正机构培养、建立个案管理人员专门队伍，以个案管理的方式，整合多种政府和社会资源，以循证的方式采取有效的干预项目和内容，形成和完善社区矫正实践工作体系；在实务工作中再细化社区矫正对象监管和再社会化个案管理流程，完善个案管理的实务指导原则，发展社区矫正对象再社会化的成效评估体系，探究社区矫正个案管理的本土化模式，对于推动社区矫正工作的发展有积极的作用。

在社区矫正领域的个案管理人员需要对不同情况的社区矫正对象采取不同的工作方式或者是等级管理方式。其中对再犯风险较高，需要个案工作（干预）以降低再犯风险的则进入目标系统；如果社区矫正对象本身的问题较为简单或较为容易解决，或者他们本身再犯风险较低，同时资源使用能力较强，比如，有稳定的工作、家庭比较和睦等，则开展普通的社区矫正工作，进行定期的常规化管理，直至其解矫。如果社区矫正对象的问题或需求是社区矫正机构无法解决的，比如严重心理问题、毒品成瘾性问题，则可以转介到其他符合条件的专业社工机构、心理咨询机构或者医院。个案管理工作有

以下几个方面内容：

（一）接案管理

社区矫正对象的来源是指令性服务的转介，即由人民法院、监狱管理机关提供而来，因此在初次接触社区矫正对象进行面谈时要注意社区矫正对象的非自愿性。对于此类来源的工作对象，机构首先接触的往往是他们的书面材料，因此个案管理人员首先根据材料进行初步的分析，再勾勒、进一步确定面谈事宜。初次面谈的个案管理人员的主要是扮演咨询者的角色，收集社区矫正对象的信息资料，分析存在的问题，评估再犯风险和需要介入的干预内容和项目。此外，也需要识别社区矫正对象的优势，或者说他们目前拥有的资源和资源网络状态，优势的挖掘和厘清能够帮助社区矫正对象提升自我改变的动力，也是为个案管理人员在后期协助社区矫正对象建立更加完善的社会支持或资源网络，为他们与资源系统之间的互动打下基础。

（二）目标管理

通过接案管理收集到了社区矫正对象的资料，接下来就是重整和评估资料信息，必要时进一步接触社区矫正对象（家访或者谈话），了解分析社区矫正对象存在的问题和需求，界定社区矫正对象面临的问题，以作出更加准确的预估，并共同制定目标，即让社区矫正对象参与到社区矫正方案制定中来，使社区矫正对象行为改变的动机和动力来源于他们自己认可的目标。在此期间，需要通过定期接触的方式和社区矫正对象保持联系，采用科学合理的方式来获得需要进行矫正或干预的核心点，同时在制定计划时，确保每一个步骤都有理有据，即开展每项工作的必要性。

（三）方案管理

第一，服务方案的制定是为了达到所定目标，使工作内容有组织有效率地落实和传输到工作对象身上的一系列过程。制定计划书或者矫正方案需要处理的问题有：开展什么样的矫正工作以及如何安排、预期会有什么结果，如何评估矫正方案成功与否。需要注意的是，在识别想要的结果、预期展开的服务和确定是否需要额外的资料中，社区矫正对象的参与同样继续发挥着重要的作用。而且由于矫正方案是一个不断完善的过程，在执行的过程中需要时刻关注和收集额外资料，在了解社区矫正对象的过程中不断完善矫正方案。

第二，需要注意矫正方案的可行性。矫正方案的可实现性是可行性的重要方面，即目标是可以通过方案的实施推进而实现的，包括使方案具体化、可测量和有明确的时间段。这样也有助于方案有计划的展开而且利于回顾和评估工作过程和质量。同时要确定矫正方案是社区矫正机构能够实施的，或者在机构通过资源链接后与其他机构组织合作后，能提供所需的干预措施或支持资源。

（四）过程管理

矫正工作过程的管理主要是及时的监督和评估。监督和评估是有针对性地制定和落实服务计划的重要环节。一方面需要检查订立方案后可能发生的任何改变，审查依照方案目标进展程度，另一方面适时调整和修改矫正方案落实过程中出现的问题和情况的变化。因为在制定方案和实施之间，往往存在着时间上的延滞。在这期间，原来呈现的问题可能有些变化，或者可能有另外的问题浮出水面，比如对社区矫正对象再犯风险的重新审视和测评。

工作效果评估也是过程管理的一项内容。个案管理员需要反复确认以下几个问题：即原来认定的问题是否发生了变化，矫正方案是否变更，工作联系的各方是否能够互相配合来共同完成工作，过程目标和最终目标是否实现。

五、结论

将个案管理运用于社区矫正领域，需要坚持循证原则，在实务工作中加强对社区矫正工作的经验总结，不断反思，深入研究社区矫正对象在哪些项目干预或资源帮扶下可以降低再犯风险，对比社区矫正对象在心理健康、认识调整、家庭关系修改、社会支持、成功就业、困境帮扶等方面被成功干预后的成效，总结有效的干预方法。有必要借鉴国外成功个案管理经验以及我国个案管理运用的初步成效，积极探索个案管理在社区矫正工作中的运用，在实践中加深对个案管理模式的理解，正确发挥个案管理对于社区矫正对象的持续全面作用，发挥个案管理在整合资源、优势挖掘、评估监督对于社区矫正对象需求复杂多元反复的功能；进一步延伸个案管理原则与意义，发展社区矫正对象的个案管理模式，总结提炼个案管理实务流程，发展个案管理应用的成效评估体系。

专业赋能 社区参与 数字提升

——以玉环市社会多元力量参与社区矫正帮扶工作为例

林　子*

摘　要：社区矫正的显著特征是有社会力量的参与，通过社会力量的介入发挥社区的恢复和预防功能，实现矫正实效。玉环市采取"政府+社会"的模式，实现社会多元化力量有序参与社区矫正，探索本土化社会力量参与社区矫正模式。

关键词：社区矫正；社会力量；专业赋能

一、社会力量参与社区矫正工作的发展背景

社区矫正工作作为一种新型的刑罚方式，在我国的发展不过数十年，依旧需要大量的实践和理论研究才能逐步完善。一开始借鉴国外的经验，我国着重于社区矫正的政治化及其立法，很多时候关注的是其惩罚功能而忽略了它的恢复和预防功能。

2014 年 11 月，司法部等六部委联合印发《社会力量参与意见》，鼓励引导社会力量参与社区矫正，明确社会力量参与其中的基本方法、实现路径和相关保障、各部门的职责分工，形成了良性互动、多管齐下的良好局面，推进了社区矫正工作常态化、法治化和社会化进程。[1]

社会力量参与社区矫正，在修复社会关系工作中，面对不同类型的主体，不同的专业队伍通过制定不同的矫正方案因人而异开展工作。教育帮扶具有针对性和专业性，能够促进社区矫正对象顺利复归社会以及修复其破

---

　*　林子，女，浙江省玉环市天宜社会工作服务中心主任，中级社会工作师，研究方向：刑事法学。

　[1]　参见哈洪颖、马良灿："社会力量参与社区矫正遭遇的实践困境与治理图景"，载《山东社会科学》2017 年第 6 期。

裂的社会关系。[1]

二、社会力量参与社区矫正工作的重要性

《社区矫正法》具体阐明了社会工作参与社区矫正的具体内容，可以看出，社会工作整合社会力量开展社区矫正，是社区矫正对象顺利融入社会的关键措施。政府通过购买服务，让专业的社工负责，以"去标签化"对待、挖掘矫正对象向上向善和自我矫正的潜能，充分发挥家庭、朋辈、学校、企业和社会团体等社会帮教力量，整合相应的教育帮扶资源，采取更加人性化的监督管理和教育帮扶的方法，有利于矫正对象再社会化并重返社会。

随着社区矫正的发展，社区矫正对象的需求越来越大，在实践中发现社工在参与社区矫正工作中还存在很多问题：比如专业化水平不够，流动性大、整体素质和能力不足等，而仅仅依靠社工的力量，也会导致矫正目标难以实现。因此，应当运用政府力量和社会资源，解决矫正对象数量多、专职力量弱等问题，使监督管理和教育帮扶看似冲突的矫正手段，达到平衡互助，探索建立社会力量参与社区矫正的全新管理模式。

三、社会工作视角下推动社会力量参与社区矫正工作的路径探索

（一）社会工作服务理论

在生态系统理论中，人类行为与社会环境相互影响，分为三种基本类型：微观系统、中观系统以及宏观系统。微观系统是指处在社会环境中的看似单个的人，中观系统是指对个人有影响的小规模群体，包括家庭、同事群体或其他社会群体，宏观系统则指更大一些的社会系统。将案主置于一个大的综合系统之中，从人与社会环境的相互影响的角度出发，去探究影响个人行为的各种深层次原因，可以消除环境中阻碍人们发展、成长的消极要素，促使环境满足人们更好地成长发展的需要。[2] 因此，在社会力量参与社区矫正工作中，可从个人、社工机构、社会组织、企业、社区、家庭、社会层面等多

---

〔1〕 参见刘晓梅、颜心茹："社会力量参与社区矫正修复社会关系的探析"，载《天津法学》2020年第3期。

〔2〕 参见苗志超："浅析社会生态系统理论下社区矫正的社会工作介入"，载《内蒙古农业大学学报（社会科学版）》2012年第6期。

途径共同介入。

（二）玉环市社区矫正项目介绍

2014年7月，以玉环市楚门镇为试点，以政府购买服务的形式，支出纳入财政预算，引入天宜社工参与社区矫正。天宜社工秉持着"以人为本，助人自助，用生命影响生命"的价值理念，坚持刚性执法与柔性管理相结合的方式，量身定制"矫正套餐"，创建了社区矫正"玉环模式"，该模式从帮扶流程、工作计划、教育学习活动、组织公益服务、认知行为矫正、心理辅导服务、政策性帮扶服务、家庭社会支持服务的方面，帮助矫正对象恢复和发展社会功能。

玉环市以有较为成熟心理资质的社工队伍为试点，从依靠政府帮扶的单一形式，转变为利用社会多种资源整合，于2020年成立"心启源"社会多元力量参与社区矫正对象心理帮扶项目；以司法局为领头羊，以天宜社工为主导军，推动心理健康协会、医院、律师等更多社会力量参与社区矫正工作，切实发挥社会组织作用，为社区矫正对象提供认知指引、心理辅导、行为修正、家庭关系改善、社会适应力提升、职业技能培训、就业就学指导、资源链接等方面科学、高效、优质的教育帮扶服务，推进社区矫正教育帮扶全面升级，为其回归社会创造有利的条件，预防和减少重新违法犯罪，强化社会责任感，维护社会和谐稳定。

（三）具体内容

结合社区矫正工作原则，力求形成既有规范流程又包含多种帮扶项目的矫治体系。

1. 社会参与、专业赋能，多渠道夯实矫正硬件基础

（1）"政府+社会"完善专业分工，社区矫正标准化管理。玉环市司法局结合7年的经验探索，专门制定《玉环市社区矫正工作手册》《玉环市司法局社区矫正处罚案件证据指导标准》等工作流程指导手册，细化操作规范，提升社区矫正执法能力。司法局成立玉环市社区矫正心理矫治工作小组，局领导每季度检查指导，每月定期组织矫正大队，港南、港北执法中队、社工组织、心理协会等开展联席会议，针对重点疑难问题及时梳理协商。同时明确2名心理学专业社区矫正工作人员，负责与天宜社工对接协调组织项目运作，强化社区矫正对象建立无缝对接，提高执行效率，为驻点社工开展专业服务

提供便利条件。

（2）科学的心理评估与精准矫正机制，助力分类管理。[1] 探索智能系统与心理矫治有机结合，根据心理服务云平台，进行数字化测评，结合矫正对象个人和环境资料、心理测评报告、再犯罪风险、个人对社会环境的适应情况、家庭支持系统的完善性等因素，辅助参考，筛查并及时关注矫正对象的心理健康状况。对接心理咨询师、医院等社会力量参与，探讨发生的原因以及曾做出的努力，弄清产生矫正对象心理问题的原因，力求对症下药。综合评定根据心理等级开展分类矫治，分为心理重点个案、中度个案、一般个案三大类。针对三类矫正对象，为其定制个性化的帮扶跟进方案并提供服务，一人一档，确保记录及时、专业、完整，也根据服务对象和心理咨询师的时间，定期开展心理咨询，完善心理咨询督导制度，多方共同助力。运用一站式线上心理服务平台，通过心理科普宣传、心理体检建档、精准心理服务及心理危机干预，做到分级、分类、分阶段，实现社区矫正对象"自助、互助、他助"。

（3）采取"多帮一"的心理辅导方法，进行重点干预。着力培育打造一批专业知识扎实、实践经验充足、运作模式成熟的本地品牌，广泛链接各类社会组织和专家团体，建立社工、医院、心理健康协会、高校教师等组成的一支司法系统心理矫治人才梯队，目前玉环市共有常驻队伍3支，96名社工、社会志愿者参与社区矫正，形成了良好的矩阵效应。借助专业力量，提供线上心理咨询服务以及每周开展常规性的线下心理咨询服务，接收社区矫正对象线上、线下预约和咨询。咨询师通过个案咨询，评估矫正对象心理健康状况，制定心理矫治方案，必要时开展危机干预。社工通过提供上门心理辅导或社区探访服务，动态跟踪社区矫正对象在社区和家庭的适应情况，了解社区矫正对象的家庭、朋友、工作和闲暇时间安排等情况。综合运用心理健康教育、心理测量与评估、心理咨询与疏导、心理危机干预及疾病转介等方法，了解社区矫正对象家庭社会环境情况，心理健康情况，帮助其消除心理障碍，缓解心理压力，矫正不良认知行为，增强适应社会能力。

---

〔1〕 参见杨宏、王欣欣："论我国社会力量参与社区矫正的困境与障碍"，载《法制与社会》2018年第22期。

2. 全程观察、动态调整，深层次打造科学分类施矫

根据需求，对高风险人群进行重点跟踪、个别辅导，对低风险人群进行主题讲座、心理健康课程等团体辅导教育。每月开展大型教育学习讲座及团体心理辅导，社工链接电大、技能培训机构等社会力量进行辅助，并纳入资源库，以提高社区矫正对象知识和技能。邀请玉环市心理健康协会、心理咨询师、社会工作师为社区矫正对象带来认知偏差、压力释放、婚姻家庭等主题的心理健康教育讲座，包括但不限于 OH 卡团辅活动、情绪管理团辅活动、沙盘团辅活动、正念疗法等协助社区矫正对象释放内心的压力。[1] 如"幸福+"围绕亲密关系、亲子沟通，与社区矫正对象展开探讨，如何处理家庭中出现的问题，学习相处之道；"职来职往"通过优势视角理论，开展职业规划及技能培训，应对就业困难；针对自我认知这一主题，通过"自画像"和"生命线"，让社区矫正对象在绘画中自我体会并重新认识自我，学会与过去的自己和解；通过团体沙盘，学会自我放松，促进身心健康，让社区矫正对象悦纳自己，调整自己的行为方式。同时挖掘服务对象的优势和潜能，开展"烘焙减压、手工编织、乐享音乐、园艺疗法"等兴趣小组，组员在互动中提高社会适应能力，从认知到情绪到行为的改变。

3. 政府主导、社会联动，立体化打造浓厚矫治氛围。

社区矫正与监禁矫正的重要区别之一，就是将服务对象置于社区环境中，能够获得多元社会网络的支持，解决社会适应问题、社会支持问题、社会交往问题，获得有效的帮助。

（1）动员社区资源。通过玉环市社工站、文化站、党群服务中心的功能室开展基础服务与专项服务，以天宜社工为圆心，辐射出政府相关职能部门、基金会、社会组织、爱心企业等合作单位和公益联盟。硬件设施以及软件服务都为社工开展社工参与社区矫正提供了坚实的基础，并承接了"关心桥驿站""手心相牵"社区矫正对象子女帮扶创投项目，链接民政、爱心企业等资源，从基本的物质需求到最终的精神需求满足。通过走访或面谈了解社区矫正对象的家庭基本情况和与所在社区的关系，帮助 20 余名社区矫正对象改善

---

〔1〕 参见陈珊、冉宇鹤、彭萱："认知行为治疗降低社区矫正对象再犯率有效性的质性系统评价"，载《宜宾学院学报》2019 年第 7 期。

婚姻家庭关系，缓解家庭矛盾，提升社区对其接纳度，为社区矫正对象搭建回归社区、融入社会的平台。

（2）组织各类活动。通过政府购买服务，将社区矫正中部分非执法类工作交由社工机构承接，根据社区矫正对象的犯罪原因、行为表现、家庭情况等提供职业化、专业化、项目化、个性化的"菜单式"帮扶，[1] 积极整合辖区内的社区资源，联合社区工作者，搭建社区平台资源，发挥社区多重功能，多形式开展公益服务、多门类组织教育学习、多渠道推进社会融入，如在苔山塘文旦基地建成公益劳动基地、社工站教育基地，创设交通劝导、敬老、护绿等形式的社区公益服务，"互联网+" APP 手机在线教育，按需帮扶，有的放矢，逐渐培养矫正对象感恩社会、回报社会之心，让社区矫正对象回归社会。通过长期的跟进，社工根据矫正对象的技能特长和兴趣爱好，组建多支社区矫正对象专项志愿者队伍，包括社区志愿者队、敬老院探访志愿者队、环保志愿者队、交通劝导志愿者队、图书整理志愿者队、医院导医志愿者队等，在社区矫正对象与居民的互动中，社工陪伴支持，及时鼓励，并强化正向行为和认知。如与城南社区合作开展"合垟小学志愿岗亭"活动，共有189 名社区矫正对象参与，累计服务时长 12 474 小时，受益 3 万余人次；社区"冬日送温暖、清路行动、敬老院探访"等各类志愿服务，共有 68 名社区矫正对象参与，累计服务时长 140 小时，受益人次千余人。部分服务对象也在解矫后，自愿在空余时间提供志愿服务，加入"新人"暖夕阳敬老爱老项目，持续参与社会公益活动，实现再社会化的良性转变。

（3）开展帮困解难工作。积极发挥自身公益性组织作用，整合社会力量，有效开展各类关爱服务，包括在节假日、生日、解矫特殊日期提供物质帮扶、情感关怀等，如开展"建设者留玉新春活动"，建立对特殊人员群体"一对一"的对接帮扶机制，有效解决矫正期间遇到的困难与问题，让矫正对象感受到社会的温暖，降低社会不稳定因素，从源头上化解其再犯罪的风险。

四、专业反思

王义嘉提出需整合专业团队资源，建立多方社会力量协同的参与机制。

---

〔1〕 参见柯晓霞："当社区矫正遇到义工管理——义工管理模式在社区矫正中的应用效果"，载《中国社会工作》2015 年第 27 期。

社工在社区矫正实践中需要注重其他社会力量的整合利用，比如关心下一代工作委员会退休老干部、组织部党员志愿者、社会志愿者等，多渠道、多层次动员社会力量参与。[1]

从实践来看，专业社会组织和各类社会力量积极参与矫正安帮工作，跨专业团队实现高效帮扶，在致力于改变矫正对象的思想和行为的同时，关注其家庭和社区环境，探索出了一条本土化社工参与社区矫正的道路，做到了资源共享，优势互补，使帮扶更具针对性、实效性，加强了社会大众对矫正对象的接纳，实现了去"标签化"矫正。

---

[1] 参见王义嘉："夷陵区充分动员各界力量参与社区矫正"，载《楚天法治》2018年第7期。

社会力量参与

居委会参与社区矫正的动力机制构建研究*

田兴洪**　文智慧***

摘　要：我国居民委员会（以下简称居委会）参与社区矫正存在居委会成员对于社区矫正工作的了解程度不高、居委会参与社区矫正工作的经费严重不足、居委会参与社区矫正工作的意识薄弱、对居委会参与社区矫正不力的惩戒力度不够等问题。应从以下方面进行完善：一是增强居委会成员法律意识，改变人员结构；二是增加居委会经费来源形式，恢复自治属性；三是增强集体意识及社会价值意识，完善法治惩戒措施。

关键词：居委会；社区矫正；动力机制

机制是指一个工作系统或各个部分之间相互作用的过程和方式。在任何一个系统中，机制都是起着基础性的、根本性的作用。[1] 参与机制则是指社会主体参与社会治理的工作系统或各个部分之间相互作用的过程和方式。根据我国《社区矫正法》的规定，我国社区矫正中的基层群众性自治组织参与机制可以表述为社区矫正小组通过制定矫正方案，实施矫正项目，以达到矫正罪犯的目的，即矫正小组+矫正方案+矫正项目。[2] 参与机制一般包括动力机制、实施机制、监督机制和保障机制。居委会参与社区矫正机制的构建必须从动力机制入手，动力机制的缺失或不足将直接影响居委会参与社区矫正的运行和发展。居委会参与社区矫正的动力机制是指在居委会参与社区矫正

---

　　* 本文为长沙理工大学专业学位研究生"实践创新与创业能力提升计划"项目"治理视角下基层群众性自治组织参与社区矫正工作的机制构建研究"（项目编号：SJCX202083）的阶段性成果之一。
　　** 田兴洪，男，长沙理工大学法学院党总支书记、教授，研究方向：刑法学研究，社区矫正。
　　*** 文智慧，女，长沙理工大学法学系，硕士研究生在读。
　　〔1〕 参见高莹主编：《社区矫正工作手册》，法律出版社2011年版，第30页。
　　〔2〕 参见田兴洪：《社区矫正中的社区参与模式研究》，法律出版社2017年版，第156页。

过程中，居委会、社区矫正机构与社会等力量相互作用的机理与方式，是促进居委会参与社区矫正良性运行与协调发展的结构功能和条件的总和。[1]

一、居委会参与社区矫正的动力机制构建的问题分析

居委会参与社区矫正是有充分的法律依据的。《中华人民共和国宪法》第111条规定，城市和农村按照居民居住地区设立的居委会或者村民委员会（以下简称村委会）是基层群众性自治组织。《中华人民共和国居民委员会组织法》规定，居委会作为基层群众性自治组织参与社区管理，承担社区在协助维护社会治安、调解民间纠纷、办理本居住地区居民的公共事务和公益事业、开展社会主义精神文明建设活动等任务。我国《社区矫正法》第12条规定，居委会、村委会依法协助社区矫正机构做好社区矫正工作；第38条规定，居委会、村委会可以引导志愿者和社区群众，利用社区资源，采取多种形式，对有特殊困难的社区矫正对象进行必要的教育帮扶；第6条第2款规定，居委会、村委会依法协助社区矫正机构开展工作所需的经费应当按照规定列入社区矫正机构本级政府预算。但是，实践中发现，居委会参与社区矫正的动力不足。我们以长沙市某一街道办居委会为主要研究对象，通过调查发现，居委会参与社区矫正的动力机制构建存在以下问题：

（一）居委会成员对于社区矫正工作的具体了解程度不高

在调查对象中，只有52.94%的居委会成员表示特别了解，23.53%是一般了解，23.53%是比较了解。居委会在社区矫正工作中的主要职责是与司法所工作人员一同对社区矫正对象进行前期的走访，对社区矫正对象的风险进行系统评估，其他工作没有参与。居委会对社区矫正工作参与不足，主要是因为对社区矫正不熟悉，了解程度不高。如果对社区矫正工作的最基本的认知程度都达不到，积极参与从何谈起？

（二）居委会参与社区矫正工作的经费严重不足

调查中发现，居委会参与社区矫正工作的经费非常充裕和比较充裕的为0，基本满足的也只占41.18%，一半多的居委会在参与社区矫正工作中的经费不能满足，影响了日常工作的开展。

---

〔1〕 参见刘博文：《治理视角下学生参与决策机制研究》，武汉大学出版社2019年版，第49页。

（三）居委会参与社区矫正工作的意识薄弱

在被调查对象中，认为居委会参与社区矫正工作对激发主人翁精神和共同体意识以及增强凝聚力和号召力没有作用的分别占 11.76%、11.76%，超过 10% 的居委会认为，居委会参与社区矫正工作对居委会的社会地位、社会价值的提升毫无作用。其中认为参与社区矫正工作对凝聚力和号召力很有作用的占 41.18%，认为对社区矫正稳定、和谐环境构建和经济发展很有作用的占 64.71%。作为基层群众性自治组织，居委会成员的社会工作价值意识、集体工作意识严重不足，导致其参与社区矫正工作的积极性较低。

（四）对于居委会参与社区矫正不力的惩戒力度不够

在被调查对象中，认为在参与社区矫正过程中如果没有按时完成工作任务，惩戒措施没有作用的占 17.65%，认为很有作用的占 29.41%，认为有一定作用的占 29.41%，认为比较有作用的占 23.53%，认为惩戒措施对居委会参与社区矫正工作具有促进作用的居委会抱有一种倦怠心理，即使法律明确规定需要其参与，上级领导要求其参与，或者本身就属于社区工作范围之内，如不存在一定的惩戒措施，则对完成效果毫不关心。可见，虽自身积极性很重要，但外部的施压在一定程度上起着良性作用。

二、居委会参与社区矫正动力不足的原因分析

（一）居委会工作繁重及人员配置不合理影响其积极性

调研数据显示居委会成员对社区矫正工作特别了解的只占 52.94%。当然，随着 2020 年《社区矫正法》的出台，社区矫正处于新型适应阶段，居委会对《社区矫正法》的了解需要一个过程，但《刑事诉讼法》对社区矫正早有相关规定，社区矫正的试点工作也在不断推进，2012 年《实施办法》也一直在工作中适用，居委会了解程度偏低是一种不正常的现象。

居委会作为基层群众性自治组织，工作范围广，包括宣传教育、社会福利、治安保卫、文教卫生、调解民间纠纷、就业等多项工作，[1] 所谓"一根针"对应"万条线"。居委会"专干"人员，承担事务太多，人均工作种类为三种以上，也无法集中精力研究探讨社区矫正工作。加之居委会构成人员

---

〔1〕　参见邱梦华等编著：《城市社区治理》，清华大学出版社 2019 年版，第 141，147，207，150，212 页。

中女性偏多，在面对男性社区矫正对象时，存在一定的畏惧心理，在走访社区矫正对象时，难免需要其他成员陪同，使居委会本来就存在的事多人少的局面雪上加霜。调研得知，只有五个居委会的社区矫正工作是由社区民警承担，其余的均为居委会的专干人员。工作量大，人员少，致使对社区矫正工作的了解程度低。

（二）政府拨款不足且威慑力不足影响其主动性

调研数据表明，居委会参与社区矫正工作经费不能满足的占一半以上。政府财政拨款没有具体落实，给社区矫正工作的实际效果造成很大影响。中国改革民意调查报告显示：62.5%的居委会其日常工作和活动经费100%来源于政府财政拨款，72.1%的居委会其日常工作和活动经费75%以上来源于财政拨款，仅有7.5%的居委会，其日常工作和活动经费完全不靠财政拨款。[1] 居委会的经费来源虽然有政府拨款、社区物业收入和社区自筹等，但从数据可以看出政府财政拨款占据主导地位，政府财政拨款不到位给居委会的日常工作开展造成困扰。《社区矫正法》第6条规定，社区矫正经费列入本级政府预算，但实践中，社区矫正经费主要由地方区、县财政负担，有的地方省级财政还建立了社区矫正专项资金，根据各区、县的经济状况予以补贴。实践中存在以下几个方面的问题：一是一些地方按照工作人员的数量拨付经费，随着社区矫正对象数量增加，经费严重不足；二是一些地区因为经费紧张对社区矫正投入不够，导致社区矫正各地发展不平衡；三是由于接收一个矫正对象就需要一定数量的财政投入，各地普遍不愿接收外来人口或者异地的矫正对象，使外来人口很难适用社区矫正，也使异地矫正无法实现；[2] 四是过于依赖政府的财政拨款，致使一方面财政拨款有限；另一方面仅仅依靠政府财政拨款，难免过于行政化，减弱了居委会作为基层群众性自治组织的自治性。

居委会行政化是指上级部门对居委会的依赖度越来越高，导致居委会实际上是作为所有政府部门在社区中的代理机构而存在。实际工作中，各地对社区居委会组织体系和内设机构的设置体现了政府基层管理的需要，即根据

---

〔1〕 参见李建新、胡杰成：《中国改革民意调查报告（2015）》，中国财政经济出版社2016年版，第275页。

〔2〕 参见王爱立、姜爱东主编：《〈中华人民共和国社区矫正法〉释义》，中国民主法制出版社2020年版，第46~47页。

政府行政工作的需要进行设置，复制街道办事处的组织机构设置模式。城市居委会大多采用"委居站"合体，一套人马，多块牌子，功能混杂，一套班子、合署办公、交叉任职。[1] 从调研中了解到，居委会在面对社区矫正对象时工作开展得特别被动，居委会成员表示，其既无执法基础和执法保障，也缺乏刑事执行及矫正犯罪人的相关专业技能、专业知识储备和专业的执行能力，缺乏对矫正对象的威慑力，进行矫正工作显得有些困难。[2] 居委会既不是司法行政人员也不是警务人员，从执法力度上对矫正对象就不存在威慑力和执行力。

（三）集体意识及社会价值意识不强且惩戒机制不健全导致外部压力不够

首先，居委会成员参与意识不强。社区矫正工作作为与社区利益密切联系的社区公共事务，一些居委会成员不能以积极独立的社区主体身份去参与，而是避而远之，"事不关己高高挂起"使社区矫正工作的具体落实效果不好；其次，居委会成员的公共精神不足。社区公共精神主要是指社区成员的社区共同体观念、集体团体意识、权利义务意识、合作协商意识、理性妥协的公共态度、以志愿精神或公益精神为核心的公民自治精神等。在参与社区矫正工作中满足于形式化的参与，在参与过程中，被动的接受上级的动员，对自治的权利与义务既不明确也不珍惜。[3]

调查显示，对于居委会参与社区矫正工作的倦怠、排斥情绪，严重影响社区矫正工作的开展，对居委会参与社区矫正工作的动力机制的构建造成很大的阻力。《社区矫正法》第28条规定，社区矫正机构根据社区矫正对象的表现，依据有关规定对其实施考核奖惩。法条仅对社区矫正对象的奖惩制度进行了规定，对于社区矫正人员在执法过程中的违法行为却没有进行具体规定。社区矫正执法人员员额主体是指基层司法所的工作人员。[4] 居委会作为基层群众性自治组织，显然并不属于社区矫正执法人员。政府在购买社区矫

---

〔1〕 参见邱梦华等编著：《城市社区治理》，清华大学出版社2019年版，第141，147，207，150，212页。

〔2〕 参见但未丽："社区矫正执法人员玩忽职守罪认定偏差与匡正"，载《法律适用》2020年第22期。

〔3〕 参见邱梦华等编著：《城市社区治理》，清华大学出版社2019年版，第141，147，207，150，212页。

〔4〕 参见李岚林："规范与理念：未成年人社区矫正的法治化转型——以《社区矫正法》为视角"，载《山东警察学院学报》2020年第4期。

正社会工作服务中规定了缔约过失责任、违约责任、行政侵权责任、内部行政责任。[1] 但居委会作为一个主体参与社区矫正工作并不是政府与居委会的购买行为，而是通过《社区矫正法》规定，社区矫正机构对居委会的一种委托行为，法律所规定的协助行为。在此过程中居委会无论是否真正的参与到工作中，是否按时按量完成工作都无人进行监督、奖惩。可见，外助推动力对居委会参与社区矫正工作是不够的。

三、加强居委会参与社区矫正的动力机制构建的对策建言

居委会、社区矫正机构与社会是居委会参与社区矫正的主要动力组成，其中居委会是内驱力、社区矫正机构是外动力、社会是助推力。所以，加强居委会参与社区矫正的动力机制构建，应从居委会参与社区矫正的内驱力提升、社区矫正机构外动力增强、社会助推力提升等方面着手。[2]

（一）增强居委会法律意识，改变人员组成

"法律意识"是指由一切法现象在人们头脑中反映而产生的法理论、知识、心理、情感等的综合。法律意识来源于法律现象，是法的内容、法的形式和法的精神在人们头脑中的反映，它具体包括法的理论、法的知识、法的经验、法的心理等。[3] 相对于司法所或者是社区矫正机构而言，居委会没有法律专业人员，因此，需要对其成员进行多层次的法律培训，使其树立法律意识，熟练掌握社区矫正法，依法参与社区矫正。可以邀请高水平法律人才，对居委会参与社区矫正工作进行监督指导，及时纠正不正确的做法，使居委会规范参与社区矫正；也可以利用高校法律专业人才，进行普法宣传，增加居委会成员对《社区矫正法》的了解，增强法律意识。针对居委会社区矫正人员"专干"不专的问题，可以在社区居委会设立专门从事社区矫正的人员，主要从事社区矫正工作，居委会的其他成员协助配合；或者在居委会设立专门的警务人员，以派出所进驻的工作人员与社区的警务人员协同工作，在警务人员的协作下进行社区矫正工作，可以在一定程度上解决居委会的工作执

---

〔1〕 参见曹海青、苗泳：《政府购买社区矫正社会工作服务法律问题研究》，中国政法大学出版社 2017 年版，第 76~116 页。

〔2〕 参见刘博文：《治理视角下学生参与决策机制研究》，武汉大学出版社 2019 年版，第 49 页。

〔3〕 参见刘美："依法治企背景下的国有企业职工法律意识培养研究"，载《黑龙江省政法管理干部学院学报》2018 年第 5 期。

法权问题。

(二) 增加居委会经费来源形式，增强居委会自治属性

目前居委会参与社区矫正工作依靠政府财政拨款的方式过于单一，可以采取其他方式增加经费来源。首先，由于现在居委会主要依靠政府财政，依据社区矫正法规定纳入政府预算，应当落实社区矫正工作的经费的预算，结合社区矫正对象的人员数量、犯罪类型、家庭环境等情况以及居委会的实际情况对社区矫正工作设立专项拨款，同时，考虑不同地区的经济发展水平，对于经济相对落后地区的居委会适当倾斜。其次，进行社会公益捐赠，根据《中华人民共和国公益事业捐赠法》第8条第2款规定，国家鼓励自然人、法人或者其他组织对公益事业进行捐赠。公益事业的捐赠为社区矫正工作提供了新的经费来源。最后，可以采取项目基金的方式增设居委会参与社区矫正工作的经费来源。一般会采取政府购买服务的方式，将居委会定位于一个组织机构，对其参与社区矫正工作的服务进行购买，进而产生稳定的经费。

居委会属于基层群众性自治组织，具有自治性的法律属性，依据"由城乡居民依法办理自己事情"的立法宗旨，通过自我管理、自我教育、自我服务实现基层自治。实现社区居委会的"去行政化"以回归自治属性目标的首要前提是国家治理模式的转型。首先，通过修订《中华人民共和国居民委员会组织法》，明确社区居民委员会自治法人的地位。社区居民委员会从"被组织"到"自组织"的转型需要法律制度作为根本保障。通过赋予居民委员会拒绝承担行政事务性工作的权利，促进政府依法行政，保证居民委员会依法自治，建立政府与社区居民委员会的协商合作机制，真正实现政府依法行政与居民委员会依法自治的有机衔接。其次，加强对居委会成员的教育培训。根据经济社会发展和社区工作的需要，制定培训规划，丰富培训内容，改进培训方式，提高培训效果。[1] 最后，利用"购买服务"项目管理等形式，一方面增加居委会参与社区矫正工作的经费支撑，另一方面使居委会从繁杂的行政事务性工作中解脱，将主要精力放在社区管理同样包括社区矫正方面的工作。[2] 可

---

〔1〕 参见田兴洪、周艳红、郭健：《社区矫正中的社区参与模式研究》，法律出版社 2017 年版，第 156，240~241 页。

〔2〕 参见邱梦华等编著：《城市社区治理》，清华大学出版社 2019 年版，第 141，147，207，150，212 页。

以重新配置城市管理的公共权力，将现有掌握在政府手中但本应属于社区的权力下放给居委会，使居委会在本区域范围内成为治理主体，增强居委会在处理社区矫正工作等相关社区事务过程中的威慑力，让居委会参与社区矫正管理工作中的权力有法可依。

（三）增强居委会集体意识及社会价值意识，完善惩罚机制

居委会作为社区矫正工作一个独特的参与主体，应培养其成员的文化意识，政治意识，树立正确的人生观、价值观，增强社会责任感和使命感。通过营造集体意识，增强社区集体的凝聚力，增强居委会对社区成员的号召力，强化居委会队伍的良好形象。[1]

参与意识是居委会参与社区矫正的心理基础，利益联系是居委会参与意识形成的客观基础，也是居委会参与最重要的驱动力。真正促进居委会参与社区矫正工作，还必须增强居委会成员自身的素质与能力，提高居委会成员的文化素质和政治素质，使其能够运用理性思维来参与社区治理。一方面，纠正对矫正对象的偏见，另一方面让大家懂得更多基本法律，维护自身权利。[2] 首先，转变观念。调研中有些居委会成员对社区矫正对象抱有排斥心理，认为社区矫正对象是犯罪人员，不愿意接近或者与其进行系统的心理沟通。应使居委会成员转变观念，进而产生内在的主动参与意识和行为。[3] 其次，丰富居委会有关社区矫正工作方面的知识和技能，让居委会成员在讲座、实例中了解参与社区矫正工作的过程，增强融入感，培养集体意识。最后，倡导多元价值文化意识、社会价值意识。社区认同感是社区成员在心理、情感、价值观等主观认识层面上对社区的情感依赖和归属，在很大程度上影响人们对整个社会的归属和认同。应强化居委会成员的引导作用，增强居委会成员对社区的认同感；加强社区责任体系建设，打造负责人的社区组织，增强居委会的主人翁意识和共同体意识；加强社区诚信体系建设，打造诚实守信的社区品牌，增强社区矫正对象与居委会之间的信任，增强居委会的

---

〔1〕 参见闫胜钧：“警察意识构建对公安院校教师素质的影响”，载《天津法学》2016 年第 3 期。

〔2〕 参见但未丽：“犯罪学视野中的农村社区矫正问题与出路——基于农村社区王镇的实证研究”，载《公安学研究》2020 年第 3 期。

〔3〕 参见邱梦华等编著：《城市社区治理》，清华大学出版社 2019 年版，第 141，147，207，150，212 页。

号召力。[1]

完善居委会参与社区矫正动力机制构建的评价指标体系。一方面，将定期评价与实时动态监测相结合，注重过程评价；另一方面，将分开评价和结合评价相结合，注重结合评价。建立基于评价结果的奖惩机制。将绩效评估结果作为年终考核评估各级相关部门以后年度信息化资金预算审批和新增项目立项审批的重要参考依据。[2]

---

〔1〕 参见王连伟、王丽霞："包容性发展视角下我国城市社区文化建设研究"，载《福建行政学院学报》2013 年第 1 期。

〔2〕 参见王苏醒："智慧社区视野下智慧社区警务模式创新研究——以 Z 省 J 市 N 区的'智慧 e 警务'为例"，载《江西警察学院学报》2020 年第 4 期。

社会力量参与社区矫正工作：现状、问题与创新*

王鹏飞** 展嘉文***

摘　要：《社区矫正法》与 2020 年《实施办法》出台以来，缓解了诸多社会力量参与的现实问题，取得了一定成效，也形成了一批具有典型性的工作模式，但仍然存在诸多需要改进之处。应当结合矫正对象的帮扶实际需求、再犯罪的诱因，以恢复性司法理念为指导，构建"三社联动"的工作机制，促进社会力量深度化、实质化、合理化地参与到社区矫正工作中来。通过借鉴恢复性对话模式，运用到社区矫正工作中，从而修复社区矫正对象社会关系，促进矫正对象顺利融入社会。

关键词：社会力量；社区矫正；恢复性司法；三社联动；恢复性对话

社区矫正是我国基层社会治理中的重要组成部分，而社会力量参与社区矫正工作也是治理能力、治理体系现代化的重要体现。社区矫正工作中的社会力量，包括社区矫正社会工作者以及社区矫正志愿者，也包括其他社会辅助力量。社区矫正工作广泛吸收社会力量的参与，有利于缓解社区矫正人力物力资源匮乏，提高社区矫正工作效率。社区矫正与监狱矫正最大的区别点就在于社区矫正的社会性，即在社区中，由社会力量充分参与进行教育、矫正以及帮困扶助。社会力量的参与，为社区矫正工作注入了灵魂。社区矫正工作中充分吸收社会力量的参与，这既是社区矫正内部发展的需求，还是社会力量自身发展和价值实现的契机。《社区矫正法》及 2020 年《实施办法》出台以来，缓解了诸多社会力量参与的现实问题，推动了实践工作的发展，

---

　*　本文为四川省高等学校人文社会科学重点研究基地项目"社区矫正社会调查评估完善问题研究（SQJZ2020-06）"阶段性成果。
　**　王鹏飞，女，西北政法大学刑事法学院副教授，硕士生导师，研究方向：刑事法学。
　***　展嘉文，西北政法大学刑事法学院，硕士研究生在读。

但仍有诸多问题有待解决。

一、社会力量参与社区矫正的现状窥探

社会力量参与社区矫正工作的现状考察，可分为社区矫正社会工作者以及社区矫正志愿者两部分工作队伍，下文分别予以考察：

（一）社会力量参与社区矫正的典型模式

实践中社区矫正社会工作者的社区矫正参与，往往通过政府购买社工服务的方式展开，目前部分地区已经初步形成了一些模式做法。

1. 社会工作者参与社区矫正的典型模式

（1）深圳地区的"春雨模式"。2008 年深圳市正式引入社工参与社区矫正工作，由深圳市司法局发起成立的深圳市春雨社会工作服务社，成为第一家承接社区矫正社工服务的机构，其最大的特色就在于对社区矫正恢复性与惩罚性二者之间关系问题以及教育矫正效果提升路径问题的实践探索。在工作方法上，着眼于对社区矫正对象的实际需求的深入调查和了解，择取与社区矫正对象矫治需求相匹配的矫治措施，并进行相应的教育资源分配。[1]

（2）北京地区的"阳光中途之家"。北京市朝阳区于 2008 年率先建成了国内首家"阳光中途之家"，其定位为帮助社区矫正对象和刑释解教人员顺利回归社会的社区矫正和安置帮教机构，提高其适应社会的能力。同时，还为"三无"人员即无家可归、无亲可投、无生活来源的群体提供临时安置帮助。随后，北京市其他区县的中途之家也纷纷成立，到了 2011 年，北京已经形成了"一区县一家"的"阳光中途之家"体系格局。据统计，朝阳区阳光中途之家现有事业编制共计 11 人，截至 2020 年已接收社区矫正对象 8000 人次。[2]

（3）上海地区的新航社区服务总站。该服务总站于 2004 年成立，工作内容是为社区矫正对象和刑释解教人员提供专业服务。在工作队伍上，截至 2020年，上海共有新航总站社工 712 人，社会帮教志愿者 20 742 人，社会帮教成

---

〔1〕 参见"社工参与社区矫正工作的春雨经验"，载 https://www.sohu.com/a/259925629_660595，最后访问日期：2022 年 4 月 20 日。

〔2〕 参见"阳光中途之家，人生路上的加油站"，载 https://www.thepaper.cn/newsDetail_forward_9636405，最后访问日期：2022 年 4 月 20 日。

员单位 709 个，参与社区矫正和安置帮教工作的其他社会力量 227 家。[1] 其具有代表性的"爱启新航"回归教育项目，共计开展各类活动 273 次，累计为 2227 名对象提供帮教服务 11 666 人次，对象满意率高达 92.8%。[2]

此外，江苏、浙江等地也探索出一些实践经验。如江苏省在全省范围内推行社区矫正管理教育服务中心模式、浙江省推行的社区矫正网格化工作模式、合肥市部分地区尝试社工群体与社区矫正对象的家属协作配合开展社区矫正项目的工作模式、武汉地区拓宽政府购买社工服务项目范围等。

2. 志愿者参与社区矫正的典型模式

（1）志愿者参与社区矫正的北京模式。北京地区早在 2003 年就成立了社区矫正志愿者协会，出台了《北京市社区志愿服务促进办法》等配套性规范文件。建构起了"3+N"模式的工作队伍，这成为北京模式的最大特色。具体来说，该工作队伍模式系有监狱抽调干警（被抽调者原有的人民警察身份、职级待遇、工资福利均保持不变，并对于分配到远郊区县者予以一定的待遇倾斜）、司法所指派司法助理员，加上社工作为协管员，前述三方主体构成三支社区矫正专业专职力量主导社区矫正工作。"N"则由若干名社区干部、社区居民等志愿者组成群众兼职力量。在此基础上，实现专业专职力量与群众兼职力量的有效联动、优势互补。

（2）志愿者参与社区矫正的浙江模式。北仑地区探索出的"红领之家"志愿服务模式，已在全国范围内成为典型。该志愿服务组织于 2012 年成立，是一个党建引领的公益性社会组织，当地党委还出台了《关于在入党积极分子和预备党员之间开展义工服务的通知》，要求所有入党积极分子和预备党员每年必须参加 24 小时的义工服务。自成立以来，"红领之家"一直致力于帮助特殊群体"去标签化""无差别融入"，并创造性地通过志愿服务积分兑换制度的建立对志愿者进行正向激励。该组织在吸收专家志愿者的同时，还吸收了一批社区矫正对象作为志愿者成员，许多社区矫正对象在参与志愿服务

---

〔1〕 参见"帮助他们涅槃重生，你愿意加入吗？"，载 http://gov. eastday. com/renda/tyzt/shsfxz/n32480/u1ai6246098. html，最后访问日期：2022 年 4 月 29 日。

〔2〕 参见"上海品牌社会组织 | 上海市新航社区服务总站——立足专业，发挥优势，推动本市社区矫正、安置帮教社会工作发展"，载 https://sghexport. shobserver. com/html/baijiahao/2020/09/14/262301. html，最后访问日期：2022 年 4 月 29 日。

的过程中受到感染，在解除社区矫正之后，还继续参与志愿者活动。

除上述模式之外，天津市西青区的"新希望"志愿者服务队、江苏省的"五老"志愿者模式、武汉的高校结合模式、上海的多方参与模式等，都是志愿者参与社区矫正的生动实践。

（二）社会力量参与社区矫正的现实困境

1. 社会工作者参与社区矫正的现实困境

司法部社区矫正管理局发布的数据显示，全国累计接受社区矫正对象达到了 478 万，累计解除矫正对象 411 万，全国每年接收社区矫正对象 50 多万人。[1] 相对而言，社区矫正专职社工的缺口仍然很大，社工的参与还面临着很多困难，表现为如下方面：

首先是财政保障不充分，社工群体薪资待遇不佳。据国家民政部门的统计，目前我国的社会工作服务组织已经达到近万的规模，但区域发展不均衡，集中分布在沿海发达地区，多数区域社工待遇仅在当地最低工资标准线上。如北京市石景山区专职社工提供的薪酬待遇是月薪 3000 元 ~5000 元，相对于北京的生活消费所需而言是有很大差距的。[2] 又如山东潍坊的社工招聘信息显示，招聘人员月工资不低于潍坊市所在地区最低工资标准的 150%，[3] 而潍坊的最低工资标准仅在 1900 元 ~2100 元。可见，社区矫正专职社工的待遇普遍偏低。

其次是上升空间有限，社工群体稳定性差。目前在行刑实践中，无论是协助社区矫正机关进行日常监管，还是对困境中的社区矫正对象进行心理疏导或是其他方面的帮困扶助，都需要社工的深入参与甚至在工作中发挥主导作用，工作任务十分繁重但是上升空间却是非常有限。相对而言，社工编制的地位比事业单位编制要低，级别也少，社会认可度低，而刚就业的年轻人对于职业发展前景要求往往较高，导致社工群体人才流失问题严重。如杭州

〔1〕 参见"司法部：全国每年接收社区矫正对象 50 多万人 矫正期间再犯罪率低于 0.2%"，载 https://baijiahao.baidu.com/s？id=1711755572243694245&wfr=spider&for=pc，最后访问日期：2022 年 4 月 10 日。

〔2〕 参见"石景山专职社工招聘信息"，载 https://www.sohu.com/a/525029873_121106842，最后访问日期：2022 年 4 月 10 日。

〔3〕 参见"2020 年潍坊市工会社会工作专业人才公开招聘公告"，载 https://baijiahao.baidu.com/s？id=1682419832671162899&wfr=spider&for=pc，最后访问日期：2022 年 4 月 10 日。

市下城区的社工规模在 1000 人左右，但是平均每年都要流失 30~60 人，流失率达到了 5%，武汉市的社区矫正专职社工人员流失率也一度高达 40%。

再其次是社工群体缺口大，持证率低，妨碍社区矫正工作效果。社工群体缺口大成为各地社区矫正工作开展过程中面临的共通性问题，根据 2022 年中国就业培训技术指导中心发布的《2022 年第一季度全国招聘大于求职"最缺工"的 100 个职业排行》，社工职业赫然在列。[1] 这个问题还表现在社工群体的持证率极低，如武汉市全市社区矫正专职社会工作者中，取得社会工作师职业水平资格证书的仅仅占比 1.2%，取得助理社会工作师职业水平资格证书的仅仅占比 14.8%，取得国家二级心理咨询师职业水平资格证书的仅仅占比 7%。[2] 虽然我国社工持证人员现已增加至 73.7 万人，[3] 相对于 2019 年数据增加了 20 万余人，[4] 但仍未能完成民政部十年前发布的《社会工作专业人才队伍建设中长期规划（2011—2020 年）》中的要求。

此外，还有社工在刑事执行工作中的人身安全难以得到保障的问题。社工群体构成中，女性社工占比超过了八成，她们在工作上需要面对各类社区矫正对象，经常遭到社区矫正对象的人身安全威胁。许多社区矫正对象对自己的犯罪行为并没有悔过，而社区矫正裁前调查评估的准确性尚有待提升，这一定程度上造成了一些客观上并不符合社区矫正的"没有再犯罪的危险"之人身危险性实质条件的人员被不当适用了社区刑，给社区矫正工作者带来一定的风险。

最后是社区居民对社区矫正工作的认识理解还存在一定偏差，社工自身的归属感与职业认同感偏低。我国社工行业还属于一个新兴行业，群体社会知晓度低，社区民众配合度低，这一定程度上打击了社工群体的工作积极性。如何与社区更好地联动，成为摆在社工面前的一个重要课题。

---

〔1〕 参见"官宣！这 100 个职业，最缺人！"，载 https://view. inews. qq. com/a/20220429A08GG200，最后访问日期：2022 年 4 月 30 日。

〔2〕 参见刘志月、刘欢："社区矫正社工亟需新鲜血液"，载《法制日报》2018 年 7 月 8 日，第 4 版。

〔3〕 参见"全国逾 70 万人获社会工作者职业资格证 2022 年考试报名启动"，载 https://baijiahao. baidu. com/s? id=1731178465369759340&wfr=spider&for=pc，最后访问日期：2022 年 4 月 27 日。

〔4〕 参见"全国社会工作者总量上升 持证者增至 53.1 万"，载 https://baijiahao. baidu. com/s? id=1682414312431474223&wfr=spider&for=pc，最后访问日期：2022 年 4 月 29 日。

2. 志愿者参与社区矫正的现实困境

首先是立法变化对于社区矫正志愿工作带来的冲击。新出台的《社区矫正法》，改变了以往行刑实践中已经形成较为成熟的社区矫正对象日常监管经验，即佩戴电子定位装置，转而强调保障社区矫正对象的人身自由、一切围绕着促使社区矫正对象回归社会为制度设计的根本，从原则上佩戴电子定位装置转变为原则上不佩戴，这给包括志愿服务工作在内的社区矫正工作以一定的冲击。对此，虽然有学者解读认为此举系社区矫正社会性的充分体现，但是也承认对于执法工作的高效展开带来了一定影响。同时，《社区矫正法》以及 2020 年《实施办法》删除了 2012 年《实施办法》中规定的实践已久的"双八"改造制度。"双八"改造制度废除之后，在实践中根据何种标准开展教育帮扶工作方面，成了一个难题。

其次是主体责任不够清晰。作为社区矫正工作的重要辅助力量，社区矫正志愿者承担了大量矫正相关工作，但是志愿者的法律责任范围却并不明确。由于该群体系对社区矫正对象提供志愿服务，不同于专业社工的购买服务形式的参与，志愿者系无偿参与到社区矫正工作中来，而基于权责一致的基本理念，实务中往往忽略了对志愿者在履职过程中，实施违法行为时追责问题的重视。同时，还存在着志愿者与社工之间权责范围不清晰的情况。

最后是社区矫正志愿者工作内容的形式化色彩。目前志愿者参与社区矫正的工作内容多以帮教为核心，就司法实践来说，其中的公益劳动往往安排在当地的司法所或者社区矫正中心，进行卫生打扫工作，内容较为单一且浅显，这些措施难以对社区矫正对象的思想改造和行为规范起到效果。此外，志愿者由于专业性弱，在帮教过程中难以及时发现社区矫正对象的心理、行为方面的深层次问题，大多以说教的方式进行，难以深入"犯心"。加之志愿者的层次和素质参差不齐，组成结构不合理，社区矫正志愿者的结构组成缺乏顶层的设计和调配。

二、社区矫正对象的帮教需求之实践检视

对于社会力量如何有效参与到社区矫正过程中来，以发挥出制度设立的应有效果，首先需要立足于实践调查去发现社区矫正对象的帮扶需求有哪些，以及诱发犯罪人再犯的因素是什么，在这个基础上，尝试构建起有针对性的、

有层次的社会力量参与社区矫正的工作模式。

（一）社区矫正对象帮扶需求的实践调查

笔者通过对陕西省部分社区矫正对象的访谈发现，社区矫正对象在帮扶需求上存在一些个性化的特点：

1. 假释犯社区矫正对象，更为关注家庭关系的修复。假释犯人数极少，加之社区矫正工作与安置帮教工作存在的部分相似性，因而对监狱服刑中的部分即将刑释出狱的服刑人员进行了访谈。通过调查发现，对于这部分服刑人员而言，刑释出狱后家庭关系的恢复是其最为关心的问题。其中对于长刑犯而言，入狱后往往导致夫妻关系破裂，他们进而转向寻求父母、子女的情感支持。除家庭关系修复外，其他需求均处次要地位。

2. 缓刑犯社区矫正对象，更为关注就业与社会歧视。作为社区矫正对象的主要组成部分，缓刑犯的占比达到了90%。在犯罪类型上，缓刑犯通常以侵犯财产类犯罪为核心，犯罪行为发生后，往往能够与被害人和解并得到家人的谅解，因而在家庭关系修复上的需求不明显。但是缓刑犯中原生环境处于经济困难状态的现象凸显，犯罪前处于无业状态的情况较为突出。即使是犯前为就业状态，根据国家有关政策文件的规定，对于被判处徒刑宣告缓刑的人员，其职务自然撤销，这类缓刑犯在初入行刑阶段之时，自身的心理调适帮扶需求普遍存在，对于解矫之后的再就业问题高度重视。与此相关，缓刑犯由原初状态的普通公民转变为社区服刑人员，身份转换所可能带来的社会歧视问题，亦成为该群体较为担忧的共性问题。

（二）再犯诱发因素分析

通过对再犯人员的调查发现，以下几个方面的因素是社区矫正对象再犯的高危诱因，需要在社区矫正工作中加以重视：

1. 个体因素。再犯人员在受教育程度方面呈现出的异常性，反映出了文化程度与再犯行为诱发之间的一定关联性。一些学者的调查也反映出了这一问题，比如上海市新收犯监狱曾于2017年对在押罪犯150人发放调查问卷，经调查统计发现，在二次犯罪中，学历以初中为主，参加社会工作年龄小于20岁，说明接受教育较少。[1] 黄兴瑞教授、孔一教授在对浙江省出狱同期群

---

〔1〕 参见朱耀华：“罪犯经济状况与再犯风险分析”，载《犯罪与改造研究》2017年第5期。

的比较研究中也认为，弃学（毕业）前学习成绩，在校受罚情况等因素与再犯有重要关联。[1] 同时，再犯人员的性格异常较为明显，很多再犯人员存在一定的交往障碍。以上诱发再犯的个体因素，对完善社会力量参与社区矫正的机制路径具有一定的启发意义，社会力量在社区矫正工作中，应采取针对性的措施，以提升社区教育改造的效果。

2. 家庭因素。研究发现罪犯家庭关系、成长环境等与再犯发生具有高相关性。如王彬、李宝花等学者对四川省某监狱服刑的 100 名累犯和 103 名初犯研究表明，发生再犯的原因中，作为家庭因素的父母陪伴情况以及与子女关系情况占据前两位。[2] 广州监狱课题组调查发现，家庭经济窘迫因素占到影响再犯因素当中的 29.6%。[3] 我们在对 30 名即将刑释出狱的服刑人员的个案访谈中，犯人均表示最担忧家人能否接纳自己，这在长刑犯中表现尤为突出。因此，这启发我们在社区矫正有关机制完善的过程中，着眼于顺利融入社会，尤其是预防再犯的矫正目标，应当在亲情帮教方面开展深入的工作，此举有助于矫正措施"深入犯心"。

3. 行刑因素。再犯诱因的行刑因素，主要表现为罪犯在上次服刑期间，未获得文化或劳动技能的提升，或是未能扭转其错误的价值观，因而再次走上犯罪道路。诱发再犯罪的上述行刑因素启示我们，在社区矫正相关机制完善的问题上，尤其是在社区矫正的社会力量参与上，应当从实质层面去把握"助人自助"的工作理念，并注重矫正效果衡量的形式与实质两方面的兼顾。

4. 社会因素。再犯诱因的社会因素，实质在于犯罪人所处的社会环境状况。许鹏在对 184 名再犯罪人的不良行为分析发现，赌博占到 34%，说明再犯罪人的业余爱好不太健康并会导致结交不良朋友，容易诱发再犯。[4] 学者周佳认为反社会行为（酗酒、赌博等）对于再犯具有显著的预测作用，对于

---

〔1〕 参见孔一："再犯原因的结构——基于浙江省出狱同期群的比较研究"，载《刑事法评论》2011 年第 2 期。

〔2〕 参见王彬、李宝花、胡峻梅："重新犯罪行为与童年期创伤的关系"，载《中国心理卫生杂志》2008 年第 8 期。

〔3〕 参见广州监狱课题组、黄冬荣："对 250 名重新违法犯罪人员的调查报告"，载《犯罪与改造研究》2009 年第 8 期。

〔4〕 参见许鹏："调查报告：影响犯罪人再犯的因素——以句容监狱为样本的实证分析"，南京师范大学 2015 年硕士学位论文。

再犯有直接的影响。[1] 再犯人员的交往圈明显处于异常状态，他们常与其他违法犯罪人员结交且存在不良行为。这提示我们，在社区矫正的有关内容完善上，应当帮助社区矫正对象净化交往圈，通过系列措施树立社区群众对社区矫正工作的正确认识。

三、社会力量参与社区矫正的路径创新

（一）社会力量参与社区矫正的联动机制建构

社会力量参与社区矫正的联动机制，应当包括两个维度，一是社区、社会组织与社会工作者的联动机制的构建和完善，即所谓"三社联动"之外部联动机制；二是社会力量如何深度化、实质化、合理化地参与到社区矫正工作中来这一内部联动机制的构建和完善。

1. "三社联动"社会力量参与机制的建立完善。首先，从实证研究中所总结出的诱发再犯的高危因素以及社区矫正对象的实际需求两个维度出发，通过被动筛查与主动反映两种途径，获取社区矫正对象的共性与个性的服务性需求。前文所指出的再犯诱发因素的各类信息属于社区矫正对象教育帮扶工作中的共性内容，应当为社区矫正对象的教育帮扶所吸收。至于社区矫正对象的个性化需求的发现，则可以将被动筛查发现模式与裁前风险评估的调查内容以及入矫初期的信息填报收集工作相结合，获知最为全面的社区矫正对象的需求信息。而在矫正过程中，社区矫正对象出现的新需求，向社会组织去反映、寻求帮助，在于社会组织是联结社区矫正对象与社工队伍之间的枢纽。其次，当社会组织接收到了社区矫正对象的需求信号之后，便开始根据其个性化需求去针对性地匹配作为服务提供者的专业社工。需要根据社区矫正对象的需求，在社会组织的安排下提供有针对性的服务项目。最后，需要建立相应的效果反馈机制，由社区矫正对象向社会组织反馈社区帮教的效果。在这个良性循环中，逐渐总结出效果良好的服务项目并将其推广适用，并对未产生实效的项目进行调整补足。这种设计的根本特色在于着眼再犯诱因以及矫正对象的实际需求，以社会组织在社区矫正对象与社工之间的枢纽调节功能的发挥为核心，以服务项目效果反馈检视机制的平行建立为补充，

---

〔1〕 参见周佳："基于生命进程视角的刑释人员再犯行为研究"，浙江大学2012年硕士学位论文。

从而使得社会力量的社区矫正参与由形式而迈入实质层面。

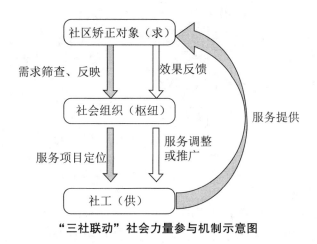

"三社联动"社会力量参与机制示意图

2. 关于社会力量参与的内部联动机制的建立完善

社会力量参与的社区矫正还存在着人员稳定性、人员素质、职责界限以及工作内容等方面问题，这些问题可以通过内部联动机制的建立完善得以进一步地解决，具体包括"择优选用、科学分工、互相配合"三个层面。

（1）择优选用。在社会力量入口上严把质量关，择优选聘社工和志愿者，设置最低服务年限标准，建立完善考核奖惩机制，进一步加强财政对社区矫正工作的支持力度，提升社工的工资待遇以及福利待遇，增强社工与志愿者的职业认同感，吸收其他省市的实践经验，探索推进社会志愿者队伍"2+X"构成机制，发挥高校资源优势，建构以"高校大学生志愿者-五老志愿者"为核心的志愿服务队伍，同时积极吸收其他社会力量的参与。与此同时，在录用为社区矫正社工或志愿者后，还应当强化对社区矫正工作者的履职保障。在落实条文规定的基础上，完善配套机制，联动公安机关加强安全防控。拓展社区矫正工作队伍的上升空间，强化职业群体的稳定性。

（2）科学分工。科学划定社工队伍与志愿者队伍内部权责边界，做到社会力量的内部科学分工。社工与志愿者均为矫正小组的成员，志愿者与社工共同参与社区矫正的教育帮扶工作，而社工在教育帮扶之外，还主导负责拟适用社区矫正的对象之社会调查评估工作、社区矫正对象的心理帮扶工作、技能培训工作以及关系修复工作，这些工作因具有一定的专业技术性要求，因而立法规定由社会工作者（社会组织）主负责。具体分工如图所示：

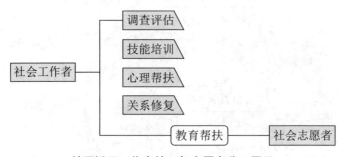

社区矫正工作中社工与志愿者分工图示

（3）互相配合。在科学分工的基础上，对于社工主导的部分工作，可以考虑由其承担组织、协调功能，根据情况自己承担或者安排有相应优势的志愿者开展定期或不定期的思想教育讲座、技术培训讲座；而在志愿者主导的公益活动开展过程中，则可以邀请社工就活动中涉及的心理帮扶、沟通协调等技术性内容，进行辅助支持。

（二）社会力量参与社区矫正的恢复模式运用

《社区矫正法》在立法内容上体现出了恢复性司法理念，只有社会关系得以修复，才意味着社区矫正对象真正融入了社会。而在这个方面，社会力量的参与将会大有可为。

1. 社会力量参与社区矫正的"被害人-加害人调解"恢复性模式的运用

"被害人-加害人调解"是恢复性司法的原初模式，具体到社区矫正领域：首先由社工在加害人与被害人中间起到促进聚合的作用。在前期聚合工作完成后，社工的任务就转向程序引导。由被害人（或已故被害人的家人）阐述犯罪行为所带来的损害后果，被害人在被害后的现实处境等。进而由加害人来阐述自己犯罪的诱因、犯罪后所处的状况、自己对于加害行为的反思、对被害方的悔过等内容。在反复的沟通对话的过程中，双方对彼此的境遇与需求产生进一步理解，促使加害人对被害人作出真诚的道歉以及通过金钱、公益活动或其他途径进行积极的伤害修复。而司法人员作为强制力的代表，职责在于对加害行为的预防和应急处置功能的发挥。当然，可能需要反复的沟通和促进才能够达成恢复性谅解，因而社工在其中还起到评估与检视的作用，并筛查出新的问题，确定下一轮恢复性对话的时间。

2. 社会力量参与社区矫正的"家庭小组会议"恢复性模式的运用

就社区矫正对象（加害人）而言，犯罪后的影响并非仅及于自身的定罪量刑以及标签效应，其亲友尤其是近亲属也会受到标签效应的影响而受到伤害。因此，在修复项目运作中，加害人与其亲友的关系修复应当是重要方面。同时，被害人与亲友关系的恢复也很必要，一些案件中，犯罪也会带来被害人与亲友之间关系的裂痕，因而"家庭小组会议"模式下还致力于被害人的家庭关系恢复。"家庭小组会议"将"加害人-被害人调解"这种"个人对个人"的恢复模式，扩展为"家庭对家庭"，此时的恢复，是两方家庭关系的修复，或是说被害方家庭整体对加害方的谅解。同样地，这种类型的修复效果也并非一蹴而就，需要社工进行评估检视，及时总结和调整。司法人员的职责亦是对于程序进行中出现的加害行为进行及时制止和处理。

3. 社会力量参与社区矫正的"圈"恢复性模式的运用

"圈"模式的复杂性在于关系恢复的进一步拓展，除了如家庭小组会议中需要被恢复的社会关系之外，还纳入了加害人与所在社区、被害人与所在社区关系的恢复。在犯罪发生后，无论是加害人所受其行为带来的标签化影响，还是被害人受其周围人的歧视，都会波及各自家人，因而恢复双方各自家人和社区的关系，均为"圈"模式的重要方面。在对话运作上，理想的发言顺序系在加害人（亲属）、被害人（亲属）进行表达之后，由社区成员代表就犯罪行为对社区所带来的伤害表达，以促进加害人认罪悔罪。司法人员同样承担加害制止、应急处置的作用。

（三）社会力量参与社区矫正的需求要素吸收

《社区矫正法》与2020年《实施办法》取消了"双八"改造制度，制度废除后如何实质化改造，是应当正视的一个重要问题。矫正对象需求的充分吸收，是从形式迈向实质的关键。

首先，做好社区矫正对象教育帮扶需求筛查工作，这是社区矫正工作取得效果的根本前提。就社区矫正对象的共性需求，通过前述再犯诱因的筛查分析与社区矫正工作内容相结合，开展集中、统一的教育帮扶工作。而对于根据前文提及的社区矫正对象帮扶需求的类型化特征，可援引前述恢复性对话中的"家庭小组会议"模式，着重解决假释犯的家庭关系修复问题。对于管制、缓刑犯而言，可援引恢复性对话中的"圈"模式，以解决其更为关注的就业与社会歧视问题。至于社区矫正对象其他具体的、个别的需求，则通过主动报告与被动筛查两种途径，及时发现并展开个别化的教育帮扶工作，以及进行及时的帮扶教育效果检视。

其次，根据社区矫正对象的个性化需求进行程序对接、工作内容调适以及帮教资源分配。社区矫正对象的个性化需求发现机制如前述包括主动报告与被动筛查两种路径，以此为基础进行精准定位，同时，结合矫正过程中矫正对象的需求变化，进行相应的工作内容调适。构建不同技术优势的社工队伍，对于社区矫正对象的个性化需求进行相应的帮教资源分配，以及进行相应的恢复性对话、集中教育或是相应的公益活动的程序衔接。

最后，建立完善社区矫正对象帮教工作反馈检视机制。建立和完善畅通的工作反馈检视机制，是提升教育帮扶效果的重要途径，也是保障教育帮扶措施切实符合社区矫正对象实际情况的根本措施。因此，应当定期评估社区矫正教育帮扶实践效果，由社区矫正对象及其近亲属进行反馈，通过阶段性评估与结果性评估相结合的方式，及时完善教育帮扶项目内容。

社会支持网络促进老年社区矫正对象
社会融入有效性的系统评价[*]

陈　珊[**]　袁　颖[***]

摘要目的：评估社会支持网络对促进老年社区矫正对象社会融入的有效性。**方法**：运用系统评价方法，系统检索 5 个国内中文数据库，从 37 个原始研究中筛选符合既定纳入标准的原始研究，一共纳入观察性研究 1 篇，定性研究 3 篇。从纳入的研究对象上看，包括不同犯罪类型及不同刑罚类型的老年社区矫正对象。在已纳入的 4 篇文章中，通过观察性研究质量评价工具（STROBE 声明）和定性研究质量评价工具（CASP 清单）分别对纳入文章进行原始研究信度分析，并客观评价社会支持网络对促进老年社区矫正对象社会融入的作用。**结果**：其中 3 项研究为低等偏倚风险，1 项研究为中等偏倚风险；4 项研究均肯定社会支持网络对老年社区矫正对象社会融入的促进效果。**结论**：本研究提示构建社会支持网络有助于促进老年社区矫正对象社会融入，具体而言：超过 1 个月的社会工作介入对促进老年社区矫正对象的社会融入有较为显著的效果；运用社会支持网络和社会工作实务相结合的方法对促进老年社区矫正对象的社会融入有较为显著的效果；由家庭、邻里、社区、志愿者队伍、矫正社会组织以及法院、检察院、司法行政机关形成的社会支持网络，对促进老年社区矫正对象社会融入有较为显著的效果。

关键词：社会支持；老年社区矫正对象；社会融入；有效性

---

[*] 本文为四川省社区矫正研究中心项目"域外社区矫正'合作模式'研究"（SQJZ2017-04）的研究成果。

[**] 陈珊，女，汉族，西华大学法学与社会学学院副教授，硕士研究生导师，研究方向：民商法学、社会法学。

[***] 袁颖，女，西华大学法学与社会学学院，硕士研究生在读。

一、研究背景

社区矫正与监狱矫正相区别，是指将符合社区矫正条件的罪犯置于社区内，由国家专门机关在相关社会团体和民间组织以及志愿者的协助下，矫正罪犯的犯罪心理和行为恶习，并促进其顺利回归社会的非监禁刑罚执行活动。社区矫正的特征就是非监禁性，主要是依靠社区矫正机构工作人员对矫正对象进行管理，并由社会大众监督。社区矫正秉承人性化理念，通过在社会、社区等环境中对矫正对象进行教育帮扶，从而使矫正对象能够更好融入社会。据国家统计局2020年第7次全国人口普查数据显示，我国大陆地区60周岁及以上人口共计26 402万人，占总人口比重18.7%；其中，65周岁及以上人口共计19 064万人，占总人口比重13.5%。[1] 可见，我国人口老龄化的高龄化趋势也日渐显现。随着人口老龄化程度不断增加，老年人犯罪增多趋势也在不断加重。《中华人民共和国刑法》对老年人犯罪一般采取从宽处罚原则，相应地对老年罪犯的刑罚方式也在罪刑均衡原则下尽可能的采取社区矫正方式，社区矫正对象中老年人口比例也是在不断增加。

社会融入是处于弱势地位的主体能动地与特定社区中的个体与群体进行反思性、持续性互动的社会行动过程。但是在社区矫正实施过程当中，老年社区矫正对象往往难以真正融入社会，普遍面临社会支持网络弱化和缺失的问题。由于老年社区矫正对象占有社会资源不足，加上社会对犯罪分子的歧视与排斥观念以及人们所固有的防范意识，老年社区矫正对象往往处于"弱关系"状态之中，即人际交往狭隘、经济收入低下、社会地位低微。老年人犯罪后进行社区矫正很难融进社会从而成为事实上的弱势群体。然而《社区矫正法》并没有对老年社区矫正问题做专门具体的规定，矫正效果并不理想。

对社区矫正对象进行改造需要全社会提供一个良好环境和友好氛围，重塑和强化社区矫正对象的社会支持网络有利于实现老年社区矫正对象的社会融入。社会支持是指个体可以通过其他个体、群体或者更大的社交团体获得支持的可能性，通常来说就是社会各个方面给予个体精神或者物质上的帮助

---

〔1〕　参见翟振武："第七次全国人口普查公报解读"，载 http://www.stats.gov.cn/tjsj/sjjd/2021 05/t20210512_1817336.html，最后访问日期：2021年5月12日。

和支持，大体由主体、客体、内容三要素组成。[1] 社会支持是一种行动和情感分享，是个体从社会各主体得到的各种形式的关心、扶持和帮助，其本质是一种物质救助、生活扶持等社会性行为。[2] 社会支持实质上就是通过组织化或非组织化的社会网络，使社会成员能够在社会的活动过程中获得物质、情感以及技术性的支持，满足社会成员的物质与精神追求，从而提高社会成员的社会归属感。[3]

二、文献综述

作为一种非监禁刑罚，社区矫正是注重以人为本、教化为主的刑罚方式，矫正对象可以在社区中学习改造，不需要脱离社会、远离人群，在刑罚执行完毕后也可以更好地融入社会，既可以节约司法资源，又有助于矫正对象社会化。但老年社区矫正对象作为一个特殊的社会群体，因为失去年龄优势而在社会生活、工作、交往中感到失落和无力，在社会关系中处于一种劣势状态。那么，针对老年社区矫正对象，通过构建社会支持网络可以修复社会关系并促进其融入社会吗？吴宗宪（2011）的《老年犯罪人社区矫正论》提出了我国老年社区矫正对象不断增多的问题，针对老年社区矫正的实施给出了开展法制教育、针对性教育、分类管理、重视发挥家庭和邻里的教育等建议。[4] 张娜（2012）的《老年犯非监禁执行模式的法理学思考》从法理学角度来分析老年社区矫正理论基础并提出建立针对老年社区矫正对象的观护制度，认为老年犯可以考虑建立类似疗养院、敬老院等来代替在监狱内执行刑罚。[5] 在国内研究中，学界对于老年社区矫正对象社会融入的研究还比较少，其中多数文章都是对老年社区矫正进行的理论性阐述，观察性研究文献鲜见。安佳伟（2019）的《老年社区矫正服刑人员再社会化的社会工作介入——

---

〔1〕 参见罗彤彤、乐传永："论老年教育支持服务体系的构建——基于社会支持理论"，载《中国成人教育》2015 年第 2 期。

〔2〕 参见方曙光："社会支持理论视域下失独老人的社会生活重建"，载《国家行政学院学报》2013 年第 4 期。

〔3〕 参见李宁宁、苗国："社会支持理论视野下的社会管理创新：从刚性管理向柔性支持范式的转变"，载《江海学刊》2011 年第 6 期。

〔4〕 参见吴宗宪："老年犯罪人社区矫正论"，载《中国司法》2011 年第 8 期。

〔5〕 参见张娜："老年犯非监禁执行模式的法理学思考"，载《中共山西省直机关党校学报》2012 年第 4 期。

以齐齐哈尔市 G 社区矫正中心为例》是一篇完全的观察性研究，以齐齐哈尔市 G 社区矫正中心中老年社区矫正对象为研究对象，通过观察性的实地实验，采用个案工作、小组工作、社区工作介入来证明社会支持网络对老年矫正对象再社会化的作用。叶刚（2021）的《老年人犯社区矫正实证研究以 C 市矫正为例》以 C 市近三年老年人犯社区矫正为研究样本，通过对老年人犯矫正数据资料进行归纳统计分析，得出社区矫正老年人犯在社区矫正实务中仍存在老年人犯社区矫正制度虚化、未凸显人性化以及矫正措施缺乏个别化的问题，提出了强化社区矫正老年人犯帮扶措施、完善社区矫正社会工作者体系等对策和建议，从家庭和社区矫正工作者角度分析社会支持有助于促进老年社区矫正对象回归社会。[1] 李三元（2014）的《论我国老年社区服刑人员的社区矫正》提出老年社区矫正模式的构想，认为当前比较成熟的"上海模式"和"北京模式"不太适合于老年社区矫正对象，建议可以通过对这两种模式经验进行借鉴的基础上，构建一个适合老年社区矫正对象社会融入的新模式。该文重点说明要对老年社区矫正对象进行危险性预测并且设计出一套有效的老年社区矫正对象人身危险性预测体系，研究表明可以通过构建法院、检察院、司法行政机关、矫正社会组织和志愿者队伍等组成的社会支持网络的介入，达到促进老年矫正对象顺利回归社会的目的。王燕、张晋（2019）的《原理与路径：社区矫正服刑人员社会支持实证分析——以江苏省 A 市 C 区为例》这篇文章主要是以问卷调查的形式，对社区矫正对象的社会支持网络形式进行了分析，提出社会支持可以分为以家庭为核心的非正式支持系统、矫正对象自身的社会支持系统以及正式社会支持系统。文中涉及对老年社区矫正对象的数据统计和对老年社区矫正对象社会支持状况展开的实证分析与量化研究。基于社会支持原理，结合社区矫正制度运行现状以及老年社区矫正对象社会支持获得状况，展开对包括老年社区矫正对象在内的社区矫正对象社会支持体系构建，并提出完善社区矫正对象社会支持网络体系的路径，以回应实践层面的需求，从而更好地实现老年社区矫正对象的社会融入，以此减少再犯罪率。[2] 黎丽娟（2011）的《论我国老年犯社区矫正制度》提出制定专门

---

〔1〕 参见叶刚："老年人犯社区矫正实证研究——以 C 市矫正为例"，南华大学 2021 年硕士学位论文。

〔2〕 参见王燕、张晋："原理与路径：社区矫正服刑人员社会支持实证分析——以江苏省 A 市 C 区为例"，载《青少年犯罪问题》2019 年第 6 期。

的老年社区矫正法，对老年社区矫正的程序、矫正对象、范围、适用措施、矫正项目加以规定；建立专门的老年犯社区矫正机构，可以以司法行政机关为基础，以社区学校、养老院、基层管理组织等机构为辅助而构建；设计出与老年犯自身特点相符的矫正项目并建立相应的监督评估机制。[1] 符慧君（2017）的《论我国老年犯的社区矫正》提出老年犯的社区矫正工作要根据老年犯的生理和心理特点以及不同的犯罪类型来进行，采取针对性的措施，将工作重点放在帮助和预防上，进而降低老年犯的再犯罪率。[2] 张慧聪（2013）的《论我国老年犯的社区矫正》对老年犯社区矫正的适用提出区分老年犯罪类型，建立科学的社区矫正适用评价机制，矫正重点应当集中在监督和预防再犯，突出帮困扶助等建议。[3]

通过对文献的检索和初步分析可以看出，国内学界关于此问题还未产生系统评价方面的文章，现有研究多是"调查研究"或"定性研究"，此一研究领域中仍有诸多值得深入探讨之处。因此，本小节将通过系统评价，对纳入的原始文献进行信度和效度的测评，为促进老年社区矫正对象社会融入提供高级别证据。

三、对象与方法

（一）检索策略

使用计算机检索以下数据库：中国学术期刊 CNKI 数据库、维普中文期刊服务平台、万方数据资源系统、独秀知识库、中国人民大学复印报刊资料数据库。检索时限为：2012 年～2021 年，检索词主要涉及：社会支持网络、老年人社区矫正、社会融入，在检索词的查询中，根据概念的相近性或包含关系将老年人社区矫正对象扩大至老年社区矫正人员、老年社区服刑人员；将社会融入扩大至社会化或再社会化；将社会支持网络扩大至社会支持体系。检索式：（社区支持网络 OR 社会支持体系）AND（老年社区矫正对象 OR 老年社区矫正人员 OR 老年社区服刑人员）AND（社会融入 OR 社会化 OR 再社会化）。

---

〔1〕 参见黎丽娟："论我国老年犯社区矫正制度"，湖南师范大学 2011 年硕士学位论文。
〔2〕 参见符慧君："论我国老年犯的社区矫正"，载《法制博览》2017 年第 9 期。
〔3〕 参见张慧聪："论我国老年犯的社区矫正"，载《周口师范学院学报》2013 年第 1 期。

（二）纳入与排除标准

1. 纳入标准

（1）采用社会科学研究方法；（2）案主包括老年人（包括缓刑、假释期接受社区矫正的对象以及管制、暂予监外执行的社区矫正对象）；（3）结局指标特指：有利于老年社区矫正对象社会融入；（4）语种为任何一个国家采用中文写作的文献；（5）公开发表或未公开发表；（6）发表年限：2012年~2021年；[1]（7）将社会支持网络作为老年社区矫正对象社会融入最重要的支持系统；（8）采用定量研究、观察性研究和定性研究。经过筛选，共有4篇文章符合条件。

2. 排除标准

（1）排除主题与老年社区矫正对象社会融入无关的研究；（2）排除纯理论研究及不能提供有效实证信息的研究；（3）排除目的涉及提高监狱管理水平的研究；（4）排除通过多种数据库查找的重复研究；（5）排除联系研究者但无法得到相关数据的研究；（6）排除多种干预措施重叠的研究。

（三）研究的质量评价标准

鉴于干预措施与结论异质性较强，本研究运用限制偏倚的策略对所纳入的文章进行严格的系统评价，评价方式主要以观察性研究质量评价工具（STROBE声明）和定性研究质量评价工具（CASP清单）为主。

观察性研究质量评价工具（STROBE声明）的评测项目主要有22个：题目和摘要（题目和摘要是否用专业术语表示研究设计）、背景和合理性（是否对研究背景和原理进行解释）、研究目标（任何预先确定的假设是否详细指明人群、暴露和结局等）、研究设计（是否写明研究设计的要素）、研究现场（是否清楚描写研究现场、具体场所和相关时间）、研究对象（队列研究是否描述研究对象的入选标准、来源和方法，描述随访方法等）、研究变量（是否明确界定结局指标、暴露因素、预测指标、潜在混杂因素及效应修饰因子，如有可能应给出诊断标准）、资料来源与评估（是否描述每一研究变量的数据来源和详细的测定、评估方法等）、偏倚（是否描述潜在的偏倚及消除方法）、

---

〔1〕 2012年《实施办法》是我国《社区矫正法》颁行之前社区矫正领域重要的规范性文件，故本研究选择将2012年3月1日《实施办法》实施之日作为纳入文献的起始发表期限。

样本量（是否描述样本量的确定方法）、定量指标（是否解释定量指标的分析方法，如有可能应描述如何选择分组及其原因）、统计学方法（a. 描述所用统计学方法，包括控制混杂因素的方法；b. 描述亚组分析和交互作用所用方法；c. 描述缺失值的处理方法；d. 描述敏感度分析）、研究对象（a. 详细报告各研究阶段中研究对象的数量；b. 描述各阶段研究对象未能参与的原因，帮助读者判断研究人群是否代表目标人群，是否产生偏倚例）、描述性资料（a. 描述性资料是否描述研究对象的特征以及暴露因素和潜在混杂因素的信息；b. 描述各相关变量有缺失值的研究对象数量；c. 队列研究描述随访时间）、结局资料（a. 报告结局发生事件或暴露类别的数量；b. 队列报告研究发生结局的数量等）、主要结果（是否给出未校正和校正混杂因素的关联强度估计值、精确度等）、其他分析（有无报告其他分析结果）、重要结果（是否概括研究假设的重要结果）、局限性（是否结合潜在的偏差和误差来源，讨论研究的局限性及潜在偏倚方向和大小）、解释（是否结合研究目的、局限性、多因素分析和其他相关证据解释结果）、可推广性（讨论研究结果是否具有普适性和可推广性）、资助（是否写明研究的资金来源和自助者）等 22 个方面进行整体评价。由此，对观察性文献进行评分，评分标准为："是"计 1 分，"不清楚"计 2 分，"否"计 3 分。总分得分为三个类型，分别代表不同的风险水平：22-36 分为低风险，37-51 分为中风险，52-66 分为高风险。

定性研究质量评价工具（CASP 清单）的评测项目有 10 个：研究目的（是否清楚研究的目的）、研究方法（应用定性研究的方法是否恰当）、研究设计（是否适合于解决研究目的）、抽样（研究对象的招募策略是否恰当）、资料收集（能否解决研究问题）、研究者反思（是否反思了研究中可能存在的不足）、伦理学问题（是否充分考虑了伦理学问题）、资料分析（资料分析是否足够严谨）、研究结果（是否清楚了介绍研究结果）、研究价值（研究有多大价值）。通过十个维度对定性研究的文章进行评分，评分标准为："是"计 1 分，"不清楚计 2 分，"否"计 3 分。总分得分为三个类型，分别代表不同的风险水平：10-16 分为低风险，17-23 分为中风险，24-30 分为高风险。

四、研究结果

（一）纳入过程

由两名评价者根据纳入排除标准独立检索筛选文献，阅读题目、摘要和全文，共纳入4篇文献（如图1）。

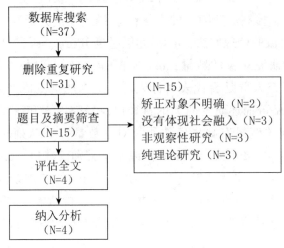

图1　纳入过程分析图

（二）纳入研究情况

一共纳入1篇观察性研究，3篇定性研究，从纳入的研究对象上看，针对暴力和非暴力不同犯罪类型以及缓刑、管制等不同刑罚类型的老年社区矫正对象。从犯罪类型上看，有1篇文章研究是主要集中在"强奸、猥亵、抢劫、盗窃、诈骗、传销"等，其中老年人实施的财产犯罪比重很大（安佳伟，2019）。另1篇文章研究主要集中在侵犯财产罪、危害公共安全罪以及妨害社会管理秩序犯罪，并且所犯罪行多为非暴力性犯罪（叶刚，2021）。其余2篇文章均是针对所有犯罪类型进行的矫正。从刑罚的类型来看，有2篇文章是对老年社区矫正对象回归社会、融入社会的社会支持网络进行分析（安佳伟，2019），另1篇文章针对所有社区矫正对象，但是其中对涉及老年社区矫正对象社会融入的部分进行分析（王燕、张晋，2019）。从矫正区域上看，有1篇文章是以C市近三年老年人犯社区矫正为研究样本进行统计归纳研究（叶刚，2021），有1篇文章是针对齐齐哈尔市G市社区矫正中心进行的观察性研究（安佳伟，2019），有1篇文章是对江苏省A市C区社区矫正区域进行的分析（王燕、张晋，2019），另1篇文章没有表明具体的矫正区域。

从社会支持网络构成方面来看，主要有非正式的社会支持网络、自身社会支持网络和正式的社会支持网络三方面（王燕、张晋，2019），社会工作介入方法主要是采用个案工作、小组工作、社区社会工作等方法（安佳伟，2019）。就老年社区矫正对象社会支持网络构建而言，有学者主张通过法院、检察院、司法行政机关、矫正社会组织和志愿者队伍构建社会支持网络（李三元，2014），重点论证了社区矫正工作者以及家庭的支持作用（叶刚，2021）。

从纳入研究的文献选取时间上看，研究选取的是近十年（2012～2021年）的文章进行分析。在纳入的1篇观察性文章中，其表明实验观察周期为1个月（安佳伟，2019），在2篇定性文章中，采取了调查问卷等统计方式进行实证数据分析（王燕、张晋，2019；叶刚，2021），有1篇定性文章中，作者对已有两种社区矫正模式进行分析（李三元，2014）。

（三）纳入文献的质量分析

通过观察性研究质量评价工具（STROBE声明）和定性研究质量评价工具（CASP清单）背对背分别对纳入文章进行信度质量分析，如遇分歧，通过讨论或第三方解决存在的争议。4篇文章均为2010年之后的研究，经过系统评分其中有3篇为低等偏倚风险，1篇为中等偏倚风险，偏倚风险越低表示原始研究的可信度越高，偏倚风险越高则说明原始研究的可信度越低，若纳入文献的信度质量评级为最高，则其并不具备参考价值。

《老年社区矫正服刑人员再社会化的社会工作介入——以齐齐哈尔市G社区矫正中心为例》这1篇观察性研究文献中，该研究以实地调查法等方式对齐齐哈尔市G社区矫正中心老年社区矫正对象进行资料收集，从多个维度分析齐齐哈尔市G社区矫正中心中老年社区矫正对象的社会融入问题，并对其进行了社会支持介入的观察实验，本篇文章具备一定的推广意义，具有一定的参考价值，通过STROBE声明评分为低等风险。

在3篇定性研究的文献中，《原理与路径：社区矫正服刑人员社会支持实证分析——以江苏省A市C区为例》主要对调查问卷统计数据进行梳理，对社会支持促进老年社区矫正对象社会融入的效用进行实证分析，并且将社会支持网络划分为非正式社会支持网络和正式社会支持网络，论述其理论意义与实践意义。该篇文献研究目的明确，研究方法得当。但因其不是将老年社区矫正对象作为唯一研究对象，故在以老年社区矫正对象社会融入为研究对象的系统评价中，被评级为中等风险（CASP 清单评分）；《老年人犯社区矫正实证研究》是通过调查问卷统计 C 市近 3 年老年人犯社区矫正的数据，对社区矫正老年人犯在社区矫正实务中存在的问题、成因以及完善建议进行实证分析，重点研究了家庭和社区矫正工作者两个角度，其研究的社会支持网络范围存在局限。《论我国老年社区服刑人员的社区矫正》主要对现有的社区矫正"北京模式"和"上海模式"进行分析，再根据老年社区矫正对象的特殊性，提出构建老年社区矫正模式的建议，在 CASP 清单评分中为低等风险。

（四）效果分析

本节纳入的 4 篇原始研究均对促进老年社区矫正对象社会融入的社会支持网络展开分析（见表 1），从研究质量上看，1 项研究为中风险，3 项研究为低风险；从研究结果上看，4 项研究结果均具有显著性。总体而言，4 篇原始研究证明通过社会支持网络构建，可以让老年社区矫正对象在社会人际交往之中获取情感和物质支持，有助于缓解老年矫正对象的负面心理情绪，促进其融入社会，减少再犯率。从具体干预效果来看：

其一，社工介入（超过 1 个月）并积极发挥自身优势，网络社会资源为老年社区矫正对象提供社会支持，对促进老年社区矫正对象的社会融入有较为显著的效果。观察性研究实验为期为 1 个月，这 1 个月的实验记录说明社会支持对老年社区矫正对象社会融入有明显效果。例如，通过个案工作计划、小组工作计划、社区服务计划对老年社区矫正对象进行观察记录，结果显示，坚持 1 个月或 1 个月以上接受帮扶的老年社区矫正对象回归社会的程度明显提高（安佳伟，2019）。

其二，社会支持网络应由家庭、邻里、社区、志愿者队伍、矫正社会组织以及法院、检察院、司法行政机关等组成。同时，社工也应属于老年社区矫正对象社会支持网络中的重要组成部分。本文纳入的 4 篇文献中，有 1 篇采用了社会支持网络和社会工作实务相结合的方法，取得较好的矫正效果。

表1 纳入研究的显著性特征表

作者	时间（国家）	风险	促进社会融入	针对群体
安佳伟	2019（中国）	低	Y	老年社区矫正对象
李三元	2014（中国）	低	Y	老年社区矫正对象
叶刚	2021（中国）	低	Y	老年社区矫正对象
王燕、张晋	2019（中国）	中	Y	老年社区矫正对象[1]

五、讨论

本次共纳入4篇原始文献，其结局指标均表明：社会支持网络有利于促进老年社区矫正对象社会融入。并且经过观察性质量评价工具（STROBE声明）和定性质量评价工具（CASP清单）测评后，其研究可靠程度均较高（3篇低等风险，1篇中等风险），表明研究结论具有一定的参考价值，即家庭、邻里、社区、志愿者队伍、矫正社会组织以及法院、检察院、司法行政机关等组成社会支持网络的构建对于老年社区矫正对象的社会融入起到了较大的促进作用。

由于检索到的可用性文章较少，因此纳入文献数量偏少。同时，受笔者英语水平所限，在进行资料检索时，并未对英文的文献进行检索，可能会在一定程度上影响系统评价的严谨性。但由于政治、经济及社会环境存在较大差异，在社会支持网络构建研究外国成果需要审慎借鉴，我国老年社区矫正对象的社会支持网络还需体现"中国特色"及"中国优势"。

上述对本次系统评价之不足的分析归纳，值得后续的研究注意，同时也提示需要更多有关社区矫正的实证研究或项目试点，以保证实验结果、干预效果的准确性和严谨性。未来的原始研究需要更详细描述社会支持网络的项目细节，例如：社区的选定、矫正方案的制定、项目参与者及志愿者的选择和培训情况、项目开展过程中所遇问题的解决措施等一系列细节。同时，此次系统评价中对原始研究的文献搜集结果也显示出学界应该对老年社区矫正对象给予足够的重视，针对老年社区矫正对象的高质量研究还有待进一步发展。

---

〔1〕 笔者注：该文献研究对象呈现多元化特征，笔者对其中涉及老年社区矫正对象的研究部分进行了分析。

六、思考

传统矫正范式下，一部分矫正措施存在无效性或无法证明其有效性，同时，司法部门投入的公共资源在某种程度上也未产生预期的效果。如前所述，循证矫正旨在寻求能实现最佳矫正效果的"证据"，在一定程度上弥补传统矫正范式的不足。从理论研究的结论演化为具体的实践对策得益于循证研究结果的转化、应用与推广。针对循证研究结论的实践运用，笔者从跨学科视角提出以下建议：

（一）加大老年社区矫正工作法治化力度

老年社区矫正对象是社区矫正中的特殊群体，而我国现行立法没有给予足够的关注。随着我国人口老龄化程度的加深，老年社区矫正对象人数不断增加，为了更好地实现社区矫正制度设立的初衷，注重教化大于刑罚的价值，让罪行较轻危害性不大的老年社区矫正对象可以得到良好地心理干预、行为矫正和思想改造后重新融入社会，作为一个法治国家，有必要在完善的法律制度框架下更好地实现对老年社区矫正对象的教育和帮扶。而我国《社区矫正法》及2020年《实施办法》均未对老年社区矫正对象予以特殊规定，与未成年社区矫正对象相比，老年社区矫正对象的矫正"法治化"程度有待进一步提高。

（二）提高矫正社工专业化水平

《社区矫正法》第11条规定，社区矫正机构根据需要，组织具有法律、教育、心理、社会工作等专业知识或者实践经验的社会工作者开展社区矫正相关工作。在实施老年社区矫正的过程中，会涉及到法律、社会学以及心理学等方面的问题，这对社区矫正相关工作人员提出了很高的要求。前述社会支持网络应由家庭、邻里、社区、志愿者队伍、矫正社会组织以及法院、检察院、司法行政机关等组成。其中，社会工作者是社区矫正工作者队伍中的辅助力量，也应属于老年社区矫正对象社会支持网络中的重要组成部分。既有研究已经证明了坚持1个月或1个月以上接受社工介入帮扶的老年社区矫正对象回归社会的程度明显提高，说明坚持较长时期的司法社工介入，有利于促进老年社区矫正对象的社会融入。但我国目前的矫正工作还不够专业，特别是缺乏专业化、职业化的矫正社工队伍。首先，政府应加大对建设专职社工人才队伍的资金资源投入力度。以四川省为例，省财政厅、司法厅《关于进一步加强社区矫正经费保障工作的意见》，要求县（市、区）司法行政部门按每人每年不低于1400元的标准保障落实社区矫正经费，各地应将社区矫正经费列入同级财政预算予以保障。根据《社区矫正法》第11条之规定，社区矫正机构根据需要，组织具有法律、教育、心理、社会工作等专业知识或者实践经验的社会工作者开展社区矫正相关工作。但在社区矫正机构及司法所工作的社会工作者并未纳入国家行政编制，并不是专门国家工作人员，其薪酬需要从1400元/人/年的社区矫正经费开支。而1400元/人/年的社区矫正经费显然不足以较为合理的支付社会工作者的工资薪金及"五险一金"，司法社工待遇普遍偏低，导致人才流失。只有前景、薪资、办公资源等方面有了保障，才能提升矫正社工的工作积极性，提高社会工作专业的吸引力，从而为司法社会工作行业增添新的活力；其次，规范社会工作行业的准入制度，健全职业资格制度，明确专职司法社工岗位的设置，从而改善社会工作专业性弱、分工混乱、效率低下等问题，推进司法社会工作的职业化发展。最后，定期对在职专业社工展开全面的法律法规教育，同时结合教育学、行为学以及心理学等诸多领域的专业培训，设置职业水平评价体系，保证矫正社工的服务质量和业务水平，以适应矫正领域社会工作的需求。[1]

（三）意定监护制度为老年社区矫正对象寻找合适监护人

《刑事诉讼法》第265条规定，对被判处有期徒刑或者拘役的罪犯，有下列情形之一的，可以暂予监外执行：（1）罪犯有严重疾病需保外就医；（2）罪犯怀孕或者正在哺乳自己的婴儿；（3）罪犯生活不能自理，适用暂予监外执行不致危害社会。老年社区矫正对象中患有严重疾病或生活不能自理者比例较其他社区矫正群体更大。此外，智能技术的高速发展给老年人制造了智能屏障，其矛盾也在社区矫正工作中有所体现。我国正在开展智慧矫正建设，致力于将现代科技手段与社区矫正工作相结合，打造"执法规范化、教育多样化、监管精准化"的社区矫正智慧化管理新模式。但据中国互联网网络中心发布的第47次《中国互联网发展状况统计报告》显示，截至2020年12月

---

〔1〕 参见安佳伟："老年社区矫正服刑人员再社会化的社会工作介入——以齐齐哈尔市G社区矫正中心为例"，东北石油大学2019年硕士学位论文。

我国"银发网民"仅有6000余万人，简言之，几乎3/4的老年人不能熟练使用手机，这意味大部分老年人被迫隔绝在互联网外。接受社区矫正的老年人往往是老年群体中受教育程度、文化素质较低的群体，而电子签到、公益劳动清单网络发布和网络申请、心理矫正网上预约、法治教育网络视频播放等新举措无疑成为阻碍老年社区矫正对象参与矫正、融入正常社会的"数字鸿沟"。

因此，充分尊重老年社区矫正对象适应能力渐进性退化的客观规律，帮助能力逐渐衰退的老年社区矫正对象寻找合格监护人尤为必要。老年人的监护人通常由有监护权的人协商或特定组织指定产生，但司法实践的案件裁判情况反映出在实际监护中，对能力欠缺者财产的侵吞或人身的侵害多发生在与其关系亲密者中——加害人通常是其家庭成员或照管人，使监护制度流于形式。[1]《中华人民共和国民法典》在原有法定监护及指定监护的基础上，以基本法的形式规定了意定监护制度，意定监护制度的确立使得监护人的范围扩大至本人所信任的任何自然人或组织。针对上述老年社区矫正中的困境，若其家庭成员或照管人无法履行监护责任致使老年社区矫正工作无法顺利进行，则有必要通过意定监护制度帮助老年社区矫正对象寻找合适监护人。那么，谁来监督意定监护人义务履行的情况呢？《中华人民共和国民法典》第36条虽然规定民政部门代表公权力，在监护制度运行中发挥"全面监督"与"最后防线"的作用，强化监护监督中的政府职能，但未指明专门的监护监督机关，立法也缺乏相应的监护监督机制，导致监护监督职权难以实现。[2] 目前，每个社区矫正机构几乎都配备了专职社会工作者，他们既了解老年社区矫正对象的身心状况，又熟悉社区矫正的法定程序，由司法社工参与老年社区矫正对象意定监护的直接监督，可以防止监护人怠于或滥用监护权。

（四）通过循证实践设计个性化矫正方案

在此领域开展循证实践应选择有较高试点价值的社区，根据每一个老年社区矫正对象的具体状况及周边环境设计差异化的矫正方案作为基础性方案

---

〔1〕 参见陈珊："公证参与老年意定监护的功能耦合与制度接驳"，载《贵州社会科学》2020年第4期。

〔2〕 参见陈运生、曾庆群："论我国未来民法典监护制度的完善"，载《中南民族学院学报（人文社会科学版）》1995年第6期。

并建立起科学的评估与反馈体系，注重结果的有效性。在矫正过程中，社区矫正工作者还应当根据矫正方案实施情况、社区矫正对象行为与心理变化等，对矫正方案进一步优化，而优化的实证依据、内容、目标与实践情况均通过数据库留证、共享，并为下一次循证研究提供实证材料。

恢复性司法视角下社会力量介入社区矫正问题研究

王高兴* 肖乾利**

摘 要：社区矫正的显著特征是利用社会力量参与矫正对象的教育帮扶。这既是社区矫正发展的动力，也是恢复性司法理念的具体表现。目前，我国社会力量参与社区矫正存在法律供给不足、行政色彩浓厚、参与模式单一等问题，导致社会力量帮扶效果不佳。需要通过完善立法、明确社工地位、构建统一的信息共享平台等途径来激励社会力量参与社区矫正。

关键词：恢复性司法；社会力量；社区矫正；矫正对象；刑事执行

20 世纪 70 年代以来，刑事司法领域在反思传统刑事司法或者说"报应性司法"的基础上，开始关注被害人权益保护问题，并进而发展形成一种新型的刑事司法理念，即"恢复性司法"。恢复性司法强调罪犯与被害人、与社区的关系，而非单纯强调罪犯与国家的关系；刑罚上强调罪犯对被害人实施损害赔偿，以促进罪犯顺利融入社会为目标，而不是通过国家强制力来剥夺其自由；强调双方当事人通过对话协商，而非仇视对立，来修复被损害的社会关系。

恢复性司法与社区矫正均是以社区为基础，对犯罪人进行恢复矫治和预防再次犯罪，两者具有先天的契合性。[1] 社区矫正的根本目标在于通过教育帮扶"促进社区矫正对象顺利融入社会"，而恢复性司法亦是旨在通过各种恢

---

* 王高兴，男，四川轻化工大学法学院，2021 级硕士研究生在读，研究方向：刑事法学。

** 肖乾利，男，宜宾学院法学院教授，研究方向：刑事法学、社区矫正。

〔1〕 参见王瑞山："论社区矫正的恢复性选择与路径创新——以《社区矫正法》的实施为契机"，载《犯罪研究》2020 年第 2 期。

复性手段促使包括加害方、受害方在内的当事方共同融入社区、融入社会，[1] 两者都有利于罪犯重返社会。恢复性司法为社区矫正提供理论基础，社区矫正是恢复性司法理念的具体执行。因此，恢复性司法与社区矫正是相辅相成、互为表里。

截至 2019 年，全国累计接受社区矫正对象达到了 478 万人次，社区矫正对象在矫正期间的重新犯罪率维持在 0.2% 左右的较低水平，[2] 取得了显著的法律效果、社会效果与政治效果。社会力量作为社区矫正的重要参与者，承担着帮扶社区矫正对象顺利复归社会的不可替代的作用。我国《社区矫正法》中第 3 条明确指出，社区矫正工作坚持专门机关与社会力量相结合。《社会力量参与意见》指出，"社会力量"是指包括能够提供社区矫正服务的社会组织、村（居）民委员会、企事业单位、志愿者队伍、社会工作者，社区矫正对象所在单位、就读学校、家庭成员或者监护人、保证人及其他有关人员。《社区矫正法》中特别强调社会力量的参与，要求各级政府积极吸纳社会力量参与社区矫正，实现矫正实效。

一、社会力量介入社区矫正的必要性

社区矫正承载着惩罚、矫治、再社会化和复归社会的多重社会功能，要实现这种社会功能，就必须借助和发挥社会力量的优势。[3] 加强引导和鼓励社会力量积极参与社区矫正，是健全我国非监禁刑事执行制度，完善社区矫正制度的客观要求。

当前，由于不同国家政治、文化等差异的存在，社会力量介入社区矫正在不同国家有多类特色，存在着以美国、加拿大和澳大利亚为代表的"公众保护模式"、以英国为代表的"刑罚模式"、以日本为代表的"更生保护模式"。[4]"公众保护模式"，是以保护公众安全作为首要考虑因素，而"刑罚模式"是把社区矫正（社区服务）作为刑种而应用；"更生保护模式"则是更加注重

---

〔1〕 参见王鹏飞："恢复性司法视域下社会力量参与社区矫正问题研究"，载《人民法治》2020年第 2 期。

〔2〕 参见袁定波："健全社区矫正法律制度　完善中国特色刑罚执行制度——司法部召开健全社区矫正法律制度研讨会综述"，载《法制日报》2013 年 7 月 29 日，第 2 版。

〔3〕 参见肖乾利、吕沐洋："《社区矫正法》实施效果考察"，载《宜宾学院学报》2021 年第 4 期。

〔4〕 参见李明："国外主要社区矫正模式考察及其借鉴"，载《中国司法》2008 年第 1 期。

对罪犯、包括出狱人在内的保护救济，让其尽快回归社会。

我国从 2003 年社区矫正试点伊始，逐步探索，经过近 20 年努力，开创了符合中国特色的社会力量参与模式，形成了北京模式、上海模式、深圳模式和枫桥模式等多类做法。北京模式是以"阳光中途之家"为阵地，将"40-50 协管员"作为社会力量辅助开展社区矫正；通过政府购买服务的"社团自主运行、社会多方参与"是上海模式的主要特色；通过政府购买服务项目的方式，借力社会力量参与社区矫正则是深圳模式的基本特色；发动村（居）委会等基层社会组织的力量，介入社区矫正则是枫桥模式的显著特征，也是我国农村社区矫正模式的探索。结合我国社区矫正发展现状，目前社会力量介入社区矫正存在如下几点优势。

（一）契合行刑社会化、刑罚轻缓化的要求

刑罚轻缓化、非监禁化，是当今世界刑罚发展的趋势。随着时代的发展，传统刑罚所推崇的监禁刑遭到诟病，而对于轻罪的非监禁化日益受到青睐，"社区矫正实际上开辟了中国刑事司法的新领域"。[1] 社区矫正作为非监禁刑，将犯罪人置于社区，允许社会力量参与矫治，符合刑罚轻缓化的要求。同时，社区矫正不同于监狱警察对罪犯的绝对掌控、实施封闭监管，而是在社区矫正机构主导、社会力量多元化帮扶下，不脱离社会、不脱离家庭，是行刑社会化的直接体现。

（二）基层社会治理的需要

党的二十大报告指出，共建共治共享的社会治理制度进一步健全。基层社会治理是国家治理体系和治理能力建设的重要组成部分。社区矫正是刑事司法在基层社会治理领域不可或缺的一环。社区矫正将罪犯置于社区，通过发动公众、社会团体、企事业组织等多方参与，在司法行政机关主导下，有序参与对社区矫正对象的帮扶教育。社会力量的介入不仅满足人民对于民主、法治等个人追求的实现，也有利于转变社会观念，减少社会对社区矫正对象的偏见和歧视，避免监禁刑所造成的交叉感染。社区矫正对象的回归社会，被社会、家庭接纳，可以降低其再犯罪率，维系社会稳控，实现基层社会治

---

〔1〕 参见张绍彦："社区矫正在中国——基础分析、前景与困境"，载《环球法律评论》2006 年第 3 期。

理的目的。

（三） 降低行刑成本的需要

社会力量介入社区矫正能够降低行刑成本，减轻财政负担。国外有关数据统计显示，美国一些州一位社区矫正对象所花费的矫正成本仅为监狱服刑人员的 2.25%～70.21%。[1] 社区矫正起到节约刑事执行成本的效果在我国也有证实。以上海为例，每年监狱关押一名罪犯的平均费用是 2.53 万元，而2006 年上海市社区矫正成本仅为每人每年 6000 元。[2] 根据我国社区矫正实践来看，社区矫正的人均成本仅为监禁刑的 10%。[3] 由此可见，在保证罪犯同等甚至更高改造质量的情形下，对罪犯实施社区矫正可以大幅减少政府开支，缓解财政压力。

（四） 犯罪人复归社会的需要

复归理论认为，所有罪犯都是可复归的。监狱是一个提供矫正罪犯的地方，而不是一个惩罚罪犯、剥夺罪犯能力的场所。"矫正的任务包括在犯人和社区之间建立或重新建立牢固的联系，使罪犯重归社会生活中去，恢复家庭关系，获得职业教育。就广泛的意义而言，即在于为犯人在社会政治生活中获得一席之地提供帮助。这需要发动和改造社会及其各类机构。"然而，西方国家 30%～40% 的累犯比例证明："监狱，这一与犯罪作斗争的主要工具反而成了重新犯罪的学校"。学者们不得不反思传统的复归理论，对其进行延伸和深化。将一个人关押在高度警戒监狱里数年之久，告诉他每天睡觉、起床的时间和每日每分钟应做的事，然后再将其抛向街头并指望他成为一名模范公民，这是不可思议的。[4] 在这种情况下只有动用社会资源和力量才能到达行刑的目的。

社会力量介入社区矫正能够最大限度减少犯罪分子抗拒心理，易于接受改造和教育，重新回归社会。传统监禁刑的惩戒模式是罪犯与管教人员处于

---

[1] 参见 ［美］霍华德·泽尔：《视角之变：一种犯罪与司法的新焦点》，狄小华、张薇译，中国人民公安大学出版社 2011 年版，第 132 页。

[2] 参见张东平：《监禁行刑与社区矫正的互动衔接研究》，中国法制出版社 2017 年版，第 21页。

[3] 参见王爱立主编：《中华人民共和国社区矫正法解读》，中国法制出版社 2020 年版，第 1 页。

[4] 参见克莱门斯·巴特勒斯：《矫正导论》，孙晓雳等译，中国人民公安大学出版社 1991 年版，第 130 页。

对立面，罪犯需要绝对服从管教。而在社区矫正中，社会力量的介入，如大学生志愿者、专职社工、心理咨询师等与社区矫正对象近乎以一种平等的身份进行相处，让社区矫正对象放下心中戒备，敞开心扉，有利于其接受教育矫正。

二、我国社会力量介入社区矫正存在的问题

基于我国社区矫正试点、试行、实施的时间不长，国外经验难以借鉴，不少内容仅仅模仿监狱管理做法，致使社区矫正实践中还存在不少亟待改进之处。

（一）法律供给不足

随着《社区矫正法》的出台，一方面弥补了我国在社区矫正领域的法律空白，实现社区矫正"有法可依"；但另一方面，《社区矫正法》的法律规定比较原则，缺乏具体操作性的举措。譬如，《社区矫正法》关于对吸收社区矫正对象再就业的企业实行"优惠政策"的规定，这里的"优惠政策"是税收减免还是财政补贴，抑或是其他方式。如若是"税收减免"，减免比例是多少等，《社区矫正法》均缺乏明确规定，导致实践中不少企业因缺乏明确的激励规定而不愿意吸收社区矫正对象。此外，《社区矫正法》对"社会力量"的概念也未给予明确定义。虽然前述2014年司法部等六部委《社会力量参与意见》给"社会力量"作出定义，但由于制定主体属于国务院所属部门，在法律体系中属于部门规章，其效力位阶的层级较低。况且，《社会力量参与意见》关于"社会力量"概念的外延较小，没有包括律师事务所及其律师、高校师生等群体，不利于发挥前述群体参与社区矫正的积极性。

（二）行政色彩过于浓厚

行政主导是我国行政体制的特征，社区矫正也不例外。社会力量参与社区矫正的过程中，政府与各方参加者没有形成通盘筹划、协调发力的格局，仍以司法行政机关为主导，难以发挥社会力量作为独立参与者的自主性和能动性。[1] 其突出表现在两个方面：第一，乡镇政府为完成考核，一般是以行政命令的方式让村（居）委会参与到社区矫正中去，村（居）委会属于被动的参与，缺乏积极性；第二，不少地方司法局对社区矫正社会工作者的统一

---

〔1〕 参见邹留洋："社会力量参与社区矫正研究——以S县为例"，湖北工业大学2020年硕士学位论文。

招录方面，把社工作为公益性聘用岗位招录。但在实际工作中，因具有政法干警编或行政编的司法助理员在司法所中还需承担人民调解、法制宣传、法律援助等事务，社工很大程度上包办了包括部分执法事项在内的绝大多数社区矫正业务。身份上的"不适格"以至于出现社区矫正社会工作者"临时工执法"的现象，尴尬的身份，角色的"越位"，致使作为专业技术人员的社工难以在社区矫正中发挥作用。

（三）参与缓慢，形式化倾向凸显

《社区矫正法》设专章对社会力量参与教育帮扶作了规定。但社会力量参与、政府购买服务在实践中推进缓慢。究其原因，笔者以为：一是社会资源缺乏整合。虽然社会参与力量较多，从自治组织到社会组织、公益组织，从退休"老政法"到社会工作者、大学生志愿者，均参与其中。但参与力量是各自为政，未能互通联动，造成了资源的低效与浪费；[1] 二是经费不足、承接能力有限。"政府购买服务"的实质是将社区矫正中的"服务"内容予以剥离，以市场化方式交由社会承担。目前，居（村）委员会协助开展社区矫正工作所需经费，《社区矫正法》有明确规定将其纳入本级财政预算。但其他社会组织依法协助开展社区矫正工作所需经费，无法纳入政府预算，具体操作中难度较大。加之不少区县，特别是西部地区，至今还缺乏承接社区矫正服务的社会组织，导致政府购买服务推进缓慢。

（四）缺乏长效机制

根据笔者的调查发现，部分社会组织、志愿者参与教育帮扶工作主要是为了获得良好社会形象评价，具有"作秀"动机，在教育帮扶活动中热衷的是"照相"与各种摆拍，活动结束后热衷的是撰写新闻报道稿，缺乏教育帮扶的真诚与热心；此外，司法行政机关及其社区矫正机构基于其现实处境，难以提供良好的教育帮扶的保障，诸如社区矫正志愿者的交通费用、用餐费用难以解决，导致社会力量的参与存在不少屏障，不利于构建社会力量介入的长效机制。

---

〔1〕 参见金越、胡晓军、郑艳："社会力量参与社区矫正工作的模式与路径探索——基于'枫桥经验'的传承与发展"，载《中国司法》2019 年第 7 期。

三、社会力量介入社区矫正的完善对策建议

国家治理体系现代化需要政府、市场和社会的多方协作参与，社会治理不再是政府单方责任，社会参与对于激发国民的家国情怀、培育公民的社会责任感不可或缺。如何在政府主导与社会多方主体参与之间进行有效平衡，如何在刑事惩罚与教育帮扶之间调整均衡，如何大力培育社会力量、激发社会组织活力，形成国家与社会在社区矫正实践中的良性互动、互利共赢的良好局面，笔者认为，当前需要做到以下几点：

（一）完善立法，增强可操作性

在《社区矫正法》以及各地实践探索中取得的有益经验基础上，制定与《社区矫正法》相配套的下位法，进一步修改 2020 年《实施办法》，细化社会力量参与的相关规定。诸如，在法律层面界定"社会力量"概念、提升《社会力量参与意见》法律层级、规定社会力量的具体职责和工作考核机制、引入律师参与机制；明确各种优惠政策的实行方式以及社会力量参与的经费保障问题，消除社会力量参与社区矫正的顾虑。

此外，还应借鉴《中华人民共和国企业所得税法》关于企业吸收残疾人就业的做法。根据《中华人民共和国企业所得税法》第 30 条的规定，企业安置残疾人员及国家鼓励安置的其他就业人员所支付的工资，可以在计算应纳税所得额时加计扣除。《中华人民共和国企业所得税法实施条例》第 96 条还进一步规定："企业安置残疾人员的，在按照支付给残疾职工工资据实扣除的基础上，按照支付给残疾职工工资的 100% 加计扣除。"如果允许吸收社区矫正对象就业的企业，享受接收残疾人就业的税收优惠。势必对吸收社区矫正对象就业的企业产生激励机制。笔者以为，可以行政法规或地方规章的形式，将《中华人民共和国企业所得税法》第 30 条中的"国家鼓励安置的其他就业人员"扩大到"社区矫正对象"，给予安置企业的税收减免，以此激励对社区矫正对象的就业安置。

同时，要梳理各种不合理规定，对与《社区矫正法》相抵触的下位法进行修改和完善，使之与《社区矫正法》的内在精神和逻辑相配套，形成一个完整的社区矫正法律体系。

（二）提高社会工作者的地位

《社区矫正法》肯定了专职社工的价值，将专门从事社会工作的社会工作

者引入社区矫正领域；认识到了专职社工与志愿者的显著区别，在《社区矫正法》第 11 条[1]中对他们作出了专门规定。社会工作者是社区矫正工作中专业化服务的提供者、矫正对象的帮扶者、矫正工作改良的推进者、多元化参与主体之间的桥梁。[2] 笔者以为，社区矫正社会工作者理想的角色定位应是刑事执行的辅助者、教育学习和公益活动的组织者、个案矫正的实施者和社会资源的链接者。从实践来看，社会工作确实也需要向专业化、职业化方向发展，需要将社区矫正中惩罚性监管工作以及形式化的台账从社工工作中剥离出来，保障其集中精力发挥专业优势。如果社工承包查访、教育、谈话、劳动、台账等在内的大部分工作，甚至将监管工作也附加给社工，势必弱化其专业价值；再者，由于社会工作者工资较低，社会认可度低，导致队伍不稳定，流动性高。针对此问题，应当逐步提高社工的待遇，给予物质和精神上的支持，促进社工组织的进一步发展。

（三）健全信息共享平台，扩充社会力量参与方式

笔者在调研中发现，部分地方检察院与司法局的社区矫正信息尚未互通共享，往往是通过"传达、回复"的形式来完成交流，不仅不利于信息共享，而且对于提高办事效率也具有阻碍作用。因此建设统一的信息共享平台能够达到事半功倍的效果。诸如，建立社区矫正志愿者数据库，一方面将社区矫正对象的基本信息录入，方便志愿者有针对性的进行个别化矫正，对于有关涉密、个人隐私信息通过设定访问权限的方式进行保护；另一方面将志愿者个人基本信息、志愿服务项目及时间、地点等进行信息化管理，做到信息全面、查询方便，并在构建信息平台的基础上，提供公众个人参与渠道，[3] 并设置门槛和奖励措施。此外，企事业组织、社团组织依然是社会中坚力量，面对参与困难问题，司法行政机关应进行积极协调，下放适当的社区矫正项目，积极引入社会力量，为社区矫正注入新鲜活力。大学生作为高素质群体

---

〔1〕《社区矫正法》第 11 条规定："社区矫正机构根据需要，组织具有法律、教育、心理、社会工作等专业知识或者实践经验的社会工作者开展社区矫正相关工作。"

〔2〕 参见徐鹏："矫正社会工作者的角色定位探究——以上海市 HZ 司法所为例"，华东政法大学 2017 年硕士学位论文。

〔3〕 参见李楠："社会力量参与社区矫正问题研究——以济南市历城区为例"，山东大学 2018 年硕士学位论文。

的代表，吸引大学生参与可以为社区矫正提供充足的人才保障。因此司法行政机关可以与学校签订帮扶协议，为大学生提供实习岗位，既可以缓解就业压力，也对社区矫正具有良好的宣传作用。

（四）健全激励措施、建立长效机制

一个国家的文明程度，可以在他对弱者的态度中体现出来。社区矫正对象无论是在社会地位还是所享受权利方面相对比普通人都是处于弱势地位。

首先多渠道宣传社区矫正制度。鉴于传统刑罚观的影响，社区矫正的发展离开不开社会思潮的转变，因此必须加强宣传社区矫正的优越性，开展多形式的社区矫正活动，让更多的人参与其中，引导社会舆论，推动公众的刑罚观念变革，逐步向现代的刑罚观念更新。其次，司法行政机关要出台相关措施，确保用于社区矫正的专项资金落实到位；为参与社区矫正的社会组织提供物质上的奖励，如针对企事业单位的税收减免；在吸引大学生参与实习的过程中可以与学生的评优评奖相挂钩，激发社会力量参与的热情。最后，司法行政机关应当正视自己的不足，不断提高自己的业务水平，为社会力量参与社区矫正搭建桥梁，清除障碍，保证社会组织和个人能有良好的工作环境。司法行政机关利用自身的有利条件与社会组织保持良性互动，积极培育孵化社会组织，确保社会组织提供的社区矫正服务具有专业性、持续性和长效性。[1]

结语

行刑社会化是当代刑罚发展的新趋势，而社区矫正中社会力量的参与则是行刑社会化有力体现，表明我国与时俱进的宽严相济的刑事政策。社会力量的参与带给社区矫正活力与发展性，具有诸多必要性，社会应当鼓励与支持。但不可忽视的是，社会力量的介入在实际操作方面仍存在些许不足，如对社会参与者缺乏考核激励机制，社会力量参与度低，宣传不到位等问题。这些显现出来的问题亟需出台一些政策去解决。社区矫正在我国具有广阔的发展前景，坚信以法律护航，会吸引越来越多的社会力量参与其中，开创具有中国特色的社区矫正制度。

---

〔1〕 参见田兴洪："试论我国社区矫正中的社区参与模式及其优化路径——以中美社区矫正中的社区参与模式比较研究为视角"，载《湖南师范大学社会科学学报》2015 年第 2 期。

社区矫正社会工作实践路径研究[*]

——以 C 市为例

易庐金[**]　全　亮[***]

摘　要： 社会工作自身所特有的专业属性，与刑事执行活动存在一定"契合性"。从目前 C 市专业社会工作介入社区矫正领域的实务状况来看，当地社区矫正社会工作依然处在一个"嵌入性"的发展阶段。本文在考察 C 市社区矫正社会工作实践状况的基础上，选取在 C 市社区矫正领域服务时间长、具有典型代表的两家社工机构，重点梳理、提炼出"全程介入式"与"部分介入式"社区矫正社会工作实践路径，并从相关法律规定、理论分析、实务可操作性、实务与理论的关联性四个角度进行进一步的对比分析，发现从不同维度比较下两种实践路径各具特色、各有所长，未来应注重考虑将不同的社区矫正社会工作实践路径进行整合，融合各种实践路径的优势，促进该领域社工机构综合性服务能力的发展。

关键词： 社区矫正；社会工作；实践模式

一、问题提出

在《社区矫正法》实施之前，社区矫正属性为刑罚执行工作的看法具有

　＊　本文为四川省高等学校人文社会科学重点研究基地——社区矫正研究中心项目"司法社会工作介入社区矫正问题研究"研究成果（SQJZ2020-03）；2020 年成都市社会组织发展专项基金扶持项目公益资助类研究课题项目"成都市社区矫正社会工作服务实证研究"研究成果（成慈协〔2020〕433 号）。

　＊＊　易庐金，女，四川师范大学少年司法研究与服务中心助理研究员，研究方向：少年司法、社区矫正社会工作；

　＊＊＊　全亮，男，四川师范大学法学院教授，四川师范大学少年司法研究与服务中心常务副主任，研究方向：刑事诉讼与司法制度研究。

很大的代表性。[1] 在《社区矫正法》实施后，更多学者对社区矫正的性质有了新的认识，从恢复性司法理念视角来看，刑事司法制度的目的在于消除犯罪人和被害人及社会之间产生的纷争，恢复法律上的和平。[2] 基于此，有学者指出刑罚的目的不仅仅在于惩罚报应，更在于损害修复。在该理念下，社区矫正的主要目的是化解犯罪人和被害人及社会之间产生的纠纷，使犯罪人改过自新、重返社会、融入社会以及防止其再犯，这与社会工作的价值原则、服务理念、专业方法等方面，在某种程度上有所契合。在我国"宽严相济"的刑事政策背景下，社会工作"嵌入"社区矫正领域，在一定程度上缓解了社区矫正机构的矫正压力，发挥了重要作用。有学者指出，社区矫正社会工作者本着人道主义精神，通过科学理论与方法的运用，为犯罪人员进行矫正、开展改善社会环境的服务活动，从整个服务过程与结果来看，有力地证明了宽严相济、人性化、科学化的新型刑事执行制度的有效性和先进性。[3] 社会工作作为专业的社会力量之一，利用其特有的专业理念、方法及价值观，不断助力于我国社区矫正工作的有效开展，切实帮助社区矫正对象顺利回归社会。在社会工作介入刑事执行活动的契合性以及社会工作在社区矫正领域的"嵌入性"的理论背景下，结合《社区矫正法》的实施，笔者在考察并分析 C 市社区矫正领域专业社工参与情况、服务对象情况的基础上，选取 C 市在社区矫正领域服务时间长、具有典型代表的两家社工机构，即 S 社会工作服务中心和 Z 社会工作服务中心，重点梳理、提炼出"全程介入式"与"部分介入式"社区矫正社会工作实践路径，并从相关法律规定、理论分析、实务可操作性、实务与理论的关联性四个角度进行进一步的对比分析。

二、社区矫正社会工作理论基础

（一）社会工作与刑事执行活动的"契合性"

恢复性司法理念强调，犯罪不仅使刑法意义上的具体法益受到侵害，更

---

[1] 参见吴宗宪："再论社区矫正的法律性质"，载《中国司法》2022 年第 1 期。

[2] 参见［日］川出敏裕、金光旭：《刑事政策》，钱六叶等译，中国政法大学出版社 2016 年版，第 257 页。

[3] 参见费梅苹、邓泉洋："中国特色社区矫正社会工作服务体系研究——基于'社区矫正法'的要求"，载《社会工作》2020 年第 1 期。

为重要的是其破坏了原来和谐的社会关系。[1] 在此，有学者指出刑罚执行的关键应该是通过让犯罪人为其行为承担责任，修补那些为犯罪所破坏的和谐社会关系。[2] 站在社会工作话语体系建设的角度，有学者指出社会工作之"社会"是指社会关系，社会关系是中国社会工作特色话语建设的逻辑起点，既是作为社会工作规定性的起点，也是社会工作的研究目标和实践目标。[3] 社区矫正对象作为违法犯罪人员，其社会关系所涵盖的社会地位、社会角色、社会身份处于"底层边缘"，而社会工作者以其特有的价值理念、服务模式、介入方法等，帮助社区矫正对象转变认知、改善行为，在"自愈"与"治愈"过程中恢复社会功能，最终修复社会关系，从而重新融入社会。

因此，社会工作介入刑事执行活动无论从恢复性司法理念角度出发，还是从社会工作自身特有的专业属性出发，在某种程度上存在着一定的契合性。并且，我国《社区矫正法》第40条第1款明确指出"社区矫正机构可以通过公开择优购买社区矫正社会工作服务或者其他社会服务，为社区矫正对象在教育、心理辅导、职业技能培训、社会关系改善等方面提供必要的帮扶"，这既为社会工作介入刑事执行活动提供了法律依据，也为促进矫正社会工作专业化发展提供了"契机"。

（二）社会工作在社区矫正领域的"嵌入性"

从上一部分提到的几个层面来看，虽然社会工作与刑事执行活动存在一定契合性，但在实践过程中，社会工作的专业性发挥仍然存在限制，如一些司法行政部门更倾向于将刑事执行归为刑事处罚，并且受重刑主义的影响，其对犯罪人员重"惩罚监管"轻"矫正服务"，因此更多地将社会工作的介入视为"行政辅助"。社会工作如何"融合"到刑事执行活动中，尤其是在社区矫正领域，社会工作与法学两个专业领域交叉在一起时，如何进行不同学科间的"磨合"？带有"外来性"色彩的专业社会工作应如何开展社区矫正服务？对此，笔者认为应从"嵌入性"理论视角来考量，即应重点关注作

---

[1] 参见刘晓梅、颜心茹："社会力量参与社区矫正修复社会关系的探析"，载《天津法学》2020年第3期。

[2] 参见石亚文："浅议恢复性司法理念下的社区矫正检察——以社区矫正的社会治安治理目标为视角"，载《领导科学论坛》2021年第3期。

[3] 参见张昱、滕明君："构建中国社会工作的特色话语"，载《中国社会工作》2020年第28期。

为嵌入的主体"社会工作"与嵌入的客体"社区矫正"两者在实务层面由互动途径、互动过程、互动关系等形成的"实践路径"。王思斌学者在我国最早提出运用嵌入性理论，来开展中国社会工作系统性发展研究的构想，[1] 而近十年后，他又从专业社会工作与行政性社会工作（本土社会工作）角度提出我国社会工作正在以及继续走的道路为：嵌入性发展—协同性发展—融合性发展，[2] 这又进一步引发理论界、实务界对社会工作内部融合性发展的思考。由此，在社区矫正社会工作内部也必不可少地存在专业社会工作与行政性社会工作两者的冲突。现实中，社会工作"嵌入"到社区矫正领域，社会工作在开展专业服务的同时，也需要承担行政性事务（在此可作为行政性社会工作的内容），简单来说，社工如何处理社区矫正领域专业服务与行政事务两者的平衡，也是社区矫正社会工作内部的嵌入性问题。

根据笔者前期实地调研 C 市社区矫正社会工作的情况来看，虽说当地社会工作机构主要通过政府购买服务的方式进入到社区矫正服务领域，但大部分社区矫正社会工作者承担着大量行政性事务，甚至被司法行政部门简单地看作是社会力量，而非专业力量。对此，在 C 市当地无论从社会工作作为"独立"主体自外部"嵌入"到社区矫正领域，还是从社区矫正社会工作内部专业性社会工作与行政性社会工作的两者关系来看，依然处在一个"嵌入性"的发展阶段，而在此阶段，需要处理好社区矫正社会工作内部（专业性社会工作与行政性社会工作）、外部（社会工作与社区矫正）的冲突。

三、C 市社区矫正社会工作实践状况

（一）社区矫正机构改革下专业社工参与情况

我国《社区矫正法》实施以来，C 市按照该法的第八、九条进行地方社区矫正机构的改革，如设立独立运行可对外行使职权的社区矫正管理局，以及设立社区矫正分中心，逐步实现社区矫正机构独立、配备专职人员、建设专门队伍，并重视社会组织辅助作用，积极引导社会力量参与。与此同时，C 市不同地区采用不同的工作模式顺应机构改革，如采用社区矫正队伍专业化

---

[1] 参见王思斌："中国社会工作的嵌入性发展"，载《社会科学战线》2011 年第 2 期。

[2] 参见王思斌："我国社会工作从嵌入性发展到融合性发展之分析"，载《北京工业大学学报（社会科学版）》2020 年第 3 期。

模式的 C 市 Q 区，工作人员与社区矫正对象配备比例是 1∶30，采用委托司法所开展社区矫正工作模式的 C 市 Y 区，工作人员与社区矫正对象配备比例是 1∶18。但一些经济欠发达地区依然存在工作人员数量与社区矫正任务量不匹配的问题，甚至有个别地方的工作人员与社区矫正对象配备比例达 1∶110，其工作量可想而知。[1] 而专业社工参与到社区矫正工作当中更多发挥的是日常监管、教育和帮扶等最基础性的作用，更多分担的是基层社区矫正工作人员配备不足、刑事执行工作任务繁重的压力。

C 市由于各地区经济发展程度不同，社会力量资源分布不均衡（主要集中于 C 市的主城区和近郊区），社区矫正服务领域专业社会工作服务能覆盖到的区（市）县不足一半。加之政府购买社区矫正相关社会服务项目的不稳定性，有些地区在财政资金不足的情况下，很难延续当地的社区矫正社会工作服务。C 市现共有 9 家（据 C 市司法局社区矫正管理局 2021 年 3 月份统计）社会工作机构参与到社区矫正工作中，其中部分社会工作机构主要承接司法调解项目或是禁毒项目，少量涉及到社区矫正方面的服务。处于社区矫正机构改革进程中，面对社区矫正工作总量大、增速快、涉面广等特点，同时受地区经济发展水平不一、政府购买社会服务力度不一等客观因素影响，专业社会工作如何有效参与到社区矫正服务领域，是当地亟待解决的现实问题。

（二）社区矫正社会工作服务对象分析

从社区矫正社会工作服务的实践来看，其服务对象可以分为三类：一是社区矫正对象及其家庭（主要服务对象）；二是受害者；三是司法行政人员。而本文所指服务对象主要是社区矫正对象。关于社区矫正对象的类型划分，不同于世界其它国家社区矫正对象涵盖范围广的特点（如从已决罪犯到未决刑事被告人、从刑事被告人到犯罪嫌疑人、从犯罪嫌疑人到刑满释放人员等），《中华人民共和国刑法》《刑事诉讼法》基于中国大陆目前社区建设和社区矫正机构及其工作人员的现状，规定社区矫正对象及其适用范围仅限于判处管制刑、宣告缓刑、裁定假释、决定或者批准暂予监外执行等四类罪犯。[2] 据 C 市司法局社区矫正管理局统计数据显示，C 市社区矫正在册人员

---

〔1〕 参见"社区矫正工作量及工作人员配备研究"，载 https://mp. weixin. qq. com/s/aXWdYT4mq vvcf34AG 43bVw，最后访问日期：2022 年 2 月 21 日。

〔2〕 参见王顺安："论中国特色的社区矫正概念与性质"，载《宜宾学院学报》2021 年第 1 期。

高峰时达到 7000 多人，2020 年受疫情影响，社区矫正人数有所下降，年底共 6600 多人，位列全国第三，社区矫正四类人员占比分别为：缓刑人员 95.3%，暂予监外执行人员 1.6%，管制人员 0.3%，假释人员 2.8%，总体上缓刑数量较多。在社区矫正对象重新犯罪率方面，C 市重新犯罪率控制在 0.07% 左右，远低于全国平均值 0.2%。

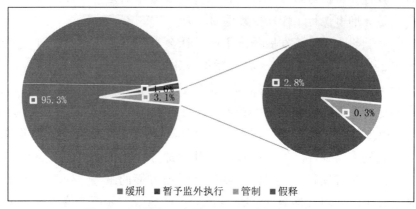

图1　2020 年底 C 市社区矫正四类人员占比情况

从狭义层面理解，以上社区矫正对象四类人员在我国刑事执行制度中的性质存在差异，管制刑属于非监禁刑罚，暂予监外执行则是基于人道主义考虑，属于对不适合继续在监狱内服刑的老弱病残孕罪犯暂时交付监外执行的刑罚执行场所的变更制度，而缓刑和假释则属于短期监禁刑罚 3 年以下有期徒刑和拘役刑罚的附条件缓期执行原判刑罚的考验制度、长期监禁刑罚附条件提前释放跟进监督考察制度。四类不同性质的社区矫正对象，专业社会工作参与到监督管理与教育帮扶中面临的问题存在一定差异性。从 C 市社区矫正社会工作实务层面来看，比较"棘手"的主要是缓刑人员和暂予监外执行人员两类群体。占社区矫正对象大多数的缓刑人员，主要是自身工作与心理辅导、普法教育、公益服务等在时间、地域安排上经常存在冲突；暂予监外执行人员则因自身疾病，如精神障碍、艾滋病等，不便参与集体教育帮扶活动，从而要求社工更多的是通过走访，对其进行"一对一"的个案辅导，而这对社工来说存在较大的潜在性"危险"；判处管制刑人员具有罪行较轻、人身危险性小等特点，其在社区矫正中占比最少，针对此类群体开展服务遇到的问题较前两类群体少很多；假释是已经执行了一部分刑罚、接受了教育改造且确有悔改表现等符合一定条件而进行的一种"激励"（特殊条件除外），这类群体在监督管理与教育帮扶上，相对而言问题最小。

（三）社会工作参与社区矫正的方式

对于社会工作如何参与到社区矫正服务领域，C市当地主要通过政府购买的方式进行。即购买服务项目和购买人员岗位两种方式让社工进入到社区矫正领域，其中政府购买服务项目占据主导地位。购买社区矫正服务项目分为"入矫—在矫—解矫"全程介入式的服务项目与教育帮扶的专门性服务项目（如仅专门购买心理辅导项目、普法教育项目等）两种；而购买人员岗位的方式，则主要是由当地的街道办或司法所招录这类人员岗位，也有部分地区是由当地的人力资源和社会保障局统一进行招录。通过"购买人员岗位"这类方式参与社区矫正的社工，通常兼顾司法调解工作和其他行政性工作。目前我国社区矫正试点过程中形成的社会力量参与社区矫正的经验模式，主要有三类，分别是：以司法行政力量为核心的北京模式，以社会组织承接为核心的上海模式，以及以项目化购买为核心的深圳模式，[1] 这三类模式在C市都有涉及。在充满司法行政性力量色彩，并且在以行政性力量为主导的社会服务体系下，社会工作主要通过政府以购买服务（单个类别的服务项目除外）、购买人员岗位的名义参与到社区矫正，这在某种意义上，使得社工依附于社区矫正机构，按照社区矫正机构的安排开展工作事项，尤其被安排大量行政性事务，如录入社区矫正人员信息、登记与整理社区矫正人员档案、协助司法局不定时开展警示教育等，以至于社会工作的专业性难以发挥。

以上社会工作参与社区矫正领域的方式，从严格意义上来说，若除去带有专业性的单个类别的教育帮扶专门性服务项目，社会工作内部中行政性社会工作在社区矫正领域的占比往往大于专业性社会工作，并且实践中两者存在一定的冲突，如行政性事务占据大量专业性服务开展的时间、精力以至于专业性服务无法充分开展。并且，当地司法行政机构更多站在行政性社会工作的角度来评估社会工作参与社区矫正工作的成效，这也使得司法行政机构

对社会工作参与的期望值低，如调研中相关司法行政人员表示，由于社区矫正对象基数大，对社会工作参与的期待是社工能够完成基本的访谈、走访、档案登记等工作，对其完成的质量以及是否运用社会工作专业方法开展相关服务并无太多关注。

四、C市社区矫正社会工作实践路径

从社会工作参与社区矫正服务的方式来看C市当地社区矫正社会工作实践路径，除去上文提及的政府购买人员岗位的参与方式，笔者在此主要以政府购买服务项目的参与方式为角度，选取C市在社区矫正领域服务时间长、具有典型代表的两家社会工作机构，通过笔者在这两家机构近半年的行动研究（分别以实习者、督导者的身份直接、间接地参与到两家社会工作机构的社区矫正社会工作实务中），对其实务经验进行一些梳理、提炼。以下将以C市S社会工作服务中心的"全程介入式"的实践路径，与C市Z社会工作服务中心的"部分介入式"的实践路径，分别从理论依据与服务策略、服务机制与服务流程、服务成效与面临困境等角度对这两种实践路径作探析。

（一）"全程介入式"实践路径

该实践路径主要是指社会工作机构入驻到司法行政机关，其既需要开展社区矫正对象从入矫到解矫全流程的行政性工作，又要承担社区矫正对象教育帮扶性专业社会工作服务，S社会工作服务中心在C市是该实践路径的典型代表。S社会工作服务中心自2013年起介入到社区矫正服务领域，开展当地社区矫正对象教育帮扶专门性服务，在2017年正式驻点C市司法局，承接"入矫—在矫—解矫"全程介入的服务项目。截至2021年年底，C市在矫的社区矫正人数近400人，同年S社会工作服务中心由2名专职社工常驻该点，协助司法行政人员办理入矫登记、档案管理、组织社区矫正对象集中教育与公益活动等。除此之外，2021年C市社会工作协会支持的社工示范项目资金（4名人员的配备），用于C市社区矫正社会工作服务的开展，其中服务包括法律宣传、传统文化教育、心理疏导、就业培训等。

1. 理论依据与服务策略

S社会工作服务中心在服务的理论依据上，主要以增能理论（也被译为"增权理论""充权理论""培力理论"）为主导，并融合生态系统理论，在该理论系统指导下的处遇目标及介入策略，即使用涉及个人、人际以及环境等三个层面的介入策略来降低个人在标签化或边缘化的团体中受到的负向价值贬低所导致的无力感，[1] 帮助处于社会"底层边缘"的社区矫正对象分别改善个人层面的自我否定、自我认同度低等问题，提升自我认同感、自我效能感；改善在人际层面的自我封闭、逃避社会交往等状况，增进人际良性互动；在环境层面，去除标签化定义、重构家庭、社区、社会三个层面的支持网络。

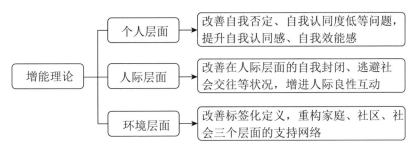

图 2　增能理论在社区矫正社会工作服务中运用情况

　　通过对 C 市当地前期社区矫正对象需求的调研后，基于以上理论依据，S社会工作服务中心结合当地社区矫正对象的实际情况以及社区矫正工作要求，围绕社区矫正对象学习法律知识及改善认知的需求、心理健康需求、生活条件改善需求、家庭关系调适需求、平等参与社会生活需求五个方面，以适应并顺利回归社会、预防和减少再次违法犯罪的发生为服务的终极目标，在社区矫正对象入矫、在矫、解矫三个阶段开展全程式陪伴服务。由于 S 社会工作服务中心承接的是全程介入的社区矫正服务项目，其中不可避免地执行大量行政性工作，其主要为在入矫阶段进行社区矫正对象信息录入、开展测评、衔接司法所；在矫阶段为协助司法局不定时开展警示教育，配合司法所开展其他日常帮教工作；解矫阶段为解矫相关事务办理、档案整理等。因此，在该实践模式下，社会工作者分两条线路同时进行社区矫正服务的开展，即社会工作专业性服务与社区矫正行政性工作同时开展。

---

　　〔1〕　参见吴金凤、刘忠权："社会工作理论内涵、实务运用的比较与反思——以心理暨社会学派、生态系统理论、增权理论为例"，载《社会工作》2018 年第 6 期。

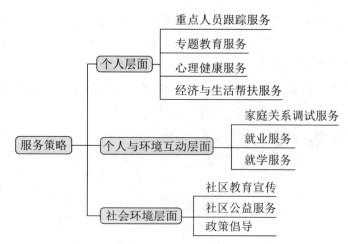

图3　S社会工作服务中心社区矫正服务策略框架

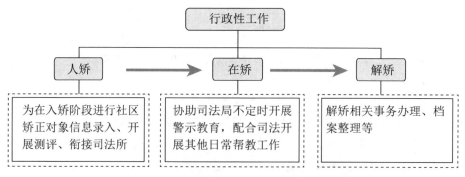

图4　全程介入式的实践模式中社工承担的行政性工作

2. 服务成效与面临困境

在社区矫正对象服务成效的评估方式上，S社会工作服务中心主要通过社区矫正对象的解矫率以及综合入矫到解矫过程中的变化情况与相关记录材料（如思想汇报、社会公益活动情况以及走访情况等）进行评估。其中在解矫率方面，自S社会工作服务中心介入到C市社区矫正服务工作以来，累计对1905名社区矫正对象开展服务，其中在矫260人，解矫1645人，除去在矫人数，解矫率为100%（以上数据来自S社工机构2021年年底统计）。综合服务过程中的变化情况与相关记录材料，社区矫正对象整体上在个人层面中法律意识得到提升，心理压力、负面情绪上得到舒缓；在个人与环境互动层面中家庭关系得到改善，为其拓宽了就业讯息和渠道；在社会环境层面中增加社区矫正对象社会参与和社会融入。

目前，"全程介入式"实践路径面临的困境主要有四个方面：一是社区矫正对象的人数与社工人员数量配备不对等的困境。C市每年社区矫正人数有300多人，而社工人员配备4人（往年由于资金有限，只有2人），由于社工人员精力十分有限，这在专业服务上很难进行"精细化"开展；二是公益活动开展形式上的困境。即社区矫正对象人数激增后，满足他们的公益活动形式越来越少，比如一般公益活动是组织社区矫正对象清洁街道、打扫社区卫生和开展法律宣传（如近期的电信诈骗普法宣传，社区矫正对象的公益服务内容主要是发传单或是摆放宣传广告牌），访谈中有社工无奈表示"现在的街道、社区都很干净，要组织他们再去清洁也是多此一举的事情了"；三是服务资金上的困境，尤其是社工人员的薪资待遇低一直是没法改善的问题。四是资源整合上的困境，社区矫正对象自身问题的复杂性，不是单纯靠社工就能解决的，还需要整合政府多部门、司法机关、社会等各方力量共同参与，而社工在实践中很难对其进行整合。

（二）"部分介入式"实践路径

该实践路径与"全程介入式"实践路径最大不同之处是，社会工作者主要开展社会工作专业性服务，不承担社区矫正对象从入矫到解矫大量社区矫正行政性工作。在《社区矫正法》实施前，C市司法行政机构将"双八小时"服务外包给社会工作机构开展，即按照2012年《实施办法》第15条、第16条社区矫正人员参加教育学习、参加社区服务的"双八小时"要求，司法行政机构向社会工作机构购买此类社会服务项目。如C市N公益服务中心承接了C市X区两个街道的社区矫正对象服务，主要按照"双八小时"要求为社区矫正对象链接社会资源开展法律讲座、志愿服务活动、普法教育小组活动等，同时为有需要的社区矫正对象开展心理辅导。在《社区矫正法》实施之后，立法上未对以上"双八小时"的具体内容提出强制性要求，但在《社区矫正法》第40条明确提及社区矫正机构可以通过公开择优购买社区矫正社会工作服务或者其他社会服务，为社区矫正对象在教育、心理辅导、职业技能培训、社会关系改善等方面提供必要的教育帮扶服务。在此背景下，以Z社会工作服务中心承接C市H区司法局购买专门的教育帮扶类社区矫正社会工作服务项目为例，对其服务机制与服务流程、服务成效与面临困境方面进行该路径的实务分析。

1. 服务机制与服务流程

C市H区社区矫正工作的分工上，按照《社区矫正法》以及2020年《实施办法》的监督管理工作要求，主要由司法局等社区矫正机构承担，而教育帮扶方面的专业性服务主要由社会工作机构承担。Z社会工作服务中心自2016年机构介入到H区社区矫正工作以来，在《社区矫正法》实施前后主要以"社工+心理咨询师+律师"联动服务机制，分别由社工、心理咨询师、律师三者发挥各自专业优势为整个H区社区矫正对象开展相关教育帮扶服务。就目前而言，Z社会工作服务中心与H区司法行政机构的合作持续多年，在社区矫正服务协作上有了清晰的角色定位，Z社会工作服务中心负责人将其形容道"我们社会工作机构相当于承担'母亲'的角色，以'柔性'的力量帮助社区矫正对象在认知、行为上得到改善；而司法行政机构则承担'父亲'的角色，以'刚性'的权威，威慑社区矫正对象严格遵守相关规定并服从管理"。

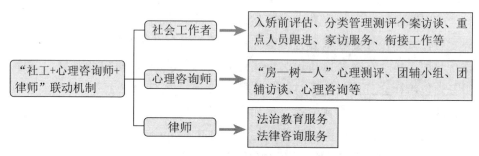

图5　Z社会工作服务中心社区矫正服务机制

据实地调研了解，H区司法局的社区矫正对象每年大概有300人，最多的时候700余人，截至2021年年底H区在矫人数有近600人。在矫人员犯罪类型中，危险驾驶罪、交通肇事罪等危害公共安全罪占比大，为30%左右；聚众斗殴罪、寻衅滋事罪、涉及黑社会性质相关罪名等妨害社会管理秩序罪占比为近25%；侵犯公民人身权利、侵犯财产类占到近10%～20%；其余则是占比较小的职务犯罪、破坏经济秩序犯罪等。基于以上社区矫正对象的犯罪情况，出于社区安全考虑以及为社区矫正对象有针对性地做好分类服务，Z社会工作服务中心关注社区矫正对象入矫后的前期测评，由社工围绕家庭情况（家庭成员、家庭关系、与家庭成员居住情况等）、工作情况（有无工作与收入、与同事相处情况等）、对所犯罪行的认识和态度情况、社区矫正期间的个人规划、社区矫正期间相关要求讲解这五个方面，为新入矫人员开展初次面谈，并结合心理健康量表、分类管理测评量表进行"书面性"筛查，从心理健康、家庭结构、社会危害等方面展开全面评估。基于评估结果，初步对新入矫人员进行"普管""严管"分类并开展针对性服务。

在初次评估后，针对心理健康量表"高分"的社区矫正对象，综合其评估的各方面情况，由社工转介给机构心理咨询师进行"房—树—人"更深入层次的心理测评或是团辅访谈，并根据测评或访谈结果开展有针对性的心理辅导。此外，在矫期间由律师针对所有社区矫正对象定期开展法治教育、法律咨询等服务，社工则负责社区矫正对象每月的"一对一"个案访谈、重点人员跟进、家访等服务。

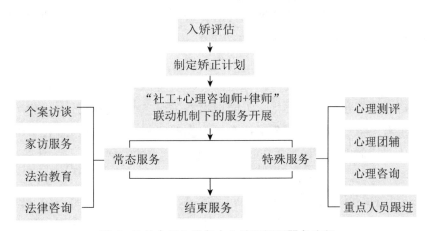

图6　Z社会工作服务中心社区矫正服务流程

2. 服务成效与面临困境

Z社会工作服务中心在社会工作过程评估与结果评估方式的运用上是缺乏的，但从再犯率角度来看，Z社工机构在介入整个H区社区矫正多年的服务中，在矫期间社区矫正对象的再犯率为0，这是其服务成效的体现之一。在司法行政机构充当"父亲"角色与社会工作机构充当"母亲"角色的双重角色的作用下，经过社区矫正后的违法犯罪人员普遍重新回归了社会，这是该实践路径下服务成效最重要的一个体现。然而该实践路径主要面临着两个方面的困境：其一，与 C 市 S 社会工作服务中心"全程介入式"实践路径同样面临服务资金短缺的问题，即当地政府购买社会服务资金数量上的不稳定，尤其是近两年当地社区矫正社会服务财政资金的锐减，致使 Z 社会工作服务中心由最先配备 4 名专业社工减少到 2 名，并迫于人员压力而降低部分专业服务指标；其二，部分司法行政人员价值观念以及对社会工作专业上的认同问题，即存在一些司法行政人员并未将社会工作者视为一个"平等主体"，不认同社会工作发挥的作用并对其开展的专业性服务进行干预。

五、两种社区矫正社会工作实践路径的比较分析

从相关法律规定、理论分析、实务可操作性、实务与理论的关联性四个角度，对比分析入矫—在矫—解矫"全程介入式"实践路径和社工机构只承接教育帮扶专门性服务的"部分介入式"实践路径，以上两种实践路径都各有优势。然而，从以下四种角度进行对比分析，并不是为了从这两种实践路径中选出最佳的路径，因为从不同的维度进行对比，两种实践路径在不同场域下其适切性有所不同，社工机构可根据服务购买情况、社区矫正对象情况以及机构自身状况等进行最佳选择，以此来实现服务效果的最大化。随着社区矫正对象的问题日益多样化、不同地域相关服务配套措施的差异化等，未来应注重考虑将不同的社区矫正社会工作实践路径进行整合，融合各种实践路径的优势，促进该领域社工机构综合性服务能力的发展。

（一）《社区矫正法》第 40 条规定的释义角度

根据《社区矫正法》第 40 条第 1 款"社区矫正机构可以通过公开择优购买社区矫正社会工作服务或者其他社会服务"的规定，可以理解的一个方面是购买服务的内容应当是社区矫正社会工作服务或其他社会服务，深层含义是将社区矫正机构刑事执行管理与社会力量参与服务适度分离，以项目化、清单化的形式，明确协助调查评估、收集矫正信息、心理矫治、评估矫正需求、开展教育学习、组织社区服务、指导就业就学等非执法类事项，作为社会力量参与社区矫正范围。[1] 因此，从该角度分析，只承接教育帮扶专门性服务的"部分介入式"实践路径是在以上社会力量参与社区矫正范围之内，并没有涉及社区矫正机构工作人员刑事执行管理的相关事务，在一定程度上满足社区矫正机构刑事执行管理与社会力量参与服务适度分离的要求。而"全程介入式"实践路径，社工既要承担刑事执行管理上的部分相关事务，又要承接教育帮扶专门性服务，容易造成社工"角色"上的混淆，不利于刑事执行管理与社会参与服务的适度分离。

（二）社会生态系统理论的分析角度

社会生态系统理论作为社会工作重要的理论之一，一般而言，社会生态系统分为微观系统、中观系统和宏观系统，通过这三个系统的相互作用与制约，影响着人们的认知、行为等各方面。将社区矫正对象置于一个大的综合性社会系统中，若在服务介入的"深入性"基础上，从"广度性"的角度将服务从微观的核心层面"延申"到中观、宏观系统层面，从人与社会环境的相互影响的角度出发，去探究影响社区矫正对象个人行为的各种深层次原因，来消除环境中阻碍社区矫正对象"恢复""成长""发展"的不利因素，可以更充分发挥社区矫正的作用。从社会生态系统理论角度分析，S 社会工作服务中心"入矫—在矫—解矫"全程介入下的服务策略更为全面地涉及社区矫正对象三个系统的服务介入，从微观的个人心理矫治、生活帮扶等方面到宏观的环境营造、政策倡导层层递进式地展开，更有益于帮助社区矫正对象改善个人不良状况、恢复社会良性互动，从而修复社会关系、重构社会支持网络。Z 社会工作服务中心则主要从微观层面入手，更注重将社区矫正对象进行分类介入，尤其注重个人心理问题的筛查、矫治，然而缺乏"人在环境中"中观、宏观系统的服务介入。

（三）社区矫正实务的可操作性角度

两种社区矫正社会工作实践路径，从其实务的可操作性来看，需要考虑的是不同实践路径应用在实务中繁杂的程度、社工人员专业需求的程度以及最需要考虑的是社工机构投入"成本"的程度。显而易见的是，"部分介入

---

〔1〕 参见王爱立、姜爱东主编：《〈中华人民共和国社区矫正法〉释义》，中国民主法制出版社2020 年版，第 206~207 页。

式"实践路径只承接教育帮扶的专门性服务，需要投入的"成本"在某种程度上小于"全程介入式"实践路径，并且 Z 社会工作服务中心部分介入式实践路径采用"社工+心理咨询师+律师"联动服务机制，从一定程度上减少了自身投入成本的同时，发挥社工链接社会资源的作用，将法治教育、法律咨询、心理咨询、心理测评等专业服务转介给律师、心理咨询师，有效整合了社会资源。这种路径下，由于不承担"入矫—在矫—解矫"全程中相关行政性工作，大大减少了社工的繁杂事务；并且该实践对社工自身的专业性要求并不高，也为其他学科背景人员短时间内胜任该实践路径下的社区矫正一线社工岗位提供了便利，一定程度上缓解了一线社工人员不足的困境。因此，在社区矫正实务的可操作性层面，"部分介入式"实践路径优于"全程介入式"实践路径。

（四）理论与实务的关联性角度

国际社会工作发展的历程证明，"脱离实践的理论"及"脱离理论的实践"都带有自身的局限性，都无法从各自的角度引领社会工作专业朝着一个健全、协调发展的学科方向发展。[1] 社区矫正社会工作实务的背后需要理论作支撑，这样才能让实务的设计、开展更加科学，所以，应避免理论和实务的分离，实现理论与实务交互影响、彼此联系。[2] S 社会工作服务中心的"全程介入式"实践路径，虽然要承担相关行政性事务，但专业性服务是在增能理论融合生态系统理论的框架下开展，其服务策略有较强的理论依据，并且在理论指导下强调社区矫正对象作为"主体"的参与性，打破"社区矫正对象是被动的矫正客体"的传统观念，这在某种程度上推动着理论与实务的相互促进与发展。而 Z 社会工作服务中心的部分介入式实践路径，缺乏社会工作专业理论的支撑，即缺乏一定的理论逻辑，这对该模式的深入发展存在不利影响。因此，从理论与实务的关联性角度来看，"全程介入式"实践路径优于"部分介入式"实践模式。

---

〔1〕 参见文军、何威："从'反理论'到理论自觉：重构社会工作理论与实践的关系"，载《社会科学》2014 年第 7 期。

〔2〕 参见吴金凤、刘忠权："社会工作理论内涵、实务运用的比较与反思——以心理暨社会学派、生态系统理论、增权理论为例"，载《社会工作》2018 年第 6 期。

六、结语

受财政资金、资源分布、社会组织发展水平等方面影响，各地区社会工作介入社区矫正领域的方式不同、程度不一，从而形成的实践模式也有差异。总之，不管哪种实践路径，其服务的终极目标是一致的，即预防社区矫正对象的再犯、减少犯罪，帮助社区矫正对象顺利回归社会。当下，司法行政机构需要从内心将社工机构当作一个平等主体，并明确双方的责、权、利等，社区矫正工作才更能顺利推进；[1] 社会工作者需要深入扎根于社区矫正领域，不断提升自身的专业性并形成独有的专业特色，才能被司法机关和社会所认同并接纳，从而实现其自身的专业价值、社会价值。

---

〔1〕 参见梅义征：《社区矫正、社区治理与社区安全——社区矫正执法实务研究》，上海人民出版社 2020 年版，第 112 页。

我国社区矫正的现状及完善的建议

——以凉山州为例

阿加石吉木*　梅达成**

摘　要：笔者通过对凉山州西昌市的几个司法所以及三个县级司法局的社区矫正开展情况进行了调研，分析了凉山州社区矫正的犯罪类别，探讨了凉山州社区矫正工作的现状，以及德古在助力凉山州社区矫正工作中的作用，并结合目前我国社区矫正工作的开展情况提出了完善的建议。

关键词：社区矫正；凉山州；刑罚

凉山彝族自治州位于四川省西南部，面积约为 6.04 万平方公里，人口约为 486 万，下辖 16 个县和 2 个市。1956 年，凉山州进行了民主革命，"一步跨千年"由奴隶社会直接进入社会主义社会，这里是中国彝族最大的聚居区。但是因为险峻的自然环境，凉山州的经济发展较为落后。

彝族习惯法是维护凉山彝族传统社会秩序的重要规范，传统权威德古在社区矫正、化解纠纷、移风易俗等社会治理中发挥着重要的作用。德古的传统权威与信仰、习俗相关，具有合理性的价值基础。[1] 国家法律、相关制度在彝区的贯彻实施，彝区社会经济的快速发展以及普法教育的深入，较大削弱了德古在彝族社会纠纷解决的影响力，但是，传统德古权威存在的合理性并没有完全削减。彝族群众对德古的认同从"高度服从"变成了"自愿认同"。目前"德古调解"已经成为凉山州社会治理的重要力量，笔者认为凉山

---

　* 阿加石吉木，男，西南医科大学法学院，本科在读，研究方向：刑事法学。

　** 梅达成，男，西南医科大学法学院教授，研究方向：刑事法学。

　〔1〕 参见苏红丽、何文海："社会治理创新视域下民间传统权威参与共治调查——以凉山州 M 县 J 乡德古参与治理现状为例"，载《贵州民族研究》2020 年第 4 期。

州社区矫正应当加入"德古"的力量，进而推动构建具有彝区特色的社区矫正模式。

X、Y、Z 县是凉山州经济实力较强的三个县，笔者先后调研了凉山州城区的某片区司法所联动中心以及凉山州 X、Y、Z 县司法局的社区矫正工作进展情况，分析了凉山州社区矫正的现状，并结合目前我国社区矫正的开展提出了完善的建议措施，推动构建具有彝族地区特色的社区矫正新模式。

一、凉山州社区矫正的犯罪类别

笔者通过中国裁判文书网对有关凉山州社区矫正的裁判文书进行了以下的统计和分析。

凉山州 2014 年到 2021 年有关社区矫正的裁判文书的数量（份/年）

2014	2015	2016	2017	2018	2019	2020	2021
8	15	32	63	59	39	33	29

笔者共找到有关凉山州社区矫正的裁判文书 278 份左右，社区矫正所适用的对象是被判处管制、宣告缓刑、裁定假释以及被暂予监外执行的这四类罪犯凉山州大部分社区矫正人员来自缓刑案件。其中自首案件有 119 份，大部分罪犯都有自首的情节，这也是法官在考虑适用社区矫正时的一个重要因素。全国有关社区矫正的裁判文书有 54 万份左右，从上表可以看出，凉山州适用社区矫正最多的年份也只有 63 份裁判文书，说明凉山州的社区矫正还在"萌芽"阶段，其发展水平可能跟不上全国的统一标准。

凉山州 2014 年到 2021 年社区矫正对象的主要犯罪种类以及数量

非法持有、私藏枪支、弹药罪	故意伤害罪	盗窃罪	交通类犯罪
94	32	28	35

凉山州社区矫正对象的犯罪种类以枪支弹药类罪行、盗窃罪、故意伤害罪以及交通类犯罪为主。

枪支类犯罪成因分析：笔者在统计社区矫正对象的犯罪种类时，发现凉山州社区矫正对象主要以枪支弹药类犯罪为主，其中非法持有、私藏枪支、弹药罪竟然有90多起，其他相关罪行还有非法制造、买卖枪支罪以及非法制造、储存爆炸物罪。大部分枪支是由先购买的射钉枪改造成的火药枪。笔者认为，凉山州枪支类犯罪多的原因包括以下几点：第一，"一步跨千年"，1956年凉山州进行民主改革，废除奴隶制度，直接走向社会主义社会，虽然大部分奴隶主的枪支上缴了，但有些枪支弹药被私自保留下来，作为"传家宝"代代相传。比如，在一些裁判文书中，被告陈述道，"枪支是父亲的遗物""子弹是父亲的遗产"等，现在仍然有一些彝族民众私藏枪支弹药，殊不知其已经触犯了法律。第二，没有文化知识，法律意识淡薄。大部分枪支类犯罪社区矫正对象的受教育情况为文盲或者小学水平，很多人都不知道私藏枪支弹药已经触犯了法律。第三，彝族传统文化以及力量习俗的影响。彝族是一个有尚武精神的民族，认为枪支是权力的象征，比如罪犯甲某在与他人争吵后，拿出私藏枪支放空枪威胁对方。彝族是狩猎民族，有着悠久的狩猎文化，很多罪犯私藏枪支的目的是狩猎或者驱赶野生动物。

故意伤害罪犯罪成因分析：凉山州社区矫正对象的犯罪类别中故意伤害罪频发，施害者故意伤害导致对方轻伤甚至重伤，但是通过如果其赔偿获得了被害人的谅解，同时具有自首情节或者认罪悔罪态度较好，法院会判处缓刑，进行社区矫正。凉山州故意伤害罪频发的原因之一与彝族的文化背景有关，彝族人骨子里有战斗的基因，日常生活中，彝族人会把尊严放在首位。同时因为"家支"文化[1]的影响，彝族人强调血缘亲属关系，保护共同分支的亲戚经常导致两个人的纠纷上升为两个家族的群体性行为，伤害升级，因此故意伤害事件频发。比如某一个案件里，欧布某某和谢某某产生了婚姻纠纷，两个家族的人在私下调解的过程中，产生矛盾，演变为群体性的打架事件。彝族习惯法允许用武力为血亲复仇，彝族人认为一个人受伤是全家支的一件大事，家支的所有成员有义务进行报仇，而且认为只有以牙还牙才算伸张正义。另外一个案件里，某甲和某乙结怨，某甲及其家支潜入某乙家，殴打某乙直至割下了某乙的耳朵才结束。

盗窃罪的犯罪成因分析：所犯盗窃罪的罪犯的盗窃对象包括电缆线、牛、公路的防护栏以及摩托车等，笔者认为盗窃罪频发的主要原因之一是生活的

---

〔1〕 家支，即彝族历史上以父系血缘为纽带建立的家族制度。

贫穷。凉山州的经济落后，居民的收入低。而凉山州经济的落后的原因主要有以下几点：第一，自然条件恶劣，经济基础薄弱，生产发展困难，凉山州面积为6.04万平方公里，人口约为486万，仅7.1%左右的平地，绝大多数是3000米的山地。第二，产业比较单一，工业发展缓慢，经济发展主要依靠农业。第三，教育的落后，居民没有职业技能，所以经济类犯罪较多。根据彝族人传统的观念，对家族的仇敌以及居住相距较远的毫无亲缘关系人的盗窃是正当行为。[1] 老一辈的传统观念会影响一些缺乏思考和鉴别能力的青年，因此凉山州盗窃罪频发。没有法律意识，或者有的因为生活所迫，在法律的边缘试探，此时就需要适用个性化的社区矫正方案，或者考虑对其采取更加严格的惩罚方式，才能防止其再犯罪。

笔者在分析统计凉山州社区矫正犯罪种类时，发现几个比较严重的罪行。第一个是抢劫罪，罪犯某甲因为犯抢劫罪被判处有期徒刑2年，缓刑3年，但是在矫正不到1年后，在2019年2月11日最后一次报到后，某甲未经批准擅自离开普格县，而后失联。普格县司法局在2019年4月11日责令其报到，但仍然无法联系某甲，2019年4月22日法院判决某甲脱管超过1个月，撤销某甲的缓刑。笔者认为，社区矫正机构发觉社区矫正对象失联后，只能先联系监护人、民警协助找矫正对象，失联1个月后才可以申请法院撤销缓刑。在此过程中，矫正对象会逍遥法外1个多月，笔者认为这是一个法律漏洞，亟待解决。第二个是强奸罪，罪犯某乙醉酒开车后，将路边的受害人拉上车，带入宾馆强行与其发生关系。法院考虑到某乙赔偿被害人15万并获得被害人的谅解，且坦白自己的罪行，认罪悔罪态度良好，判处有期徒刑3年，缓刑3年。第三个是放火罪，某丙因为打牌输钱心生怨念，而放火烧被害人的店铺。笔者认为某乙和某丙的犯罪行为恶劣，对社会的危险性较大，不应该适用社区矫正；如果一定要进行社区矫正，矫正机构应当设计较为严格个性化的矫正方案，才能起到矫正效果。

二、凉山州社区矫正的现状

我国社区矫正制度于2003年开展首批试点，2005年将试点范围扩大到18

---

[1] 参见阿牛木支："当前彝族罪犯犯罪的原因及对策"，载《西昌师范高等专科学校学报》2000年第1期。

个省市，四川省就在其中，之后根据当时的2012年《实施办法》和《四川省全面开展社区矫正工作实施意见》的要求，先后在凉山州的西昌、宁南、甘洛等9个地方开展了社区矫正的工作。此后先后依据《社区矫正法》、2020年《实施办法》、《四川省社区矫正实施办法（试行）》等法律法规，深入的推进和规范了社区矫正工作。十几年来，凉山州社区矫正工作分步推进，取得了良好的法律效果和社会效果，促进了社区矫正对象顺利融入社会，预防和减少凉山州的犯罪现象。目前凉山州的社区矫正具体工作主要以《四川省社区矫正实施办法（试行）》的规定展开，社区矫正工作有序开展的同时也面临着一些问题。

（一）积极建设社区矫正机构与专门队伍，但机构保障和人员保障不足

积极建设社区矫正机构和购买临时社区矫正工作人员。凉山州州、县两级积极设立社区矫正管理局或者社区矫正中心。[1] 社区矫正机构当前的设置大致有三种模式：一是内设机构模式，即维持以往工作模式，将司法局内设的社区矫正股转化为社区矫正管理局，这种社区矫正的工作效果可能没有变化。二是下设模式，在县级司法局之下设立一个具有独立法人资格的实体机构。三是整体机构模式，即县级司法局同时加挂社区矫正管理局标牌，全权负责贯彻落实社区矫正相关工作。

凉山州社区矫正工作出现社区矫正机构基础设施的保障和社区矫正工作人员保障严重不足的困境。首先，凉山州大部分地方的社区矫正机构的基础设施都不完善，X县社区矫正机构虽然挂有社区矫正中心的标牌，但功能室只有两三个。功能室较多的Z县社区矫正机构（Z县司法局设立了一个社区矫正中心，分设有社区矫正训诫室、心理矫正室、社区矫正宣告室、社区矫正报到室、安置帮教室以及远程探视室），其实际的矫正工作也无法有效展开，因为人员较多房间狭小。

---

〔1〕 中共凉山州委编办印发了《中共凉山州委机构编制委员会办公室关于明确县（市）司法局社区矫正管理机构有关事项的通知》（凉编办〔2020〕87号）和《中共凉山州委机构编制委员会办公室关于明确州司法局社区矫正管理机构有关事项的批复》（凉编办〔2020〕88号），明确了各县（市）司法局在不增设内设机构个数的前提下，可采取在内设机构挂牌、更名、撤一建一等方式设立"×××县（市）社区矫正管理局"；在州司法局社区矫正管理科增挂"凉山州社区矫正管理局"牌子。

凉山州社区矫正机构和工作人员数量的对比

	X 县	Y 县	Z 县	州城区某片区司法所联动中心
司法局	1 个	1 个	1 个	
司法所	6 个	20 个	11 个	4 个
社区矫正机构	社区矫正管理局，1 个	社区矫正中心，1 个	社区矫正中心，1 个	
专职社区矫正工作人员	1 个	1 个	1 个	9 个
政府购买的临时辅助人员	无	10 个	10 个	无
社区矫正对象	72 个	133 个	268 个	147 个

其次，社区矫正工作人员严重不足。从上表中，我们可以发现，以上几个社区矫正机构的社区矫正对象与社区矫正工作人员的比例远远达不到十比一的标准。而临时辅助人员的专业水平参差不齐，有些甚至只有小学文化水平，每个社区矫正机构专职的社区矫正工作人员只有一到两个人，目前的社区矫正工作还是依赖司法局的工作人员开展，虽然设立了社区矫正机构，但人员配备不够，类似于"换汤不换药"，社区矫正的成效自然差了许多。

最后，司法所的地位不明。从《社区矫正法》规定来看，司法局、社区矫正机构和司法所的关系为：司法行政部门主管社区矫正工作，社区矫正机构负责社区矫正工作的具体实施，而司法所根据社区矫正机构的委托，负责社区矫正机构的具体实施。在社区矫正工作中，社区矫正机构是执法主体，司法所根据社区矫正机构的委托，负责具体实施。不过从目前工作现状来看，由于行政惯性和路径依赖，社区矫正机构独立执法的较少，工作指导的较多，社区矫正的主要工作还是由司法所承担。[1] 上表每个地区的每个司法所有两到三名工作人员，其司法所内部没有专门从事社区矫正工作的人员，社区矫正工作只能由司法所工作人员进行。

（二）社区矫正审前调查评估制度

社区矫正机构审前评估调查意见的使用率普遍较高，但也有社区矫正机

[1] 参见敖翔："理念不变，何来社区矫正机构？"，载 http://sfj. lsz. gov. cn/sfgz/sqjz/202104/t20210406_1872713. html，最后访问日期：2022 年 4 月 25 日。

构认为不适宜进行社区矫正，法院依旧判决社区矫正的情况。此种情况下，社区矫正机构只能接受社区矫正对象的报到，按规定对其进行社区矫正。在访谈过程中，笔者提出在"否定性调查评估意见"不被采纳时，是否应当赋予社区矫正机构一定救济方式的设想时，Y县社区矫正工作人员认为应当给予救济方式，不然不利于社区矫正工作的进行。Z县社区矫正工作人员认为，依据《社区矫正法》规定，审前评估意见仅是一种参考，社区矫正机构类似监狱系统，社区矫正的决定应当由法院判决，笔者比较赞同第二种看法。

（三）社区矫正对象监督管理制度

凉山州社区矫正的监管日常。其一，对社区矫正对象进行综合评估，分别实施严、普管级和宽管级。社区矫正对象按照规定定期报告，报告以书面为主，口头和电话为辅。严管级和普管级需要每周口头或者电话报告，宽管级需要每两周口头或者电话报告一次；严管级社区矫正对象需每两周提交书面报告一次，普管级需要每月提交一次，宽管级则需要每季度提交一次，书面报告的内容主要为本段时间做了什么事，学习了哪些法律知识等。社区矫正对象的日常考核和奖惩经历作为分类管理变动的依据。其二，日常监管所使用的电子装备主要是手机，利用微信或者钉钉等软件进行监管，Y县社区矫正机构还利用基站进行定位，通过"雪亮工程"以及定期轨迹核查等方式进行监督管理。

（四）社区矫正对象教育帮扶制度

凉山州社区矫正机构努力按照法律的相关要求进行教育帮扶，但因为社区矫正工作人员严重不足、经费保障不足、社区矫正机构基础设施差等原因，存在着很多问题。第一，个别矫治仅体现在入矫期对矫正对象的认罪服法教育，其他矫正阶段没有涉及个别化教育。第二，因为场地受限，也无法开展集中教育和分类。X县社区矫正机构根据当时疫情防控要求分批次的方式进行集中矫正，鼓励未成年社区矫正对象以互相讲授知识的方式进行互相教育，笔者认为此种做法值得借鉴。第三，教育内容单调匮乏，主要以法治教育为主，很少涉及心理健康教育、职业技能教育以及行为矫正教育等内容。第四，缺少心理专业人员，心理矫正的开展是以非专业社区矫正工作人员个别访谈矫正对象的形式进行，无法有效矫正其违法犯罪心理和行为恶习。第五，公益活动的形式主要是打扫周边卫生，公益活动形式单一，无法达到矫正的预期效果。公益活动的目的是帮助社区矫正对象修复社会关系，培养社会责任感，单一的打扫无法达到该效果。第六，矫正帮扶有限。凉山州社区矫正帮扶主要是以安置帮教的形式进行，实践中，笔者所了解的社区矫正帮扶形式主要是为生活困难的矫正对象申请低保，送油、米等，有时也有帮忙找工作。X县社区矫正机构近日为某名社区矫正对象找了一份收银员的工作；Y县社区矫正机构为某名社区矫正对象找到了"绣娘"工作，为视力障碍的社区矫正对象找了盲人按摩的工作等。

（五）社区矫正工作的成效

凉山州社区矫正工作的成效还是很好的，大部分社区矫正对象顺利回归社会，成为守法公民。随着社区矫正制度的不断优化，社区矫正对象再犯罪现象减少了许多。但远远达不到再犯罪率小于千分之二的要求，某县社区矫正工作人员说道。比如，X县社区矫正机构某名社区矫正对象因为毒品犯罪而进行社区矫正，矫正期满释放后再犯抢劫罪；M县的一名妇女贩毒，因为处于哺乳期而暂予监外执行，在社区矫正不到一年的时间内开始吸毒又贩毒，而后被收监。

笔者认为，凉山州社区矫正对象再犯罪的原因包括：一是自身无职业技能，无法正当谋生，很多社区矫正对象再犯罪是因为生活的贫穷，而凉山州的社区矫正的帮扶目前无法解决矫正对象的生活困难的问题；二是认为社区矫正的惩罚力度太小而藐视法律。比如Y县社区矫正对象竟然对工作人员抱怨："矫正三年太浪费他的时间，还不如直接关监狱一年的划算。"Z县的某名社区矫正对象因为赌博罪入矫，矫正结束后再犯赌博罪，又再一次进行社区矫正。笔者认为目前凉山州很多群众对社区矫正不太了解，社区矫正措施对有些社区矫正对象无法形成教育和警示的作用。同一人两次因为同一个罪名而先后进行社区矫正，笔者认为这种做法可能助长社区矫正对象藐视法律的心态。

三、完善凉山州社区矫正的建议

（一）加大社区矫正知识教育宣传，促进社区矫正对象顺利回归社会

在凉山州，社区矫正是一个新概念，大部分群众对其并不了解或者有错误的理解，不利于社区矫正对象的转化和回归社会。所以要加大社区矫正知

识的宣传教育，营造良好的社会氛围，帮助社区矫正工作的开展和社区矫正对象的顺利回归社会。首先，各级部门要加强法治宣传教育，开展有关社区矫正的普法活动。因为凉山州彝族群众多，应深化实施彝族母语普法行动计划，创新运用媒体资源，开展普法教育，让更多的群众了解社区矫正。其次，在宣传的过程中，强调协助社区矫正工作是我们公民的义务，以解决村委会等组织不配合社区矫正工作的问题，同时也要鼓励志愿者以及其他社会主体参与社区矫正工作，特别是德古[1]的参与。加强社区矫正工作的宣传教育，正确认识社区矫正的重要意义，使凉山州群众从内心接受并支持社区矫正工作，营造有利于社区矫正对象回归的社会氛围。

（二）加强社区矫正机构建设，建设一支高素质的社区矫正工作队伍

充分挖掘凉山州现有人才，建设一支高素质的社区矫正专业队伍。目前凉山州社区矫正的工作人员与社区矫正对象的比例远远达不到一比十的标准，社区矫正工作人员工作压力大、任务重，这是阻碍社区矫正工作发展的一个重大问题。其一，在现有条件下，需要充分发掘人力资源，充分调动村干部和群众的积极性。因为充分利用现有人力资源，一方面可以缓解司法所人力紧张的问题，另一方面获得群众的帮助支持，可以帮助社区矫正对象回归社会。其二，加大政府对社区矫正工作的购买力，吸引更多有专业技术的人员加入社区矫正的工作队伍中来，比如购买心理咨询师进行专业的心理矫治。加大社区矫正工作人员教育培训工作力度，实现培训工作经常化、制度化。

（三）鼓励德古参与社区矫正，探索具有民族特色的矫正模式

加强社区矫正德古队伍建设，提高专业化、规范化水平。首先，应当切实加强基层政府的引导作用，确保德古、村民参与的自主性与广泛性，建立健全执行监督机制。同时也要对德古们进行专门社区矫正相关知识的培训。Z县社区矫正工作者认为，"引入德古力量参与社区矫正工作是一件好事，但目前'假德古'很多，需要建立一套专门的执行监督机制"；其次，注重提升群众社区矫正相关的法治意识，创新法治宣传教育方式，开展普法进基层活动，鼓励德古和其他社会工作者积极参与社区矫正的工作。最后，目前已经成立"凉山州德古调解协会"，规范调整德古调解。德古社区矫正也可以借鉴德古

---

[1] 德古，彝语音译，意为"善于辞乏的尊者"。

调解机制，通过政府购买服务的方式，融入"德古"力量，推动凉山州社区矫正工作。

（四）运用循证矫正方法开展矫正需求评估，制定合理的矫正方案

目前凉山州社区矫正分类管理后不再进行个别化的矫正，矫正方案的针对性不强，矫正效果不佳。凉山州是以彝族为主的地区，因为彝族传统文化的影响，当地罪犯犯罪心理、犯罪形态上有着特殊性，因此需要因人施教，设计个性化的矫正方案

在设计矫正方案时，循证矫正和专业矫正需求评估两个办法起着重要的作用。循证的犯罪预防注重循证的手段和措施，根据罪犯的犯因性需求而制定相应的评估手段和方案，得出实施计划所依据的证据，从而根据科学的证据对犯罪人进行矫正。[1] 也就是说，循证矫正的办法是根据社区矫正对象犯罪的原因和社区的具体情况，制定合理的矫正方案。运用循证矫正办法，研究凉山州社区矫正主要的犯罪类别，如运用循证矫正方法，对枪支弹药类社区矫正对象开展循证矫正项目研究，研究该类社区矫正对象的犯罪心理和行为表现并制定合理的矫正方案，从而实现社区矫正工作中个别矫正的目的，达到理想的矫正效果。

---

〔1〕 参见候佳："论社区循证犯罪预防理念"，载《法大研究生》2015年第2期。

未成年人矫正

社会支持网络提高青少年社区矫正对象社会化有效性的系统评价*

陈　珊** 刘寅生***

摘要目的：评估社会支持网络对提高青少年社区矫正对象社会化的有效性。**方法**：运用系统评价方法，系统检索5个国内中文数据库，从42个原始研究中筛选符合既定纳入标准的原始研究，共纳入观察性研究3篇，再通过观察性研究质量评价工具（STROBE声明）对纳入的文章进行质量分析。从纳入的研究对象上看，包括不同犯罪类型及不同刑罚类型的青少年社区矫正对象。**结果**：3项研究均为低等偏倚风险；3项研究均肯定社会支持网络对青少年社区矫正对象社会化的提升效果。**结论**：本研究提示构建社会支持网络有助于提升青少年社区矫正对象社会化程度，具体而言：通过完善的经济支持、就业支持、精神支持等社会支持网络干预，能够明显提高青少年社区矫正对象重返社会的成效；正式支持与非正式支持相结合，能够提升青少年社区矫正对象的社会化会成效。

关键词：社会支持网络；青少年；社会化；有效性

一、研究背景

社区矫正是与监禁矫正相对的行刑方式，是指将符合法定条件的矫正对象置于社区内，由社区矫正机构在相关部门和社会力量的协助下，在判决、

---

　* 本文为四川省社区矫正研究中心项目"域外社区矫正'合作模式'研究"（SQJZ2017-04）的研究成果。

　** 陈珊，女，西华大学法学与社会学学院副教授，硕士研究生导师，研究方向：民商法学、社会法学。

　*** 刘寅生，男，西华大学法学与社会学学院，硕士研究生在读，研究方向：刑事法学。

裁定或决定确定的期限内，矫正其犯罪心理和行为恶习，[1] 通过思想矫正和行为矫正，使社区矫正对象重返社会的非监禁刑罚活动。作为国家刑罚体系中十分重要的一个部分，社区矫正措施正发挥着监禁矫正所不具备的双重价值：一是刑罚惩罚性，二是社会恢复性。青少年社区矫正对象作为社区矫正对象中一个重要群体，其正处于从儿童向成年人过渡的关键时期，人格逐渐形成，"三观"尚未定型，加强对青少年社区矫正对象的帮助力度和支持维度尤为重要。以"青少年社区矫正"为检索词，在"中国知网"等数据库中得到相关文献共计340篇。学界对青少年社区矫正的研究最早始于2003年，按照相关度优先的顺序选取样本，共计72篇，青少年社区矫正这一研究领域主要涉及5个方面内容，研究成果的侧重点各有不同（如图1）。本节将对社会支持网络提高青少年社区矫正对象社会化有效性进行系统评价。

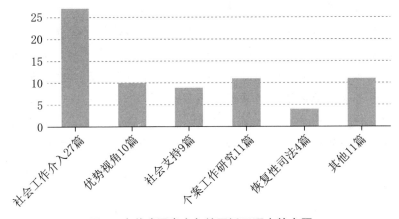

图1　当前我国青少年社区矫正研究的主题

二、文献综述

2003年，时任司法部部长张福森指出："'社区矫正'是与'监禁矫正'相对的行刑方式，是指将符合社区矫正条件的罪犯置于社区内，由专门的国家机关，在相关的社会团体和民间组织以及社会志愿者的协助下，在判决或

---

〔1〕 参见胡虎林主编，徐祖华、孔一编著：《社区矫正实务》，浙江大学出版社2007年版，第27页。

裁定规定的期限内，矫正其犯罪意识和行为恶习，并促进其顺利回归社会的非监禁刑罚执行活动。"由此可见，社区矫正作为一种"非监禁型刑罚执行活动"，在中国司法改革中起着不可替代的作用，其目的是提高改造罪犯的法律效果，有效的降低改造成本，提高社会公共资源的使用效率。但在矫正过程中，往往存在社会资源分配不公的现象，而社区矫正对象因其自身存在的"罪犯"标签在社会关系中也处于一种劣势地位。因此，社区矫正对象会陷入社会地位较低、社会交往困难、难以融入主流社会等困境。我国《社区矫正法》设专章对未成年人社区矫正做出特别规定，可见未成年社区矫正对象已成为我国社区矫正的重要群体，研究社会支持网络对帮助包括未成年社区矫正对象在内的青少年社区矫正对象社会化具有一定的实践意义。

通过文献分析，发现学者们在此领域的研究主要集中于三个方面：首先，是针对社会支持网络的现状进行分析，李晓娥（2011）分别从客观、主观两个维度进行考察，最后以对社会支持的利用度为标准对社区矫正对象的现实状况进行了研究。[1] 井世洁（2012）则指出青少年社区矫正的社会支持具有断裂和重构的特征，相比较而言，来自家庭的支持远远大于社区、政府部门、社会组织等正式机构的支持力度。[2] 由此可见，从青少年社区矫正对象的物质条件、求职就业前景、精神心理需求等三个方面来看，家庭对青少年社区矫正对象的支持力度较大，而其他机构如社区、政府和社会组织的支持相较而言则比较少。再从整体来看，青少年社区矫正对象面临着社会各方面的支持资源匮乏、发挥力度不足、缺乏科学整合的困境。[3] 其次，是对社区矫正成果的影响因素进行分析，得知性别、年龄、婚姻情况、居住环境和矫正时间等因素与青少年社区矫正对象的社会支持呈现正相关的趋势（郑永君，2016）。[4] 最后，对社会支持网络的作用机制进行分析，社会支持网络的

〔1〕 参见李晓娥："社区服刑人员社会支持系统调查研究——以河北省某市为例"，载《中国人民公安大学学报（社会科学版）》2011年第1期。

〔2〕 参见井世洁："断裂与重构：社区矫正青少年的社会支持——以上海市J区为例"，载《社会科学》2012年第9期。

〔3〕 参见张学军、肖群娣："未成年犯社区矫正过程中社会支持系统的构建"，载《福州大学学报（哲学社会科学版）》2016年第1期。

〔4〕 参见郑永君："青少年社区矫正对象的社会支持及其影响因素"，载《青年探索》2016年第5期。

确能够促进青少年社区矫正对象的有效矫治和处境改善（JIANG S, FISHER-GIORLANDO M, MO L. 2005）。[1] 客观层面的社会支持、主观层面的社会支持以及社会支持网络的利用度对青少年社区矫正对象的精神健康改善呈现明显的相关性（井世洁，2010）。[2] 张济洲、苏春景（2015）将研究重点集中在分析社会公众认同度、社会支持网络和科学教育矫正质量三者的关联上，认识到社会公众对社区矫正这种新型的刑罚措施仍旧存在偏见、社会公众的认可度仍旧处于较低的水平；社会支持网络处于发展的早期阶段，仍较脆弱；社区矫正项目的形式不够多样，且针对不同的矫正对象而言不具有针对性，社区矫正机构的保障机制仍处于较低水平，对于青少年社区矫正对象的适用性较差。[3]

由此可以得出既有研究具备以下特征：第一，从研究方法来看，实证研究相较于理论研究和政策研究数量较少，不能从实证的角度分析社会支持网络对于青少年社区矫正对象的增益权能；第二，从研究视角来看，既有研究视角往往局限于法学和犯罪学，而交叉研究较少，未能整合各个学科的理论优势进行更为科学的研究；第三，从研究层次来看，以往的研究过多关注于宏观层面，包括法律法规、规章制度等，而忽视了对个体和家庭等微观层面的关注。

三、对象和方法

（一）检索策略

使用计算机检索以下数据库：中国学术期刊 CNKI 数据库、维普中文期刊服务平台、万方数据资源系统、独秀知识库、中国人民大学复印报刊资料数据库，在检索词的查询中，根据概念的相近性或包含关系将"青少年社区矫正对象"扩大至"青少年社区矫正人员及青少年社区服刑人员"，将"社会化"扩大至"再社会化或社会融入"；将"社会支持网络"扩大至"社会支持体系"。检索公式：（社区支持网络 OR 社会支持体系）AND（未成年社区矫正对象 OR 未成年社区矫正人员 OR 未成年社区服刑人员）AND（社会化

---

〔1〕 See Jiang S. , Fisher-Giorlando M. & Mo L. , "Social Support and Inmate Rule Violations: A Multi-level Analysis", *American Journal of Criminal Justice*, Vol. 30, No. 1. , 2005, pp. 71-86.

〔2〕 参见井世洁："社区矫正青少年的社会支持及其与精神健康的关系——基于上海市 J 区的实证分析"，载《华东理工大学学报（社会科学版）》2010 年第 2 期。

〔3〕 参见张济洲、苏春景："公众认同、社会支持与教育矫正质量——基于山东省社区服刑青少年调查"，载《预防青少年犯罪研究》2015 年第 4 期。

OR 再社会化 OR 社会融入）。

（二）纳入及排除标准

1. 纳入标准

（1）文章符合社会科学的研究方法；（2）检测任何干预项目的效果或影响；（3）案主为青少年社区矫正对象（其中包括处于缓释、假释期接受社区矫正的罪犯以及管制、暂予监外执行接受社区矫正的罪犯）；（4）结局指标特指：提高青少年社区矫正对象社会化效果；（5）语种为中文；（6）公开发表；（7）发表年限为2012-2021年[1]；（8）采取观察性研究。经过有效筛选。共有3篇文章符合研究条件。

2. 排除标准

（1）监禁矫正与社区矫正的直接对照；（2）非实证研究；（3）联系研究者但无法得到相关数据的研究；（4）多种干预措施重叠的研究；（5）纯理论研究及不能提供有效信息的研究。

（三）文献筛选与质量控制

观察性研究质量评价工具（STROBE 声明）的评测项目主要有22个：题目和摘要（题目和摘要是否用专业术语表示研究设计）、背景和合理性（是否对研究背景和原理进行解释）、研究目标（任何预先确定的假设是否详细指明人群、暴露和结局等）、研究设计（是否写明研究设计的要素）、研究现场（是否清楚描写研究现场、具体场所和相关时间）、研究对象（队列研究是否描述研究对象的入选标准、来源和方法，描述随访方法等）、研究变量（是否明确界定结局指标、暴露因素、预测指标、潜在混杂因素及效应修饰因子，如有可能应给出诊断标准）、资料来源与评估（是否描述每一研究变量的数据来源和详细的测定、评估方法等）、偏倚（是否描述潜在的偏倚及消除方法）、样本量（是否描述样本量的确定方法）、定量指标（是否解释定量指标的分析方法，如有可能应描述如何选择分组及其原因）、统计学方法（a. 描述所用统计学方法，包括控制混杂因素的方法；b. 描述亚组分析和交互作用所用方法；c. 描述缺失值的处理方法；d. 描述敏感度分析）、研究对象（a. 详细报

---

〔1〕 2012年《实施办法》是我国《社区矫正法》颁行之前社区矫正领域重要的规范性文件，故本研究选择将2012年3月1日即2012年《实施办法》实施之日作为纳入文献的起始发表期限。

告各研究阶段中研究对象的数量；b. 描述各阶段研究对象未能参与的原因，帮助读者判断研究人群是否代表目标人群，是否产生偏倚例）、描述性资料（a. 描述性资料是否描述研究对象的特征以及暴露因素和潜在混杂因素的信息；b. 描述各相关变量有缺失值的研究对象数量；c. 队列研究描述随访时间）、结局资料（a. 报告结局发生事件或暴露类别的数量；b. 队列报告研究发生结局的数量等）、主要结果（是否给出未校正和校正混杂因素的关联强度估计值、精确度等）、其他分析（有无报告其他分析结果）、重要结果（是否概括研究假设的重要结果）、局限性（是否结合潜在的偏差和误差来源，讨论研究的局限性及潜在偏倚方向和大小）、解释（是否结合研究目的、局限性、多因素分析和其他相关证据解释结果）、可推广性（讨论研究结果是否具有普适性和可推广性）、资助（是否写明研究的资金来源和资助者）等。由此，对观察性文献进行评分，评分标准为："是"计1分，"不清楚"计2分，"否"计3分。总分得分为三个类型，分别代表不同的风险水平：22-36分为低风险，37-51分为中风险，52-66分为高风险。

四、研究结果

（一）纳入过程

由两名评价者根据纳入排除标准独立检索筛选文献，阅读题目、摘要和全文，共纳入3篇文献（如图2）。

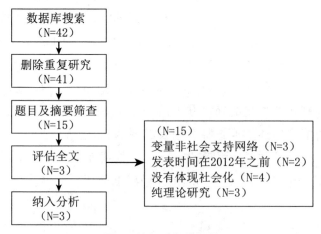

图2　纳入过程分析图

（二）纳入研究情况

经筛选，一共纳入 3 篇观察性研究，从纳入的研究对象来看，青少年社区矫正对象的犯罪类型不限于暴力犯罪，刑罚类型包括缓刑、假释等。从矫正地域来看，1 篇以长乐区为例研究城乡结合部社会支持网络（王静，2019），其余 2 篇未明确矫正地域，针对所有的青少年社区矫正对象进行研究（史志凡等，2017）。从研究方法来看，主要采取问卷调查法、访谈法、文献法和参与观察法，分析青少年社区矫正对象的现状及其存在的现实问题（史志凡等，2017），运用个案分析方法研究社会支持网络的介入（井世洁，2012）。从纳入研究的文本选取时间来看，主要是选取 2012 年《实施办法》印发后的原始文献进行研究。就研究周期而言，3 篇观察性研究文章中，其中 1 篇以福州市长乐区为调研地，调研周期为 9 个月（王静，2019），1 篇采取整群取样的方法对上海市 J 区正在进行社区矫正的 231 名青少年进行问卷调查（井世洁，2012），剩余 1 篇实地调查期为 4 个月（史志凡，2017）。

（三）纳入文献的质量分析

采用观察性研究质量评价工具（STROBE 声明）对已纳入的文献进行信度评价。经过系统评分，3 篇文献均为低等偏倚风险，偏倚风险越低则表明原始研究的可信度越高。

在纳入的 3 篇观察性研究中，《城乡结合部社会力量参与青少年社区矫正的实践探索——以福州市长乐区为例》首先以福州市长乐区为研究基地，对 50 种不同类别的社会力量进行访谈，探究青少年社区矫正过程中存在的问题和发展瓶颈；其次，对 38 名青少年社区矫正对象进行问卷调查并对其中 8 人进行访谈；最后，对长乐区司法行政部门的相关数据进行系统分析，分析长乐区社会力量参与青少年社区矫正所遇到的问题及问题的成因，提出构建社会支持网络以支持青少年社区矫正对象的建议，提高其重返社会的成效，该文章详细描述了数据的来源以及测量方法，通过 STROBE 声明评分为低等风险；《断裂与重构：社区矫正青少年的社会支持——以上海市 J 区为例》研究采取整群取样的方式对上海市 J 区正在接受社区矫正的 231 名青少年进行问卷调查，在调研数据的基础上，分析青少年社区矫正工作中所遇到的问题，对青少年社区矫正的社会支持网络进行了剖析，为提高社区矫正的工作效率和青少年重返社会的效果提出了较为科学的参考范式，通过 STROBE 声明评分为低等风险。《青少年社区矫正对象的社会支持研究》采取访谈法对 Z 市 S 机构社区矫正关爱服务项目的 29 人进行了访谈，其中青少年社区矫正对象 15 人、司法所基层工作人员 6 人、S 机构专职社工 4 人、该社区服务工作人员 4 人。该研究对青少年社区矫正对象在社会支持中所存在的问题进行了分析，表明青少年社区矫正的社会支持网络具有非正式社会支持处于弱势地位、正式社会支持力度不够、个体社会支持力量的态度成为影响青少年社会支持网络的重要因素等三大特点，最后对完善青少年社区矫正对象社会支持网络提出建议，以促进青少年社区矫正对象重返社会，通过 STROBE 声明评分为低等风险（见图3）。

（四）效果分析

从干预措施来看：

第一，社会支持网络对于促进青少年社区矫正对象的社会化有较为明显的驱动力。本次纳入的 3 篇原始研究文献中，有 2 篇记载了利用社会支持网络对青少年社区矫正对象进行了矫正。从研究质量上看，研究均为低风险；从研究结果上看，结果具有显著性（史志凡，2017；井世洁，2012）。研究结论也印证了社会支持网络能够有效地增强青少年社区矫正对象的信心，提升对自我价值的认同，增进其学习热情、就业欲望和生活期望，最终达到社会化的目的。

第二，正式的社会支持网络和非正式的社会支持网络共同作用会对青少年社区矫正对象回归社会产生更积极的推动作用。有文献表明，通过完善的经济支持、就业支持、精神支持等社会支持网络干预，能够明显提高青少年社区矫正对象重返社会的成效（井世洁，2012）；与此同时，也有文献显示各类社会力量共同参与，青少年社区矫正对象的社会化率会有显著的提升（王静，2019）。

第三，正式的社区矫正应当加大支持力度、拓宽支持途径，而非正式的社会支持应当根据各青少年社区矫正对象的不同情况采取专门的支持措施。本文纳入的 3 篇文献都采用了正式与非正式的社会支持相结合的方式，均取得了较好的矫正效果。

作者	时间（国家）	风险	促进社会化	针对群体
王静，	2019（中国）	低	Y	青少年罪犯
史志凡，	2017（中国）	低	Y	青少年罪犯
井世洁，	2012（中国）	低	Y	青少年罪犯

图3　纳入研究的显著性特征表

五、讨论

如前所述，本次纳入的 3 篇观察性原始研究，其结局指标均肯定社会支持网络能够提高青少年社区矫正对象社会化的有效性，且通过采用观察性研究质量评价工具（STROBE 声明）评分后，3 篇文章的信度评级均较高，研究证据具有可信度。本次系统评价纳入了 2012 年《实施办法》印发后的研究成果，在青少年社区矫正对象社会化过程中，政府部门、社会组织、社区服务机构等正式社会支持和以家庭为代表的非正式社会支持对青少年社区矫正对象再社会化均起到了积极的推动作用。但在进行系统评价时，由于纳入标准较高（至少为观察性研究），因此纳入的文章数量较少。所纳入的文章研究类型均为观察性研究，很遗憾未发现相关随机对照试验的研究，因此社会支持网络对于提高青少年社区矫正对象社会化的有效性这一主题并未有随机对照试验进行试验组与对照组的比较，系统评价的证据级别受到一定影响。同时，由于英语水平有限，本研究在进行文献的搜集和整理时，并未对英文文献进行检索。相较而言，西方发达国家和地区的社区矫正制度已经有了较为成功的经验，其所构建的社会支持网络已趋近完善，而本文未搜集纳入英文文献，因缺乏国外先进经验和办法的对比研究，科学性和先进性受到一定影响。但由于政治、经济及社会环境存在较大差异，在社会支持网络构建研究中国外成果需要审慎借鉴，我国青少年社区矫正对象的社会支持网络还需体现"中国特色"及"中国优势"。

前述研究不足仅是对前期写作准备工作中的问题进行了简单的描述和归纳，这些问题都是值得我们注意的，在具体考量社会支持网络对于提高青少年社区矫正对象社会化的效果时，建议未来的原始研究能够更加深入到某一具体的研究领域。同时，也建议未来的原始研究更为具体地描述项目细节，例如：社区的选择、矫正方案的制订、该社区的社会支持力量的特点、正式社会支持与非正式社会支持效能的比较、社会支持网络应用过程中面临的困境和发展瓶颈等。

六、思考

（一）非正式社会支持网络的构建

非正式支持的形式从资源角度可以区分为三类：第一类是家庭成员的支持；第二类是亲属兄弟姐妹及远亲、姻亲等的支持；第三类是非亲属的支持。非亲属又可以分为两个子类，一类是邻居、朋友、同事等，另一类是慈善机构、非政府组织、社区志愿者服务等。[1] 促进青少年社区矫正对象社会化的非正式社会支持网络应包括几下几方面：

1. 社工机构提供多元化的服务，设计有针对性的社区矫正方案

青少年可能由于家庭关系不和谐、学校教育不到位或是接触了不当社会群体而产生不良行为习惯。鉴于此，有必要选择符合青少年身心特征的矫正方案，特别是要体现出对其恶害心理或者反社会心理的感化并引导其积极向善。但目前青少年社区矫正对象主要由社区矫正机构负责，矫正方式主要以监管为主，难以发挥司法社会工作者的专业优势。社会工作发展至今已经超越了传统的救贫济弱模式，出现了协助案主发展自己潜能的领域。社会工作者要让每一个处于劣势社会地位的人都认识到："弱势"并不是一成不变的，而是能够向强势转化的，关键要转化者自己的内在动力。在这一过程中，社会工作者要运用个案辅导、小组工作、社区推广等多种专业技巧帮助案主转变观念，正确认识自我，激发潜能，树立起自立自强意识，以达到助人自助、改变困境的最终目标。这种"授人以渔"的做法有效地实现了对弱势群体的社会保护。在运用各种不同的工作方法对青少年社区矫正对象群体增权的过程中，社会工作者承担着各种不同的角色。司法社会工作者对案主不但提供直接矫正服务，同时也鼓励他们尽可能自立自强，最终实现自力更生。为此，建立一支专业的司法社会工作人才队伍是推动青少年社区矫正工作发展的不竭动力。

---

〔1〕 参见姚远："非正式支持理论与研究综述"，载《中国人口科学》2003年第1期。

在青少年社区矫正过程中，灵活运用社会工作方法，提升项目精准性，做到"研其所想、应其所需"。首先，在项目开展初期，社会工作者同时扮演治疗者与联系人的角色。青少年矫正对象回到社区或者开始社区矫正初期，一般都会表现出抗拒、悲观、无望、破罐子破摔的心理，社工（即社会工作者）应对此进行积极的回应，尽快建立良好的专业关系。社工可以对案主进行心理测试，了解案主是否有心理缺陷及具体有哪些心理缺陷。观察案主与家庭其他成员的关系以及家庭成员对案主的态度等。在此基础上，社工首先要帮助案主理解和接受司法机关的判决，对案主可能存在的由于不服判决而导致的心理困惑进行疏导。其次，运用换位思考的方式对案主进行辅导，帮助案主从受害人的角度去考虑其犯罪的严重性和司法判决的有效性。同时社工通过家庭关系调适、生活能力培养、生活困难帮助等方面介入、稳定和控制案主的负面情绪，调整其心态，缓解心理压力，提升生活信念。社会工作者在这种情况下扮演了一个治疗者的角色，为矫正群体解决具体问题提供服务。此阶段，社工还扮演着联系人的角色。在清楚了解案主需求的基础上注重专业内涵的注入，寻找、联络可以调动的各项社会资源，既包括政府、民政、劳动和社会保障、卫生等部门的正式资源，也包括邻里、朋友、亲属和志愿者等非正式资源。社工机构应当积极与司法行政部门、社区、社会组织交流沟通，实时了解青少年社区矫正对象的思想动态和行为表现。再其次，在项目运行过程中，社会工作者扮演"使能者"的角色。社工可以组织同案犯、矫正对象与被害人进行沟通与交流，开展适合于青少年的小组活动，这样不但能够消除彼此心理上的芥蒂，使其在人际交往上拥有良好的心态，同时还可以提升沟通能力，增加社会参与机会，从而实现青少年社区矫正对象的社会化。最后，在项目运行的末期以及项目结束后，社会工作者扮演"倡导者"的角色。社工要对开展的项目进行反思和提高，对参与活动的青少年进行回访，对发现的问题要及时调整优化，保证项目的质量，以求不断优化社会工作介入的成效。倡导者角色可以影响或改变社会政策制定，社会工作者一方面发现矫正政策的不合理之处，提出改善和修订的意见；另一方面也通过具体的服务活动了解矫正政策没有涉及的问题领域，推进新政策出台。

2. 加强社会工作者与家庭的联系，提升非正式社会支持的地位。

社会工作者在介入青少年社区矫正的过程中，首先要明确自身的定位和职能，并加强与其他非正式社会支持力量的合作。家庭成员的支持作为非正式支持中的重要力量，社会工作者应定期与家庭成员沟通，了解青少年社区矫正对象所处的家庭环境、家庭成员素质等信息，达到提高矫正效果的目的。在实践过程中，社会工作者应当充分发挥自身的专业优势，与青少年社区矫正对象建立平等互助的关系，要注重将专业理念和方法应用到实际，与家庭力量一同以青少年社区矫正对象的需求为导向，为其提供更加完善的矫正方案。

（二）正式社会支持网络的构建

1. 提升政府对青少年社区矫正的扶持和协调力度

根据《社区矫正法》第8条第3款的规定，地方人民政府根据需要设立社区矫正委员会，负责统筹协调和指导本行政区域内的社区矫正工作。首先，政府应当在宏观政策层面推动社会支持网络介入青少年社区矫正，规范社区矫正机构的矫正程序、行为准则、人员素质，为正式社会支持网络的构建创造良好的宏观环境。其次，政府应当加大对青少年社区矫正工作的经费支持，将政府购买青少年社区矫正的社会服务纳入到地方财政预算。除此之外，进一步拓宽青少年社区矫正的资金来源，例如采取企业募资、社会捐赠募资等方式募集资金。《社区矫正法》第13条规定，国家鼓励、支持企业事业单位、社会组织、志愿者等社会力量依法参与社区矫正工作。政府可以采取购买社会服务或给予优惠政策等方式，激发更多社会组织参与青少年社区矫正工作。最后，政府宣传引导，改善社会对青少年社区矫正对象的态度。政府应当在宏观层面积极宣传和普及社区矫正的基本常识和原理，改善社会公众对青少年社区矫正对象的态度，提升青少年社区矫正对象的自我认同感。

2. 协同其他正式社会支持资源

《社区矫正法》第12条第1款规定，居民委员会、村民委员会依法协助社区矫正机构做好社区矫正工作。社区矫正对象的监护人、家庭成员，所在单位或者就读学校应当协助社区矫正机构做好社区矫正工作。在构建以社区矫正机构等为核心的社会支持网络的同时，应当鼓励社会力量的共同参与，为青少年社区矫正对象回归社会提供良好的社会基础。其中，应当充分协调青少年社区矫正对象就读学校的矫正资源。

《中华人民共和国刑法修正案（十一）》对《中华人民共和国刑法》中

关于未成年人实施犯罪行为应当负刑事责任的年龄进行了修改，规定年满 18 岁为成年人，年满 12 岁需对某些罪行负刑事责任。《中华人民共和国义务教育法》第 2 条规定我国实行九年义务教育制度，所有适龄儿童、少年必须接受教育。2012 年《未成年人保护法》第 3 条也规定未成年人享有受教育权，即使是处于羁押、服刑阶段的未成年人也应当接受义务教育。从这些法律规范中可以看出，国家保障未成年人受教育权，即使是社区矫正对象，只要还处于义务教育阶段，就必须要接受义务教育。

按照《中华人民共和国义务教育法》之规定，6 岁作为小学入学年龄。年满 12 岁-18 岁的未成年人可能正处于初中义务教育阶段。为此，我国《社区矫正法》第 55 条第 1 款规定，对未完成义务教育的未成年社区矫正对象，社区矫正机构应当通知并配合教育部门为其完成义务教育提供条件。未成年社区矫正对象的监护人应当依法保证其按时入学接受并完成义务教育。此外，《社区矫正法》第 4 条、第 12 条、第 25 条、第 37 条、第 39 条、第 57 条均从不同层面对保障未成年社区矫正对象的受教育权做出规定。

因此，未成年社区矫正对象有别于其他社区矫正对象，他们既是在校学生又是矫正对象，具有双重身份。同时，未成年社区矫正对象尚处于求学阶段，还没有正式踏足社会，学校教育对其世界观、人生观、价值观，性格和心理均具有较强的塑造能力，应当充分协同青少年社区矫正对象就读学校的矫正资源，构建青少年社区矫正对象正式社会支持网络。

未成年人犯罪社区矫正帮教体系化构建研究

吕沐洋*

摘　要：未成年人犯罪社区矫正工作，具有刑罚执行性和社会工作性的双重属性，这种双重属性以及未成年人独特的身心特征决定了矫正和帮教工作是一项重要、复杂的系统工程。我国相关工作起步较晚，相关规章制度不完善，离治理体系化的构建相距甚远。本文结合珙县未成年人犯罪社区矫正工作开展情况，对未成年人犯罪社区矫正工作存在的问题，以及体系化构建的必要性等进行分析，提出对策建议。

关键词：社会治理；未成年人；社区矫正；体系化

未成年人社区矫正是指，在法定期限内对犯罪时不满 18 周岁，入矫时未满 20 周岁，被判处管制、宣告缓刑、裁定假释以及被暂予监外执行的涉案人员依法进行行为和心理矫正、监督管理、教育帮扶等活动的非监禁性刑罚执行方式。2020 年 7 月施行的《社区矫正法》关于未成年人犯罪社区矫正工作的规定过于笼统，操作性不强，在工作实施过程中难以形成科学的帮教体系。从珙县人民检察院对近年来开展的监督工作情况看，未成年人社区矫正工作存在的问题还比较多，有必要探讨帮教体系的构建方式，推动形成治理体系，帮助未成人顺利回归社会和促进社会和谐。

一、珙县未成年人社区矫正帮教工作现状

（一）基本数据

从 2021 年第二季度的调研数据看，珙县在矫的未成年人社区矫正人数为

---

* 吕沐洋，男，四川省宜宾市珙县人民检察院党组书记、检察长，研究方向：检察工作、刑事法学。

11 人，占全县在矫人员 241 人的 4.56%，分布在全县 10 个社区矫正中队，均为男性，均为被判处 3 年以下有期徒刑适用缓刑的人员。汉族 10 人，少数民族 1 人。从文化程度看，初中文化 6 人，小学文化 3 人，高中文化 2 人。从家庭结构看，父母离异或单亲家庭 3 人；从犯罪类型看，故意伤害罪 4 人、聚众斗殴罪 2 人、强奸罪 2 人、盗窃罪 1 人、寻衅滋事罪 1 人、诈骗罪 1 人。

从以上数据可见，2021 年珙县辖区内社区矫正未成年人文化程度普遍较低，初中以下文化程度 9 人，占未成年人在矫人员数的 81.8%；故意伤害罪、聚众斗殴罪、强奸罪合计 8 人，暴力犯罪人数占未成年人在矫人员数的 72.7%。

（二）矫正工作现状

从调研情况看，珙县人民法院、人民检察院、公安局、司法局高度重视社区矫正帮教工作，会签了《关于进一步加强社区矫正工作衔接配合的实施意见》，对"社区矫正适用前的衔接配合工作""社区矫正对象交付接收的衔接配合工作""社区矫正对象监督管理的衔接配合""社区矫正对象收监执行的衔接配合工作"等作了细化规定，取得了 100% 的未成年人对象均能够按规定向社区管理人员报到、服从安排参与社区组织的学习与劳动等良好效果。但不容忽视的是，帮教工作还存在许多不足之处。从对 11 名在矫未成年人的约谈情况看，因犯罪中断初中学业的 2 人、中断高中学业的 2 人，在社区矫正中以及社区矫正结束后均未恢复学习。社区矫正期满后，相关部门几乎没有开展后续跟踪帮教工作，个别在矫对象存在矫正期满后再犯罪的现象。

（三）帮教体系建设情况

社区矫正工作具有较强的阶段性。矫正工作往往更注重"在矫期间"对矫正对象行为的约束和思想的教育，但几乎普遍存在"承担帮教工作的部门各自为政、部门之间沟通协调不足，没有形成工作合力""帮教工作针对性不强，对帮教对象的个体差异关注不够""对帮教效果评估不足，对帮教对象的生活习惯养成、行为习惯养成、回归社会技能养成缺乏充分调研和评估"等问题。从机构设置的情况看，除检察机关外，公安、法院、司法局等均未设置专门的未成年人帮教机构。

二、体系化构建面临的问题

（一）受传统理念影响，难以获得群众支持

社区矫正工作在我国的起步时间晚，群众对社区矫正工作的认识还不足，相关宣传工作的操作模式也不成熟。一是在未成年人犯罪前科封存理念下，尽量减少社会对未成年人罪犯的知晓度，导致社区群众难以知晓本社区哪些未成年人属于在矫正对象，故不可能参与矫正工作；二是社会公众对未成年人犯罪社区矫正的相关法律法规及矫正知识了解较少，不明白社区矫正的具体涵义，导致即使知道哪些属于在矫正对象，也没有能力参与矫正工作；三是受传统文化的影响，"犯罪"产生的"不良标签效应"，导致未成年人罪犯的邻居、甚至整个社区在日常交往中都以异样眼光看待在矫对象，不愿意参与矫正工作，甚至对在矫对象冷嘲热讽，产生负面效应。

（二）法律法规不完善，后续保障难以跟上

2020年7月1日正式实施的《社区矫正法》没有对未成年人社区矫正体系化建设工作进行指引。目前，尚未形成与《社区矫正法》相配套统一的制度体系，相关保障工作在政策层面基本处于空白状态，导致"社区矫正体系化构建的责任分工""社区矫正专项编制的建立""执法经费的保障""考评体系的完善"等方面都存在不同程度的困难。因此，"缺乏专业队伍现象""缺乏责任心、干好干差一个样现象"等长期问题必然难以解决。

（三）职能部门各自为政，没有形成工作合力

目前，承担社区矫正职责的部门主要有社区和司法局，其他部门即使偶尔参与矫正，部门之间也缺乏沟通协调，相关工作不能形成互为补充的效果，甚至有一定走形式的成分。鉴于未成年人身心特征的特殊性，政府机关、司法机关、教育部门、关心下一代工作委员会、心理矫正机构等都应当成为矫正工作的重要力量。只有建立帮教体系，各部门各司其职，又互为补充，才能形成矫正帮教合力。实质上，矫正对象从被动接受到主动适应各部门矫正工作的过程，也是一种融入社会的过程。矫正对象在该过程中将逐步建立自信，实现重塑人格。

（四）地区发展不平衡，难以普及落实

在我国，沿海地区与中西部地区发展不平衡；即使在同一地区，农村与

城市发展也不平衡。在偏远农村，中青年外出务工现象普遍存在，承担社区职能的村委会人员，既需要农耕，又需要完成大量基层工作任务，而且存在知识结构差、体力精力不足等问题。在经济及文化欠发达地区，缺乏具有一定社区矫正工作知识的人才、缺乏矫正场所和资金、缺少矫正工作的学习资料……人财物的问题都制约着体系化构建的全面普及落实。

三、体系化构建的必要性

（一）创新社会治理的需要

未成年人犯罪社区矫正帮教体系的构建工作，是社会治理的重要内容之一。目前，未成年人犯罪社区矫正帮教工作，还停留在"社会管理"层面，离"社会治理"相差甚远。社会治理优于社会管理。未成年人社区矫正对象帮教体系的构建，需要从社会治理的高度多元化吸收、凝聚党委、政府、政法机关和社会力量的参与。在社区治理中，党中央的方针是：党委领导、政府负责、社会协同、公众参与。未成年人犯罪社区矫正帮教体系的构建，与社区工作的开展紧密相关。因此，帮教体系的构建工作，也要遵循党中央的社区治理方针，以政府为主导、社会力量为辅，在地方党委的领导下统筹开展未成年人社区矫正帮教工作。

（二）新司法理念的要求

社区矫正对象在社区服刑，虽然行为受到一定限制，但可以参与大量社会活动，在与社会的互动中完成服刑。司法部对社区矫正工作的任务也提出明确要求，进一步加强对社区矫正对象的教育矫正，进一步加强对社区矫正对象的监督管理，进一步加强对社区矫正对象的帮困扶助。2021年6月，最高人民检察院发布《未成年人检察工作白皮书（2020）》，指出："当前未成年人保护形势依然严峻复杂，未成年人犯罪出现新情况新问题，侵害未成年人犯罪案件多发高发，未成年人保护法律法规落实不到位的情况较为突出，诱发未成年人犯罪或者遭受侵害的一些普遍性问题还没有彻底解决，严重危害未成年人健康成长。"《社区矫正法》进一步明确社区矫正工作要坚持监督管理与教育帮扶相结合。可见，在新司法理念指导下，社区矫正工作如果仅限于传统理念的监管是远远不够的，应当上升到帮教体系的高度，结合未成年人身心特征和社会形势，进行"帮困扶助"，将法律制裁与帮教工作有机结合，以便完成教育、矫正、帮困、扶助等任务。

（三）提升矫正效果的要求

未成年人犯罪社区矫正工作的目的之一，是提升未成年人罪犯回归社会和家庭的能力，帮助他们建立正常的社会关系，从而不再危害社会，成为社会的建设者。未成年人心理、行为、社会适应、人际关系等方面的问题几乎是未成年人犯罪案件普遍存在的共性问题。每一个问题的产生，都不能简单归结为未成年人罪犯自身的问题，应当注意到来自社会或家庭的关心关爱的缺失才是深层次的问题。帮教体系的构建，有利于他们接触更多来自政府、政法机关、社会、家庭、学校等的支持、帮助和关爱，让他们的思想和行为得到来自法学、社会学、教育学、心理学等多学科知识的干预、多种力量的矫正；有利于他们接受更多的社会正能量，从而在潜意识中发自内心的认识到自己的过错，从心理上和思想上全面回归社会。

四、对策建议

未成年人犯罪社区矫正帮教体系的建立，是一项系统工程，要充分考虑"特殊群体的困难帮扶、心理疏导、行为矫正、监护干预"等重要工作要素，通过完善法律法规、构建部门联动机制等措施，实现在矫正期满的时候，矫正对象"行为矫正达到预期""具有一定生存技能""作好了融入社会的充分心理准备"的良好帮教效果。

（一）完善法律法规体系

《社区矫正法》确定了司法行政部门的核心执行主体地位，但没有对其他部门的职能、地位作进一步规定。因此，各地应当建立配套的符合客观实际的法规规章等，对应当承担未成年人犯罪社区矫正工作的职能部门，以及其相关权利义务、法律责任等进行细化规定。以法规规章的形式明确区别对待成年矫正对象与未成年矫正对象的操作指引，明确对未成年矫正对象的奖惩权限，明确未成年矫正对象对矫正行为持异议时的申诉途径等。以法规规章的形式搭建好未成年人犯罪社区矫正帮教体系框架，才能实现基层部门或社会力量相关工作于法有据，以便在"框架"基础上进一步完善制度，实现帮教工作高质量发展。

（二）政府机关应承担统筹作用

《社区矫正法》明确指出，各级司法行政部门主管本行政区域内的社区矫正工作。政府作为未成年人犯罪社区矫正工作的执行主体，责无旁贷，应承担主导作用，对矫正工作的整个过程进行统筹规划，合理分配矫正任务，让相关部门、力量之间产生协同效应，确保矫正工作不因"矫正期满"而结束，而是在"矫正期满"且达到了矫正效果才结束。

（三）司法机关应发挥执法优势

司法机关具有司法权威和法律专业能力，在社区矫正工作中一方面应当结合个案开展释法说理工作，提升在矫对象对矫正工作的认同度；另一方面，应当发挥权威作用，对在矫对象产生威慑，促使其从心理上接受矫正工作，从态度上严肃对待和端正矫正行为。特别是检察机关未成年人刑事检察部门应当认真落实《最高检刑诉规则》赋予的职责，以发现和纠正"脱管""漏管"问题为重点，主动通过定期与在矫对象交谈、走访在矫对象所在家庭、社区等方式积极发现相关职能部门在矫正工作中存在的问题和不足，并提出意见或建议。

（四）建立专业化队伍

未成年人犯罪社区矫正帮教体系的构建工作，是一项专业性极强的工程。政府部门应加大财政投入，培养和吸收高素质人才建立专业人才库，并通过建立激励机制，确保帮教工作因人而异，能够针对未成年人罪犯的年龄、心理特点、发育需要、成长经历、犯罪原因、家庭监护教育条件等特点，制定科学的帮教方案，精准施矫，确保矫正期结束之日帮助在矫对象树立正确的人生观、价值观、世界观。2014 年司法部等六部委《社会力量参与意见》提出"进一步鼓励引导社会力量参与社区矫正工作"。可以尝试吸收社会力量建立"公益岗位"作为专业力量的重要补充。可以借鉴海口市龙华区人民检察院建立"合适成年人兼帮扶志愿者"人选库的做法，聘请专业心理测评机构、专业心理咨询师对在矫对象进行风险评估，并开展心理干预工作。

（五）发挥学校的教育作用

教师对教育规律的认识有着独有的优势，特别是对未成年人的思想、心理有深刻的认识，对如何与未成年人沟通交流有专业素养。教师具有较强的亲和力，相对而言，未成年人对教师的教育更容易认同。可以建立激励机制，鼓励教师积极参与帮教工作，抽选部分能力强的骨干教师建立志愿者库。对有就学意愿的未成年人在矫对象，应积极协助其实现学业。海口市龙华区人民检察院对涉嫌抢夺犯罪的未成年人李某作出不起诉决定后，根据李某意愿，协助其回归学校，之后又与学校建立协作机制，形成帮教合力，最终李某考上北京某重点大学，成为品学兼优的大学生。该案例是思想教育与知识教育实践的成功典范。

（六）鼓励企业、职校提供学习机会

在帮教过程中，如果仅仅重视思想、心理教育，而忽视帮助未成年人罪犯提升生存和发展的能力，那帮教效果将受到严重影响。实践表明，缺乏生存和发展技能是一些矫正群体走向再犯罪的重要因素。企业在追求利润的同时，也应当积极回馈社会。要鼓励企业、职校向在矫对象提供学习机会，让在矫对象在劳动中学习生存和发展技能，在劳动中感受到自己的存在和价值。

（七）帮助重建家庭教育

家庭是孩子成长的第一社会。几乎每一个未成年人罪犯的背后都有家庭教育失败的影子。矫正对象在社区内接受刑罚，家庭是最主要和最重要的服刑"场所"。好的家庭教育环境，可以促进帮教工作提速增效；糟糕的家庭教育环境，将严重影响帮教效果。政府部门应重视研究未成年人罪犯背后的家庭"病根"，以矫正"家庭教育"，助推未成年社区矫正对象的帮教效果。

未成年人社区矫正教育帮扶体系构建研究*

孟兰芳**　肖永利***

摘　要：未成年人犯罪不仅关乎个人的成长发展，还关系着家庭与社会的稳定。因此，对未成年社区矫正对象的教育帮扶就显得格外重要。我国2019年通过的《社区矫正法》以专章的形式规定未成年人社区矫正，针对司法实践中未成年社区矫正对象暴露出的问题，应从个人、家庭、学校、社会四个层面出发，构建完善的未成年人社区矫正教育帮扶体系。

关键词：社区矫正；社区矫正对象；未成年犯罪；教育帮扶

一、未成年人社区矫正教育帮扶的合理性和有效性

2003年7月10日《试点通知》的公布，标志着我国社区矫正制度和实践的开始。《试点通知》明确指出社区矫正是社会化矫正，是充分利用社会力量，通过思想教育、法治教育、社会公德教育，矫正社区矫正对象的不良心理和行为。社区矫正是把刚性执法转化为柔性执法的手段，意在通过教育帮扶使矫正对象顺利公布。2019年12月28日《社区矫正法》公布，为社区矫正提供了法律保障。

未成年违法犯罪现象逐步成为社会各界普遍关注的社会问题的同时，对未成年人犯罪的刑罚也成为社会关注的焦点。受国际上重视儿童权利的理念以及我国刑罚的年龄适用性条件和青少年犯罪的保护优先原则[1]的理论影

---

* 本文为四川省教育厅人文社会科学重点研究基地——社区矫正研究中心"未成年人社区矫正教育帮扶体系构建研究"项目阶段性成果（SQJZ2021-07）。

** 孟兰芳，女，四川轻化工大学，副教授，社会学博士，研究方向：刑事法学。
*** 肖永利，男，四川轻化工大学，讲师，管理学硕士，研究方向：刑事法学。

〔1〕 参见郑永君："青少年社区矫正对象的社会支持及其影响因素"，载《青年探索》2016年第5期。

响，未成年人社区矫正教育帮扶作为保护部分涉罪未成年人的一个合理路径逐步被认可。另外，一些统计数据显示我国涉罪未成年人接受教育后重新犯罪率较低，反映出教育帮扶是帮助涉罪未成年人改过自新、回归社会的有效手段。

二、未成年人社区矫正研究现状

国外关于未成年人社区矫正的研究涉及未成年人社区矫正的理念、制度、实践和评估，从理论到实践、从宏观到微观全面而系统。美国社区矫正理念关注青少年的康复而不是惩戒[1][2]。关于社区矫正和疏导的研究包括：探讨社区矫正工作的结构和目标，包括社区矫正制度的研究[3]；未成年人社区矫正项目评估的研究。在日本针对未成年人实施的不良行为和犯罪行为采取多层次应对措施，依据犯罪严重程度从重到轻依次移送到少年院实施矫正教育、保护观察所实施指导监督和辅导援助、儿童自立支援设施给予必要的指导和自立援助；同时意识到，防止其重新犯罪不仅需要司法机关、福利设施、教育劳动和医疗机构的协作，同时需要家庭、学校、周围社会的理解、支持。[4]

国内针对未成年人社区矫正的相关文献并不是很多。现有的文献主要是从社区矫正主体及社区矫正的路径进行研究，包括：青少年社区矫正对象的社会支持及影响社会支持的因素研究，发现正式社会支持中参与者的支持度从高到低依次为社区矫正工作者、警察、居委会成员[5]，未成年人社区矫正的理念、现状、面临的困境及治理路径研究；[6][7] 从社会控制理论的视角

---

[1] See Piquero Alex R., Steinberg Laurence, "Public preferences for rehabilitation versus incarceration of juvenile offenders", *Journal of Criminal Justice*, Vol. 38, No. 1., 2010, pp. 1-6.

[2] See Welch Kelly, Leah Fikre Butler and Marc Gertz, "Saving children, damning adults? An examination of public support for juvenile rehabilitation and adult punishment", *Criminal Justice Review*, Vol. 44, No. 4., 2019, pp. 470-491.

[3] See McSparron J., "Community correction and diversion: Costs and benefits, subsidy modes, and start-up recommendations", *Crime & Delinquency*, Vol. 26, No. 2., 1980, pp. 226-247.

[4] 参见日本法务省 2011 年《犯罪白皮书》："青少年犯罪的现状和重新犯罪的预防"，载 http://www. moj. go. jp/housouken/housouken03_ 00056. html，最后访问日期：2022 年 4 月 18 日。

[5] 参见郑永君："青少年社区矫正对象的社会支持及其影响因素"，载《青年探索》2016 年第5 期。

[6] 参见自正法："涉罪未成年人社区矫正的实证考察与治理路径"，载《西南民族大学学报（人文社会科学版）》2020 年第 10 期。

[7] 参见张凯："我国未成年人社区矫正工作的执行现状及推进路径——以我国社区矫正法相关规定为切入"，载《长白学刊》2021 年第 6 期。

分析未成年人犯罪的原因，提出家庭治疗、社区融入、认知行为干预和重塑角色认同方面矫正干预，发挥"柔性"矫正的效能的研究。[1] 鲜少有学者从教育视角针对未成年人的社区矫正体系进行深入分析研究。鉴于此，本文拟构建未成年人社区矫正教育帮扶体系，以期充实未成年人社区矫正教育帮扶理论研究。

未成年人矫正教育首要任务是要准确界定矫正对象存在的问题，然后针对问题原因制定矫正教育帮扶方案并实施，才能有效地帮助未成年人觉返迷津，回归社会。有实证研究表明我国涉罪未成年人的心理问题相当突出，[2] 本文通过对相关文献梳理以及参考最高人民检察院和四川省部分地方人民检察院某些年份发布的《未成年人检察工作白皮书》统计数据，分析未成年人犯罪的特点，生活的家庭环境、学校环境和社会环境以及心理问题，明确未成年人犯罪原因。

三、未成年人犯罪的特点及原因分析

（一）特点

非户籍地犯罪比例较高。最高人民检察院发布的《未成年人检察工作白皮书（2020）》数据表明，受理审查起诉未成年案件为非户籍地犯罪占 50.71%。

犯罪类型比较集中。通过统计数据发现，未成年人犯罪类型有高度的一致性，主要集中在盗窃等 6 种类型。《未成年人检察工作白皮书（2014-2019）》《未成年人检察工作白皮书（2020）》和四川省宜宾市《未成年人检察工作白皮书（2019-2021）》统计数据显示，统计期间全国检察机关受理审查起诉未成年人犯罪罪名主要有盗窃、抢劫、故意伤害、聚众斗殴、寻衅滋事、强奸等。

两人以上共同犯罪比例较高。四川省宜宾市《未成年人检察工作白皮书（2019-2021）》数据显示，2 人以上共同作案数占受案人数的 63.87%。

---

〔1〕 参见李岚林："'柔性'矫正：未成年人社区矫正的理论溯源与实践路径"，载《河北法学》2020 年第 10 期。

〔2〕 参见雷小政："涉罪未成年人心理辅导与矫治机制改革"，载《中国刑事法杂志》2014 年第 1 期。

未成年人重新犯罪率较低。最高人民检察院发布的《未成年人检察工作白皮书（2020）》统计数据显示2016-2020年平均重新犯罪率为3.65%；四川省内江市《未成年人检察工作白皮书（2015-2020）》调查数据显示6年间平均重新犯罪率为7.65%。总体来看，未成年人重新犯罪率较低。

犯罪实施对象为未成年人的比例较高。四川省宜宾市《未成年人检察工作白皮书（2019-2021）》数据显示，34.5%的受害者为未成年人。

多数犯罪对社会危险性较小。依据最高人民检察院发布的《未成年人检察工作白皮书（2020）》中涉罪未成年人不捕的原因来看，不构成犯罪和无社会危险性所占的比例在2016年和2020年分别是66%和76%；情节轻微不起诉和附条件考验期满后不起诉案件占不起诉案件的比例分别是91%和95%。

（二）可能性原因

1. 个人层面

没有固定的工作。最高人民检察院《未成年人检察工作白皮书（2014-2019）》数据显示2014-2019年受理审查起诉未成年犯罪嫌疑人职业情况中无业人员占比最高，为39%；其次是农民，占比为22%，两者占比合计61%。四川省内江市《未成年人检察工作白皮书（2015-2020）》调查数据显示，无业人员和农民占受理审查起诉未成年犯罪嫌疑人数的90.59%。无正当职业的未成年人，如果监护人疏于监管，又没有学校和单位的规章制度的约束，心理层面上既没有依附感又缺乏归属感，经济层面上没有收入来源，很容易通过非法手段满足其物质生活和精神生活的需求。例如，盗窃和抢劫的目的是掠夺财物，满足经济需求；聚众斗殴、寻衅滋事的目的寻求刺激、好胜心强或好面子，希望被伙伴认可，满足心理需求；强奸是为了满足生理需求。可以认为，没有固定工作是导致未成年人犯罪的重要因素。

文化程度普遍较低。根据四川省内江市《未成年人检察工作白皮书（2015-2020）》统计数据，2015-2020年期间，内江市受理审查起诉的未成年犯罪嫌疑人的文化程度主要集中在初中和中专学历。文化程度低的群体普遍缺乏法律知识，因此法治意识淡薄，不能明确认识到自己犯罪行为对被害者的造成的伤害后果以及自己应该承担的法律责任。文化程度低导致未成年人对自身违法犯罪行为后果缺乏理性的、正确的判断，提高了其犯罪发生的可能性。

心理问题。参考未成年人犯罪的案例，发现个人心理存在的问题较多，如心智发展不成熟、冲动、法治意识淡薄、青春期叛逆[1]、焦虑、强迫和抑郁[2]、好胜心强、好面子、自卑。从犯罪特点中的结伙共同犯罪、选择未成年人为犯罪实施对象、多数犯罪情节较轻的犯罪特点等，可以推测由于其年龄尚小、缺乏社会阅历，犯罪时会还是会害怕、有所顾虑。

2. 家庭层面

四川省内江市《未成年人检察工作白皮书（2015-2020）》中有两个案例：一个未成年人抢劫案例中，其家庭状况是自幼母亲出走，其父60余岁，靠捡垃圾为生，家庭经济十分困难；另一个强奸案中未成年人的家庭状况是父母离异，其跟随母亲生活，但母亲常年在外务工。最高人民检察院的指导案例中有一起未成年人共同敲诈勒索的案件，此案中五个未成年人的家庭问题有：或被父亲强行留在家庭小厂帮工而存在不满的抵触情绪；或父母溺爱而养成不良的行为习惯；或与母亲长期关系紧张；或长期被父亲打骂心理创伤严重。[3] 一例涉嫌未成年人抢夺罪案例中家庭教育方式简单粗暴，对其成长不管不问。[4]

由此可见，家庭问题是导致未成年人犯罪的重要因素。家庭不完整、家庭变故、家庭不和睦、亲子矛盾、父母外出打工等家庭问题，导致未成年人监护、教育的缺失或不当，使未成年人产生叛逆心理，出现认知和行为偏差，从而走上违法犯罪的道路。

3. 学校层面

对未成年成长影响较大是家庭，其次就是学校。违法犯罪未成年人在学校因成绩不好或违反校规校纪时，可能会受到老师和同学的羞辱、排挤或无

---

〔1〕 参见"第二十七批指导性案例"，载 https://www. spp. gov. cn/spp/jczdal/202103/t20210303_510511. shtml，最后访问日期：2022 年 4 月 7 日。

〔2〕 参见"在办理涉未成年人案件中全面开展家庭教育指导工作典型案例"，载 https://www. spp. gov. cn/spp/xwfbh/wsfbt/202111/t20211115_535232. shtml#2，最后访问日期：2022 年 4 月 7 日。

〔3〕 参见"第二十七批指导性案例"，载 https://www. spp. gov. cn/spp/jczdal/202103/t20210303_510511. shtml，最后访问日期：2022 年 4 月 7 日。

〔4〕 参见"在办理涉未成年人案件中全面开展家庭教育指导工作典型案例"，载 https://www. spp. gov. cn/spp/xwfbh/wsfbt/202111/t20211115_535232. shtml#2，最后访问日期：2022 年 4 月 7 日。

视，从而产生厌学、退学，以至浪迹社会直至违法犯罪，[1] 社区矫正未成年人在校时不能很好地融入学校学习生活、人际交往能力较差或者存在社交障碍、社交恐惧症。

4. 社会层面

社会发展是把双刃剑，在带给我们丰富多彩的物质文化生活的同时，由于社会的多元化、复杂化以及科技发展的负面影响，也给缺乏正确教育引导的未成年人提供了滋生犯罪的土壤。如，步入社会后交友不当而误入歧途；传销组织的各种引诱、欺骗和威胁；网吧不设年龄和时间段限制；不良虚拟网站的诱惑；烟酒、毒品以及危险器具的售卖对象不设年龄限制。即使是未成年人冲动性的违法犯罪行为，很大程度上也是由于其长期生活在不良的社会环境下，没有形成正确的价值观念、信念，不完全是偶发性行为。

四、未成年人社区矫正教育帮扶体系的构建

针对上述未成年人犯罪的特点和原因分析，社区矫正未成年人有效的教育帮扶体系在针对个人存在问题实施教育帮扶之外，也需要营造一个包括家庭、学校、社区在内的良好的成长环境，培养专业化未成年人社区矫正人才和构建科学合理的评估体系。

（一）教育帮扶环境体系

未成年人心智尚未完全成熟，不具有完备的判断是非的能力，[2] 其健康成长受生活环境、学习环境和社会环境影响较大。因此，涉罪未成年人，尤其是社区矫正未成年人，需要正确的引导教育，提高其客观全面的分析判断是非的能力。政府和社会有责任为他们营造一个有益身心健康发展的环境，帮助其顺利回归社会。

社区矫正教育帮扶环境是未成年人不良心理和行为改善的重要平台。因此营造一个家庭、学校、社区和社会能够理解、包容、接纳、支持的环境是改善涉罪未成年人不良心理和行为的一个重要条件。

家庭教育环境。一般情况下，家庭是每个人最早面临的生活场所，家庭

---

〔1〕 参见周朝英等："违法犯罪未成年人与一般未成年人心理状况比较研究"，载《中国人民公安大学学报（社会科学版）》2012年第6期。

〔2〕 参见林清红："未成年人刑事责任年龄起点不宜降低"，载《青少年犯罪问题》2016年第1期。

环境对孩子的成长至关重要。2021 年最高人民检察院、中华全国妇女联合会、中国关心下一代工作委员会印发了《关于在办理涉未成年人案件中全面开展家庭教育指导工作的意见》，明确提出工作目标："为强化家庭监护责任，提升家庭教育能力，切实维护未成年人权益""为构建健康、文明、和谐的家庭教育环境提供有力支持和保障"。社会问题的形成是一个长期的过程，非一朝一夕所致，因此，针对残缺家庭、家庭矛盾、家庭不良习惯、家庭成员的相处模式、监护人的性情的改善，需要有科学合理的规划、行之有效的实施方案。

学校教育环境。未成年人在涉案后，学校和教育部门不应该劝退，反而应该接纳；不仅应关注其学业问题，也应该在思想教育、社会公德教育和法治教育方面加大力度。学校的老师和同学包括学生家长，需要以积极的心态和行动接纳社区矫正未成年人，不区别对待，使其能顺利融入学校的学习生活，获得归属感。

社区教育环境。社区是社区居民生活的共同体，是居民家庭生活的外延和社会生活的主要场域。因此，社区环境也是影响未成年人成长的重要因素之一。为社区矫正未成年人营造良好的社区教育环境是社区治理的主要职能。鉴于未成年人保密原则，社区教育参与主体有一定的局限性，社区居委会、社区社会组织、社区志愿者团队配合社区矫正机构制定和完善矫正方案，在学业和就业方面给予一定的帮助。

（二）专业人才教育培训体系

《社区矫正法》和《未成年人保护法》均鼓励、支持多元主体参与未成年人社区矫正工作，推动教育帮扶参与主体向多元化方向发展。社区矫正未成年人的社区矫正思想教育、法制教育和社会公德教育需要检察机关和包括社区矫正机构在内的司法行政机关等相关部门与家庭、学校、社区、社会组织合作协调。然而涉罪未成年人不同于一般未成年人，他们可能存在心理问题、认知偏差，需要专业的矫正教育帮扶工作人员，才能保证与社区矫正未成年人的沟通交流，从而了解其心理、发现其不良心理和行为的根源，运用专业的知识和技能实施矫治。我国相关法律并未对未成年人社区矫正参与主体的资格做出明确规定，实践中缺乏专业人才。有些从事未成年人社区矫正的社会工作者虽然有社会工作资格证书，但是未必是未成年人社会工作者，导致未成年人社区矫正内容单一、方法简单，教育帮扶效果不佳。需要培养未成年人社区矫正心理教育、法治教育和社会公德教育的专业社会工作人才，如培养未成年人心理咨询师、未成年人社会工作师、未成年人法治教育专家等。

（三） 未成年人教育帮扶的内容体系

每个未成年社区矫正对象在其个体层面及生活环境方面存在较大的差异。因此，需要帮扶教育主体通过对未成年人社区矫正对象本人及其家庭成员、邻居、朋友、学校老师及同学等调查，明确教育帮扶对象的性格、成长经历、家庭环境、在校时的学习交友情况等，分析其犯罪原因后有针对性地制定帮扶教育方案，实施个性化、量体裁衣式的教育帮扶措施。

人类行为是在思想观念的基础上产生的，因此传递正确的思想观念是改变行为的关键。通过法制宣传教育让社区矫正未成年人懂法守法，树立正确的法制观念，不触犯法律底线；通过社会公德教育让其遵纪守法、懂文明讲礼貌、自觉维护公共利益和社会秩序；通过周围人的言传身教慢慢渗透、内化到个体。针对未成年人犯罪特点、未成年人心理、犯罪原因分析，主要着眼于思想教育、社会公德教育、法治教育、学业教育和职业教育培训五个部分。

思想教育。社区与家庭成员协作，亲情是治愈心理的最佳良药，更胜于枯燥的说教，能让涉罪未成年人感受到爱与温暖。然而，涉罪未成年人大多数存在家庭问题。建议与心理教育专家团队共同有针对性地开展工作，如内江市与未成年人心理健康辅导中心会签约，对涉罪未成年人实施心理辅导帮助其树立正确的人生观、价值观和世界观。

社会公德教育。社会公德是一个社会全体公民在共同的社会生活领域中应该遵守的基本道德规范。[1] 我国宪法明确规定，尊重社会公德是公民的基本义务。针对未成年人社区矫正对象，帮助其树立讲文明、讲礼貌、尊老爱幼、团结友爱、遵纪守法等正确的观念。

法治教育。组织法治教育专家团队，通过案例、视频、趣味活动等多种

---

〔1〕 参见焦立：“核心素养视角下的社会公德教育路径探索”，载《中学政治教学参考》2019年第1期。

方式潜移默化宣传法律知识，使未成年人社区矫正对象明白违法对被害人、受害人、社区以及社会的危害性以及需要承担的法律责任。法治教育应尽力避免枯燥的说教，应采用如角色扮演法，让未成年人学会换位思考，体会受害人的处境。

职业教育培训和学业教育。基于未成年人发展的视角，政府、社区为未成年人社区矫正对象中的无业人员提供职业教育培训，从优势视角出发，挖掘社区矫正未成年人的优点，培养其自立能力，从而使其通过自身的能力达到满足其物质需求、精神需求以及自我实现的需求。职业教育培训和学业教育从根本上解决了社区矫正未成年人因无正当职业而失去依附感和人生目标的现状，充分体现了"教育帮扶"中的"帮扶"。

（四）教育帮扶评估体系

未成年人社区矫正制度以未成年人的发展为出发点，以未成年人利益最大化为原则，以未成年人的社会回归为目的。理论上的政策制度需要实践的检验评估，通过实践与评估发现制度问题以及实施的效果，再反馈于制度和实践，如此循环往复不断完善。社区矫正教育帮扶评估体系构建也是社区矫正教育帮扶体系不可或缺的重要一环。

五、结语

在我国社会发展的多元化、复杂化情境下，未成年人犯罪以及未成年人刑罚成为国家、社会、公民关注的热点和焦点，2016-2020年5年中全国检察机关受理审查起诉未成年人平均58 645人[1]。未成年人犯罪处理不当势必会影响青少年健康成长以及国家社会秩序的稳定。未成年人社区矫正教育在实践工作层面存在"矫正主体不明与矫正措施单一，尚未形成有针对性的矫正项目与矫正组织"[2]等问题；理论研究层面关于未成年人社区矫正教育的研究也很少[3]；立法层面虽然《社区矫正法》针对未成年人社区矫正有专章规

---

〔1〕 作者依据《未成年人检察工作白皮书（2020）》统计数据计算得到。

〔2〕 自正法："涉罪未成年人社区矫正的实证考察与治理路径"，载《西南民族大学学报（人文社会科学版）》2020年第10期。

〔3〕 作者在中国知网总库检索范围内输入"未成年人社区矫正教育"，只有2篇相关文献，1篇是杨点红《未成年人社区矫正教育实践——以池州市为例》，1篇是刘双阳硕士论文《损害修复视野下社区矫正教育制度完善研究》。

定，但是并未明确具体的社区矫正机构，未明确参与社区矫正工作人员的资格要求，未明确未成年人的学校教育和职业技能培训的具体措施。综上所述，我国未成年人社区矫正教育仍然路长道远，需要不断探索。

未成年人社区矫正中人格矫正途径之探析

晏羽菲* 梅达成**

摘 要：未成年矫正对象是特殊矫正群体，青春期的他们正处在走向成熟但尚未成熟的阶段，受外界不良环境影响大且本身有逆反心理，从而容易产生犯罪心理走向犯罪。但恰是此阶段的未成年人未形成独立完整的人格，有极大的人格可塑性。社区矫正机构应着力于未成年矫正对象人格可塑性的特点，开展专门针对未成年矫正对象的人格矫正方案，以便能够更好地培养其良好品行、形成健全的"三观"，预防其再次犯罪。本文对于未成年人社区矫正中人格矫正的需求，结合未成年人社区矫正的现状和《社区矫正法》的具体内容，探索未成年人社区矫正中人格矫正的完善路径，促进未成年人社区矫正工作稳步发展，促进未成年社区矫正人员改过自新，避免形成犯罪人格从而再重新犯罪。

关键字：未成年人犯罪；人格；社区矫正；人格矫正

叔本华曾说："人格所具备的一切物质是人的幸福与快乐最根本和最直接的影响因素。其他因素都是间接的，媒介性的，所以它们的影响力也可以消除破灭，但人格因素的影响却是不可消除的。"[1]因此未成年人社区矫正工作要想进一步达到预防和减少犯罪的目的，需要去真正了解未成年矫正对象的犯罪心理和人格特性，弥补未成年矫正对象的人格缺陷，从根本上消除犯罪心理。

---

* 晏羽菲，女，西南医科大学法学院 2017 级本科生。
** 梅达成，男，西南医科大学法学院教授，研究方向：刑事法学。

[1] [德] 叔本华：《人生的智慧》，张尚德译，哈尔滨出版社 2016 年版，第 27 页。

一、未成年矫正对象采取人格矫正的研究背景

随着《社区矫正法》的实施和未成年人犯罪人格临时性研究的进行，为未成年矫正对象进行人格矫正办法提供法律背景和犯罪心理学研究基础，从而对未成年矫正对象的心理特点、发育需求、成长经历、犯罪原因等情况进行犯罪人格研究，再针对其人格进一步制定矫正措施。

（一）立法背景

我国 2020 年 7 月 1 日正式实施的《社区矫正法》第 52 条第 1 款要求社区矫正机构应当根据未成年矫正对象的年龄、心理特点、发育需要、成长经历、犯罪原因、家庭监护教育条件等情况，采取针对性的矫正措施。《预防未成年人犯罪法》第 12 条也提出，应当结合未成年人不同年龄的生理、心理特点，加强青春期教育、心理矫治和预防犯罪对策的研究，可以看出预防未成年人形成完整的犯罪人格，从而预防其重新犯罪的重要性。因此在法律层面的支持下，预防未成年人再犯罪应当有针对性地从矫正对象的心理人格方面出发，结合其他因素共同促进未成年社区矫正人员改过自新。

（二）未成年人犯罪人格的临时性

临时犯罪人格，是指犯罪人人格结构尚不稳定，或者说尚在形成过程中，由于受外界条件的作用而临时地表现出犯罪性，这种人格结构和发展状态即呈现出临时性的犯罪人格。[1] 对于被判处管制、宣告缓刑、裁定假释和决定暂予监外执行的成年罪犯，多具备完整稳定的人格，对外界事物有自我清晰的认知且不易受影响，一般不具有临时犯罪人格。而未成年罪犯由于尚未形成独立完整人格，更多是产生临时犯罪人格，具备临时犯罪人格的人在犯罪过程中或犯罪后往往有所悔悟，易于教育和矫正，可塑性强。因此未成年矫正对象比成年矫正对象更需要进行人格矫正，且对未成年矫正对象进行人格矫正效果更佳，以便纠正其临时犯罪人格。

未成年人更容易产生临时性犯罪人格的原因：十四周岁至不满十八周岁的未成年人正处在青春期，第一，处于这一年龄阶段的未成年人意志力有一定的发展，但由于情绪不稳定的影响，自觉性和坚持性差，意志和目的性易

---

〔1〕 参见韩晋丽、秦博："未成年人临时犯罪人格研究"，载《黑龙江省政法管理干部学院学报》2009 年第 3 期。

变，此时产生的犯罪人格具有动荡性；第二，此年龄段的未成年人个性趋向稳定，但易受不良环境的影响，形成不良个性，犯罪人格具有环境影响性。第三，此年龄段的未成年人生理发展和心理发展可能不同步从而造成矛盾，例如：有充沛的精力和支配能力弱之间的矛盾；有好奇心、冲动性和不易分清是非之间的矛盾。

因为青春期的未成年人在人格形成阶段有动荡性、环境影响性和矛盾性三种表现，所以未成年人在此阶段易形成"犯罪危险期"，若此阶段的未成年人没有得到正确的引导，周遭的环境有极多不良因素，未成年人极易形成临时性的犯罪人格。反之，未成年人将顺利度过犯罪危险期，顺利成长。

若未成年人产生了临时性的犯罪人格并出现犯罪行为，触犯了法律规则，从预防再犯罪的角度出发，经临时性犯罪人格的研究认为，该年龄阶段的未成年人有较强的可塑性。因此社区矫正机构可以根据未成年犯罪的外在表现，分析未成年人的临时性犯罪人格，根据不同的犯罪人格种类分类制定矫正措施。

二、未成年社区矫正对象针对人格矫正现状

针对未成年人的社区矫正工作，多依据《社区矫正法》、2020 年《实施办法》、《衔接配合意见》和各地制定的相关实施细则执行，其中有概括性提及对未成年人采取针对性的矫正措施，但未有从犯罪人格角度出发，细化针对性矫正措施。针对未成年矫正对象的人格矫正途径，存在以下问题：

（一）对未成年矫正对象的人格矫正认识不足

《社区矫正法》有提及根据未成年矫正对象的心理特点采取针对性措施，对如何根据心理特点进行矫正未有提及。而 2020 年《实施办法》在执行未成年人社区矫正工作相关规定中只是提及针对未成年人的心理特点采取有益于其身心健康发展的监督管理措施，包括采用易为未成年人接受的方式进行心理辅导等，而不是进行针对性的人格心理矫正。但是《北京市社区矫正实施细则》指出"根据社区矫正人员的心理状态、行为特点等具体情况，区县司法局及司法所应当采取有针对性的措施进行心理辅导，司法所应当每月进行个别教育，矫正其违法犯罪心理，提高其适应社会能力。"虽然细则中未区分成年人和未成年人，但有从犯罪心理出发提出的进行针对性心理辅导，矫正

其犯罪心理，这是对社区矫正工作中人格矫正认识的很大进步。

总体来说，从犯罪心理出发，进行未成年矫正对象的人格矫正工作，在部分地区有所体现，然而简单的心理辅导虽然有助于降低未成年矫正对象的心理压力，但要想填补未成年矫正对象的人格缺陷还需要结合家庭、学校和社会帮助等力量，用良好的周围环境和高质量的教育，纠正其临时犯罪人格。

（二）社区矫正队伍存在专业性不足

社区矫正工作在我国仅发展十多年，在社区矫正队伍建设上仍然有不足。社区矫正队伍是由专职工作人员以及动员的各种社会力量组成的。专职的工作人员具有公务员编制，是通过各省公务员考试进行录用的。虽然对未成年人实施社区矫正时，要求有熟悉青少年成长特点的人员参与，但是在招录专业人员时，并没有此类特别的限制条件。[1] 实践表明未成年人社区矫正工作是一件综合性的工作，需要社区矫正队伍由具备有教育、法律、心理、思想政治、科学文化类的专业人才组成，才能确保未成年人社区矫正工作的高质量发展。但由于专职的工作人员薪酬较低很难留住专业性人才，一定程度上制约了未成年人社区矫正工作的发展。

现阶段，《社区矫正法》规定要积极动员社会力量参与到社区矫正队伍中，并且实践中有一定成效，但仍然存在规模较小、各地人员力量参差不齐、政策未完善等问题。随着《社区矫正法》的公布，社区矫正的全面推进需要更好的矫正质量，进一步要求社会力量的参与度与工作质量与之相适配。

（二）矫正内容缺乏人格针对性

当下的未成年人社区矫正工作，矫正内容单一，缺乏针对性犯罪人格分类体制。哲学和心理学都表明，人是环境的动物，人必须适应环境而生存。所以人格的真正决定因素是"环境"，包括家庭环境和社会环境，这些环境决定了要想真正做到未成年人犯罪人格矫正，不仅仅是要做心理辅导，家庭的感化工作和社会的再教育工作也是非常重要的。

---

〔1〕 参见苑霞、谢姝曼、邓中文："未成年社区服刑人员教育矫正之探讨"，载《河南司法警官职业学院学报》2019年第3期。

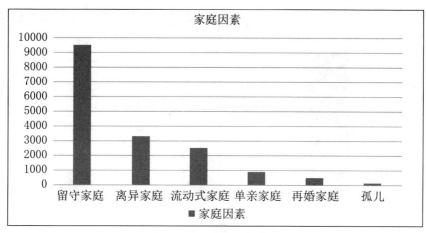

图1 家庭因素[1]

从图1中可以发现，具有家庭缺陷的未成年人罪犯中，留守儿童犯罪数量最多。《社区矫正法》规定未成年矫正对象的监护人应当履行管教等义务。但留守儿童家庭中父母多是迫于生计在外打工，家长很难亲自来实现管教义务，且长年在外，家长对孩子的心理发展也十分不了解。矫正机构不能仅督促家长进行管教，更多的是应该让家长了解未成年人的心理发展，从而感化纠正未成年人犯罪心理。

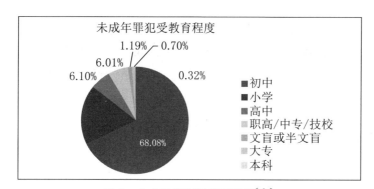

图2 未成年罪犯受教育程度[2]

---

〔1〕 图1，来源于司法大数据专题报告《未成年人犯罪》。
〔2〕 图2，来源于司法大数据专题报告《未成年人犯罪》。

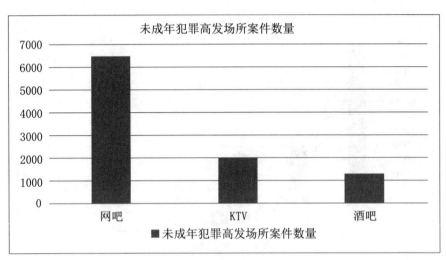

图3　未成年犯罪高发场所案件数量[1]

　　根据图2、图3的数据可以得出，未成年罪犯受教育程度普遍偏低，多为初中学历；未成年犯罪高发场所多在网吧、KTV、酒吧等未成年人禁止出入的场所。未成年矫正对象学历偏低，歌舞娱乐场所网吧等地违规接纳未成年人，且这些场所充满了不良诱惑，加以未成年人对诱惑抵制力较差，这增加了矫正机构对未成年矫正对象的社会再教育工作的难度，所以更需要增加未成年人的意志力和抵制力，培养未成年人良好健全的人格。

　　（四）未成年人犯罪人格分类机制缺乏

　　有效的矫正依赖于科学的分类制度和丰富而有针对性的矫正项目。[2] 科学的未成年人临时犯罪人格分类制度的建立，依赖于我国刑事案件中的人格调查制度的发展与在社区矫正中的广泛应用。

　　我国现在对人格调查制度没有进行明确的规定，但根据相关法律和最高人民法院出台的相关司法解释，明确指出审理未成年人案件时需要对未成年被告人的个人情况、犯罪动机和目的等因素进行调查，这一规定可以认为其

---

　　〔1〕　图3，来源于司法大数据专题报告《我国未成年人权益司法保护和未成年人犯罪特点及其预防》。

　　〔2〕　参见张德军："从理念重塑到制度构建——我国未成年人社区矫正的现实困境与完善路径"，载《山东社会科学》2016年第10期。

认可了人格调查制度在法庭审理中的作用。全国各地法院也在司法实践中对未成年人刑事案件运用人格调查报告进行积极的探索和尝试，为建立有中国特色的人格调查制度积累经验。[1] 笔者认为随着人格调查制度的发展，经过法庭审理中控辩双方认可后的人格调查报告，可以和有关未成年矫正对象的法律文书一并移送到社区矫正机构，有利于其了解未成年罪犯的犯罪心理及心理演变过程，对未成年人犯罪人格进行分类，便于找准教育的感化点，重塑人格及再社会化。

三、未成年矫正对象采取人格矫正的完善途径

《社区矫正法》中提到对未成年人进行矫正，需要有熟悉未成年人身心特点的人员参加；2020 年《实施办法》中提到应当对受矫正人员采取针对性的心理辅导，这为人格矫正途径规定了人员要求和制度支持。但目前对未成年矫正对象的人格矫正仍然有很多不足的地方，寻找人格矫正的完善途径可以填补社区矫正中人格矫正的不足。

（一）提高对人格矫正的重视

未成年矫正对象一般具有罪行性质较轻、人身危害性较小，有一定悔改之意等特点。未成年人在青春期开始有一定独立性、自我控制力和自我意识，然而人格正是自我控制力和自我意识的总和，是个人的感情情感、意志的总和，人格的外在表现就是一个人在社会上的行为表现。哲学上称"人格决定一个人的生活方式，甚至决定一个人的命运，因而是人生成败的根源之一"，可见人格的重要性。因此社区矫正机构若能在未成年人青春期阶段纠正其萌芽的犯罪人格，从犯罪心理学出发了解其发展出犯罪人格的原因，根据人格矫正的目的，从犯罪心理产生的源头出发，制定人格矫正计划，才能更好的预防再犯罪，将犯罪心理扼杀在源头。

（二）建设专业化的社区矫正队伍

发展一支专业化强、稳定性强的具有综合性的社区矫正队伍，对于未成年矫正对象的人格矫正，有着重要意义。根据心理学研究，人格受遗传、环境、教育等因素的影响，这要求矫正队伍具有一定专业能力。社区矫正队伍

---

〔1〕 参见王斌："浅谈少年刑事案件中的人格调查制度"，载 https://www.chinacourt.org/article/detail/2013/11/id/1124853.shtml，最后访问日期：2022 年 4 月 15 日。

主要从社会因素入手，影响未成年矫正对象的周围环境、教育和心理倾向等，纠正其临时犯罪人格。

为每一位未成年矫正对象组织熟悉其身心特点的矫正小组。吸收具有未成年人矫正实践经验的专职人员参与，落实未成年社区矫正对象监护人的监护责任，积极引导社会工作者、志愿者以及企事业单位等各种社会力量进行参与，依托居民委员会、村民委员会便于接近未成年矫正对象生活的优势，根据所在单位学校、家庭成员充分了解的未成年矫正对象最近的行为表现和思想状况，结合各方优势从而做好未成年人社区矫正工作。为更好地纠正未成年矫正对象的临时犯罪人格，依据2014年司法部等六部委印发的《社会力量参与意见》，社区矫正机构可向具有提供心理服务能力的社会组织购买服务，促成矫正对象形成健全人格。对由于经济困难而产生临时性犯罪人格的未成年矫正对象，社区矫正机构可多积极鼓励企事业单位为其提供帮助，可捐赠物资，或者为十六岁以上有就业意向的未成年矫正对象提供工作岗位、提供技能培训等方法来解决其根本问题。

各地区依条件发展各自社区矫正队伍，据调查表明，未成年人社区矫正处在发展初级阶段。很多地区没有或者只有少数未成年矫正对象，这些地区针对未成年人的矫正队伍需要多加强与有成功未成年人社区矫正经验地区的交流、学习经验，从源头预防未成年人再犯罪，多进行法制道德宣传。对于有较多未成年矫正对象的地区，可以专门成立未成年矫正办公室，吸收教育、心理、法学、社会学、监狱改造学等人才，加强队伍培训，让队伍人员更了解未成年人社区矫正内容，再设置未成年分类矫正机制，从而更好对未成年矫正对象进行人格矫正。

（三）设立人格针对性的矫正内容

现在未成年人的人格矫正项目多为一体化的心理教育辅导课，单一的心理辅导能有效缓解未成年矫正对象当下的心理困扰，但不容易阻断犯罪心理产生的源头。社区矫正机构对未成年矫正对象的人格矫正着力点可扩大到了解其过往经历、现状、生活环境、个人素质等因素，进而分析产生犯罪心理的原因，从根源处纠正犯罪人格。

针对不良家庭因素的人格矫正，矫正机构一定要多与家长沟通，引导家长重视孩子心理发展，多让家长参与其中。矫正机构尽可能召集家长，引导教导家长正确参与到孩子的社区矫正中，不要因为孩子犯了错事就以孩子为耻，要用爱感化引导孩子。家长在人格矫正中是非常重要的角色。

针对不良环境和教育程度偏低的犯罪因素，矫正机构可以呼吁政府加强管控娱乐场所的进出对象，加强相关的执法力度，防止未成年人进入，也进一步避免因娱乐荒废学业。矫正过程中想复学的矫正对象，应享有和其他未成年人同等的权利，也可为其提供职业培训等便利。减少不良诱惑，提高其教育水平在人格矫正中能为未成年矫正对象提供优良外界环境。

（四）对未成年人犯罪人格进行分类矫正

对未成年矫正对象进行人格分类矫正时，需要依据一定的心理倾向和犯罪特点，矫正时较为常见的五个人格类型有攻击性人格倾向、亚文化性人格倾向、过分压抑及神经质型人格倾向、幼稚型人格倾向、人格正常但出于意外情形下犯罪的未成年人。[1] 针对不同的人格类型，应该有不同矫正措施。

针对攻击性人格倾向的未成年矫正对象，可多组织参加团体活动，让这类矫正对象在团体中学会和他人和睦相处，学会互相忍耐。加强宣传暴力的危害性，强调其他合理合法的解决办法，教导矫正对象提高对自己行为的责任感。

针对亚文化性人格倾向的未成年矫正对象（多为团体犯罪），可组织其进行独立性强化训练，提醒这类矫正对象少出入娱乐场所，避免结交不良伙伴。在进行个人针对性心理矫正时，引领其运用正确方法解决心理或物质需求，提高其对外界不良诱惑的抵制。

针对过分压抑及神经质型人格倾向的未成年矫正对象，先对其进行个人心理辅导帮助其打开心扉，再组织大家一起参与社会活动，引导其在遇到问题与挫折时学会表达和正确抒发压抑的情绪，并在矫正队伍带领参与的集体活动中学会管控情绪，避免情绪轻易爆发。

针对幼稚型人格倾向的未成年矫正对象，矫正机构可在组织集体参与社会活动时，鼓励和培训这类矫正对象当活动队长，让其在实践中提高自信心、管理能力和与外界的交流能力。在多提供能让其心理更成熟的锻炼机会下，

---

〔1〕 参见马丽霞：“浅议预防未成年人犯罪之新对策”，载《河南司法警官职业学院学报》2007年第3期。

配合教育矫正，增加其知识含量，丰富内涵。

针对人格正常但出于意外情形下犯罪的未成年矫正对象，先缓解其从犯罪阴影里产生的恐怖心理，再进行个人心理辅导让其正视自己应该面对的责任，避免责怪语气伤其自尊心。组织学习，教导其用正确方法解决问题，遇到意外情形下学会机智应对。

结语

随着《社区矫正法》的实施，我国未成年人社区矫正工作将得到进一步发展和改变，社区矫正机构应对未成年人的犯罪人格提高重视程度，积极探索人格矫正的完善路径，保护未成年人的心理就是在引领其产生正确世界观和价值观，帮助其顺利回归社会，预防犯罪心理再次产生，避免重新犯罪，有利于社会繁荣稳定。

再社会化语境下我国未成年人社区矫正制度的完善

钟晓庆* 肖乾利**

摘　要： 未成年人社区矫正的目的是回归社会，实现再社会化。当前，我国未成年人社区矫正需要在借鉴国外经验基础上完善立法、实施类别化的矫正项目、提高矫正队伍的专业性、发动社会力量参与、落实犯罪记录封存等方面形成合力，以推动未成年人社区矫正的纵深发展。

关键词： 社区矫正；未成年人；再社会化；矫正内容

基于"少年福祉"和"国家亲权"原则，非刑事化、非监禁化和轻刑化已经成为未成年罪犯刑罚执行的国际基本理念。受再社会化思想所影响，少年最佳利益原则、保护优先主义及司法谦让原则成为当今许多国家和地区在传统刑事司法制度之外专门创设少年司法制度的立法价值。

作为社会心理学范畴的再社会化（resocialization），通常是指改变或调整社会化对象原有的世界观、价值观、行为准则和生活方式，使之符合社会的规定和要求。它包括主动再社会化和强制再社会化。[1] 中外学者对于"再社会化"的理解存在差异，斯梅尔赛（Smelser）从原因层面强调在不同生活阶段吸收新角色、价值或知识；彭怀恩则从效果层面认为再社会化是社会化的一种形式，是指一个人在一种与他原有经验不同的规范与价值环境里，重新社会化的过程，即必须重新学习价值、角色及行为，它能导致与先前社会化过程不一致的新价值观和行为。[2] 笔者赞同彭怀恩的观点，并认为未成年人

---

* 钟晓庆，女，四川轻化工大学法学院，2021 级硕士研究生在读，研究方向：刑事法学。
** 肖乾利，男，宜宾学院法学院教授，研究方向：刑事法学、社区矫正。
〔1〕 参见林崇德、杨治良、黄希庭主编：《心理学大辞典》（下卷），上海教育出版社 2004 年版，第 1643 页。
〔2〕 参见徐飞："国外青年社会化的演变：进程与认识（续）"，载《青年研究》1991 年第 3 期。

犯罪，是在受外部不良环境影响以及诸如自身家庭环境、经济条件等原因的驱使的条件下，习得了背离和谐正当的社会规则的错误观念和不良行为恶习所致。因此，未成年人犯罪矫正的过程就是其再社会化的过程。未成年人社区矫正也是如此。

一、我国未成年人社区矫正的立法沿革及存在问题

（一）我国未成年人社区矫正的立法沿革

《刑法修正案（八）》规定在符合法定条件时，对于不满 18 周岁的未成年人，应当宣告缓刑，并规定不满 18 周岁的人犯罪不构成累犯，使其在刑罚裁量和执行中摆脱了这一身份所带来的种种不利影响，为社区矫正的适用进一步释放了空间。同时，为了更好地保护未成年犯罪人的诉讼权利，2012 年修正的《刑事诉讼法》设立专章规定未成年人刑事案件诉讼程序，建立了未成年人犯罪案件"审前社会调查制度"以及"合适成年人制度"，该法第 269 条第 2 款规定"对被拘留、逮捕和执行刑罚的未成年人与成年人应当分别关押、分别管理、分别教育"，并在《中华人民共和国刑法》附条件免除未成年犯罪人前科报告义务的基础上，建立了"犯罪记录封存制度"，从而规范了未成年人社区矫正的运行，为更好地保护这一群体提供了法律依据。

2012 年《实施办法》第 33 条扩展未成年社区矫正对象的概念（即犯罪的时候不满 18 周岁被判处 5 年有期徒刑以下刑罚的未成年人）以及对未成年社区矫正对象的八种监管方式。[1] 纵观这八种监管方式，除了"身份保护、分别矫正"相对具体外，其他规定均较为原则笼统，加上 2012 年《实施办法》本身终归只是具有司法解释性质的规范性文件，法律位阶太低，效力自然有限，难以达到应有的效果。

《社区矫正法》为了加强对未成年社区矫正对象的权益保障，结合未成年

---

〔1〕 八种监管方式主要包括：（1）对未成年人社区矫正应当与成年人分开进行；（2）对未成年社区矫正人员给予身份保护，其矫正宣告不公开进行，其矫正档案应当保密；（3）未成年社区矫正人员的矫正小组应当有熟悉青少年成长特点的人员参加；（4）针对未成年人的年龄、心理特点和身心发育需要等特殊情况，采取有益于其身心发展的监督管理措施；（5）采用易为未成年人接受的方式，开展思想、法治、道德教育和心理辅导；（6）协调有关部门为未成年社区矫正人员就学、就业等提供帮助；（7）督促未成年社区矫正人员的监护人履行监护职责，承担抚养、管教等义务；（8）采取其他有利于未成年社区矫正对象改过自新、融入正常社会生活的必要措施。

人特点，促进其顺利回归社会，用 7 个条文对未成年人社区矫正作了专章规定。其中明确，社区矫正机构为未成年社区矫正对象确定矫正小组，应当吸收熟悉未成年人身心特点的人员参加；未成年人社区矫正应当与成年人社区矫正分别进行；未成年社区矫正对象的监护人怠于履行监护职责的，社区矫正机构应当督促、教育其履行监护职责；社区矫正机构应当保护未成年社区矫正对象的身份信息；对未完成义务教育的未成年矫正对象，社区矫正机构应当通知并配合教育部门为其完成义务教育提供条件；未成年矫正对象在复学、升学、就业等的方面享有与其他未成年人同等的权利，不得歧视。

《社区矫正法》对未成年人社区矫正设立专章，体现了对未成年人社区矫正的特别保护。当然，专章规定未成年人社区矫正，也是大多数国家的做法，如，英国专门建立了适用未成年社区矫正对象的社区矫正令，包括监禁令、出席中心令、行为规划令。对未成年社区矫正对象进行区别对待，有利于保障未成年犯的正当权益。

（二）我国未成年人社区矫正存在的问题

我国社区矫正立法起步较晚，缺失独立的"少年司法"体系与刑事执行体系。尽管《社区矫正法》以专章规定了"未成年人社区矫正特别规定"，但依然是方针性、原则性规定，未成年人社区矫正的理论与实践尚存诸多困境。

1. 缺失专门、独立的未成年人矫正体系与机构

目前，我国对于涉罪未成年人的司法处遇规定较为松散，没有形成完整的少年司法体系与执行体系。对未成年人社区矫正的规定，基本融合在成年人社区矫正之体系中，没有通过立法程序对未成年人矫正的全过程作出专门、独立的规定。《社区矫正法》设立的"未成年人社区矫正特别规定"专章、《预防未成年人犯罪法》有关"对重新犯罪的预防"等规定，仍然笼统抽象，缺失具体操作程序。[1]

我国缺乏独立的少年司法体系，尚未设置"专门化、专职化、专业化"的社区矫正机构。

---

〔1〕 参见连春亮：《社区矫正通论》，中国人民公安大学出版社 2021 年版，第 404 页。

2. 立法滞后，缺失梳理

《社区矫正法》第57条、《预防未成年人犯罪法》第55条、《未成年人保护法》第113条都对未成年社区矫正对象的复学、升学、就业问题作了原则性规定，要求在涉罪未成年人恢复就学、升学、就业等方面不得歧视。但在实践中，由于未成年社区矫正对象的身份问题而出现的差别待遇情况层出不穷。以高考升学和国家公务员选拔考试为例，教育部门主导制定《2022年普通高等学校招生工作规定》的高考报名条件中明确规定，因触犯刑法已被有关部门采取强制措施或正在服刑者不得报名；《公务员录用规定》报名条件也规定因犯罪受过刑事处罚的，不得报考公务员。换言之，未成年社区矫正对象在顺利解矫后仍不享有参加公职考试的一般资格。此外，《征兵工作条例》和《征兵政治审查工作规定》也明确在政治审查中对有犯罪前科的人员作出了排除性规定。由此来看，此类政策规章，对于未成年社区矫正对象解矫后的就业、就学极为不利，并且作为一般性文件明显与上位法《社区矫正法》《预防未成年人犯罪法》《未成年人保护法》相抵触。

3. 矫正项目缺乏针对性

《社区矫正法》第52条明确规定，对未成年人的社区矫正应当与成年人分别进行，并根据未成年社区矫正对象的年龄、心理特点、发育需要、成长经历、犯罪原因、家庭监护教育条件等情况，采取针对性的矫正措施。

实践中，司法所基本能够落实分开矫正规定，但在开展未成年人社区矫正工作上仍然显得粗放、形式化。对未成年社区矫正对象所开展的矫正工作大多与成年人矫正类似，多数为一种"盆景效应"，缺乏对未成年社区矫正对象的个别化矫正项目。[1] 大多套用成年人矫正项目，进行通识型教育，如法治教育、道德教育等，缺少发展型、创新型的矫正项目。有些社区仅仅组织日常的培训活动，除此之外鲜有其他有针对性的实质性内容，矫正流于形式。

4. 评估机制不够完善

根据《社区矫正法》第18条的规定，在实施矫正前可以对涉罪未成年人进行社会危险性的调查评估。2020年《实施办法》进一步规定，人民法院、

---

〔1〕 参见自正法："涉罪未成年人社区矫正的实证考察与治理路径"，载《西南民族大学学报（人文社会科学版）》2020年第10期。

公安机关、监狱管理机关可以委托社区矫正机构或者其他社会组织进行调查评估。可见在调查评估的主体资格上，没有专门确定未成年人评估主体；在实际操作中没有明确通过何种方式进行评估；对于评估的指标内容应当包括哪些，具体影响指标的因素又包含哪些具体内容也都没有明确规定这些都是建立完善的评估机制所需要考虑的重要内容。目前大多社区矫正机构能够认识到评估机制的重要性，但在具体实施中由谁实施，通过何种方式、包含何种内容等都缺乏明确具体的操作流程，无法给予法律支撑，导致评估工作并不能规范、有效地开展。

5. 矫正队伍专业性不够

《社区矫正法》第52条第2款规定，社区矫正机构应当为未成年社区矫正对象确定矫正小组，应当吸收熟悉未成年人身心特点的人员参加矫正小组。这就要求社区矫正工作人员必须具备专业性，接受过专业训练，掌握相关的法律、心理学、犯罪学知识，并且能够和未成年矫正对象沟通交流，以便对未成年矫正对象进行心理疏导。但实践中，社区矫正工作人员缺乏专业性，较少接受专业培训，无法对未成年矫正对象实施专业性帮教。[1] 并且，司法行政机构工作人员的工作量大、任务繁杂、人员配备不齐，以至于在对社区矫正工作人员进行专业培训时，还需要处理其他工作，甚至只是把专业知识培训当成休息时间，导致专业培训流于形式，效果较差。

6. 社会参与缺乏有效性

基于社会化和专业化的处遇理念，对未成年矫正对象应当使其处于较为开放的社会环境中接受矫治，并引入家庭、学校、社区、未成年人保护组织等社会力量的参与，避免其与社会生活脱节，促进其重新融入社会。[2] 社会力量的广泛参与是未成年人社区矫正的重要方式。但在当前，社会资源虽多却难以整合，同时，部分偏远地区根本没有足够的社会资源可参与到未成年人社区矫正中。在不同的地区，经济发展水平不同，社会资源量不等，也无法形成社会力量参与社区矫正的长效机制。

---

〔1〕 参见连春亮：《社区矫正通论》，中国人民公安大学出版社2021年版，第404页。
〔2〕 参见刘艳红、阮晨欣："新法视角下罪错未成年人司法处遇保护理念的确立与展开"，载《社会科学文摘》2021年第3期。

二、国外未成年人社区矫正的启示

建构我国未成年人社区矫正体系时，可以了解学习国外相对成熟的未成年犯社区矫正经验，与我国实践相结合，立足国情，助力于我国未成年人社区矫正的发展和完善。

（一）建立专门的未成年人社区矫正法律体系

西方国家大多有体系完备的少年司法体系、专门的未成年人社区矫正法律体系。早在 1878 年美国马萨诸塞州就通过立法的形式确立了未成年人缓刑法。19 世纪末 20 世纪初，美国各州纷纷创建了专门的少年法庭。[1] 在法律层面较为全面地规定了未成年人社区矫正机构的设置、专业的人员的配备、矫正项目的设计、矫正工作的开展等，为未成年人社区矫正提供了强有力的法律支撑。

（二）设置有针对性的矫正项目

如美国的释放后安置项目、养育之家项目、日矫正项目、争取野外生存项目等特色项目，[2] 都具有极强的针对性。释放后安置对经济困难、有就业需求的矫正对象而言，解决了生活来源问题；养育之家能够让未成年矫正对象跳出原生家庭，以更客观的角度看待父母的教养方式，有助于其学会感恩而不是只会索取，是实践性很强的道德教育的一种方式；日矫正项目既能够让矫正对象定期接受矫正，又不会长时间脱离社会；野外生存的项目，对于先天精力充足、喜欢冒险的未成年男生来说，既能够消解其精力，又能够在训练中锻炼意志力。此外，英国的宵禁令、行动计划令能够很好地训练个别叛逆心强的矫正对象的服从性，有助于未成年人遵守社会规则和法律规定，做合格的守法公民。

（三）设立专门的未成年人矫正机构

美国、英国等西方国家，根据涉罪未成年人的身心特点，成立了专门、独立的未成年人社区矫正管理机构。如美国早在 1825 年就在纽约建立了专门

---

〔1〕 参见江山河："美国的未成年人社区矫正及其对中国的启示"，载《青少年犯罪问题》2021年第 1 期。

〔2〕 参见陈清霞："我国未成年犯社区矫正项目之体系建构与实施路径"，载《福建警察学院学报》2020 年第 1 期。

的少年庇护所。在美国，多数州均成立了儿童辅导中心、青少年咨询中心。英国建立了未成年司法委员会，澳大利亚成立了青少年司法部等机构。配备专职、专业的矫正管理人员，实施的矫正内容丰富多样。既发挥社区矫正的监督管理职能，又很好地实现了社区矫正的再社会化目的。

三、再社会化语境下未成年人社区矫正的完善

针对我国目前未成年人社区矫正的现状问题，笔者认为可以从以下几个方面来完善未成年人社区矫正制度：

（一）提高矫正队伍的专业性

在目前构建独立的少年司法体系为时尚早的语境下，可以考虑首先构建专门的未成年人社区矫正机构，由专人专职负责未成年人社区矫正工作。《未成年人保护法》第 101 条第 1 款规定，"公安机关、人民检察院、人民法院和司法行政部门应当确定专门机构或者指定专门人员，负责办理涉及未成年人案件。办理涉及未成年人案件的人员应当经过专门培训，熟悉未成年人身心特点。专门机构或者专门人员中，应当有女性工作人员。"未成年人社区矫正工作走向专业化离不开专业的矫正队伍，笔者认为在社区矫正机构中应当设立专门的未成年人社区矫正部门，由熟悉未成年人身心发展特点且具备犯罪学、心理学专业能力的专业人员组成，专门负责未成年犯社区矫正工作。确立未成年社区矫正人员的准入制度，以相关资格证书、专业学习经历为准入资格，并进一步通过考核进入工作队伍。明确各矫正人员的责任，采用专人专组负责制，一个未成年矫正对象由固定的矫正人员负责，这样更易于和未成年矫正对象建立信任感，有益于矫正活动的开展。建立工作考评机制，通过矫正对象解矫后一定时期的表现，矫正对象所在社区、学校、家庭等的反馈，矫正人员日常工作开展水平等项目对矫正人员进行定期考核，奖惩适当与晋升机制相结合，调动矫正人员的工作积极性。并且矫正人员还要定期参加学习交流活动，参加未成年人团体活动，结合新事物了解未成年人身心特点变化过程，不断更新观念，提高工作水平。

（二）重视审前社会调查

1985 年，联合国大会通过的《联合国少年司法最低限度标准规则》第 16.1 条，针对未成年人犯罪，明确规定："所有案件除涉及轻微违法行为的案

件外，在主管当局做出判决前的最后处理之前，应对少年生活的背景和环境或犯罪的条件进行适当的调查，以便主管当局对案件做出明智的判决"。为了贯彻该项国际规则，我国最高人民法院 2001 年公布的《关于审理未成年人刑事案件的若干规定》中，首次规定了审前社会调查制度。该规定第 21 条规定："开庭审理前，控辩双方可以分别就未成年被告人性格特点、家庭情况、社会交往、成长经历以及实施被指控的犯罪前后的表现等情况进行调查，并制作书面材料提交合议庭。必要时，人民法院也可以委托有关社会团体组织就上述情况进行调查或者自行进行调查。"此条规定被学界视为我国未成年人刑事案件社会调查制度的雏形。2018 年修正的《刑事诉讼法》第 279 条以法律的形式确立了未成年人审前社会调查制度。

做好审前调查，是恰当处理未成年人犯罪案件的重要基础。通过审前调查，清楚了解其犯罪事实之外的更多内容，包括未成年犯罪人的犯罪原因、既往历史、社会交往、兴趣爱好、行为习惯、身体和心理健康状况、家庭情况、就学情况、就业情况、社区环境情况以及被害人的情况等，可以为法庭恰当处理案件提供必要的参考信息。

进行审前调查的结果，体现在审前调查报告中。所谓审前调查报告，就是由审前调查机构撰写的表明审前调查情况的正规文书。审前调查报告至少应当包括 3 部分：（1）事实陈述。在这一部分中，应当详细、具体地说明对有关事实进行调查的结果；（2）处理建议。在这一部分中，应当提出审前调查机构对于如何处理未成年犯罪人的具体建议，包括是否免予刑事处罚的建议、如何具体量刑的建议等；（3）矫正建议。在这一部分中，应当提出对未成年犯罪人进行不同处理后需采取的帮助、教育等方面的建议。例如，如果对未成年犯罪人免予刑事处罚，未成年犯罪人的父母以及有关部门等应如何矫正未成年犯罪人；如果对未成年犯罪人判处非监禁刑，应当采取怎样的社区矫正措施等。

（三）设计类别化的矫正项目

未成年人的矫正项目应当符合未成年人生理和心理的发展特点，矫正对象才更易于接受。美国学者 DariaAlschuler 和 Troy Amsthong 认为，遵循以下五个原则的社区矫正项目，才能对未成年社区矫正对象发挥最大的功效和帮助：（1）能够逐步帮助涉罪未成年人提高责任感，并相应地提高他们在社会上的生存能力；（2）能够帮助涉罪未成年人融入社会，同时也使社会与他们形成互动；（3）能够充分发挥涉罪未成年人家庭、社区同龄人、学校和雇主的作用，共同努力为涉罪未成年人成功完成项目提供必要的帮助；（4）能够开发新资源，寻求必要的帮助；（5）能够促进和监测涉罪未成年人与社区的互动能力。[1] 这些原则显现出当前未成年人社区矫正与社会的密切关系，即让未成年社区矫正对象实现再社会化，需修复其与社会的关系。

当前国内矫正项目大多注重通识型教育，缺少创新型、发展型矫正项目。因此，笔者认为，可以在原有基础上扩展矫正项目类别。诸如，通过增加体育艺术活动、亲子活动、朋辈团体活动来增强未成年社区矫正对象与社会团体之间的互动和联系；增加爱国主义活动、历史文化活动、传统文化活动，增强未成年矫正对象的爱国情绪和道德责任感，树立正确的人生观和价值观，明白自己对于家庭和社会的意义和责任；通过参加公益活动如打扫社区卫生、陪护残障人士等感受他人劳动的辛苦，懂得珍惜生活，珍惜生命；通过正向积极的兴趣爱好活动和就业创新活动找到并发挥自己的长处，找到自己的学习方向和职业方向，从中找到自我价值和自我认同感。在较为传统的矫正项目基础上增加社会性强的矫正项目，根据不同未成年矫正对象的具体情况分别适用不同的矫正项目，能够满足未成年社区矫正对象的再社会化需求。

（四）增强社会参与的有效性

基于未成年社区矫正对象的自控能力较弱等因素，仅仅依靠社区矫正工作者是难以严密监督未成年社区矫正对象遵守相关规定的。为此，应当重视动员社会力量参与未成年社区矫正对象的监督和帮教工作。例如，动员未成年社区矫正对象的父母、监护人、保证人等监督他们的行为，促使他们遵守禁止令规定的事项。《社区矫正法》第53条规定，未成年人的监护人"怠于履行监护职责"的，社区矫正机构应当对其"督促、教育"。对于拒不履行监护职责的，社区矫正机构可以"通知有关部门依法作出处理"。又如，可以吸纳心理学、犯罪学专业的在校大学生参与到未成年人社区矫正中来。在校大学生和未成年人年龄差距小，距离感弱，矫正对象对其不容易产生反感情绪，

---

[1] 参见肖建国："中国大陆少年刑事司法制度发展战略探索"，载陈欣欣主编：《少年刑事司法制度学术研讨会论文集》，澳门青少年犯罪研究学会2001年版，第38~44页。

可以实施"朋辈教育"。当然，要确立社会力量参与社区矫正的激励机制。对于参与的人员，如在校大学生，可以通过综合素质加分、荣誉证书颁发的方式予以激励，对于吸收未成年社区矫正对象就业的用人单位，可以通过税收优惠或者财政补贴等方式予以激励。

（五）落实犯罪记录封存制度

犯罪记录封存制度，彰显了"宽严相济"的刑事政策，有助于未成年社区矫正对象顺利完成从"去标签化"到"再社会化"的成功蜕变。根据《刑事诉讼法》的规定，犯罪的时候不满18周岁，被判处5年有期徒刑以下刑罚的，应对犯罪记录予以封存。为进一步提高该制度的操作性与可行性，犯罪记录封存制度还需要进一步细化：首先，应明确犯罪记录封存的范围。犯罪记录的封存不应仅仅是对终局性裁决和刑事强制措施记录的封存，侦查、起诉、审判三个阶段中的犯罪记录也应做到"应封尽封"，即对于被刑事立案、采取刑事强制措施、不起诉、终止审理或者宣告无罪的记录，也应予以封存，否则，相关未成年人仍会被贴上具有犯罪前科的标签；其次，犯罪记录被封存的人员因复学、升学、就业等需开具相关证明时，除涉及国家安全等重大利益的情形外，公安机关应当出具无犯罪记录证明。未成年人在就业、入伍时不负有报告上述记录的义务。最后，应明确违反犯罪记录封存制度的责任。若司法机关和有关单位工作人员违反犯罪记录封存制度，将未成年人犯罪记录泄露，应当承担相应的责任，可根据其泄露的程度和造成的影响给予其相应的行政处分乃至刑事处罚。

结语

未成年人犯罪已经席卷全球成为具有共同性的社会问题，被犯罪学家和刑法学家称之为难以医治的"社会痼疾"。[1]西方一些国家，青少年重新犯罪率高达30%～50%，有的甚至在60%以上，这成为政府和社会各界深感头痛的问题。[2]为此，各国均不同程度地对传统刑事司法模式予以反思和调整，其基本思路是对未成年人罪犯尽可能采取轻刑化、非监禁化甚至"转处"等非

---

〔1〕 参见魏平雄、赵宝成、王顺安主编：《犯罪学教程》，中国政法大学出版社1998年版，第615页。

〔2〕 参见康树华主编：《犯罪学通论》，北京大学出版社1996年版，第215页。

刑事化措施解决，这也逐渐成为国际社会应对未成年人犯罪的基本策略。基于年龄、生理与心理等因素，需要对未成年社区矫正对象实施特别类型的监管教育措施，以体现刑罚的人道与宽缓。在当前，我国未成年人社区矫正工作需要在完善立法、专人负责、重视调查评估、开展有针对性矫正项目、激励社会力量参与、落实犯罪记录封存等方面形成合力。

未成年附条件不起诉监督考察的
社会工作干预程序探究*

郑继佳**

摘　要：社会工作者是未成年人附条件不起诉监督考察的重要主体和社会支持力量，当前我国在少年司法和社会工作领域进行了大量的理论和实践探索，但未形成明确的未成年人附条件不起诉监督考察的社会工作干预程序。因此，本文在探讨当前未成年人附条件不起诉监督考察实践程序中存在问题的基础上，提出应从司法转介与预估、服务需求研判、干预策略与计划、评估和结案四个阶段搭建未成年附条件不起诉监督考察的社会工作干预程序。

关键词：附条件不起诉；监督考察；未成年；社会工作干预程序

一、附条件不起诉监督考察和社会工作

2012 年修改后的《刑事诉讼法》将未成年人附条件不起诉制度正式写入法律，规定在附条件不起诉的考察期内，由人民检察院对附条件不起诉的未成年犯罪嫌疑人进行监督考察。[1] 2019 年 12 月 2 日最高人民检察院第十三届检察委员会第二十八次会议通过了《最高检刑诉规则》，其中第十二章"特别程序"中提到人民检察院办理未成年人刑事案件，应当贯彻"教育、感化、挽救"方针和"教育为主、惩罚为辅"的原则，坚持优先保护、特殊保护、双向保护，以帮助教育和预防重新犯罪为目的，且人民检察院可以借助社会力

---

　　* 本文为四川省社区矫正研究中心 2020 年度项目"未成年社区矫正的社会支持研究"（QJZ2020-07）阶段性成果。

　　** 郑继佳，女，四川农业大学讲师，研究方向：刑事法学。

　　〔1〕 参见孙聪："再论未成年人附条件不起诉制度"，载《湖北警官学院学报》2020 年第 6 期。

量开展帮助教育未成年人的工作[1]，体现了附条件不起诉制度中关于未成年人权益保护原则、宽严相济的刑事政策和未成年人司法福利社会化的发展趋势。

附条件不起诉制度的实施及其有效运行离不开社会力量的参与和支持，无论是合适成年人到场参与诉讼、社会调查，还是观护帮教、不良行为矫正、社会适应能力提升和社会支持网络的建立等有利于未成年人顺利回归社会的工作，都需要社会力量的广泛参与。[2] 社会工作是社会力量的专业组成部分，附条件不起诉未成年人是社会工作在司法领域的重要服务对象，社会工作是在契合司法规范、司法程序和司法需求的基础上，在社会工作专业价值指导下，综合运用专业知识、方法和技巧，围绕服务对象个体、社会环境和社会关系等方面，以未成年人犯罪阻断和预防、未成年人权益保护为主要内容开展的专业社会工作服务，旨在帮助未成年人提升社会适应能力，建构社会支持网络，恢复健康生活状态。[3]

二、附条件不起诉监督考察实施程序中存在的问题

（一）检察官在监督考察实施程序中的角色和职能冲突

《最高检刑诉规则》第 474 条提到，在附条件不起诉的考察期内，由人民检察院对被附条件不起诉的未成年犯罪嫌疑人进行监督考察，可见检察院是被附条件不起诉未成年人监督考察的第一责任主体。然而在我国当前的附条件不起诉制度当中，检察官同时扮演"国家公诉人"和"国家监护人"的双重角色。在附条件不起诉考察监督阶段，检察官主要承担"国家监护人"角色及职能，但在案件审查阶段和决定是否起诉阶段，检察官主要承担"国家公诉人"角色及职能。职能和角色冲突可能导致检察官出现内心的割裂，如果检察官倾向于扮演关爱帮助的角色，与未成年人互动频繁、拉近距离，这会

---

[1] 参见《最高检刑诉规则》。

[2] 参见宋志军："未成年人刑事司法的社会力量参与问题研究"，载《北方法学》2016 年第 2 期。

[3] 参见《未成年人司法社会工作服务规范（征求意见稿）》，载 http://www.mca.gov.cn/article/hd/zqyj/202112/20211200038296.shtml，最后访问日期：2022 年 4 月 16 日。

与其"国家公诉人"的身份相矛盾。[1]

另外，由于在附条件不起诉监督考察阶段的主要任务是帮助教育未成年人并预防未成年人重新犯罪，需要检察官掌握有关未成年人的生理、心理细节以及社会发展规律，帮助未成年人构建社会支持网络、恢复其社会适应和社会功能，这对大多数专司传统办案职能的检察官是一个挑战，有些检察官对如何结合未成年人发展一般规律和个体差异性特征进行监督考察、如何监测监督考察效果不甚明了，导致监督考察工作形同虚设。

（二）"案件为中心"和"案主为中心"的社会调查差异

司法社会调查一般发生在附条件不起诉监督考察阶段之前，我国《刑事诉讼法》规定，审判人员、检察人员、侦查人员必须依照法定程序，依法、客观、公正、全面收集能够证实犯罪嫌疑人、被告人有罪或者无罪、犯罪情节轻重的各种证据。《最高检刑诉规则》规定，人民检察院根据情况可以对未成年犯罪嫌疑人的成长经历、犯罪原因、监护教育等情况进行调查，并制作社会调查报告，作为办案和教育的参考。但在司法实践中，司法系统依据"证据裁判原则"进行的社会调查主要是以"案件为中心"的犯罪事实证据的收集。然而，附条件不起诉的监督考察是以"司法惩戒"为辅的教育和预防重新犯罪、帮助未成年人回归社会为主要目的的工作阶段，其社会调查应当是"以案主为中心"的关于涉罪未成年人的"问题和需求"的材料收集。

（三）少年司法转介与社会工作专业服务未契合发展

转介也称分流或转处，少年司法转介是为了保护未成年权益、提高司法效率、减少刑事司法强制干预的不利后果，公安机关和检察机关在充分确认未成年人犯罪事实后，对满足一定条件的涉罪未成年人不再继续适用传统的刑事司法程序，而是通过非诉讼的方式适用非机构化处遇的程序和方法。[2]未成年人附条件不起诉是少年司法转介的内容之一，但由于司法体制的封闭性，检察官角色和职能的冲突，少年司法转介标准、程序、内容的不明确，

---

〔1〕 参见何挺、李珞珈："附条件不起诉监督考察的主体：基于参与观察的研究"，载《国家检察官学院学报》2017年第3期。

〔2〕 参见盛长富："纵论未成年人司法转处制度"，载《河北法学》2014年第12期。

导致少年司法向社会工作转介遭遇种种障碍。如，基于对未成年人相关信息的保密要求，社会工作者从检察部门得到的资料非常有限；由于检察部门与社会工作组织或社工权责不明，导致社工在提供专业服务时缺少权力，特别是来自检察部门的"合约权力"，如社工除了接受检察部门考察服务的转介外，是否被委托了"监督"的责任，相应的权力是否有一并赋予；以"案件为中心"的司法社会调查资料不能匹配社会工作对涉罪未成年人提供专业社会服务的要求等。

基于以上对当前未成年人附条件不起诉监督考察阶段存在问题的讨论，结合未成年人权益保护、司法分流和司法处遇社会化的发展趋势，笔者认为应尽快探讨如何规范和明确未成年附条件不起诉监督考察程序。由此，本文主要从社会工作过程模式出发，探讨社会工作在未成年附条件不起诉监督考察阶段的规范化工作程序。

三、社会工作参与未成年附条件不起诉监督考察的四阶段模型

社会工作过程（Process）是社会工作机构或社会工作者基于社会工作的价值理念，运用社会工作的专业方法，借助社会资源系统，通过和案主建立专业关系，并经由预估（诊断）、计划、干预与评价等一系列前后连贯的行动而帮助案主满足需要、解决问题，以达到社会工作目标的过程。[1] 少年司法社会工作干预程序是指在司法规范和社工价值的指引下，社会工作者考量未成年人生理、心理和社会发展的一般规律和差异性特征，并基于涉罪未成年人面临的困境和需求，设计"个别化"的服务方案，并运用多元化的介入策略、方法和整合性资源手段，达到阻断犯罪行为、恢复社会功能、促进社会适应目的的工作过程。

克里肯认为，社会工作过程包括收集案主信息的预估（Assessment）阶段、选择信息的诊断（Diagnosis）阶段、与案主合作制定计划解决案主当前遭遇问题的治疗计划（Treatment Plan）阶段、判断社会工作过程是否对案主有所帮助的评价（Evaluation）阶段。[2] 笔者根据格里肯的社会工作四阶段模型对社会工作在未成年附条件不起诉监督考察中的干预程序进行改编，提

---

[1]　参见李迎生主编：《社会工作概论》，中国人民大学出版社 2018 年版，第 162 页。
[2]　参见李迎生主编：《社会工作概论》，中国人民大学出版社 2018 年版，第 163 页。

出以下干预程序模型（如图1）：

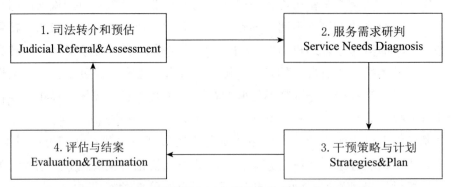

图1　未成年附条件不起诉监督考察的社会工作干预程序

（一）司法转介和社会工作预估

1. 司法转介

首先，在既有的司法程序下，决定分流措施的主体通常是警察、检察官或者法官。在未成年人附条件不起诉监督考察中需要检察官审查并将符合《最高检刑诉规则》第463条规定的涉罪的未成年人转介给社会工作组织或社会工作者，由此，需要检察部门作为第一责任主体，联合社会力量探讨筛选进入附条件不起诉程序的机制和标准。

其次，社会工作组织接受委托后开展服务的两种权力分别为专业权力和合约权力。专业权力需要社会工作提升自身在司法和社工两个层面的专业知识和技能水平。合约权力则来自于"合约"规定，这种合约权力，需要社会工作服务对象（被附条件不起诉的未成年人及其监护人）的赋权，更需要司法系统的赋权，如在检察部门向社工进行司法转介和开展宣告进行未成年附条件不起诉监督考察工作会时进行，具体结果呈现为对未成年附条件不起诉监督考察协议的签订，主要涉及主体包括检察部门、监督考察对象及其监护人、参与监督考察的社工组织等。

另外，在进行司法转介时，应明确转介内容。虽然附条件不起诉的监督考察原则为"教育为主、惩罚为辅"，重点在于保障未成年人权益及进行社会处遇，但不可否认的是附条件不起诉制度的执行本身是以未成年人涉罪为前提的，附条件不起诉制度仍具有"惩戒"和"阻断"犯罪行为的要求。因此，由检察部门进行司法转介时，应明确转介内容仅为"考察"，还是同时包括"监督"。若转介内容中包括了"监督"，则需在"合约"部分明确社工组织不仅需要对涉罪未成年人提供"以案主为中心"和"需求导向"的专业处遇，还需要配合司法系统做好监督工作，即要求涉罪未成年人在监督考察期执行"附条件"行为，避免实施附条件不起诉中的禁止行为。

2. 社会工作组织接受委托，并开展预估工作

社会工作组织接受检察部门委托并根据权限履行职责进行社会调查。此部分主要有两种情况：第一种情况，检察机关全权委托社会工作组织在附条件不起诉的整个实施过程进行全过程追踪和持续性资料收集和分析工作，并扩大社会调查范围，除收集以"案件为中心"的具有证据性质的资料，同时也收集以"案主为中心"的能够帮助案主解决问题和满足需求的具有社会工作服务性质的资料；第二种情况，在附条件不起诉启动阶段，先由司法系统进行以"案件为中心"的社会调查，检察机关委托社会工作组织进行有限社会调查，即只将具有社会工作服务性质的社会调查委托给社会工作组织，检察机关可以将前期有关涉罪未成年人的基本案情资料在司法转介时一并转给社会工作组织，以保证涉罪未成年人监督考察资料的完整性和连续性。

（二）服务需求研判

社会工作应秉持"人在情境中"的分析视角，将人类行为看作是"个人"和"环境"的交互整合的结果，不是"人的问题和需求"而是"生活中的问题和需求"。"生活中的问题和需求"（Problem/Need in Life）与个人特质（Personality）、环境特质（Environment）、人与环境的调适度（Person-Environment Fit）三个因素有关。基于此逻辑，涉罪未成年人的涉罪行为，主要是由个人特质、环境特质和人与环境的调适度决定的，是由多元因素交互影响的结果（如图2）。

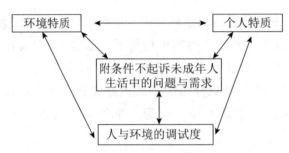

图2　附条件不起诉未成年生活中的问题与需求

因此，在对附条件不起诉未成年人进行问题界定和服务需求研判时，需要保持多元和整体性视角。如，社会工作组织在进行服务需求研判时，可以结合社会工作预估阶段收集的来自服务对象个人特质（生理、心理、社会角色及功能等）、环境特质（生活环境、社会支持和环境资源等）和人与环境调试度（人与环境的交互关系、匹配程度、适应性等）三部分的材料进行分析研判，找到服务对象遭遇的问题和当前的需求。同时，社会工作组织根据涉罪未成年人不同的问题类别和需求类别，进行类别化、层次化和精准化的管理。

（三）社会工作在未成年附条件不起诉监督考察中的干预策略与计划

1. 干预策略

基于社会工作"人在情境中"的分析视角、提供服务的直接性和间接性，可以从三个层面设定社会工作的专业干预策略：

第一，针对个人层面的直接干预策略。主要从涉罪未成年人生理、心理和社会角色及功能三个因素考量。首先，生理层面需要考量身体发展和健康维护的干预措施；其次，心理层面的干预需要考量个人价值信念、社会规范和法律意识、人际关系认知、群体归属与认同、归因风格、情绪认知和管理等方面的干预措施；最后，需要与涉罪未成年人一起进行社会角色分析，主要考量角色认知、角色功能、角色能力等的干预措施。

第二，针对环境层面的间接干预策略。如可以分析涉罪未成年人生活环境中的风险因素和保护因素并进行干预。在生活环境风险因素层面，如在家庭层面可以恢复家庭功能、建立良好的家庭沟通模式，或者进行替代性家庭治疗方案；在学校层面，降低学校排斥、改变不良同辈和师生关系、调节学业压力和不良压力应对方式等；在社区和社会层面，降低污名化、消减社会歧视和排斥。在生活环境保护因素层面，可以构建"家庭-学校-社区-社会"的社会支持网络，增进社会支持网络的正向支持功能；挖掘和分析涉罪未成年人的社会资源，增进对社会资源的认识和正向使用；将正向干预与涉罪未成年人的日常生活学习、工作相联结等。

第三，针对人与环境调适度的综合干预策略。此部分包括人与环境的良性交互关系，如将涉罪未成年人的社会参与和开放性、接纳性社会环境的建立相结合；将个人胜任能力与生活任务相平衡，调节人与环境的匹配程度；将提升个体适应环境的能力与友好性环境倡导和建立相结合；将人与环境调适视作发展的、关联的和可持续的干预等。

2. 服务计划

社会工作服务计划设计和实施需要符合未成年人司法处遇程序。一方面，社会工作接受委托发生在附条件不起诉的启动阶段，并贯穿附条件不起诉的整个工作流程，社会工作在设计和实施干预计划时需要考量如何将其嵌入到附条件不起诉的司法流程当中。另一方面，社会工作接受委托在附条件不起诉的监督考察阶段时需要将考察期设定为重要的考量因素，我国附条件不起诉考察期一般为 6 个月至 1 年的时间，社工需要做好考察和专业服务任务的时间管理，保证在考察期内达至社会工作的干预目标。

社会工作服务计划设计和实施需要符合社会工作专业逻辑。第一，社会工作处遇计划需要建立在社会调查（循证取向）、问题界定和需求研判（需求取向）的基础上，并能为后续计划实施和跟进评估环节提供工作指引；第二，从社会工作程序逻辑出发，社会工作的计划和实施属于干预程序的重要环节，若将社会工作过程视为一个整体系统，则需要考量各个子系统之间的关联性和整体性。

（四）社会工作在未成年附条件不起诉监督考察中的服务评估与结案

社会工作结案与评估是一个重要的动态过程，是一个需要事先计划好的活动。社会工作者需要将结案和评估工作视为监督考察阶段整体的组成部分，并在附条件监督考察的时间限制内提前做好准备并反映到社会工作干预计划中。此阶段的主要任务是：结束与涉罪未成年人之间的专业关系，并对监督考察过程进行回顾、总结和评估，向检察官提交涉罪未成年人接受监督考察的总结报告，目的是协助涉罪未成年人巩固已有的正向改变，增强其自身解决问题的能力，特别是在结束专业关系之后能够在自己的社会生活中继续使用在服务活动过程中所学的有效解决问题的策略。

1. 结案阶段

一般来说，社会工作进入结案阶段的原因可能是多样化的，结案并不代表当事人的需求一定得到满足。在未成年人附条件不起诉监督考察工作中的常见结案原因主要有：达至监督考察时限；专业工作目标已经达到；当事人在监督考察期内重新犯案或实施法律规定的其他禁止事项；当事人离开监督考察地，而检察官和社会工作组织无法通过其他方式继续提供服务；其他不可预测的原因。

另外，社会工作组织需要在结案期提前拟定需要完成的工作任务，并按照工作进度完成相应任务，如处理结案时涉罪未成年人产生的分离情绪和矛盾心理；回顾工作过程，强化正向改变；探讨解决问题的影响因素，并强化涉罪未成年人在解决问题过程中使用的有效策略和解决问题的动机。

2. 评估和跟进

此部分主要是对向涉罪未成年人提供的服务的有效性进行评定，是对检察部门、涉罪未成年人及其监护人、社会工作者和其所在组织、社会以及社会工作专业有所交代的过程。评估应遵循未成年人附条件不起诉相关主体参与、保密、透明、坦诚的工作原则。社会工作者需要设计评估工具以检测服务目标实现程度和干预服务的有效性，评估包括司法目标和社会处遇目标。同时，社会工作者将评估结果形成评估报告，提交相关责任检察官，并作为进一步开展司法工作的参考依据之一。

结案和工作评估并不意味着专业服务的完全结束，在监督考察期结束之后，社会工作者有时候需要设计跟进计划来检测涉罪未成年人离开工作者后，将服务活动过程中所学到的解决问题策略与其日常生活结合的情况。社会工作者可以通过事先告知和让涉罪未成年人说出适合自己的跟进方式来开展跟进工作，此亦可以预防二次犯罪并促进良性的社会融合和社会适应。

结语

探讨社会工作在司法领域的运用是一项长期且复杂的工作，其中包括了理论和实践的探索工作。社会工作作为未成年人附条件不起诉中社会力量的专业组成部分，需要承担起专业责任和相应的社会责任。在认识到当前未成年人附条件不起诉监督考察实践程序中存在的问题的前提下，引入社会工作干预模型，从司法转介与预估、服务需求研判、干预策略与计划、评估和结案四个阶段尝试搭建未成年人附条件不起诉监督考察的社会工作干预程序，既是为了回应当前我国治理体系实践对司法处遇提出的制度化、规范化和程序化的要求，也是社会工作参与未成年司法处遇社会化和未成年人权益保护福利社会化的专业回应。

我国未成年人社区矫正若干问题的思考

田佳奇*

摘　要：《社区矫正法》第 7 章未成年人社区矫正特别规定从第 52 条到第 58 条对未成年人的社区矫正作了原则性的规定，但是对于如何落实没有作具体规定。本文拟围绕未成年人社区矫正的概念、理论基础与现实基础以及目前存在的问题，如缺乏个性化项目、专业人员配备不足和社会力量参与不够等展开，并提出相应的解决方案。

关键词：未成年人社区矫正；个性化项目；社会力量参与

一、引言

《社区矫正法》明确了未成年人社区矫正的重要地位，以专章予以特别规定，标志着未成年人社区矫正制度的正式确立，具有重大的时代意义。但是，不可否认的是，我国未成年人社区矫正工作仍任重道远。对未成年人进行社区矫正，既需要理论基础也需要现实基础。目前我国的未成年人社区矫正工作存在缺乏个性化项目、专业人员配备不足以及社会力量参与不够等问题，未来要从这几个方面对我国未成年人社区矫正制度进行改进和完善。

二、未成年人社区矫正的概述

（一）未成年人社区矫正的概念

社区矫正，是与监禁刑相对应的、指将罪犯置于社区内进行教育和改造的一种刑事执行方式。根据《社区矫正法》第 2 条的规定，对被判处管制、宣告缓刑、假释和暂予监外执行的罪犯，依法实行社区矫正。未成年人社区矫正就是将未成年犯罪人置于社区内进行教育和改造。18 周岁是划分成年人

---

* 田佳奇，男，西北政法大学刑事法学院，硕士研究生在读，研究方向：刑事法学。

与未成年人的界限，《中华人民共和国刑法修正案（十一）》将个别暴力犯罪的刑事责任年龄作了下调到 12 周岁。这就意味着 12 至 18 周岁的未成年人都可以适用社区矫正制度。将符合条件的违法犯罪的未成年人置于自己生活的社区，在国家专门机关的主导以及相关社会团体和社会志愿者等多种力量的参与下，由专业工作机构和人员矫正其犯罪心理和行为恶习，使其顺利回归社会[1]。对未成年人实行社区矫正，一方面体现出对他的惩罚，另一方面更应体现出对未成年犯罪人的改造，使其通过社区矫正，掌握社会技能，让他们步入社会时有一技之长。

（二）未成年人社区矫正的理论基础

未成年人作为祖国的未来，受到国家的重视，违法犯罪的未成年人也不例外。未成年人思想、心智等尚未成熟，监禁刑改造容易造成交叉感染，不利于未成年人的再社会化。对未成年人的改造应坚持区别对待的原则，教育为主，惩罚为辅。对未成年人进行社区矫正的理论基础有儿童最佳利益原则、国家亲权理论、恢复性司法以及行刑社会化等。

1. 儿童最佳利益原则

根据联合国《儿童权利公约》规定，关于儿童的一切行动，不论是由公私社会福利机构、法院、行政当局或立法机构执行，均应以儿童的最大利益为一种首要考虑。此即儿童最佳利益原则。对于实施违法犯罪行为的未成年人来说，非监禁刑更有利于他们的身心健康成长，不致与社会脱节，有利于其成长和再社会化。对满足条件的未成年犯罪人实施社区矫正符合儿童最佳利益。

2. 国家亲权理论

国家亲权理论，是国家对未成年人负有保护责任及享有相关权利的依据，即当未成年人的父母未适当或不能履行监护义务之时，国家有责任也有权力以"国家监护人"的身份介入、指导乃至代替不尽责或无能为力的父母行使"亲权"，此时国家拥有与父母同样的权利对孩子进行利益保护、行为规制及不良行为惩戒。[2] 未成年人实施犯罪的很大一部分原因是家庭教育的缺失，

---

〔1〕 参见吕新建："论我国未成年犯社区矫正的必要性及可行性"，载《河北法学》2008 年第 3 期。

〔2〕 参见宋志军："儿童最佳利益：少年司法社会支持体系之伦理议题"，载《浙江工商大学学报》2019 年第 5 期。

社区矫正就是从国家层面对其进行教育改造，帮助其成长并顺利回归社会。

3. 恢复性司法

以往的刑罚理念更多体现的是"以牙还牙"的报复主义思想，强调对犯罪嫌疑人、被告人的事后惩罚，且以监禁刑为中心。随着恢复性司法理念的提出，这一现象有所改变。该理念侧重于修复被害人与犯罪嫌疑人、被告人之间破损的社会关系。恢复性司法契合了权利本位主义理念和和谐社会政策的价值追求，弥补了报应性司法与矫治性司法理念的弱点，在应对青少年犯罪方面日益凸显出其特殊的重要性，同时也为未成年犯罪人社区矫正的完善提供了一个崭新的方向。[1]

4. 行刑社会化

行刑社会化是指注重社会因素在刑罚的执行过程中所起的作用，通过放宽监狱与社会的隔绝程度，加强罪犯与社会的接触，更大程度地避免自由刑带来的不良后果和弊端，同时帮助罪犯塑造符合社会生活的价值观和世界观，帮助其掌握必要的生活技能与社会常识，完成罪犯健康复归社会的任务而采取的保证罪犯与社会接触最大化的行刑措施。[2] 社区矫正是行刑社会化最主要的手段，对未成年犯罪人实行社区矫正是行刑社会化的表现形式之一，既可以凸显刑法的惩罚功能，又能够帮助未成年犯罪人在实行社区矫正期间改造不良习性，获取社会生存技能。

（三）未成年社区矫正的现实基础

对未成年人进行社区矫正除了具有理论基础外，还具有深厚的现实基础。促使未成年人实施违法犯罪行为的现实因素很多，既有其自身主观方面的因素，也有家庭环境等客观方面的影响。所以，对未成年犯罪人实施社区矫正和这一特殊主体的自身情况密切相关。

1. 未成年人易改造

未成年人尚未形成独立的世界观、人生观和价值观。监禁刑的处罚措施容易造成交叉感染，在实施刑罚的过程中很难引导其形成正确的思想理念。

---

〔1〕 参见汤君："恢复性司法理念下未成年犯罪人社区矫正制度完善进路"，载《青少年犯罪问题》2019年第1期。

〔2〕 参见王正阳："行刑社会化之未成年犯社区矫正制度"，载《东南大学学报（哲学社会科学版）》2016年第S1期。

而对未成年人实行社区矫正，将其置于社会家庭环境下，由于他们尚处于成长期，本身具有易塑造性，更容易纠正不良行为。对未成年人进行社区矫正的现实基础之一就是他们的生理、心理等发育特点，进行非监禁的社区矫正更有利于未成年人改过自新。

2. 监禁刑影响大

对于未成年人来说，实施监禁刑除了具有交叉感染的风险外，最重要的是会影响未成年人的再社会化。一是"罪犯"这一标签会永远伴随他，刑满释放后，不论是回归学校还是社会，都会对其造成不良影响；二是在经济文化等方面快速发展的今天，监禁刑更彰显惩罚功能，违背对未成年人"教育为主，惩罚为辅"的理念，且会造成未成年人与社会脱节，对其日后就业会造成极大的影响，而在面临失业以及欠缺社会保障的情况下，其具有很大的再犯可能性。

三、我国未成年人社区矫正的困境

我国《社区矫正法》中专门作了关于未成年人社区矫正的特别规定，比如采取针对性的矫正措施、矫正工作与成年人分别进行、对未成年人身份信息进行保密等，这无疑对未成年犯罪人实行社区矫正具有重大积极意义，但是由于只有原则性规定，如何在实践中具体落实，确保未成年人社区矫正的高质量贯彻仍是待解决的问题。

（一）缺乏个性化矫正项目

《社区矫正法》第 52 条第 1 款规定，社区矫正机构应当根据未成年社区矫正对象的年龄、心理特点、发育需要、成长经历、犯罪原因、家庭监护教育条件等情况，采取针对性的矫正措施。但是，该条仅作了个性化矫正的原则性规定。缺乏个性化的具体矫正项目意味着对未成年犯罪人社区矫正的执行方式和成年人差别不大。有关学者调研发现，目前司法所能够落实分开矫正的规定，但区分程度不够。[1] 这意味着针对未成年犯罪人的个性化矫正方式欠缺，法律没有规定可以统一适用的项目，只能由各地区司法所自行探索。未成年犯罪人每个人的个人情况都不同，或是家庭原因导致犯罪，或是心理、

---

〔1〕 参见张凯："我国未成年人社区矫正工作的执行现状及推进路径——以我国社区矫正法相关规定为切入"，载《长白学刊》2021 年第 6 期。

环境原因等导致犯罪，要使社区矫正最大限度发挥其作用，就要针对每个人的具体情况实施个性化的矫正项目。

（二）专业化矫正工作人员配置不足

未成年人的身心、智力情况等都尚未成熟，相对于成年人的社区矫正，他们需要专业化的工作人员来进行教育帮扶。缺乏专业化的工作人员将会直接导致社区矫正的成效甚微，影响未成年犯罪人的再社会化。《社区矫正法》第52条第2款规定，社区矫正机构为未成年社区矫正对象确定矫正小组，应当吸收熟悉未成年人身心特点的人员参加。根据1985年通过的《联合国少年司法最低限度标准规则》的相关要求，处理少年案件的人员都应当具备并保持必要的专业能力，应当具有最低限度的心理学、犯罪学、社会学以及行为科学的知识。[1]

《未成年人保护法》第101条第1款规定，"公安机关、人民检察院、人民法院和司法行政部门应当确定专门机构或者指定专门人员，负责办理涉及未成年人案件。办理涉及未成年人案件的人员应当经过专门培训，熟悉未成年人身心特点。专门机构或者专业人员中，应当有女性工作人员"。通过梳理相关法律规定可以发现，对未成年人进行教育矫正时对矫正人员的要求较高，需要配备专业化的工作人员，而目前实践中尚达不到该要求，存在人员配置不足、专业化程度不够的现象。

（三）社会力量参与程度不够

对未成年人进行社区矫正，既需要专业化的工作人员，也需要社会力量的参与。所谓社会力量，是指在社区矫正工作中可以利用的社会人力、组织和设施、技术、资金等的总称。[2]《社区矫正法》第35条第1款规定，县级以上地方人民政府及其有关部门应当通过多种形式为教育帮扶社区矫正对象提供必要的场所和条件，组织动员社会力量参与教育帮扶工作。未成年人作为社区矫正中的特殊主体，在教育帮扶的过程中引入社会力量参与更加重要，而仅依靠司法所等社区矫正机构难以保证未成年人社区矫正的质量。当前在对未成年人进行社区矫正时，社会力量参与程度不够，并没有充分调动相关

---

〔1〕 参见张凯："我国未成年人社区矫正工作的执行现状及推进路径——以我国社区矫正法相关规定为切入"，载《长白学刊》2021年第6期。

〔2〕 参见吴宗宪："社会力量参与社区矫正的若干理论问题探讨"，载《法学评论》2008年第3期。

的人力物力。

四、我国未成年社区矫正的解决方案

针对以上存在的问题，我国对未成年人的社区矫正可以从以下几个方面突破。

（一）设置个性化的矫正项目

未成年人的心智、情感等尚未成熟，实施犯罪的原因也不尽相同。在帮助未成年犯罪人回归社会的过程中，就要探索专门针对未成年人的个性化矫正项目。个性化矫正方案是针对未成年人的特殊情况实施的，根据其犯罪类型、受教育情况、智力、生活环境等，制定不同的矫正措施。国外未成年人社区矫正工作发展了丰富多彩的矫正项目，值得借鉴。例如，在美国，少年严格监督型缓刑、学校型缓刑等创新型缓刑措施，是针对轻微少年犯罪人和需要监管儿童的社区型处置措施。根据少年犯罪人居住的情况，将少年犯罪人社区矫正计划分为居住式社区矫正计划和非居住式社区矫正计划。[1]

我国可以借鉴国外的矫正项目，丰富社区矫正的措施。例如，如果未成年犯罪人是由于家庭原因走上违法犯罪的道路，那么在对该未成年人进行社区矫正的时候，就不应由其父母或监护人再继续进行监管，可以考虑实施类似于美国的寄养家庭模式。

（二）配备专业化的社区矫正工作人员

对于未成年人这一特殊的社区矫正对象，专业化的社区矫正工作者对他们意义更为重大。吴宗宪教授曾指出应重视培养专家型社区矫正工作者，对这类工作人员提出较高的要求，要具有较高的学历，如具有心理学、教育学、法学、社会学、社会工作、管理学等方面的本科学历的人，可能较为合适；要处在适当的年龄阶段，既具有阅历、经历，同时与未成年人没有太大的代沟；要具有良好的性格特征，温柔、善良、有耐心等；要具备良好的人际交往能力以及具有相关的工作经验等。[2] 专业化的社区矫正工作人员会给未成

---

〔1〕 参见张凯："我国未成年人社区矫正工作的执行现状及推进路径——以我国社区矫正法相关规定为切入"，载《长白学刊》2021 年第 6 期。

〔2〕 参见吴宗宪："我国未成年犯罪人社区矫正的主要问题与对策"，载《贵州民族大学学报（哲学社会科学版）》2015 年第 5 期。

年人带来很好的指导和帮助。所以各社区矫正机构应当配备一定数量的高素质的专门针对未成年犯罪人的社区矫正工作人员。

在所有的社区矫正人员中，未成年人所占数量并不多。各地应根据当地的具体情况，配备适宜数量的针对未成年人的专业化社区矫正工作者。

（三）加强社会力量参与

目前在实践中，有通过政府购买社区矫正服务的方式引入社会力量参与，也有聘请社会工作者或志愿者参与未成年人社区矫正工作的，亦有地区探索出社工模式。随着社区矫正智能化建设的推进，线上线下相结合的方式也逐渐被适用。针对未成年人这一特殊的主体，在引入社会参与的过程中，可以着重引入大学生及研究生为他们进行普法教育以及组织社会实践活动，原因在于许多未成年人由于家庭教育的缺失甚至受到从小到大生活环境的影响犯了错误，而大学生研究生等与未成年人年龄比较接近，更容易产生共同话题，且多与大学生接触可以让社区矫正的未成年人看到不同的生活方式，激励他们在未来更加努力地好好学习生活，远离违法犯罪的道路。

互联网的快速发展，线上矫正教育成为一种很好的选择方式。根据未成年人不同的年龄、学历、特长等个人特点推送适宜的教育矫正的网络资源，同时为保证教育实现应有的效果，通过人工智能对矫正对象的学习过程进行跟踪评估，实现 AI 智能助手全程答疑解问，有效提升社区矫正的教育矫治实效。[1] 线上教育学习道德、法律等相关方面的知识，线下由社区矫正机构开展相关的实践活动，一方面可以减少线下教育的经费，另一方面，可以提高对未成年进行社区矫正的实效。

结语

未成年人的社区矫正以柔性教育为主，在惩罚犯罪的同时帮助他们矫正成长过程中的不良习性，促使其有效地回归社会。正是因为这一主体的特殊性，给社区矫正工作带来了挑战。在各地司法机关的进一步探索和实践的过程中，未来未成年社区矫正工作的具体细则会不断丰富、完善和细化。

---

〔1〕 参见刘晓梅、刘晓雯："加强社会力量参与未成年人社区矫正工作——以社会支持理论为视角"，载《预防青少年犯罪研究》2021 年第 5 期。

未成年社区矫正对象帮扶教育问题研究

——以未成年社区矫正对象权利保障为视角*

兰婉恒** 王 馨***

摘 要： 作为顺应国际非监禁刑发展趋势的社区矫正理念，帮扶教育更有利于针对性地消除影响社区矫正对象再犯罪的因素，从法治观念、道德素养等方面全方位地为其塑造正确世界观和价值观，弱化社区矫正对象再犯罪的可能性，帮助其成为守法公民。通过构建一套具有中国特色的保护处分措施体系，即矫治教育措施、专门教育措施、专门矫治教育措施，达到帮助矫正对象顺利回归社会的目的，是国家长治久安的重要举措，也是现代社会人权保护的精髓所在。

关键词： 未成年；社区矫正对象；教育帮扶；专门学校；亲职教育

在国家治理体系创新、建设法治中国、加强司法人权保障的大背景下，第十三届全国人民代表大会通过的新修订的《未成年人保护法》和《预防未成年人犯罪法》，对社区矫正进行了特别规定。以上两法要求以"矫正"为主线，以"权益保护""预防犯罪"为侧重，利用"亲职教育""法律援助"等手段，在对社区矫正对象进行帮扶教育的同时，保障其合法权益。社区矫正理念从惩罚性改造为主逐步发展为以预防犯罪、帮助社区矫正对象融入社会为主，当前社会对贯彻社区矫正中帮扶教育这一理念也愈发重视，社区矫正体系的建立与完善已刻不容缓。

---

* 基金项目：本文系四川省高校人文社科重点研究基地——社区矫正研究中心项目《职务犯罪社区服刑人员涉财产刑执行问题研究》（编号：SQjz2018-04）阶段性成果。

** 兰婉恒，女，宜宾学院法学院，2019 级本科生在读。

*** 王馨，女，宜宾学院法学院讲师，法学硕士，研究方向：刑事法学。

截至 2016 年，我国未成年人犯罪人数为 35743 人，未成年人犯罪人数占同期犯罪人数的比重为 2.93%。[1] 但是，未成年人社区矫正的数量在我国社区矫正对象总数中占比较小，截至 2019 年年底的统计，18 岁以下的未成年人社区矫正对象为 7037 人，占社区矫正对象总数的 1.04%。[2] 西方一些国家，青少年重新犯罪率高达 30%~50%，甚至 60% 以上，成为政府和社会各界深感头痛的问题。[3] 未成年人犯罪已是一个世界性的突出问题，联合国将其同吸毒贩毒、环境污染列为世界三大公害。未成年人犯罪问题已经引起了世界各国的高度关注，并推动各国在社区矫正相关方面采取不同改进措施。

一、我国社区矫正现状

（一）监督管理是社区矫正制度的前提

简单地说，社区矫正就是在社区中对犯罪人进行的矫正和控制活动，而社区矫正监管就是对社区矫正对象的行为和状态进行的监视。[4] 自 2003 年我国开展第一批社区矫正的试点工作以来，司法行政机关开始对社区矫正对象开展监督管理和教育帮扶，由公安、基层司法所等承接社区矫正工作，通过定位装置对社区矫正对象进行外出监管，通过突击检查等方式对社区矫正对象进行人身控制，以确保其完成社区矫正再社会化，维护正常的社会生活秩序。

《社区矫正法》实施后，社区矫正工作理念转变为侧重社区矫正对象进行自我修复，社区矫正工作人员起辅助性作用的恢复性司法理念。但归根结底，社区矫正依然是为存在一定社会危害性的社区矫正对象所设立的一种刑罚执行手段，在开放性的社区环境中完成社区矫正，往往因为诸多不确定因素直接或间接影响矫正效果。对此，社区矫正需要依靠监管制度保障矫正工作的持续有力推进，防止滋生新的犯罪。

（二）教育矫正是社区矫正制度的灵魂

恢复性司法理念下的社区矫正注重对未成年社区矫正对象帮扶教育权利

---

〔1〕 参见"中国儿童发展纲要（2011-2020 年）"，载 https://finance.jrj.com.cn/2017/10/2715 1823295483.shtml，最后访问日期：2021 年 12 月 3 日。

〔2〕 参见吴宗宪主编：《社区矫正导论》，中国人民大学出版社 2020 年版，第 196 页。

〔3〕 参见康树华主编：《犯罪学通论》，北京大学出版社 1992 年版，第 215 页。

〔4〕 参见吴宗宪："关于社区矫正若干问题思考"，载《中国司法》2004 年第 7 期。

的保障，即通过分析未成年社区矫正对象面临的精神和社会生活中的困境，为其提供教育帮扶服务。《社区矫正法》第1条规定了社区矫正的目标是推进和规范社区矫正工作，保障刑事执行工作，提高教育矫正质量，促进社区矫正对象顺利融入社会，预防和减少犯罪。其中"促进社区矫正对象顺利融入社会"包含了对社区矫正对象的"全人教育"，即适应现代社会的健全人格教育，矫正教育成为社区矫正工作的核心目标。2020年《实施办法》要求社区矫正机构对社区矫正对象提供法治、道德、心理健康等个性化矫正教育，并根据社区矫正对象个体特征、实际需求提供就业、就学帮扶，为贯彻恢复性司法理念提供制度支持，推动教育帮扶体系的建设与完善，并取得良好的法律效果与社会效果。

（三）我国未成年社区矫正对象教育矫正取得的主要成效

1. 教育矫正方式多元化。社区矫正实践中，各地区社区矫正机构大胆创新，不断探索并推广出多样化的教育矫正形式。在社区矫正工作机制方面，各地区结合矫正实际工作和经济发展水平，创新矫正小组模式，并依托"智慧矫正"平台和线上教育APP构建定位监管、远程督查、在线教育社区矫正体系。[1]教育帮扶方面，以市、县（区）安置帮教基地和监狱为平台，建立教育帮扶基地，实现教育矫正方式多样化。同时，将成功个案改编后拍摄制作社区矫正专题片、法治微电影等影片，提升教育帮扶实效，达到对社区矫正正面宣传和普及的效果，增强公众认知度、认同感，为贯彻恢复性司法理念奠定社会基础。

2. 心理矫治专业化。心理矫正是使社区矫正对象进入主动改变状态的重要矫正手段。为此，各地与专业社会组织合作，建立社区矫正心理矫正服务中心或心理矫正室，配备心理危机干预系统，组建心理专家志愿者服务队，对社区矫正对象进行科学、客观的测试，根据测试结果作出动态测评报告，并建立心理健康档案。同时，各市、区（县）抽选社区矫正工作人员开展心理技能培训，由心理咨询专家带领社区矫正工作人员，通过开展实战操作，对有心理问题的社区矫正对象提供个性化辅导，进行心理援助，并培养一批有实战能力的心理矫治工作能手。

---

〔1〕 参见陈婧："以智慧法务助推司法行政信息化建设"，载《人民论坛》2020年第5期。

3. 社会力量参与广泛化。"社会力量"即"社会资源"，包含了在社区矫正工作中所有能够被利用起来的各种资源，如"社会人力、组织和设施、技术、资金等"。社会人力是比其他任何社会力量都重要的社会资源，他们虽然不具有执法者的身份，不是社区矫正机构的公务员，但是在社区矫正工作中所起的作用是不能被低估的。[1] 目前我国社会力量参与社区矫正出现三大经验模式，分别是：以司法行政力量为核心的北京模式，以社会组织承接为核心的上海模式以及以项目化购买为核心的深圳模式。

二、我国未成年社区矫正帮扶教育制度存在的问题

（一）重监管，轻教育

"刑罚的本质不应当仅局限于体现一种惩罚性和给犯人带来一定的痛苦性，更应当立足于人的本质方面的复归、解放、更新和再造。"[2] 据此，《社区矫正法》中设立专章规定教育帮扶，基本建立教育矫正制度体系。但在社区矫正工作中，矫正队伍建设人手不足，社区矫正机构虽重视教育帮扶项目却无力开展，只能通过进行网上学习积分和公益活动签到、签退等变相的强制劳动满足教育考核要求。同时，由于监督管理方面工作人员需承担更大的责任风险，一旦监管举措没有按照规定实施则会给社区矫正工作人员自身带来不堪设想的后果，甚至可能会被认定为犯罪。因此，社区矫正工作人员往往把精力放在减少脱管漏管和矫正期限内不重新犯罪此类硬性考核标准中。这种重监管轻教育的社区矫正实践工作，一方面增加了社区矫正对象的矫正义务，另一方面矫正过度也严重干预了社区矫正对象的生活，导致社区矫正对象作为公民的基本权利被挤压乃至被侵犯的现象大量存在。

（二）缺少帮扶教育工作机制

从全国而言，目前尚没有一个省市实质上建立一套区别于成年人社区矫正的未成年人社区矫正工作制度、程序和机制。[3] 部分省市级行政机构贯彻

---

〔1〕 参见吴宗宪："社会力量参与社区矫正的若干理论问题探讨"，载《法学评论》2008年第3期。

〔2〕 刘志伟、何荣功、周国良编著：《社区矫正专题整理》，中国人民公安大学出版社2010年版，第6页。

〔3〕 参见上海市社区矫正立法调研课题组、梅义征："社区矫正立法问题研究"，载《中国司法》2017年第5期。

《社区矫正法》的方针政策，设立了社区矫正委员会并由其统筹协调指导辖区范围内社区矫正工作，但未设立未成年人专门矫正部门也没有专职矫正人员。在日常监管工作中，虽依法将未成年社区矫正对象与成年人分开进行，但监管人员未进行区分，对未成年社区矫正对象没有区别对待，存在暴露未成年社区矫正对象隐私的风险。我国《社区矫正法》中虽有多个条文涉及对社区矫正对象的隐私权保护，例如该法第 26 条第 2 款规定，社区矫正机构开展实地查访等工作时，应当保护社区矫正对象的身份信息和个人隐私，但未明确规定未成年社区矫正对象必须专人负责以及对其个人信息在接受监管和参与矫正项目时实行特殊隐私权的保护。在帮扶教育力量方面，《社区矫正法》中通过对教育帮扶和未成年人社区矫正进行专章规定，明确赋予了未成年社区矫正对象获得个性化、专业化教育帮扶的权利。但目前我国社区矫正队伍中多为法学类专业人才，其他专业人才占比较小，仅通过司法所工作人员为社区矫正对象开展教育活动，尚不能满足未成年社区矫正对象获得专业化帮扶教育的需求。

（三）缺乏就业就学帮扶的体系化设计

就业作为社区矫正对象重新融入社会的第一步，应作为社区矫正工作的重要组成部分。受刑罚报应性、罪犯身份性以及传统刑罚文化等因素的影响，大多数学校和用人单位存在较为严重的教育歧视和就业歧视。如在高考报名文件中规定凡受过刑事处罚或因触犯刑法被采取过强制措施的，均不得参加高考报名。[1] 在公务员、事业单位等工作岗位招聘中，要求求职者出具无犯罪记录证明，这严重挤压了未成年社区矫正对象所享有的劳动权和就业权，限制了其现阶段的成长以及未来的发展，给未成年社区矫正对象融入社会增添了隐性阻碍。对此，国家和各地政府需要出台相关政策予以支持，但我国现行法律法规中依旧存在较多对受过刑事处罚的公民的相关资格限制，与社区矫正目的相冲突。社区矫正工作中所开展的就业指导和职业技能培训往往也仅仅停留在理论知识介绍层面，缺乏较为全面的、系统实用的就业技巧，

---

〔1〕 如，湖北省在现行的《高考报名规定》中明确，"因触犯刑法已被有关部门采取强制措施或正在服刑者"不得报名参加高考。为此，2021 年湖北省检察机关通过与教育部有关部门进行沟通协调，为 10 名因被取保候审或者拘传而无法参加高考报名的未成年人助力大学梦，其中 5 人成功考入大学。

并不能为社区矫正对象提供实质性帮助。

（四）缺乏权利救济程序

在社区矫正期间，社区矫正机构有权对违反监督管理规定的社区矫正对象作出训诫和警告的处罚。需注意的是，训诫和警告不属于行政处罚，社区矫正对象对此不能提起行政复议和行政诉讼。同时，在社区矫正对象收监执行过程中，由于《社区矫正法》的收监标准模糊、缺乏可操作性以及司法行政机关缺乏收集证据的执行资格等问题，容易产生社区矫正工作人员在收集材料过程中掺杂较强的主观色彩情形，严重损害社区矫正对象获得公平裁决的权利。根据《刑事诉讼法》第 277 条、278 条规定，人民法院、人民检察院和公安机关应当为未成年犯罪嫌疑人、被告人提供"法律援助"并"指派律师为其提供辩护"。但目前的法律法规中未对未成年社区矫正对象所适用的权利救济程序作出特别规定，忽视了未成年社区矫正对象的特殊性。当未成年社区矫正对象提出异议时，由于缺乏律师的介入且不熟悉权利救济方式，致使其陷入诉讼权和隐私权遭受挤压而又无法获得救济的困境。

三、未成年社区矫正对象教育帮扶之完善路径建议

（一）设立针对性的矫正项目，实施个别化矫正

传统的社区矫正服务，大多以完成绩效考核为目标，其主要是以思想教育为主，围绕法治主义进行改造，虽采用高科技设备，但不具有针对性，较大程度上使得社矫对象的心理健康和就学就业受到影响。基于我国未成年社区矫正对象占全体社区矫正总人数较少，分散性较高，如 S 省平均每个县级行政区只有不到 3 人，以个性化教育矫正为前提是对《社区矫正法》中教育、教化的方针的重视。基于社区矫正工作开展对当地财政状况的依赖性，可以在地域广阔的农村地区或者城乡接合地区，以县（区）为单位，或者在地域面积较小的城市地区，多个区进行联合，统一建立未成年社区矫正对象教育帮扶体系并购买相应服务。在社区矫正中，根据社区矫正人员心理特点、生理发育状况、生活环境等因素，开展帮扶助困，解决升学就医等问题。例如2019 年 7 月，H 省 S 县的杨某因诈骗罪（犯罪时未满 18 周岁）被判处有期徒刑一年三个月，缓刑两年。社区矫正机构根据心理测试和风险测评结果，确定对杨某的管理类别，为其组建矫正小组，使矫正方案切实做到因人定案，

因人施矫：（1）针对杨某犯罪前系中学生，有就学需求，协调其在 S 县某中学就读，继续完成学业；（2）针对杨某就学处于高三的关键期，对杨某的走访注重保密，不影响其个人学习、生活。同时，教育学习、社区服务的时间均安排在其放学、放假期间，学习以在线学习为主，不对杨某正常上下课产生影响。

在矫正过程中需突破原有的单一模式，聘请专业心理老师和社会工作者，构建行政人员+适龄志愿者+社会力量的团队链条，不仅要从社区矫正对象思想上入手，还需在日常生活交往中努力修正其内心世界，淡化"犯罪人员"这一标签。设立线上的智慧矫正平台，构建 AI 咨询师，依托海量的交互式信息，运用大数据进行测量，使矫正决策科学化、个性化。此外，还可以通过各个数据库联动，从公安到法院突破数据壁垒，进一步维护社区矫正对象的权利。线上线下同时发力，保证能够反映出未成年社区矫正人员的真实想法，有效克制人为因素的干扰。

（二）广泛动员社会力量，整合社会资源

社区矫正如果仅依托基层司法所提供服务，由于其本身就有法治教育、人民调解、法律援助等多项工作职责，通常会导致工作人员身兼数职的情况，容易导致他们的工作顾此失彼或流于形式。[1] 所以，应当在社区矫正中引进社会资源缓解工作压力。在帮扶方面，社区矫正机构可与基金会达成合作，引得稳定资金的投入，增强资金流向透明度，对社区矫正对象出现就医困难、就学困难等现实情况的实现精准点控，做好事前心理疏导让其乐意接受并建立事后回访的长效追踪机制，杜绝"作秀"等行为。教育方面：（1）以团委、妇联组织带头，组织未成年社区矫正对象与普通居民一起参与志愿活动，全程对矫正对象身份保密；（2）针对未成年社区矫正对象可能"不在乎"的轻视心理，链接监狱资源，采取监狱服刑人员定时现身说法的模式，直观地加强矫正对象的法律意识与敬畏心；（3）在高校中抽取适格学生，培养一批适龄志愿者，通过网络谈话、线下辅导方式，展示其奋发图强的精神面貌以激发社区矫正对象的自我纠错意识，以年轻化的方式传递思想，同时也能拓

---

〔1〕 参见雷杰、刘晓宇、陈玉莹："行政与服务：传统司法模式和青少年事务社会工作模式介入青少年社区矫正的比较研究"，载《华东理工大学学报（社会科学版）》2021 年第 5 期。

宽社区矫正对象的交际圈；（4）明确矫正帮教社会力量构成，通过评估社区矫正对象心理和成长环境，将企事业单位、志愿者等纳入帮教小组，对帮教次数、帮教范围予以规定，减少社会资源浪费。如果未成年社区矫正获得全社会的支持，便能够在解决一人越轨的同时，将影响投射到社会，降低其"二进宫"的风险，缓解社会压力。

（三）建立专门学校，构建梯阶式教育矫治体系

《预防未成年人犯罪法》中明确列举了9项严重不良行为，同时基于分类预防、分类矫治的理念提出了矫治教育、专门教育、专门矫治教育三级干预措施。三种措施层层递进，构成了阶梯式矫治体系，形成中国特色未成年人保护处分模式。

新时代情势下，专门矫治教育与社区矫正的结合是必然的趋势。社区矫正的目的在于让矫正对象回归社会，但同时也遭到诸多质疑，如"社区矫正监管的松散和可能给社区带来的威胁"[1]。而专门学校能够在给予柔性关怀的同时形成一定的约束，既能确保其在学校和专业人员的带领下改正错误、摆脱困境，也保障了未成年社区矫正对象自我发展、自我管理的权利。因此，县级以上地方人民政府应根据需要合理设置专门学校，将辍学或被认为不适宜在原学校学习的未成年社区矫正对象送入专门学校接受专门矫治教育。[2]具体操作上，专门学校需注意对学生档案的保密，明确规定能够查询档案的主体，除必须事务外不得随意翻阅档案，同时学生的档案应保留在原学校，淡化未成年人"社区矫正"身份标签，并采用"匿名式"校园学习模式，去"标签化"的同时保护未成年社区矫正对象隐私信息。同时由工读学校接替部分教育帮扶职能，通过专业教师提供针对性教育，实现专业的人做专业的事；社区矫正机构则可以减少购买教育帮扶项目支出，将部分购买项目经费转向未成年社区矫正对象的学费补贴，为因家境困难而不能入学的矫正对象提供保障，既能加强监管力度，又能为未成年社区矫正对象提供专业的教育平台。

（四）推进亲职教育制度化，完善"督促监护令"

家庭是社会的细胞，只有合理调节家庭中的关系才能着手修复未成年社

---

〔1〕 何显兵：《社区刑罚研究》，群众出版社 2005 年版，第 135~145 页。

〔2〕 参见肖乾利、侯习敏："未成年犯社区矫正的困境摆脱"，载《重庆社会科学》2015 年第 8 期。

区矫正对象的社会关系。《社区矫正法》第 53 条规定了监护人需要承担的责任和义务，也指出了在监护人履职不当时有关部门所需实施的防护措施，但此规定较为宽泛，现实中执行主体不明确。[1] 因此，提升未成年社区矫正对象监护人的监护职能，构建未成年人家庭保护防线需要社会各界共同参与。根据《中华人民共和国家庭教育促进法》第 6 条第 1 款的规定，县级以上人民政府负责妇女儿童工作的机构，需组织、协调、指导、督促有关部门做好家庭教育工作。其中，妇联长期致力于维护少年儿童权益，具有独特的公信力和社会资源，但由于其缺乏公权力，易导致教育流于表面，对此可以与以检察院为实施主体的督促监护令相联合，以检察院的监督权为保障，与妇联进行优势互补，促成监护监督体制的整体构建。此外，鉴于亲职教育重在教育，执行主体需具备专业化教育背景，学校所具备的先天教育资源能起到不可忽视的作用。可由学校提供多样性与针对性的课程体系，例如对单亲家庭的教育指导、隔代家庭的教育指导等。同时依托智慧矫正提供的平台探索"互联网+"模式，通过技术手段解决父母不在执行地、教育资源缺乏等问题，将"线下"教育与"线上"辅导相结合，建立全国统一的亲职教育管理系统。

（五）完善收监执行权利救济程序

随着《社区矫正法》的公布，较多实际问题的解决得到了法律依据作为支撑，但为系统地、完善地解决社区矫正工作推进过程中出现的问题，还需将《社区矫正法》《刑事诉讼法》《中华人民共和国刑法》等法律体系中有关社区矫正收监执行的法律法规整合成系统的、科学成熟的社区矫正对象收监执行体系，并作为实践的依据和指导。对于目前收监标准不明确的情况，应对《刑事诉讼法》第 268 条中所规定的"严重违反""不符合"等收监执行条件明确认定标准，防止出现不收监、乱收监的情形。在司法实践中，基于未成年社区矫正对象的弱势地位，应在未成年矫正对象对司法行政机关收集的证据和收监执行程序提出异议后，在审查过程中由社区矫正决定机构提供专业性的律师介入，以此保护未成年社区矫正对象的诉权。同时，建立相关

---

[1]《社区矫正法》第 53 条规定："未成年社区矫正对象的监护人应当履行监护责任，承担抚养、管教等义务。监护人怠于履行监护职责的，社区矫正机构应当督促、教育其履行监护责任。监护人拒不履行监护职责的，通知有关部门依法作出处理。"

证据制度，证据中包括社区矫正机构的谈话、心理治疗、风险评估等长时效的证据，并由检察机关对证据的收集进行全程督查，对证据合法性、有效性进行重点审查，通过解决法院采信难问题，进一步保护未成年社区矫正对象的合法权益。

结语

当前世界各国对未成年人犯罪的处遇越来越向非监禁性、再社会化方向发展。对未成年社区矫正对象进行帮扶教育，是适合未成年人特殊生理、心理特点的矫正方式。针对未成年社区矫正对象，应当采取趋向适龄性、个性化的措施，利用智慧矫正平台，建立线上线下统一教育帮扶体系，提供个性化矫正项目；通过广泛动员适龄志愿者等社会力量，为社区矫正对象的权利保障提供良好的社会基础；通过完善亲职教育制度化建设，改善未成年人的家庭环境。如此，才能实现未成年矫正对象的再社会化，矫治其恶习并重新回归社会，贯彻恢复性司法理念，降低再犯率。

浅析未成年社区矫正对象的重新犯罪

孔小彬 *

摘　要：如何对涉罪未成年人实行社区矫正，是社区矫正制度改革发展中的一项重要任务。目前矫正工作中未成年社区矫正对象仍存在矫正不彻底、监管不到位等问题，导致未成年犯重新犯罪问题突出。针对这些问题，本文从家庭、政府、社会三方主体出发，提出解决对策。

关键词：未成年社区矫正对象；社区矫正；重新犯罪

在我国，法律意义上的未成年犯是指已触犯我国刑法，受到刑罚处罚的已满 12 周岁但不满 18 周岁的人。对未成年犯适用社区矫正这种监外刑罚的方法，摒弃了监禁刑罚对未成年罪犯带来的诸多弊端，有利于他们的改造和未来的成长发展，但是由于种种原因，一些未成年罪犯不能珍惜机会，出现了重新犯罪现象。本文针对未成年社区矫正对象重新犯罪的现状和原因分析以及如何加强对未成年社区矫正对象的教育监管，预防和减少未成年社区矫正对象重新犯罪发生，提出几点看法：

一、未成年社区矫正对象重新犯罪现状分析

1. 从犯罪时间上来看，重新犯罪时间间隔较短。初次与重新犯罪间隔在 2 年以内的较多。

2. 从犯罪成员结构来看，呈现"三多"现象。一是年纪轻的多，主要集中于 17 岁到 25 岁之间；二是文化程度低的多，多为初中及以下文化程度；三是无业人员多。

3. 从犯罪类型方面看，侵犯财产罪占多数。从重新犯罪的罪名分析，主

---

　*　孔小彬，男，四川宜宾市南溪区司法局社区矫正执法大队科员。

要集中于盗窃、抢劫及敲诈勒索等侵犯财产型犯罪，重新犯罪背后的动机是以犯罪手段获取经济利益以满足生活需要为主。

4. 从犯罪形式来看，多为临时性团伙犯罪。未成年人依附性强，作案时存有恐惧心理，依仗人多势众、相互壮胆，往往是一人先动手再群起而攻之，不计后果，达到目的后又迅速逃离现场。

5. 从作案动机和目的来看，多数属于突发性、激情性犯罪。未成年犯心理发育不成熟，占有欲强、好激动、度量小、自控能力差，往往因为一句话、一件不顺心的事，就临时起意，盲目动手而为之。

6. 从主观意识方面看，接受社区矫正的态度不端正。重新犯罪的未成年社区矫正对象大多以得过且过态度接受社区矫正。虽然会定期参加教育学习，但学习时要么玩手机要么低头打瞌睡、剪指甲，也不愿意和矫正工作人员交流沟通。

二、未成年社区矫正对象重新犯罪的原因

未成年犯初次犯罪原因多样，各不相同，与社会不良因素的诱惑、法治观念不强、家庭学校教育不到位等都有关系，但把未成年犯重新犯罪仍归咎为上述几种原因，显然不具有说服力。因此，未成年犯重新犯罪除了具有初犯的普遍性外，还与他们的心理、成长环境相关而带有一定的特殊性。

（一）未成年社区矫正对象对自身所犯罪行认识不足

1. 法治观念淡薄，自律意识有待提高。当他们实施犯罪行为时，有的甚至觉得只是好玩，根本不知道或没有考虑这是否是犯罪。判处刑罚后，有的人虽然对自己所犯罪的行为有一定的认识，但大都是肤浅和片面的。如王某某因盗窃罪被判处有期徒刑十个月，缓刑一年，在缓刑考验期内，其因法律意识淡薄，伙同他人非法拘禁并暴力殴打被害人张某某，被撤销缓刑，决定执行有期徒刑一年六个月。

2. 服刑意识较弱，思想上未感受到正在接受改造。重新犯罪的未成年社区矫正对象对自身所处阶段认识不足。有些被宣告缓刑的未成年社区矫正对象以为未被法院判处实刑就不是真正受到刑罚的处罚，同时根本不知道社区矫正监督管理机关同监狱、看守所、未成年管教所一样也是刑罚执行机关，抱有已逃脱制裁的侥幸心理，在思想上并未彻底接受改造。

3. 无一技之长，缺少谋生手段。一些未成年社区矫正对象由于文化程度低，缺乏劳动技能，加上有犯罪的前科，社会对他们的接纳度不高，回归社会后找不到工作，又无法得到社会保障，同时还受到人们的歧视，这样就会使他们承受生活压力和精神压力，而这双重压力往往会使他们产生自暴自弃的想法，导致他们重新走上犯罪道路。如李某因寻衅滋事罪被判处有期徒刑一年六个月，缓刑二年，在考验期间内不能养活自己，又因盗窃罪被公安机关刑拘。

4. 恶习难改，易重蹈覆辙。一些主观恶意深的未成年社区矫正对象，不以犯法为耻，"判刑前受气挨打，判刑后扬眉吐气"的奇特现象使部分接受社区矫正的未成年人沉溺于"扬眉吐气"的快乐之中。同时，由于未成年人思想单纯，不能体会到受到刑罚处理对自己一生的长久影响，在短期内会认为被判刑反而有了炫耀的资本，恃强凌弱，善恶不分，其主观恶性很难根治，一旦遇到机会，犯罪意念疾速滋长。

5. 不能慎重交友，重新误入歧途。部分未成年社区矫正对象由于缺少亲情、友情，迫于被社会边缘化的恐惧，转而与社会闲杂人员过多交往，受他们影响再次误入歧途。如重新参与吸毒贩毒、赌博等犯罪，受毒友、赌友影响是最重要的原因。

（二）帮教措施程序化，监督管理不到位

1. 教育矫正方式缺乏规范。目前，司法所作为社区矫正工作主体，主要任务是保证社区矫正对象每周电话报到、每月当面报到，保证对象不脱管、漏管，工作重心为监督，流于形式，并没有深入社区矫正对象的内心，改变其观念想法。受人力物力财力限制，目前社区矫正机构大多未从未成年社区矫正对象个体特征出发，寻找有效的管理方式，如有针对性地邀请专业人员或其他从事教育的工作者对其提供心理咨询服务，进行心理疏导，实施心理矫正，从而打消重新犯罪的心理残余，而仍停留在使用通常的缓刑犯矫正方法阶段，帮教措施和手段大多停留在座谈、说教式的教育。

2. 社区矫正缺乏直接的刑罚执行应有的震慑力，矫正效果不明显。社区矫正工作虽是一项刑罚执行活动，但没有强制性措施也无法体现社区矫正的警示教育功能和应有的刑罚执行震慑力，更不能彰显法律的公平和正义、严肃和尊严。目前的矫正手段多采用警告、提请治安处罚、撤销缓刑、假释、对暂予监外执行的罪犯收监等处罚，但是在实践中仍然显得空乏无力。除了警告处罚是社区矫正机构能直接作出的，其他处罚最终决定权并不在社区矫正机构。即使社区矫正机构搜集社区矫正对象违反社区矫正监督管理规定甚至脱管数月的书面证据报公安机关，由于文书传递和审批滞后，真正到实施处罚时，往往也已时过境迁，使处罚无法有针对性地及时宣告执行，相关机构也可以不采取措施或消极寻找追逃，让社区矫正对象产生一种法律不过如此的心理，进而就有可能让社区矫正对象产生对法律藐视的错觉，甚至因对违法后果误判而重新犯罪。

（三）家庭、学校对未成年社区矫正对象的教育引导不到位

1. 个人缺乏家庭关爱。部分未成年社区矫正对象长期缺乏家庭关爱，家人对其不闻不问，甚至以其失足经历为由引发家庭矛盾，使未成年社区矫正对象形成不正常的逆反心理，矫正期间也不对其进行监督教育，走上重新犯罪的道路。

2. 家庭经济困难引发重新犯罪。未成年社区矫正对象的家庭经济状况以"一般"或"偏差"居多，且自身绝大多数没有固定职业，面对家庭巨大的经济压力和自身无生活来源的双重压力，极易引发侵财犯罪。

3. 家庭成员错误的抚育方式助长了重新犯罪。部分家庭尤其是未成年社区矫正对象的家长，对未成年社区矫正对象过度溺爱、纵容，为其开脱罪责、减轻孩子的罪恶感和自责感。同时，这些家长对社区矫正及帮教工作心存误解，存在排斥心理，客观上影响了教育成效。如未成年社区矫正对象王某某，父母对其过度溺爱，虽已毕业多年但仍然不务正业游手好闲，其父母每月都给他零花钱出去应酬，在矫正期间又因寻衅滋事被检察机关批准逮捕。

（四）社会各方力量对未成年社区矫正对象共同施教不到位

1. 被社会标签化。标签理论认为人一旦犯罪，其面对公众的批评和坏人的标签，很难保持一个积极的自我形象。他们会对公众谴责和坏人标签产生消极认同，从而引发更严重的犯罪行为。一些未成年社区矫正对象由于有"前科劣迹"，在就业、工作、婚姻等方面会遇到比平常人更多的困难，承受的社会压力增大。

2. 相关部门衔接配合、协调联动不够。相关监管、帮扶职能部门各自为政，相互之间缺少沟通。有些时候公安机关对涉嫌重新犯罪的社区矫正对象

采取强制措施后，不主动通报社区矫正机构，以致社区矫正机构重复追查。

3. 社会力量参与度不足。当前的未成年犯重新犯罪预防工作处于多个部门管理之下，公检法司、团委、妇联、教育等多个部门都有相关的工作职能，各负其责，延伸帮教，其根本目的是预防未成年犯重新犯罪，更好地保护未成年犯的健康成长。但是预防未成年犯重新犯罪是一项长期的、持之以恒的工作，仅靠分段进行或者工作程序中顺带进行，不是长效之策。不少帮教单位把帮教工作停留在口头上，没有付诸实施，导致未成年社区矫正对象处于单管、缺管状态。

三、预防未成年矫正对象再犯罪之对策建议

社区矫正工作综合性强，涉及国家司法、刑罚执行、治安管理、社区管理、群众工作等诸多层面，对未成年罪犯实施矫正，需要有关部门相互配合，相互支持，切实发挥职能部门整体协调一致的优势开展工作，需要家庭、学校和全社会共同建立起挽救未成年社区矫正对象的配套体系，并推动社区矫正工作向纵深发展。

（一）加强各部门间的配合，开展多种形式的帮教

司法行政机关应加强与综治、团委、公安、法院、检察、社区等有关方面的协作配合，共同构建未成年人犯罪预防及权益保护的社会化格局。一是完善对网络、书刊等文化市场的社会管理机制。要大力配合有关部门深入开展整治互联网和手机媒体淫秽色情及低俗信息专项行动，净化网络环境。加大对文化市场法律监督的力度，坚决打击利用网络实施的诈骗、赌博、传播淫秽物品等犯罪活动，清除"精神毒品"的污染。二是加大对校园周边环境的保护力度。要配合团委、公安、文化等有关部门联合开展"扫黄打非"行动，对各类中小学、高教园区周边的各种娱乐场所进行彻底地清理、整治，严厉打击危害学校正常秩序、侵害青少年学生的各类违法犯罪活动，保障学生有一个安全、和谐、健康的学习环境。要利用专项打击犯罪活动的时机，适时教育、引导青少年自觉远离游戏厅、歌舞厅、录像厅等不宜进入和涉足的营业性娱乐服务场所和服务网，鼓励青少年文明上网，营造青少年成长的良好氛围。三是成立辖区涉罪未成年社区矫正工程联动工作机制。结合自身特点及辖区实际情况，整合多方力量、牵头成立涉罪未成年社区矫正工程联

动工作机制领导小组，各司其职，齐抓共管，探索适合未成年矫正对象身心特点的帮教管理新机制，适时开展帮扶和教育工作，在取得监督效果的同时，避免再犯罪现象的发生。

（二）积极开展心理矫正，做好思想改造工作

心理辅导、思想引导是目前对犯罪未成年人矫正的最有效的方法之一。心理矫治、思想改造过程是旧的心理定势不断消解，新的心理定势逐步形成的过程。在实践中，因为有的未成年人心智不成熟，世界观尚未定型、人生观显著错位、价值观严重扭曲，所以误入歧途，走向犯罪。要想让他们彻底与过去的不良生活告别，就必须在特定时期内由专人与其多次深入接触，了解其心路历程，并在一段时间内不断予以矫正。

（三）加强文化知识学习，开展职业技术培训

鼓励自谋职业或者推荐就业，完成未成年社区矫正对象回归的"软着陆"。从对辖区违法犯罪的调查结果来看，少年犯主要来自于闲散未成年人，他们文化程度普遍偏低，初中以下水平的占多数。因此，必须促使未成年矫正对象学习文化知识和劳动技能，为其顺利回归社会的就业、生活创造有利条件，防止其闲散在社会上，重新滑向犯罪的深渊。对未成年矫正对象没有完成国家规定的义务教育内容的，司法行政机关应当协调相关部门并督促其法定监护人，帮助其接受并完成义务教育内容。劳动部门对有就业愿望的矫正对象开展职业技术培训，让他们多学习掌握一些劳动技能，鼓励自谋职业，提供就业信息并指导就业。

（四）开设家长法治讲堂，加强家庭管教功能

世上没有不好的孩子，只有不好的父母，古话说得好"子不教，父之过也"。所以，每个家长既要对孩子养，更要对孩子教；既要注重孩子身体健康，更要注重孩子心理健康。家庭是未成年人学习、生活和活动的主要场所，对未成年人的健康成长和心理发展有很大的影响，开设家长法治讲堂，要求家长加强与子女的沟通，在满足子女物质需要的同时，应重视他们的思想和精神需要，采取正确的教育方法进行管教，特别是留守孩子和已失辍学或沾染上不良恶习的孩子家庭，一定要加强教育和监管，要耐心引导、循循善诱、用情感化，切忌对孩子冷漠生硬、丧失信心，切莫体罚打骂把孩子打入社会，要引导孩子尽早避免黄、赌、毒等社会丑恶现象和不良人群的引诱，适时教

育孩子增强自我保护意识和防范意识，自觉抵御诱惑、抵御犯罪，尽到监护人的职责，筑牢预防未成年人犯罪的第一道防线，让孩子在温馨、文明、健康的家庭环境中成长。这样就会大大减少因为其心理和个性上的不健全而导致的犯罪。

少年兴则国兴，少年强则国强。未成年人是国家的未来，直接影响国家的兴衰和民族的兴亡，关心、关注未成年社区矫正对象这类特殊人群，意义深远，责任重大。加强对未成年社区矫正对象的管理，预防和矫治未成年人违法、犯罪是全社会尤其是执法部门义不容辞的责任，社会各界应以对国家、对民族高度负责的态度，在学习、工作、生活的各个领域，创造健康向上、文明奋进的良好氛围，不断为未成年人的成长创造健康的社会环境，防止其重新滑向犯罪的深渊。

智慧矫正

智慧矫正在《社区矫正法》实施中的应用研究

谭庆芳*

摘　要：《社区矫正法》的实施以习近平法治思想为指导，充分体现以人民为中心的发展思想，坚持中国特色社会主义法治道路，坚持推进国家治理体系和治理能力现代化。该法明确了矫正工作参与各方的职责、边界、流程，各地也以该法为依据积极参与和调整了社区矫正实施方案。本文认为应该站上一层、退后一格把社区矫正与司法行政、依法治国统筹考虑，从而解决《社区矫正法》实施中协同办案、信息化核查、智能分级处遇、基层人少事多等典型问题。通过智慧矫正分析、信息化技术特点分析、人工智能应用、智能化核查研究设计等，可以为《社区矫正法》在各地有效实施提供更详实的策略指导和技术方案。

关键词：社区矫正；《社区矫正法》；智慧矫正；信息化；

一、绪论

社区矫正机构对社区矫正对象进行日常管理和行为监管是社区矫正工作的任务，也是其应当履行的职责。[1] 社区矫正工作具有开放、动态、即时、严格等特点，这项工作的具体实施是在司法所或社区矫正中心。由于我国城乡发展、东西发展不平衡，人口分布不均，导致很多地区司法所和社区矫正中心工作人员不足，如果采用"人盯人""人管人"的方式进行社区矫正监管，势必造成效率低、效果差、人情关系复杂等诸多困境。而信息技术自身所具有的跨时空、高效率、自动化等特性恰好可以弥补传统矫正业务面临的

---

* 谭庆芳，女，武汉警官职业学院工程师，教研室主任，研究方向：刑事法学、监狱信息化。

〔1〕 参见劳泓："浙江数字化改革背景下深化'智慧矫正'的探索与实践"，载《中国司法》2021年第6期。

困境与不足。

（一）背景

在社区矫正实施中对矫正对象采用指纹签到、手机核查、手环定位、远程教育、视频点名等技术保障监管安全和监管秩序，解决了人员、场地、资源的不足。据数据显示，截至2019年全国累计接受社区矫正对象达到了478万人，累计解除矫正对象411万人，此前每年都新接收50多万人，今年到现在新接收了57万人，解除矫正59万人，全年正在列管的有126万人。[1] 另外，各国的矫正实践研究表明，稳定犯罪者（假释）或刑满释放人员的再就业，是预防重新犯罪的最有效手段。保障特殊人群的就业，是政府义不容辞的职责，如何利用就业平台给矫正对象提供就业帮扶也是目前需要解决的技术问题。[2]

随着信息技术的不断发展、应用和普及，一些地方采用手机定位、电话查岗、指纹打卡、钉钉签到等信息技术较好地辅助了社区矫正工作人员对矫正对象的核查工作，有效地减轻了社区矫正工作人员的工作强度。《社区矫正法》第26条对信息化核查提出了要求，但并没有描述具体实施方法和标准，故在此也要对信息化核查的具体内容和方法进行探讨。

（二）国内外现状

世界各国对社区矫正对象的监督管理方式大致可分为传统型和现代型。传统型是以人工方式进行监管与核查，一般在规定时间和地点对社区矫正对象进行教育、学习、劳动、帮扶、核查，有要求矫正对象主动签到、思想汇报、学习汇报的，也有由工作人员到矫正对象处进行不定时检查和监督的，还有组成矫正对象监督小组成员进行核查的。现代型有利用手机定位、视频电话、芯片定位、指纹签到等方式进行检查和监督的。这些方式的特点是与当地法律要求、经济水平和地域环境相适应，但规范性难统一，效果好坏取决于矫正人员的工作责任心。

---

〔1〕 参见"体现中国特色助力长治久安——解析新出台的社区矫正法"，载 http://legal. people. com. cn/n1/2019/1229/c42510-31527235. html，最后访问日期：2022年2月16日。

〔2〕 参见李林蔚、杨明、梁燕妮："《社区矫正法》实施背景下相关热点问题研究——广西社区矫正研究会2020年年会暨广西社区矫正工作经验交流会综述"，载《广西政法管理干部学院学报》2020年第6期。

国内社区矫正工作规范性、创新性、安全性一直在不断提升，主要表现在四个方面：一是落实主体责任，主动履行社会责任，步调一致开展矫正、教育、防疫、维稳等工作。一线工作人员包片、包人、包责，对社区矫正对象进行全员走访、全员教育、全员摸排，掌握每一名社区矫正对象的思想动态和家庭生活现状，确保社区矫正对象不脱管失控；二是广泛宣传引导，教育引导社区矫正对象严格落实各项管理规定，以社区矫正对象的安全助力社会面的安全；三是严格管理，在疫情期间按"减少人员流动"要求，无特殊情况不外出，严控申请前往中、高风险疫情地区的情形。四是强化教育监管，严格落实监管制度，科学分级分类管理，依法有序开展社区矫正教育管理相关工作，加强社区矫正中心、司法所、公益活动基地等管理。虽然进步明显但仍存在各政法单位间矫正档案交换不及时、矫正设备设施不齐备、矫正软件各地不统一等问题急需解决。

（三）研究意义

1. 理论意义

《社区矫正法》坚持以习近平法治思想为指导，坚持以人民为中心，坚持走中国特色社会主义法治道路，坚持认真贯彻落实党中央全面推进依法治国和司法体制改革决策部署，按中国经济、人口、社会发展实际找到适合中国人民需要的社区矫正体系。

研究信息技术的自动化流程、触发机制，减少了人为干预司法各环节的可能性，在社区矫正实施工作中更能体现公平、公正，进而维护法律权威和司法公正。

2. 现实价值

信息化支撑《社区矫正法》的落地实施。信息化研究有利于确保基层社区矫正实务部门将法律要求落地实施，有利于保障社区矫正工作人员依法合规执法并得到合理保护，有利于监督社区矫正对象矫正过程规范合法，有利于促进社区矫正对象回归、融入社会，有利于社区矫正相关机构信息互通共享，从而在现有人手不足的情况下，最大限度完成社区矫正数据共享、文书送达等工作，为我国社会治理降低支出成本。

二、问题分析

（一）相关概念理解

1. 管制：是指一种对罪行性质不严重，社会危害性较小的犯罪分子，依据法律规定，不予剥夺这类罪犯的人身自由，但在一定程度上限制其人身自由的刑罚类别。管制依法实行社区矫正，期限为3个月以上2年以下。

2. 缓刑：是指一种对被判处拘役、三年以下有期徒刑的犯罪分子，在一定期限内附条件地不执行所判刑罚的制度。缓刑不是一种刑罚，而是一种刑罚的执行方式。

3. 假释：是指对被判处有期徒刑、无期徒刑的犯罪分子，在执行一定刑期之后，因其遵守监规，接受教育和改造，确有悔改表现或患有严重疾病，不致再危害社会，而附条件地将其予以提前释放的制度，是一种刑罚执行方式。

4. 暂予监外执行：是指对被处无期徒刑、有期徒刑或者拘役的罪犯，由于符合法定情形，决定暂不收监或者收监以后又决定改为暂时监外服刑，由社区矫正机构负责的刑罚执行制度。

（二）智能识别技术及其在社区矫正中的应用

信息技术的发展已在某些领域有所突破并取得较好应用效果，特别是近几年发展相对成熟的语音识别、人脸识别、OCR（Optical Character Recognition，光学字符识别）识别、语音合成等智能技术。这些技术用在社区矫正中，可较好的提高工作效能，降低矫正工作人员劳动强度，提升社区矫正智能化水平。

1. 自然语义理解：语义是指语言描述的事物所代表的含义，以及这些含义之间的关系。语义理解是对自然语言进行语义理解给出适合的指令集合，从而实现智能人机交互。语义理解（NLP，Natural Language Processing）指将一句自然语言转化为计算机可读的结构化数据。在社区矫正信息化应用中的作用是语音识别、文字识别后的语义理解，一般用在人机对话、预警预测、卷宗分析、档案结构化处理、电话核查等场景。

2. 语音合成：语音合成是将文本信息转化为语音数据的技术，语音合成系统的合成引擎可以将完成文本到语音数据的转化为过程简单分解为两个步骤的处理。文本先经过前端的语法分析，通过词典和规则的处理，得到格式规范，携带语法层次的信息，传送到后端。后端在前端分析的结果基础上，经过韵律方面的分析处理，得到语音的时长、音高等韵律信息，再根据这些信息在音库中挑选最合适的语音单元，语音单元再经过调整和拼接，就能得到最终的语音数据。这些语音数据合成一段话以音频播放方式传达给接收对象，一般用于对社区矫正对象的主动式智能语音核查中，例如以某社区矫正对象监管员的音色，合成需要社区矫正对象回答的问题，由系统电话拨打到矫正对象手机，以监管员的音色音质提问并接受答复内容。

3. 智能问答：通过建立专业问答库，将业务知识转化为问题和答案式的结构化数据，为用户提供快速的语音问答功能。用户可通过语音输入需要解答的问题，系统需识别用户的问题意图，通过语义相似度分析，将最匹配的答案返回给用户。智能问答需注意的关键技术是问题嵌套和追问。在社区矫正信息化应用中可用于社区矫正对象日常问题智能答复，以文字显示在智能终端或以短信方式完成，也可与语音识别、自然语义理解、语音合成结合使用，实现语音智能问答。

4. 智能定位（卫星、基站、WIFI 等）

GPS 全球定位系统，由 24 颗工作卫星组成，使得在全球任何地方、任何时间都可观测到 4 颗以上的卫星。通过测量出已知位置的卫星到用户接收机之间的距离，然后综合多颗卫星的数据就可计算出接收机的具体位置。

北斗卫星导航系统（BeiDou Navigation Satellite System）是中国建设的自主发展、独立运行的全球卫星导航系统。系统建设目标是建成独立自主、开放兼容、技术先进、稳定可靠的覆盖全球的北斗卫星导航系统，促进卫星导航产业链形成，形成完善的国家卫星导航应用产业支撑、推广和保障体系，推动卫星导航在国民经济社会各行业的广泛应用。

基站定位，移动位置服务不需要开通 GPRS，由于手机移动通信是采用蜂窝状布局的基站，基站负责手机终端的通话等功能，当手机开机的时候，相隔固定的时间会与基站进行联系，确认手机的当前状态，从而确定手机所在大概位置。

WIFI 实时定位是利用现有的无线网络，配合 WIFI 标签和相关的移动终端设备，比如 WIFI 手机、PDA（Personal Digital Assistant，个人数字助理或掌上电脑）、笔记本电脑、WIFI 终端等，再结合相应的定位算法，来确定相关人员和物品位置的一种技术。

由于单一的定位技术在复杂场景下很难准确有效实现定位功能，智能定位技术通常采用一种以上的定位方法结合固定位置设备（如指纹机、人脸识别机、监控摄像头、自助服务机、自助服务亭等），运用空间距离算法进行定位信息互补和定位信息校准。在社区矫正信息化应用中可用于信息核查中社区矫正对象打卡签到、活动轨迹核查、越界预警、禁令核查、外出处迁核查、未动异常报警等场景。

5. 知识图谱：知识图谱通过让 AI 去理解知识的逻辑与关系，从而根据问题理解后给出或寻找、组合、计算出答案。在社区矫正信息化应用中需要运用知识图谱技术对矫正对象进行知识图谱分析，形成矫正对象数字画像，用于对人员身份、社会关系、地理位置、时空轨迹、法院禁令、思想汇报、危害评估、改造成效等进行核查。

（三）相关问题分析

1. 社区矫正对象的规范监督管理与有效实施装备不足的问题

社区矫正对象有报告、会客、外出、迁居、就医、就业等权利，但因其特殊身份，这些权利要在有限区域、有限条件、可监督范围内行使，有些社区矫正对象经常性跨市、县活动的监督成为矫正工作的难点问题。这给社区矫正工作带来巨大工作量，而且按照现行的国家行政机构工作时长和休息制度，社区矫正工作人员无法实现 24 小时、全地域监督管理。虽然《社区矫正法》也反对全天候跟踪监督，但却规定了社区矫正机构和人员要依法对矫正对象进行监督，可以理解为不用 24 小时全天候跟踪监督，但在要求监督时可以随时监督矫正对象的身体、心理、行动、位置状态，这就给监督管理提出了时效性要求。

因此，需要借助现有的无线网络、物联网、云计算、传感器和移动通信技术解决随时随地监督和信息核查的问题。

2. 社区矫正电子定位装置限制使用与定位准确方便管理需求的问题

在《社区矫正法》实施之前，全国多地均已采用社区矫正电子定位装置对矫正对象进行监督管理，特别是在越界、外出、禁令管理中有较好效果，能有效解决社区矫正工作人员不足的问题，能有效提醒矫正对象和矫正工作人员。但《社区矫正法》已明确了电子定位装置的使用对象和使用时限，多地社区矫正机构和人员突然感觉紧紧握在手里的矫正工具被限制使用，感觉自己从事社区矫正工作没有安全感，没有可控感。

此时，急需一种可以替代电子定位装置又不违反《社区矫正法》规定的信息化监督装置。这样，基于矫正对象、工作人员、辅助人员共享的矫务APP自然就成为更好的矫正监督管理路径。

3. 多部门协同联动与网络相对独立通道不通问题

《社区矫正法》中明确了人民法院、人民检察院、公安机关、监狱、社区矫正机构和其他社会组织的工作职责和职能边界，规定了在对社区矫正对象审前调查、判决移交、迁居、变更矫正机构、奖惩变更、减刑、收监、解矫等跨层级、跨单位、跨地域衔接工作中需要协同工作、联合办案。社区矫正委员会组成单位及任务分工如图1所示。

社区矫正委员会						
政法委	人民法院	人民检察院	公安机关	监狱	社区矫正机构	其他社会组织
1. 部门协调 2. 业务指导	1. 判处管制 2. 宣告缓刑 3. 裁定假释 4. 决定暂予监外执行 5. 裁定减刑 6. 决定收监	1. 监督审前调查评估 2. 监督法院 3. 社区矫正裁决 4. 监督社区矫正执行活动 5. 监督社区矫正变更 6. 接受矫正对象维权	1. 审前调查评估 2. 矫正对象交付执行 3. 治安管理处罚 4. 协助处置突发事件 5. 追捕脱逃矫正对象 6. 收监执行（看守所）	1. 审前调查评估 2. 矫正对象交付执行 3. 收监执行（监狱）	1. 审前调查评估 2. 接收矫正对象 3. 组织入矫 4. 分类组建矫正小组个案矫正方案 5. 监督管理 6. 矫正帮扶 7. 考核奖惩 8. 矫正终（中）止	1. 参与帮扶 2. 参与调查 3. 参与矫正 4. 配合执行禁止令

图1　社区矫正委员会组成及任务分工图

一个社区矫正对象的文书、信息、资料在其矫正期间至少要在各参与单位间流转两次，传统的纸质材料流转存在不及时、不安全、不并发的困境，如果能采用电子版网络传输方式则可以大大节约成本，提高效率。

但公安局、检察院、法院、司法局等机构本身都有各自相对封闭独立的网络结构，一般都是国省市县四级垂直联通，不便与其他单位对接。另外电子公章互认也存在厂家不同而带来的互认困难问题。因此，急需由政法委或社区矫正协调机构出面协调解决跨单位的社区矫正协同办案系统联网和电子公章互认问题。

4. 执法规范与工作便捷矛盾的问题

执法规范与工作便捷一直是一对矛盾体，执法规范需要严格落实执法步骤、流程、记录、法律授权，但在实际执法过程中有些步骤、流程、记录和授权要求容易降低执法工作的便捷性，容易造成执法人员与执法对象的相互不认可，在执法过程中容易疏忽规范意识。这些会降低执法工作效率，导致考核不过关，产生大量投诉和复议，导致执法成本攀升，有些违反了执法规程的会从执法人员变成违法人员。以上种种问题源于社区矫正工作人员数量不足、经验不够、流动衔接不紧，新的《社区矫正法》又限制了部分技术应用，但检察机关的问责标准却没有半分减弱，既要执法规范、又要执法便捷，这就需要采取创新方法借用信息技术的优势解决这个矛盾。同时需要将考核制度和责任制度逐项修订以匹配信息技术的使用，否则势必造成技术升级但管理制度落后的问题，这样依然难以解决执法规范与工作便捷的矛盾。

5. 技术快速提升与管理制度相对落后的问题

全国各地应用到社区矫正工作中的各类技术、设备、平台种类繁多，都是为了减轻社区矫正工作者的工作强度，解决便捷性、溯源性、共享性等问题，一定程度上起到了良好作用。然而，社区矫正机构的相应管理制度和考核制度并没有因技术支撑能力提升而修订相应制度，致使社区矫正工作实践中不仅没有提升效能，反而增加了社区矫正工作者的重复劳动。

在社区矫正实施工作中，应首先确定如何监管才是科学合理的，在此基础上，再制定相适应的监管制度和追究社区矫正工作者责任的制度，就不会迫使其冒着违法风险而开展社区矫正工作了。

6. 传统核查不及时不全面不安全的问题

无论是否采用信息化方式，核查是社区矫正实施工作的必要内容。首先看核查的内容具体有哪些。社区矫正核查范围结构，如图2所示：

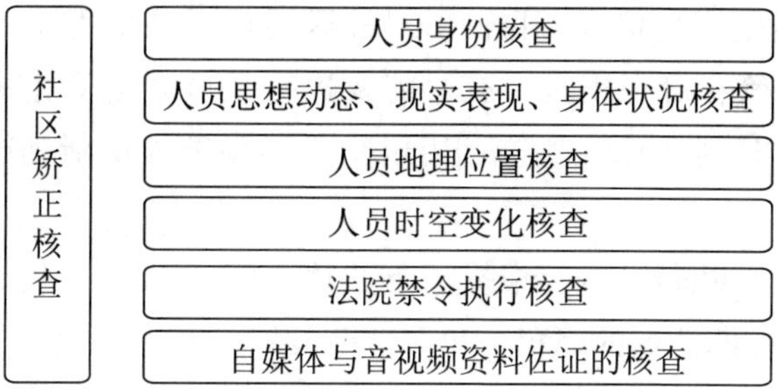

图2　社区矫正核查范围结构图

（1）人员身份核查，主要核查矫正对象姓名、性别、年龄、学习履历、工作履历、社会关系、起诉书、判决书、裁定书、决定书、病残鉴定书、保证书、具保书、评估函、评估意见书、矫正接收通知书等，用以保障社区矫正对象的法律程序、入矫程序和矫正实施的合法性和可行性。此处的重难点是信息的真实性、有效性和准确性核查，社区矫正中心或司法所的工作人员并不是各行业的专家，也不是以上各种信息的数据中心，有很多信息需要进行核实、比对、校验，如矫正对象已来报到，但社区矫正通知书还没有从法院投送到社矫局，人员身份信息和家属信息需要到派出所去核实等情形。

（2）人员思想动态、现实表现、身体状况核查，可通过对其本人或对其家属、亲友、邻里和相关人员以访谈、问卷、现场查看等方式进行检查并记录，用于判断其是否有改造效果，是否影响周围民众生产生活，是否违反相关规定和禁令。如矫正对象不能认识自己所犯罪行，反而因执行非监禁式社区服刑，而有藐视法律的言行，给周围民众造成不良影响的，要及时发现、及时制止，并给予批评教育或收监处理。

（3）人员地理位置核查，含常驻地理位置、工作地理位置、参与活动地理位置和外出、迁居位置核查。按《社区矫正法》第27条规定社区矫正对象离开所居住的市、县或者迁居，或对于因正常工作和生活需要经常性跨市、县活动的，应当报经社区矫正机构批准。这种情况下，需要有相应信息化核查手段对其活动位置进行核查。如矫正对象因工作需要频繁跨市县活动，如果每次都以纸质报告或电子报告提交申请，再由管理人员审批，再进行核实，由于人盯人难以实现，很难保障人员地理位置核查的及时性、准确性、真实性。

（4）人员时空变化核查，目前，对社区矫正对象地理位置核查是点式核查，而为加强监管，确保安全，有时需要进行人员时空变化核查，主要是指人员活动地点随时间变化的轨迹，用以防止和预警人员活动越界、脱管、脱逃事件的发生。

（5）法院禁令执行核查，根据《刑法修正案（八）》规定，对于被判处拘役、3年以下有期徒刑的罪犯，犯罪情节较轻、有悔罪表现、没有再犯罪的危险、宣告缓刑对所居住社区没有重大不良影响的，应当宣告缓刑，同时发出禁止令，禁止在缓刑考验期限内从事特定活动，进入特定区域、场所，接触特定的人。如某社区矫正对象缓刑考验期限内不得接触同案犯和进入夜总会、酒吧、迪厅、网吧等娱乐场所，这些禁止令需要得到严格执行和监督，因此采用信息化技术核查必不可少。

（6）自媒体与音视频资料佐证的核查。时代在进步、社会在发展，信息技术已深深融入生活的方方面面，对社区矫正对象的教育改造如果还采用传统的上课、劳动、思想汇报等形式，很难对社区矫正工作有所提升。而自媒体、音视频宣传等，可以成为社区矫正对象改造的新路径，可以真正实现以案说法、以案普法，提高周边人员的守法意识。这种方式虽然只是探索，但也不妨成为立功减刑的新模式。

（三）问题小结

一是亟需用人工智能技术解决传统信息核查不便、不全、不实的问题。对信息核查的需要贯穿社区矫正各环节，主要体现在核查数据不全由司法局（所）掌握，位置核查、越界核查需要定期或不定期经常性重复执行，工作日工作时间和非工作日非工作时间都需要执行监管核查任务。如果仅靠人盯人的方式也只能解决一对一的问题，而基层矫正机构都是一对多的现状，需要借助人脸识别、声纹识别、OCR识别、定位识别、自然语义理解等人工智能技术来实现电子化核查。

二是亟需解决信息系统监测和信息化人才短缺的问题。智慧矫正实施中一定不能忽略信息系统自身监测和专业人才保障问题。网络、平台、系统、设备、装备相继在社区矫正实施中发挥各自优势，解决了社区矫正工作中的重点、难点问题，但信息系统工作状态、工作效能需要有一套电子监察系统对平台进行监测预警，各地社区矫正信息化建设中还需要考虑信息化人才的保障机制，特别是系统运维服务和矫正大数据分析建模服务两类人才必须配备，以保障智慧矫正体系高效运行。

三、对策及其设计

（一）举措建议

1. 用电子监察统筹业务监督体系取代人工考核与督导

以电子监察促进协同监督机制落地落实。系统应用电子监察是对各业务系统、服务系统自身运行状态、运行效能、用户使用绩效和用户反馈意见进行监察和管理。社区矫正业务系统和服务系统采用电子监察功能，对《社区矫正法》的规定情况进行全流程、全业务、全覆盖的监察监控，所有权力事项一律在权力运行平台操作，通过全程监控、预警纠错、督查督办、投诉处理、统计分析等多种方式对权力运行情况进行实时、全程监控。运行效能监察可以对各业务系统业务量、业务范围进行监察，对业务所需的软硬件资源进行分析和预警。用户使用绩效监察可以收集分析矫正对象和业务用户对所操作软件系统的使用热度、业务处理效率等数据并对其进行监察。

2. 购买服务化解知识不足、人才不够

社区矫正已经由传统的填表、签到、面对面打卡形式，转为线上线下融合的管理模式，这种模式提高了社区矫正管理及时性、便捷性的同时也提高了社区矫正管理标准化，但由于承担社区矫正管理工作的司法行政机关一直较注重法学专业人才的引进与培养，在信息化方面人才稍显短缺，兼具社区矫正业务知识和信息化技术的专业人才相对较少。短期内解决社区矫正知识储备问题、信息化技术人才问题、信息化软硬件资源问题需要开阔思维、另辟蹊径。

购买服务创新权责利相互促进机制，利用购买服务实现矫正管理长期持续向好，不失为一种可行、可靠的办法。

（1）政府购买服务已经成为普遍经验，但多适用于通用知识型、劳动密集型岗位。社区矫正管理服务不仅需要具有专业法学知识背景人员参与，还需要具有一定计算机操作能力的人员。由于市场功能细分，目前全国已经有多家法律服务公司开展此项业务，另外在政府购买服务中还增添了社区辅导人员聘用岗位的相对固定人才聘用模式，这些创新为社区矫正购买服务提供了多样选择。

（2）一些专业从事社区矫正信息化的公司在进行信息化建设和软硬件平台建设后，有义务且有能力为社区矫正信息化平台提供使用服务和运维服务。这些人虽然大多是信息化专业人才，但其对社区矫正业务和流程的熟悉程度远超一般社区矫正工作人员，他们既可以成为社区矫正购买服务的一类专业人才，也可以通过其它社区矫正信息化人才服务提供模式进入此工作领域。

（二）方法设计

1. 电子监察设计

电子监察系统的功能目标是结合系统应用实际，对各项功能、绩效、效能进行自动监控、报警、统计、分析。系统的建设覆盖以下各方面的内容：

实现矫正业务办理、服务的网上公开透明运行；实现业务监察、业务效能、应用绩效、投诉监督的网上运行；实现矫正业务管理服务信息的网上公开；实现对软件系统网上运行的真实性、及时性、规范性等方面的全过程实时监察监控，为事后取证提供保障；实现对软件系统运行过程中心、运行状态、占用资源，数据库运行状态、占用资源的各种异常和疑似异常情况进行分类分析和预警提醒，保障矫正平台自身运行健康；实现对监测部门督查督办工作的规范办理和统一管理；实现监察结果与矫正对象效果评估相融合。

社区矫正平台电子监察系统将具备以下功能：

全程监控：实现对矫正业务系统办理事项网上运行的真实性、及时性、规范性等方面进行全过程实时监察监控；

异常预警：实现对矫正业务系统运行过程中的各种异常和疑似异常情况进行分类分析和预警提醒；

督察督办：实现对矫正系统监测部门督察督办工作的规范办理和统一督察；

投诉处理：实现对矫正软件系统应用方面投诉件的规范办理和归档管理；

统计分析：按照统一标准设置矫正软件系统运行、预警纠错、督查督办、投诉处理、绩效考核等反映网上运行情况的各类统计报表；

绩效评估：引入加权机制，综合考虑办件量和提前办结率等因素，对矫正对象、矫正机构的执法效能进行考核排名并对执法效能发展的趋势进行预测；

监察日志：实现对矫正软件系统网上运行和监察工作情况的自动分析和日志记录；

系统集成：在矫正平台软硬件环境基础上，实现电子监察系统与矫正平台相关系统、执法监督系统等数据实时共享，从而能够向相关部门自动报送监察数据。

2. 购买服务的设计

当社区矫正管理实现线上线下融合服务后，矫正对象接受社区矫正管理的途径也变得多样和便捷，对为社区矫正提供服务的法学专业人才知识积累要求也越来越高，此类人才同样成为稀缺资源。基于以上两类人才短缺现象，政府购买服务的方式将是社区矫正可稳步发展、健康成长、持续向好的重要手段。

（1）购买社区矫正辅助人员资源。

由于编制、机构、人员等多种因素，社区矫正机构资源并不充足，这里的资源包括知识、服务、设备设施。知识为主的资源有各类法律法规知识库、案例库、法律对比软件、智能分析与智能问答软件等。这些资源需要有会用、会改、会操作的人员作为支撑，因此辅助人员的社区采购显得刻不容缓。

（2）购买信息化服务资源。

当社区矫正实现线上线下贯通、固定移动相互补充时，信息化服务资源便成了社区矫正的基本保障，因此信息化服务资源也成了购买服务的内容之一。需要购买的信息化服务资源应该包括信息化设计咨询服务、信息化建设监理服务、信息化建设造价审计服务、信息化安全保障服务、信息化软件开发服务、信息化硬件设备资源和信息化运行维护服务等。

（3）购买服务质量保障资源。

在购买社区矫正管理资源时需要考虑质量保障，虽然采购方在公开采购社区矫正服务资源时会对管理内容和质量提出明确要求，提供方也会承诺以最优的服务保障质量，但这仅是一种承诺，如何对这种承诺加以验证和落实，需要购买第三方评价服务，这样才使整个购买服务活动形成闭环。因此，购买第三方可信任的质量保障评价服务是购买服务必不可少的组成部分。

（三）对策研究小结

1. 人工智能化解事多人少的忙乱不堪顽瘴

社区矫正的主要实施机构是社区矫正中心或司法所，在整个司法行政体系中这是最基层最前沿，也是接收上级各个部门行政任务最集中的部门。特别是在社区矫正中心数量不多，主要任务由司法所承担的情况下，仅凭现有的一人所、二人所来看管数十人的社区矫正对象，还要组织劳动、教育、学习、活动、谈话、走访等矫正实施细节工作，困难可想而知。而利用人工智能技术和四级信息化核查规则，采用自主无感刷脸、声纹核实、多重精准定位、语音电话智能问答等方式可以很好地解决目前困扰基层社区矫正机构人少事多的根本问题，在社区矫正工作人员人手不足的情况下满足执纪监督严格要求的需要，保护社区矫正工作人员依法依规借助信息化手段实现安全核查，防止矫正对象违纪违规，实现智慧矫正建设与应用的深度融合。

2. 购买服务化解人才短缺保障不足痼疾

购买服务不失为一种快速、高效、可持续的社区矫正信息化资源短缺解决方案。随着国家信息化发展战略向前推进，社区矫正也在不断更换装备、更新系统，但信息化人才却很难留在社区矫正系统。除了待遇问题以外，最重要的是信息技术人才专业不对口，发展空间有限，因此，人才短缺、保障不足一直是近些年社区矫正信息化发展的瓶颈。购买服务是国家和政府治理现代化提升的重要举措，随着国家治理体系的不断完善，政府购买服务已成为一种常态。市场的细分也为社区矫正信息化资源服务、人才服务、评价服务提供了源源不断的优质商家和资源。顺应市场发展，响应支持中小企业政策，正是化解人才短缺、技术保障不足困境的有效措施。

四、总结与展望

社区矫正既是对违法犯罪人员的惩戒，也是促进社区矫正对象顺利融入社会回归正途的手段。智慧矫正的应用既要体现出社区矫正对象时刻受到法律的监督和惩戒，并不具有一个普通公民的自由人属性，也要以最小的公众知晓率保护社区矫正对象的个人信息，智慧矫正需要在技术创新、应用创新和制度创新中不断改进。

技术创新需要研发更加智能、更加小巧、更耐用的执法装备和应用软件。

例如可穿戴式智能眼镜，用于社区矫正工作人员现场核查时识别矫正对象、记录和回传视频信息。高性能供电系统研发可以为小巧的智能设备提供不间断电源。

应用创新需要利用现有的用于教育、医疗、卫生、安全、通信等领域的技术和装备结合智慧矫正需求进行改造并使之适用于社区矫正业务智能化。例如教育领域计时计分考核的教学平台都可在教育矫正中开展应用。在线学习、入矫线上考试、矫正效果量表评估等形式多样的自助化服务也可用于社区矫正。

制度创新需要从国家层面对社区矫正平台全国联网进行规定，对社区矫正对象外出、迁居、跨界的监管责任划分和联合监管制定相应制度和要求。例如跨省迁居、外出的监管有没有时长限制，若联合监管，则按时间还是按位置跨界划分责任，交通工具上的监管如何划分监管责任等，都需要有制度来规范。

随着《社区矫正法》的实施和信息化技术的不断发展，智慧矫正必定会向着精细化、科学化、智能化、合理化、人性化的方向不断发展和改进。

浅谈"智慧矫正"实践中的困境与对策

孙毅*

摘 要："智慧矫正"平台以及"智慧矫正中心"建设已成为当前社区矫正工作中的重要内容，得到了各级司法行政机关的高度重视并取得了一定成果。但是在"智慧矫正"平台及"智慧矫正中心"的建设过程中，依然存在一些困境和问题亟待解决。本文试图通过分析"智慧矫正"这一概念蕴含的多层次含义，剖析目前"智慧矫正"工作在平台建设、功能模块设计以及信息化核查等方面存在的诸多问题，进而根据实践经验提出相应的对策。

关键词：社区矫正；智慧矫正；智慧矫正中心；电子定位装置；信息化核查

近年来，"智慧矫正"建设已经成为社区矫正工作的一项重要内容，早在2019年，司法部办公厅就印发了《关于加快推进全国"智慧矫正"建设的实施意见》（司办通〔2019〕3号），对"智慧矫正"作出部署。2021年，为了进一步加快"智慧矫正中心"建设，司法部又决定在全国开展"智慧矫正中心"创建工作。根据司法部的工作要求，"智慧矫正中心"的创建，按照省、自治区、直辖市司法厅（局）统一组织申报、司法部组织审核认定的方式进行。通过审核认定的，将命名为"智慧矫正中心"。[1]

同时，为进一步规范全国"智慧矫正"建设，司法部以司法行政行业标准的形式发布了《智慧矫正 总体技术规范（SF/T 0081—2020）》，其中提到，"智慧矫正"工作的目的是"推动社区矫正工作从人工管理到网上管理，从数字管理到智能化管理，全面提升社区矫正工作现代化水平。"同时，该标

---

* 孙毅，男，山东省淄博市临淄区司法局金岭司法所副所长，研究方向：刑事法学。

〔1〕 参见黑龙江省司法厅办公室《关于开展"智慧矫正中心"创建工作的通知》（黑司办通〔2021〕24号）。

准还提出了"智慧矫正"的定义，即"将信息技术与社区矫正工作深度融合再造，实现人力、设备和信息等资源有效整合与优化配置，构建集自动化数据采集与共享、精准化大数据分析与研判、智能化管理决策与指挥调度等功能为一体的全流程智能化社区矫正信息化体系。"

我国《社区矫正法》中并无"智慧矫正"这一概念，但其第5条规定："国家支持社区矫正机构提高信息化水平，运用现代信息技术开展监督管理和教育帮扶。社区矫正工作相关部门之间依法进行信息共享。"2020年《实施办法》在其第11条中对《社区矫正法》第5条的贯彻落实提出了进一步要求："社区矫正机构依法加强信息化建设，运用现代信息技术开展监督管理和教育帮扶。社区矫正工作相关部门之间依法进行信息共享，人民法院、人民检察院、公安机关、司法行政机关依法建立完善社区矫正信息交换平台，实现业务协同、互联互通，运用现代信息技术及时准确传输交换有关法律文书，根据需要实时查询社区矫正对象交付接收、监督管理、教育帮扶、脱离监管、被治安管理处罚、被采取强制措施、变更刑事执行、办理再犯罪案件等情况，共享社区矫正工作动态信息，提高社区矫正信息化水平。"

通过上述法律、规范性文件以及行业标准中对于"提高信息化水平"以及"智慧矫正"的规定可以看出，两者虽然表述不同，但内涵是相通的。《智慧矫正 总体技术规范（SF/T 0081—2020）》是"智慧矫正"工作开展的具体规范指引，而该项工作的法律依据，即为《社区矫正法》第5条关于社区矫正信息化的规定。因此，开展"智慧矫正"相关平台的建设，不仅要符合上述行业标准，更要符合《社区矫正法》第5条的要求。本文试图立足于上述法律、文件及行业标准，结合当前"智慧矫正"在社区矫正实务工作中的应用以及出现的问题，对"智慧矫正"的内涵以及实践中存在的问题展开分析，并提出相应的对策措施。

一、"智慧矫正"的内涵

通过对上述法律及其他规范文件的分析以及相关工作实践，笔者认为"智慧矫正"应当包含以下几层含义：

（一）能够自动采集信息并形成档案的办公自动化系统

根据有关文献，办公自动化（Office Automation，简称OA）可以分为三个层次，第一个层次只限于单机或简单的小型局域网上的文字处理、电子表格、数据库等辅助工具的应用；第二个层次是信息管理型的办公系统，是把事务型（或业务型）办公系统和综合信息（数据库）紧密结合的一体化的办公信息处理系统；第三个层次是建立在信息管理级 OA 系统的基础上，针对所需要做出决策的课题，建立决策数字模型，由计算机执行决策程序，做出相应的决策支持型 OA 系统。[1]

上述三个层次同样适用于"智慧矫正"，其在办公自动化方面应当具备以下功能：

1. 能够在系统内生成社区矫正工作日常所需的各类规范执法文书，并可直接作为纸质档案材料归档，不必另行制作。

2. 具备联通司法部社区矫正管理局及各级社区矫正机构的信息传递、流程审批等功能，实现不同地域、不同层级之间的公文流转和审批事项办理。

3. 应具备数据库及自动统计功能，能够根据数据库信息自动生成工作统计报表，并通过决策支持系统模型辅助社区矫正主管机关研判社区矫正工作形势，供决策参考。

（二）能够实现多部门数据共享的信息平台

《社区矫正法》第 5 条特别强调社区矫正工作相关部门之间依法进行信息共享。在社区矫正对象报到环节，经常社区矫正机构尚未收到法律文书，社区矫正对象却已经前来报到的情形，为此，最高人民法院、最高人民检察院、公安部、司法部曾于 2016 年联合出台文件解决这一问题，[2] 实践中也曾经有法院工作人员因为未能及时送达执行文书，导致社区矫正对象漏管而被追究刑事责任。[3] 因此，上述四部门联合印发的 2020 年《实施办法》中又对这一问题进行专门规定，明确即使没有收到法律文书，社区矫正机构依然需

---

〔1〕 参见王振："办公自动化研究综述"，载《办公自动化》2010 年第 22 期。

〔2〕 参见《衔接配合意见》第 5 条第 2 款规定："社区服刑人员前来报到时，居住地县级司法行政机关未收到法律文书或者法律文书不齐全，可以先记录在案，并通知人民法院、监狱或者看守所在 5 日内送达或者补齐法律文书。"

〔3〕 参见河北省保定市中级人民法院（2018）冀 06 刑再 15 号刑事判决书。

要为社区矫正对象办理接收入矫手续。[1] 因文书送达不及时导致的社区矫正对象漏管、法院工作人员被追究刑事责任等一系列问题虽然最终带来了规则的改变，但是依然难以堵住社区矫正对象接收、文书送达环节存在的漏洞。此外，如果社区矫正对象出现被治安处罚、涉嫌再犯罪被立案侦查等情况，也会产生社区矫正机构能否及时知悉的问题。可见，实现社区矫正有关工作部门之间的信息共享，尽快依法建立跨部门的社区矫正信息共享平台，是社区矫正工作的迫切需求，这也是《社区矫正法》对这一问题进行专门规定的原因所在。

（三）使用电子定位装置以及开展信息化核查的工作平台

《社区矫正法》第 29 条规定，社区矫正对象具有法定情形之一的，经县级司法行政部门负责人批准，可以使用电子定位装置，加强监督管理；同时该法第 26 条还规定社区矫正机构可以通过信息化核查的方式了解掌握社区矫正对象的活动情况和行为表现。实际上，目前各地使用的"智慧矫正"平台基本都脱胎于定位手环等电子定位装置以及手机定位的工作平台。通过对电子定位装置、手机等电子设备进行定位来掌握社区矫正对象的日常活动轨迹，就是"智慧矫正"工作开展的起点，因此这一功能在"智慧矫正"中也必然得以保留。

（四）组织社区矫正对象开展教育帮扶活动的线上平台

在线上对社区矫正对象开展教育帮扶活动，全国各地均有先例，如在 2020 年初，面对肆虐的新冠疫情，上海市徐汇区司法局社区矫正中心通过引入"互联网+社区矫正"教育模式，把网络教育延伸到社区矫正教育学习中来，让社区矫正对象通过"社区矫正云课堂"在线学习接受政策法律、道德文化、心理教育等教育。[2]

二、"智慧矫正"实践中存在的困境

如前所述，"智慧矫正"系统普遍脱胎于各地的手机、手环等定位平台，

---

[1] 参见 2020 年《实施办法》第 16 条第 2 款规定："社区矫正对象前来报到时，执行地县级社区矫正机构未收到法律文书或者法律文书不齐全，应当先记录在案，为其办理登记接收手续，并通知社区矫正决定机关在五日内送达或者补齐法律文书。"

[2] 参见"'停课不停学'，徐汇区司法局社区矫正中心线上课堂开讲啦"，载 https://www.thepaper.cn/newsDetail_forward_5983195，最后访问日期：2022 年 4 月 18 日。

在近年来的发展过程中虽然逐渐增加了办公自动化、学习教育等内容，并逐步形成了一系列经验，为司法部相关推荐性行业标准的出台奠定了实践基础。但必须看到，目前的"智慧矫正"还处于摸索阶段，不可避免地带有一定缺陷和局限性，主要体现在以下几个方面：

（一）"智慧矫正"系统平台建设存在条块分割的现象

目前，各地的"智慧矫正"系统基本由各省、自治区、直辖市自行建设运行，司法部虽然在全国开展了"智慧矫正中心"创建活动，但采取的是"地方建设，上级验收"的模式。司法部制定的相关标准也较为原则，并非具体的技术方案，这就导致各地建成的"智慧矫正"系统之间无法相互连通，无法跨省进行数据交换，更无法进行相关业务的办理和审批，存在"块状分割"现象。此外，由于各省均根据自身经验制定了"社区矫正实施细则"等规范性文件，导致各地的社区矫正工作在具体操作流程上存在差别，使用的各类文书格式也有所不同，这也在客观上导致各地"智慧矫正"系统的功能模块难以统一，为跨省级行政区办理业务增加了难度。例如，在A省接受社区矫正的社区矫正对象甲需要办理执行地变更到B省接受社区矫正，但在目前的"智慧矫正"模式下，其执行地变更的审批流程无法通过"智慧矫正"系统办理，社区矫正机构只能通过邮政机要通信进行审批材料的寄递流转，机要邮件在途时间较长，导致办理效率难以提升。

除块状分割外，"智慧矫正"系统建设还存在"条状分割，相互交叠"的问题。以浙江省为例，浙江省研发了省级"智慧矫正"系统"浙里矫"，其下属的温州市也自行开发了市级"智慧矫正"系统"阳光矫正"，从相关报道来看，两个"智慧矫正"系统都处于使用状态，覆盖范围存在重叠，似有进一步整合的空间。[1]

此外，目前大多数的"智慧矫正"平台也无法同公安、法院、检察院等部门实现数据交换，相关送达、提请程序依然需要通过传统途径办理。

---

〔1〕 参见"苍南县司法局'四位一体'系统推进智慧矫正中心建设"，载 http://sifa. wenzhou. gov. cn/art/2021/7/21/art_1336454_58926292.html，最后访问日期：2022年4月18日。文中提到："整合社区矫正'线上+线下'教育实践，线上通过浙里矫、之矫汇、阳光矫正APP等掌上媒介，依托'浙里连心'远程心理平台，综合运用温州市教育帮扶平台、VR教育资源，实现个性化矫正、精准化帮教。"仅此文中提到的信息化平台就有"浙里矫""之矫汇""阳光矫正""浙里连心"四种。

（二）"智慧矫正"系统在功能上无法完全同社区矫正工作实践相契合

上文提到，由于各省、自治区、直辖市制定的"社区矫正实施细则"等规范性文件存在差异，导致不同的"智慧矫正"平台在功能模块设计上难以统一，但即使是在省级行政区之内，各地的社区矫正档案也会有所不同。由于部分地区在上级文书格式基础上对文书档案规范化、标准化提出了新的、更高的要求，导致各地的文书档案在既有文书格式基础上出现了不断增加的现象。如早在 2018 年 7 月，江苏省镇江市司法局便出台了《镇江市社区矫正档案管理工作标准》，多达 23 000 多字；[1] 又如 2021 年 9 月陕西省山阳县司法局按照《陕西省社区矫正实施细则》和《商洛市社区矫正对象档案管理办法》等有关要求，重新设计整理了 30 多种文书格式，对调查评估、接收登记、入矫宣告、教育管理、考核奖惩、解除矫正等过程的文书进行统一规范。[2]

上述档案管理文件的制定，虽然规范了当地社区矫正档案整理工作，但也在一定程度上阻碍了"智慧矫正"办公自动化工作的开展。一般而言，"智慧矫正"系统的最小覆盖面也在地市一级，理想的办公自动化系统应该在本系统内实现全国统一。但如果县一级司法行政部门就可以在"规范"的名义下自行创制、设定文书格式，这就很难被纳入"智慧矫正"系统，最终导致社区矫正日常执法工作变成网上、网下双轨运行，与"智慧矫正""自动化数据采集与共享"的要求背道而驰。

（三）信息化核查方式存在瑕疵

目前，各地"智慧矫正"平台基本依靠手机 APP 每日签到以及手机定位等方式开展，但这样的信息化核查方式存在着明显的局限性，无法避免人机分离和利用呼叫转移等方法恶意规避定位的现象。很多在智慧平台上"遵纪守法"的社区矫正对象，在公安部门的信息化查控面前往往会现出原形。据 2022 年 4 月 15 日《检察日报》报道，温岭市检察机关联合司法局通过调取社区矫正对象人脸比对信息后发现，社区矫正对象郭某通过将车辆停在活动范围边界地带，然后把信息化核查手机设置呼叫转移并放置在车上后离开活动

---

〔1〕 参见"镇江制定社区矫正档案工作标准"，载 http://sft. jiangsu. gov. cn/art/2018/8/1/art_48514_ 7770626. html，最后访问日期：2022 年 4 月 18 日。

〔2〕 参见"商洛市山阳县司法局'五规范'全面提升社区矫正档案管理工作水平"，载 http://www. fzsx. gov. cn/gzcf/xszf/49622. html，最后访问日期：2022 年 4 月 18 日。

范围，恶意逃避监督管理。经进一步核查，郭某不请假外出已多达 30 次，最终郭某被撤销缓刑。以此案为契机，温岭市检察院举一反三，通过人脸识别系统对社区矫正名单进行梳理，发现有 10 余名社区矫正对象存在不请假外出的情况，最终其中 2 人因情节严重被撤销缓刑。[1] 由于报道中提到的人脸比对数据只有公安机关掌握，社区矫正机构及司法所在日常工作中无法调用该数据，只能通过手机定位等方式开展信息化核查，但手机定位的精度受制于基站信号强度、覆盖区域大小等因素，实践中极易发生经纬度缺失、定位误差或者信号漂移，这是基站定位的技术特性决定的，无法改变。遇到社区矫正对象恶意规避手机定位以及利用虚拟定位软件更改位置进行签到等情形时，工作人员根本无法及时发现。上述检察监督案例也充分说明，如果不依靠公安机关开展轨迹核查，仅依靠技术上不太可靠的手机定位是很难及时发现社区矫正对象违规外出的。

（四）电子定位装置市场鱼龙混杂，缺乏必要的准入门槛

在 2019 年 10 月第十三届全国人民代表大会常务委员会第十四次会议审议社区矫正法草案时，全国人大常委会委员王超英曾指出："电子定位可以有多种手段，比如手机定位，也有些地方用了不可拆卸的电子手环。如果指手机定位的话，问题不大，如果指的是不可拆卸的电子手环，那它的性质就已经相当于是戒具了，应该由刑事诉讼法规定更合适。"[2] 而在正式颁布的《社区矫正法》中，对于电子定位装置的使用范围和审批程序也进行了较为严格的规定。[3]

笔者认为，王超英委员对于电子定位装置性质的观点是正确的。在司法部颁

---

〔1〕 参见牛旭东等："用好'活法律'监督脱管漏管"，载《检察日报》2022 年 4 月 15 日，第 5 版。

〔2〕 参见王姝："电子定位该不该覆盖？社区矫正法草案审议 4 个焦点问题"，载 https://www.bjnews. com. cn/detail/157206367115256. html，最后访问日期：2022 年 4 月 19 日。

〔3〕 参见《社区矫正法》第 29 条规定："社区矫正对象有下列情形之一的，经县级司法行政部门负责人批准，可以使用电子定位装置，加强监督管理：（一）违反人民法院禁止令的；（二）无正当理由，未经批准离开所居住的市、县的；（三）拒不按照规定报告自己的活动情况，被给予警告的；（四）违反监督管理规定，被给予治安管理处罚的；（五）拟提请撤销缓刑、假释或者暂予监外执行收监执行的。前款规定的使用电子定位装置的期限不得超过三个月。对于不需要继续使用的，应当及时解除；对于期限届满后，经评估仍有必要继续使用的，经过批准，期限可以延长，每次不得超过三个月。社区矫正机构对通过电子定位装置获得的信息应当严格保密，有关信息只能用于社区矫正工作，不得用于其他用途。"

布的司法行政行业标准《社区矫正电子定位腕带技术规范（SF/T 0056—2019）》中，对作为电子定位装置主要类型的电子定位腕带的定义是："佩戴在社区矫正对象腕上，对其实施定位，具备防拆、防水和收发数据等功能，掌握其活动范围的社区矫正专用电子终端。"该定义表明，电子定位装置具有强制佩戴、不可拆卸的特征，其主要目的是对社区矫正对象的人身进行监控。按照法律规定，该装置仅限社区矫正机构对符合特定条件的社区矫正对象使用，且使用该装置需要经过严格的审批程序。这些都表明，电子定位装置并非一般的电子消费产品，而是具有法定用途的戒具类公共安全产品。而根据国家发展改革委、商务部发布的《市场准入负面清单（2022年版）》，公共安全相关产品的研发、生产、销售、购买和运输属于许可准入类事项，开展相关经营活动应当经过有关部门批准。[1] 事实上，公安机关主管的看守所等监管机关使用的电子脚镣等定位装置也一直是作为警械进行管理的。但目前各地社区矫正机构使用的定位手环等电子定位产品大多由未经过任何公共安全行业行政许可的电子消费产品生产企业提供，同老人、儿童使用的定位手表等没有本质区别，也存在产品质量差、定位不准确等问题。

（五）部分"智慧矫正"平台偏离建设初衷，加重基层工作负担

根据《智慧矫正　总体技术规范（SF/T 0081—2020）》，"智慧矫正"平台应当具备自动化数据采集功能，也就是说，日常的社区矫正监督考察、教育帮扶工作，"智慧矫正"平台均可自动采集数据。但在现实中，部分"智慧矫正"平台还存在着需要手动录入的情况，导致司法所每接收一名社区矫正对象，从接收入矫到最终解矫，工作信息均需要工作人员手动录入，给基层司法所工作人员带来了极大的工作负担，也与开展"智慧矫正"建设的初衷背道而驰。此外，一些地方强制要求社区矫正对象必须通过"智慧矫正"平台参加学习教育和公益活动，而社区矫正对象的身份背景和文化水平参差不齐，有的人认为"智慧矫正"平台上的学习内容同其生活相差太远，提不起兴趣，每天消极应付使线上学习沦为每日刷分；有的社区矫正对象想学习一些职业技能方面的知识，平台却无法提供；有的社区矫正对象甚至根本不会使用智能手机；如此种种，显然难以达到教育矫正目的。此外，有的"智

---

〔1〕　参见《市场准入负面清单（2022年版）》（发改体改规〔2022〕397号）"。

慧矫正"平台为了防止社区矫正对象找人代学，采取了不经机主允许随机调用手机前置摄像头拍照的技术手段，由此引发一些女性社区矫正对象的不满，制造了麻烦。

三、进一步完善"智慧矫正"建设的可行路径

"智慧矫正"是"数字法治、智慧司法"信息化体系建设的重要组成部分，对促进社区矫正工作创新发展、全面提高社区矫正工作质量具有十分重要的意义。因此对于"智慧矫正"建设中存在的各种问题，必须花大力气加以解决。而要解决相关问题，应当树立问题导向，从"智慧矫正"工作中亟待解决的难点、堵点入手，采取切实可行的办法探索解决问题的路径。具体而言有以下几个方面：

（一）构建全国统一的"智慧矫正"平台

如前所述，目前条块分割、各自为政的"智慧矫正"平台并不能发挥应有的作用，甚至成为日常工作的负担和阻碍。因此可以考虑由国务院司法行政部门对"智慧矫正"建设实行提级管理，借鉴税务部门"金税工程"、公安部门"金盾工程"建设的成熟经验，在现有各级"智慧矫正"平台的基础上进行一体化建设，建设国家级电子政务平台，并在国家层面实现同公安部门、检察院、法院以及其他有关部门的数据联通。对于无法接入国家级平台的，一律予以停办。

同时，应当在国家层面统一社区矫正执法工作流程和文书格式，制定全国统一的社区矫正执法操作指引，不再允许各地在社区矫正执法领域内随意进行所谓"规范""创新"，把各地的创新积极性引导到根据各自经济社会发展水平、因地制宜开展教育帮扶活动上去。毕竟，全国统一的执法流程和规范，是构建"智慧矫正"平台的现实基础。

（二）规范改进电子定位装置使用和信息化核查工作

对于电子定位装置，应当纳入戒具类公共安全产品进行统一管理，按照国家"市场准入负面清单"要求提升行业准入门槛和政府采购标准，改善市场主体鱼龙混杂、产品质量参差不齐的不利局面。

对于信息化核查工作，应当改变目前这种依赖手机定位和客户端签到的信息化核查方法，改为由"智慧矫正"平台定期从公安机关获取社区矫正对

象的活动轨迹数据。据笔者了解，目前除了检察机关的法律监督外，部分纪检监察机关也开始采取这种方式对社区矫正机构、司法所的工作效能开展监督，很多地方的社区矫正机构、司法所还没弄明白是哪个环节出了问题，检察、纪检监察机关的监督和处理就已经到位了。为此，不少的地方的司法行政机关也开始同公安机关合作开展信息化核查，取得了良好的效果。[1]

（三）改善"智慧矫正"的工作理念

当前"智慧矫正"建设之所以出现一些同社区矫正工作实践不契合、不匹配的情形，究其根本原因，就是工作理念出现了偏差。本来，"智慧矫正"的目的应当是为具体工作实践服务，为日常监督管理、教育帮扶提供帮助和辅助工具。但一些"智慧矫正"平台以及"智慧矫正中心"在建设时，其流程、模块设计以及硬件配置并未听取基层工作人员的意见和建议，而是开发者根据自己对社区矫正工作的理解进行设计，其结果自然会偏离工作实践需要，最终使之成为日常社区矫正工作之外的"其他工作"，加重基层负担。一些价格昂贵的矫正设备也因为违背信息化建设客观规律、在实践中不被需要而沦为摆设。因此，在不断改进"智慧矫正"工作的过程中，主管部门应当积极听取具体从事社区矫正工作的基层社区矫正机构尤其是司法所工作人员的意见，求真务实、集思广益，使"智慧矫正"真正成为推进工作实践水平不断提升的好帮手。

---

〔1〕 参见"宝鸡市司法局　公安局联合出台意见进一步加强社区矫正信息化核查工作"，载 http://sft. shaanxi. gov. cn/cfxz/sgjzgl/47625. htm，最后访问日期：2022 年 4 月 19 日。

信息化纾解《社区矫正法》实施若干问题对策研究

陈雪松[*]

摘　要：《社区矫正法》的正式实施是社区矫正工作领域内的一项历史性的创举，同时也为社区矫正工作带来了新的挑战。《社区矫正法》对矫正工作的业务范围、工作职责、参与单位、权责归属、保障措施等方面进行了明确，但涉及矫正实施工作，特别是如何管理、如何管好、用什么方法管等，只提出了流程规范、信息化核查等概要性要求。法律出台与法律实施是一对孪生兄弟，需要相互支撑、相互改进，实施不能违法，依法应能落地，但我国幅员辽阔，地形地貌、区域经济、风土人情、人口分布、民族习惯各不相同，而且随着互联网经济不断繁荣，电子商务、移动互联、人工智能等技术发展，传统的社区矫正管理已经不能适应现代矫正管理的需要。从信息化视域分析和解决《社区矫正法》在实施中的若干问题，以信息化技术构建基于网络的社区矫正数字化孪生体系，并将社区矫正信息化与智慧司法、智慧城市、数字中国融为一体，为国家治理体系和治理能力现代化早日实现，贡献出社区矫正工作的应有之力。

关键词：信息化；《社区矫正法》；问题；研究

一、绪论

《社区矫正法》是在我国社区矫正工作开展近 20 年的成果和经验基础上，经立法部门和相关权威专家理论分析、实践总结、科学研究、严格流程颁布的社区矫正工作规范性、指导性法律。《社区矫正法》涉及参与的人员、机

　＊　陈雪松，男，武汉警官职业学院副教授，研究方向涉及智慧司法、智慧监狱、智慧戒毒、智慧矫正、电子政务等。

构、组织众多，指导思想、立法目的和立法宗旨与传统的社区矫正实务中社区服刑犯人的理解相比有新的含义。《社区矫正法》在实施过程中也面临多部门协同困难、智能化核查受限、监督手段落后、基层工作人员不足、矫正对象流动性大等诸多现实问题，信息化技术应用和创新可以有效纾解《社区矫正法》在基层实施过程中的多种困境，保障《社区矫正法》的有效实施，提升基层工作效能。

一些信息技术手段促使社区矫正工作更好地实现了其既定的目标。虽然这些信息化手段在监管安全方面起到了一定作用，但同时也出现了指膜欺骗、身份仿冒、越界脱矫、跨界脱管等新的躲避监管和犯罪方式，而且这些技术相对独立，容易破解，存在安全隐患，亟需升级改造才能发挥更好的作用。

国内社区矫正通过结合信息化技术进行检查监督的方式较典型的有内蒙古自治区的数字电视居家视频督查，北京、上海、湖北、广东、广西壮族自治区的电子手环定位核查和电话核实，重庆、安徽、西藏、宁夏回族自治区的电话通话督查，江西的指纹、视频督查等。这些方式在社区矫正监管与核查中有较好的效果，但也存在规范性较差、过程信息不详等问题，[1] 特别是有些地区的定位核查与《社区矫正法》第 29 条所规定的定位装置只在特殊、少数人群、有限时间内使用相违背。[2] 这就需要对社区矫正智能化管理进行内容、方式、方法的充分理解和合理设计。

二、问题分析

（一）智能识别技术及其在社区矫正中的应用

1. 语音识别：语音识别引擎与说话人无关，其作用是为自助语音终端提供连续语音识别功能。针对语音识别应用中面临的方言、口音、背景噪声等问题，现行策略是基于实际业务系统中所收集的涵盖方言和不同类型背景噪声的海量语音数据，通过先进的区分性训练方法进行语音建模，使语音识别在复杂应用环境下均有良好的效果表现。语音识别在社区矫正信息化应用中用于与社区矫正对象语音通话、视频通话、谈话、会议的语音转文字需求，

---

〔1〕 参见金晓流："关于优化社区矫正教育模式的实践探索"，载《中国司法》2015 年第 5 期。

〔2〕 参见姜祖桢、宋秋英、张凯："社区服刑人员矫正效果及其相关因素实证分析"，载《中国司法》2017 年第 5 期。

一般与自然语义理解功能结合使用，对语音识别的内容进行进一步分析、理解和答复。

2. 人脸识别：当有人员的人脸进入设定检测区域时，前端摄像机会检测并抓拍最佳识别度的人脸，业务需要时可以同时根据每张脸的大小和各个主要面部器官的位置信息生成人脸特性数据，把采集到的人脸与人脸特性数据发送给后端服务器进行智能业务处理。后端服务器可以根据需要把抓拍到的人脸直接放入人脸图片库，用于后期的业务处理；或者后端服务器直接利用前端摄像机发送的人脸特性数据进行比对操作，以确定当前拍摄到的人员是否为人脸特性数据库内设定的人员。人脸识别可以是相对静止的人脸识别，也可以是复杂背景下的多人同屏识别，在社区矫正信息化应用中用于人员身份鉴别，经过许可，可与社区矫正数据中的人脸比对，也可以与公安户籍系统中的人脸数据比对，是一种理想的无感知人员识别，可用于社区矫正对象人脸识别签到、卡口探测、轨迹跟踪等场景。

3. 声纹识别：声纹识别是一项根据语音波形中反映说话人生理和行为特征的语音参数，自动识别说话人身份的技术。由于每个人的生物特征具有与其他人不同的唯一性，不易伪造和假冒，所以利用声纹识别技术进行身份认证安全、准确、可靠。声纹识别的语音采集装置造价低廉，只需电话、手机或麦克风即可，无需特殊的设备。声纹识别可用于远程通话、语音转写、发言识别、日常谈话等场景下实现人员身份识别和鉴定，也可用于音频文件转写为文字文件时标注对话双方（多方）的角色识别。声纹识别在社区矫正信息化应用中用于对社区矫正对象的身份确认和权限鉴别，可安装在司法所或社区矫正中心固定场所的签到、打卡场景，也可以用于定位手机、定位手环的人员核查，防止人机分离。

4. OCR识别：指电子设备（例如扫描仪或数码相机）扫描纸上打印或手写的字符，然后用字符识别方法将形状翻译成计算机文字的过程。其具有可以按业务需要提供针对身份证、思想汇报、改造心得等有文字内容的图片识别能力。在社区矫正信息化应用中可用于固定终端或移动终端中对身份证、汇报材料、案件卷宗、思想汇报、改造心得的文字识别。一般用于文字材料识别后的存储或由自然语义理解系统对文字材料进行理解、分析并用于预警或辅助决策。

（二）相关问题分析

《社区矫正法》立法的五层意思分解与面临的实施困境如下。

1. 《社区矫正法》推进社区矫正工作规范化实施与规范保障机制缺失的问题

社区矫正工作在我国开展已近20年，目前在矫的社区矫正对象约有126万人，社区矫正的人均执行成本只有监狱的1/10，社区矫正对象的再犯率一直保持在0.2%的较低水平，社区矫正工作取得较好效果。但各地也存在矫正流程、矫正规范不统一的问题，特别是社区矫正对象申请跨省市外出、异地迁居后，前后两地社区矫正规程的差异会给社区矫正对象间带来迷惑和不解，甚至让矫正对象产生法律不公、执行不严的错误理解，造成法律不严肃和司法不公正的负面社会影响。有些矫正对象甚至为了规避较严的监督规程，选择异地迁居方式逃避本地监管。

2020年《实施办法》中虽已明确公、检、法、司各单位各自职责，也明确了社区矫正机构在接收、入矫、宣告、执行、终止各环节的相应要求，但对于具体操作规程并没有统一规定、统一时限、统一标准，比如同一地区不同县市矫正对象报到频次、教育学习时长、公益劳动范围也存在差异。即使这种规定在某些地区已经出台《××省/市社区矫正实施细则》的情况下，仍存在因为人员不足、工作纷繁复杂等情况导致实施起来遇到多重困难。需要利用信息化技术开发社区矫正综合管理平台来解决人工不易计数、不便计时、不适计量的困境。

2. 《社区矫正法》把矫正对象分为四类，针对个体制定个别矫正方案要求与矫正工作统一实施之间的问题

《社区矫正法》没有将"对被判处管制、宣告缓刑、假释和暂予监外执行的罪犯，依法实行社区矫正"描述为《社区矫正法》的送审稿中规定的社区矫正工作的性质及任务为"正确执行刑罚"，可见其明确了被判处管制、宣告缓刑、假释和暂予监外执行是有区别的。2020年《实施办法》也规定社区矫正机构、司法所应当根据社区矫正对象的矫正阶段、犯罪类型、现实表现等实际情况，对其实施分类教育，应当结合社区矫正对象的个体特征、日常表现等具体情况，进行个别教育。从教育的角度看，面对不同的教育对象，应采用有针对性的教育计划、教育方法、教育内容因材施教，这种规定合法、合情、合理。

但在实际操作中每一个司法所矫正工作人员不仅肩负社区矫正工作，而

且还承担着党务党建、法律咨询、矛盾调解、普法宣传、结对帮扶、乡村振兴、综治维稳等多项工作，而且人员岗位流动性相对较大，很难实现一人一方案，一人一对策。需要利用信息化技术开发矫正计划与实施综合平台，实现案情、人况、计划三者精准对应，并实现完成情况自动记录、追踪、预警，在实施中进行动态调整，不断优化，甚至给出表扬、减刑、训诫、警告决策建议书。

3. 《社区矫正法》要求提高教育矫正质量与教育矫正质量评价标准缺失问题

"教育矫正"一词是相对监狱刑罚执行中"教育改造"一词而来。教育矫正的指导思想是改变古典刑事学派单纯强调惩罚报应、追求一般威慑性预防的不足，又要一定程度上缓解监禁自由刑和监狱的痼疾，降低刑罚执行成本，提高改造效率，通过思想教育、道德引导、生理心理矫治，以及劳动改造等方式，提高教育矫正质量。同时力图通过教育矫正的特殊预防，将矫正对象塑造成不再犯罪的守法公民。

然而，教育矫正质量的提高需要进行多维度评价，可以定性分析，如是否明底线、明是非、明纪律、明目标、明责任、团结、互助、友善，也可以定量分析，如学习时长、学习成绩、劳动次数、报到准点率、汇报频次、公益次数、公益好评率、表扬次数、标志性奖项等。实现这一目标需要利用信息化技术强大的传感器网络和数据分析能力，在社区矫正对象日常工作、学习、生活、矫正中记录各种状态、行为、表现，通过大数据比对、分析形成教育矫正质量分析图谱，提升教育矫正质量。

4. 《社区矫正法》明确了社区矫正对象顺利融入社会目标与矫正对象身份易泄露的问题

一般监狱监禁型刑罚在执行过程中罪犯的生活空间、生活环境、生活群体是封闭并且与外界隔离的，势必容易造成负面信息的交叉感染、监狱人格的形成。社区矫正在立法目的和立法宗旨层面明确了社区矫正对象再社会化的理论和理念。社区矫正在监禁刑和缓刑中都可以起到很好的平滑过渡。监禁刑一般采用累进处遇措施，通过善刑折减的激励方式使服刑人员获得早日离开监狱的假释环节，假释阶段的再社会化由监狱人变成社会人，从激励机制、执行成本、改造效果来看都是积极有效的。缓刑则是提前避免短期监禁刑的弊病，在保障其正常就业就学和家庭生活的情况下，依法予以考察监督，有针对性地消除社区矫正对象可能重新犯罪的因素，帮助其更好地融入社会，成为守法公民。但在大众和大部分社区矫正工作人员的视野下，社区矫正对象依然是罪犯，大众对身边的"罪犯"自然有抵触、排斥心理，若想让社区矫正对象顺利融入社会生活，需要在社区矫正实施中尽量避免社区矫正对象身份泄露的尴尬。

通过融法律约束、道德引导、亲情感化为一体的多种手段和各部门协调共力，帮助社区矫正对象增强法治观念和悔罪自新意识，提高道德素质，培养健全人格，从而有利于矫正对象融入社会，同时需要在矫正实施过程中利用信息化技术、设备、设施实现自助化、移动化、居家化的矫务环节，在保障隐私的情况下培养社区矫正对象正确的劳动观念和生活理念，增强社会责任感，养成良好行为习惯，帮助他们修复社会关系，更好地融入社会。

5.《社区矫正法》要求预防和减少犯罪与预警预防和终止提醒技术相对落后的问题

人生活在社会当中，就有其基本的社会属性，需要遵守法律和道德。道德是人生活在社会群体中共同形成的行为规范。这个规范不同于法律，可以有多重标准，也不必强制执行，但道德与法律的界线在很多情况下并不清晰绝对。因此，对于被适用管制执行、缓刑考察、假释监督和暂予监外执行这四类对象采用社区矫正执行方式，能使其在社会生活中对法律和道德更充分地认识和遵守。在普通社会生活中对其思想、行为进行监督，对矫正对象本人是一种相对监禁刑完全不同的自由、宽大、信任，是一种基于国家和人民对他们能够改过从善的美好期望，又不失矫正对象因犯罪身份接受监督的威慑。

但在预防和减少犯罪的目标上，缺少有效预警和提醒技术来辅助，需要将现代融媒体技术与精准普法技术结合，实现有效的犯罪预防和预警，以智能法律助理和掌上法律服务的方式实现普法、学法、尚法、守法相统一。

（三）问题小结

一是亟须解决社区矫正工作参与机构网络互联互通问题。人民法院、人民检察院、公安机关、监狱、社区矫正机构和其他社会组织在参与社区矫正工作中文件、案卷、法律文书和信息的互通共享是实现各单位正常依法履职的基本保障。

二是亟需用信息技术化解社区矫正实施中标准规范不一致的问题。社区矫正从审前调查、评估、入矫、宣告、实施、监管、劳动、教育、核查、终止（中止）、解教等各环节都有相应规范和流程，但在实际操作中，存在着因为矫正工作人员对相关法律法规掌握程度情况、基层矫正机构人少事多情况、矫正对象与矫正人员熟识程度情况、矫正地区民俗民风情况等诸多因素，导致社区矫正具体实施中存在标准规范执行不一致问题。这就需要用管理平台和计算机程序把标准规范融入社区矫正管理系统的流程中，按步操作、逐步提醒，实现标准规范的目标。

三、对策及其设计

社区矫正信息化需要建设一套智慧矫正体系，面向全省（一般省级社区矫正局为建设主体）社区矫正机构，提供业务执行、定位监管、审批、考核和统计分析功能；通过与公检法、人社、民政等部门系统联网，实现信息共享，在构建社区矫正对象数据库的基础上，利用大数据和人工智能手段辅助提高社区矫正业务开展效率。特别是在监管模式中，采用人工智能、物联网、大数据分析等新技术融合利用原有手机定位、指纹签到等技术来实现监管安全的提升。大数据时代信息技术与社区矫正业务关系如图2所示。

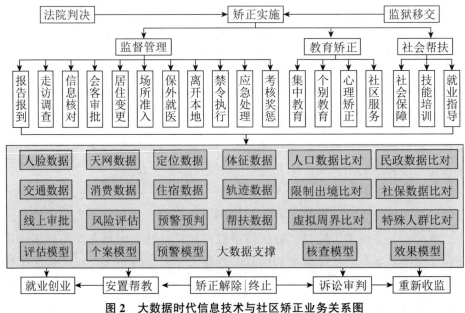

图2 大数据时代信息技术与社区矫正业务关系图

（一）对策分析

1. 打通基于电子政务外网的政法业务协同通路

基础网络架构是社区矫正各相关机构网上协同办案的基础。司法行政机构作为社区矫正的执行单位，要充分考虑司法行政组织管理结构、人财物信息管理关系、司法行政业务职能和管理关系、业务覆盖范围、地区经济发展分布等。

司法行政相较于公安、检察、法院、国安等政法单位有其自身特点。一是司法行政各类业务管理属司法部管理和指导，资金和人员属各级政府管理。二是业务范围纵向要与司法部各业务保持一致，也要与当地政府和党委政法委工作保持步调一致，还要与所管辖的下级司法行政机构实现业务统一；横向要与当地公安、检察、法院、司法（监狱、戒毒、社区矫正）等系统实现业务互通、数据共享、信息互核、联合办案，而公安、检察、法院、监狱、戒毒等系统都有各自业务专网。三是服务对象范围既有社区矫正对象，也有执行行政执法的强制隔离戒毒人员，还有所辖业务范围内的全体公众。四是跨区域业务互联时，异地政法机构的互联互通需要实现异地网络通信。五是司法行政监管业务数据属工作敏感信息，不宜在互联网上存储和传输；司法行政公共法律服务数据属一般信息，可在互联网上存储和传输。虽然只是对社区矫正对象管理实现协同办案，联网共享，但要考虑全国全省司法行政系统网络统一规划、统一使用的要求，选择司法行政基础网络架构尤为重要。现有信息化网络有公众广泛应用的互联网，各行业自上而下的专网如检察院专网、法院专网、政法专网，各单位自行组建的内部网如监狱内网、戒毒内网，国家电子政务办建设的电子政务外网。社区矫正与政法系统业务逻辑关系图，如图3所示。

司法行政需要为公众提供各类公共法律服务，需要在互联网上为用户提供各类数据交互。为保障工作敏感数据的存储和传输安全需要在有安全保障的网络上传输，可以选择电子政务外网或专网，因国家电子政务外网属于三级等保网，目前已覆盖全国所有县市区政府机构和大部分乡镇。根据国家相关网络建设要求，已不再审批政府机构的行业专网建设。以H省为例，目前全省政法各部门均已联通电子政务外网和政法综合信息网，政法业务协同平台部署在政法综合信息网，因此全国司法行政的基础网络架构或社区矫正协

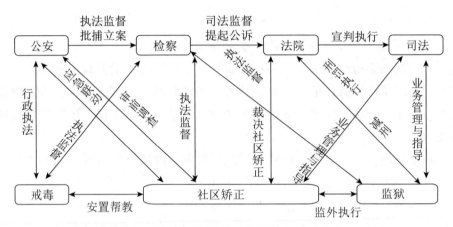

图3　社区矫正与政法系统业务逻辑关系图

同办案网络架构内部应选择以国家电子政务外网为核心网络，外部以政法综合信息网为核心网络，互联网为扩展网络，实现司法行政业务互联网受理、电子政务外网办理、政法综合信息网协同、互联网反馈的结构。

2. 以电子核查纾解社区矫正传统核查工作的困难和不便

由于每一个社区矫正对象涉及案件、案情和社会关系都具有独立性，在核查工作中存在各种各样的困难和不便，主要表现在：

（1）空间位置核查不便性。社区矫正工作是涉及全国的普遍性工作，我国幅员辽阔，地形地貌千差万别，在一些山区、林地、草原、岛屿、交通不便和偏远地区对社区矫正对象日常监管中的核查，需要长途跋涉、翻山越岭、趟溪越涧才能完成。而利用信息化方式，通过卫星、WIFI、基站均可实现位置信息的核查。

（2）时间核查不便性。社区矫正中心和司法所的工作人员一般以工作时间为主要核查时间，但对社区矫正对象的监管和核查是全天候的，特别是一些社区矫正对象的活动习惯、工作习惯、生活习惯并非5×8小时的常规时间。而现行的各级国家机关工作时间是5×8小时模式。此时需要利用信息化技术进行7×24小时的监管和核查应用，信息化设备也需具备这种时间连续性的工作要求。

（3）事多人少的困境。从全国范围来看社区矫正对象的管理绝大多数由司法所人员承担，但司法所在机构保障、人员保障、经费保障上存在较多困难。无人所、一人所、两人所现象不在少数，而司法所的业务职能和日常工作也较为庞杂，如法治宣传、法律咨询、审前调查、社区矫正对象管理、政法委综治管理、人民调解、安置帮教、党建工作等。另外，按现行的司法行政机构属地管理和垂直业务指导双线运行模式，基层司法所除完成司法行政业务工作外，还涉及扶贫、维稳和地方政府交办的其他工作。在不借助信息化技术和信息化设备的环境下很难把这些工作保质保量完成。

（4）传统认知与业务开展的不便。在日常社区矫正工作中，社区矫正对象的管理虽然由矫正小组承担，但矫正小组成员专职进行矫正教育的人员有限，在实际工作中，有些矫正对象的性格、生活环境比较特殊，矫正核查工作中存在不方便、不安全、不易完成等现象，如某社区矫正对象是男性、吸毒人员、残疾卧床、独居，而司法所的工作人员是女性、身材娇小，面对这种处境，在核查中不可避免地会出现胆怯、担心等不利于核查的状态。因此，采用信息化技术进行核查可以纾解这类困难境况。

（5）重大公共卫生事件或突发灾害事件的应急处理。社区矫正工作具有连续性、不可间断的特点，在常规监管中可以用增加人手的方式来解决事多人少的问题，也可以增加活动频次的方式来加强对社区矫正对象的监管力度，但在突发自然灾害、公共卫生事件等不可预期的重大事件中，需要保障社区矫正对象监管的连续性、可持续性要求。如 2020 年初的新冠疫情，全国多地防疫指挥中心要求非防疫需要不得外出，此时采用电话、视频、位置共享进行核查就显得非常实用和必要。

（二）方法设计

1. 网络联通设计

首先需要解决的是《社区矫正法》所列社区矫正执行机构和各参与机构的网络联通问题，依据《全国司法行政系统网络平台技术规范》《国家电子政务外网跨网数据安全交换技术要求与实施指南》，可将社区矫正各相关单位网络联通，形成纵向到底、横向到边的社区矫正业务联通网络体系。社区矫正五级网络和相关单位联通拓扑，如图4所示。

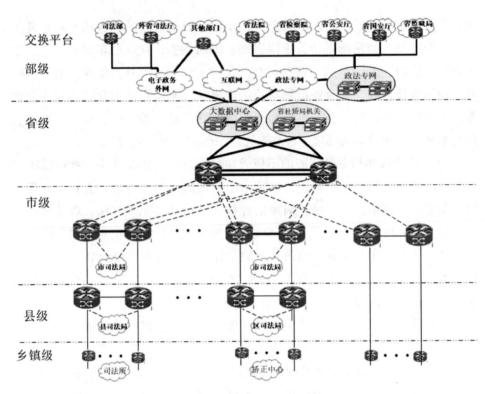

图4 社区矫正五级网络和相关单位联通拓扑图

（1）省级社区矫正业务单位的连接，包括省、市、县、乡四级连接。全省社区矫正核心业务应用通过电子政务外网进行连接，如各级社矫工作人员访问省社区矫正综合管理平台。市（州）、县（市）等单位内部网络由各单位自行建设。

（2）与司法部通过电子政务外网连接。主要用于与司法部社区矫正信息管理系统和刑满释放人员信息管理系统进行数据互联，提交工作报表，同步人员信息。

（3）与本省政法系统各单位，包括监狱、戒毒、公安、检察院、法院等单位的连接，通过政法综合信息网实现。

（4）与本省其他政府部门，如民政、人社等非政法部门，通过电子政务外网实现。

（5）与互联网连接，用于社区矫正人员定位装置的信息收集，单兵设备、移动指挥车的信息回传；政务公开类应用如法律法规、政务服务、信息发布、在线教育等内容，可统一部署在互联网，便于公众信息的获取。

2. 智慧核查设计

以智慧核查替代人工核查不够、不便、不全的困境。按照《社区矫正法》第 3 条和第 24 条相关内容，社区矫正工作坚持监督管理与教育帮扶相结合，根据裁判内容和社区矫正对象的性别、年龄、心理特点、健康状况、犯罪原因、犯罪类型、犯罪情节、悔罪表现等情况，制定有针对性的矫正方案，实现分类管理、个别化矫正。矫正方案应当根据社区矫正对象的表现等情况相应调整。信息化核查也应围绕社区矫正分类管理、个别化矫正这一要求进行设计，同时结合当地社会经济发展水平、地形地貌、生活习俗，适应当地社区矫正机构信息化建设能力进行信息化核查设计。信息化核查分级示意图，如图 5 所示。

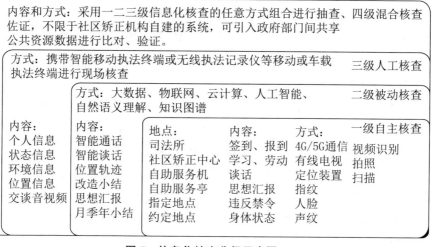

图 5　信息化核查分级示意图

一级自主核查（自助）：社区矫正对象按社区矫正机构要求主动到司法所、社区矫正中心、自助服务机、自助服务亭、指定地点或约定地点实现签到、报到、学习、劳动、谈话、提交思想汇报等日常核查工作。自主核查可采用常规方式人工核验、签字报到等形式，也可借助信息化技术和手段利用 4G/5G 通信、有线电视、定位装置、指纹、人脸、声纹、视频识别等技术实现。

自主定位可进行手机定位、手环定位，或在固定场所签到以确认定位，为保障定位是由其本人完成，可辅以电子屏签名、指纹、人脸、声纹、标志物拍照比对等方式验明身份和位置。信息化核查系统应具备设置自主核查的规则和策略参数功能，对不符合规定的核查进行智能提醒和预警，以电话、邮件、短信、微信等方式告知社区矫正对象和工作人员，或转为二级被动核查流程。

二级被动核查（自动）：利用大数据、物联网、云计算、人工智能、自然语义理解、知识图谱等技术，让社区矫正对象被动接受核查。可以向社区矫正对象发起智能通话、智能谈话、智能问答、提交改造小结、思想汇报和月（季、年）考核小结要求，并通过设备和算法对反馈信息或答复进行分析和处理。利用定位装置或周界卡口感知装备对临界、越界、违反禁令、轨迹异常社区矫正对象进行实时核查和预警。社区矫正对象被动核查的交互过程中同时采集定位、声纹、人脸、签名等信息进行核查。二级核查同一级相似，但采用更多人工智能技术进行内容、意愿分析和交互式核查，同时兼具一级核查的身份确认、位置定位功能，对未完成核查和不符合规定的核查进行智能提醒和预警并转为三级人工核查。

三级人工核查（人工）：在一、二级信息化核查异常或个案矫正计划书规定环节或日常工作安排情况下系统提示进行人工核查，人工核查由工作人员携带智能移动执法终端或无线执法记录仪等移动或车载执法终端进行现场核查，核验并记录社区矫正对象的个人信息、状态信息、环境信息、位置信息、交谈音视频等需要被记录下来的数据。

四级混合核查（人机）：信息化核查的方式和方法并不拘泥于一二三级的划分界线，也不限于社区矫正机构自建的系统，采用一二三级信息化核查的任意方式进行抽查、佐证并引入政府部门间共享公共资源数据进行比对、验证，核查的重心在于能否达到提升效能、解决困难、规范监管、利于改造的目的。因此可以根据当地的实际情况进行合理设计。下面列举两个场景：

场景一，某社区矫正局智慧矫正平台与当地平安城市平台、通信管理局基站平台对接，利用平安城市工程遍布城市各处的摄像头进行社区矫正对象的核查工作。社区矫正局对部分摄像头采集的视频数据进行人脸识别分析，发现社区矫正对象在相应摄像头前出现时，即给社区矫正对象发送信息确认今日已签到，若在城市边缘发现不应该在此处的社区矫正对象，立即通过与通信管理局的基站信息核查平台进行数据比对，根据手机基站与视频位置信息对社区矫正对象进行提醒，并预警给社区矫正管理人员进行人工核查。

场景二，某社区矫正矫正对象因故外出，已履行外出请假手续，但外出并不代表暂时可以不监管，凡是外出的社区矫正对象可以要求其携带定位装置或通过智能手机的定位功能进行钉钉、微信、百度地图等方式进行位置打卡或与公安系统的宾馆住宿平台和交通购票平台对接进行外出核查。信息化核查的一级二级三级核查同步启动通话核查、视频核查等方式，防止人机分离，确保核查的有效性和准确性。

（三）对策研究小结

1. 顶层网络设计化解多部门及时协同不畅的困境

《社区矫正法》发布本身就是从国家层面加强社区矫正工作各相关单位的全面协调、及时协同、相互协助作出相应规定。在具体实施中最大的困境不是相关单位不参与、不协助，而是耗时长、效率低、同步慢，从信息化视角看就是要打通网络、联通数据，让数据像血液一样在各平台各系统间流动，给整个社区矫正体系输送数据营养，激发各部门参与社区矫正工作的动力和活力。因此，从顶层设计中就把各业务单位的网络联通作为信息化建设的第一步，利用现有的国家电子政务外网、政法综合信息网、互联网，通过安全边界防护，应用系统自动触发、智能提醒、自动预警实现网络互联、数据互通、业务互办、安全互守，解决协同不同步、不知晓、不主动、不及时的困难。

2. 业务整合化解数据标准不一、业务规范各异的窘况

社区矫正工作涉及面广、人多、事繁，从业务系统看有调查评估、矫正衔接、矫正实施、矫正终止、矫正解除等组成，从参与单位看有党委、政法委、公安、检察院、法院、司法行政等机构，如果仅从各业务单位的信息化系统看，亟需把各相关单位和相关业务系统进行整合，制定政法系统数据标准，用电子监察系统作为智慧矫正体系的总监督员，对所有业务系统进行全程监控、预警纠错、督查督办、投诉处理、统计分析、绩效评估、监察日志、系统集成，这样既可以规范数据标准，也可以规范业务标准，用数据标准倒

逼业务向规范化改进，从而产出规范数据，发现并化解社区矫正各环节是否缺失、是否规范的问题。

四、总结与展望

信息化的先天优势，如自动化、标准化、自助化、泛在化有利于化解《社区矫正法》在实施过程中遇到的人情关系、人少事多、人员流动性大等突出问题，同时也可以纠正社区矫正工作实务中因矫正工作人员知识、能力、技能水平的不均，导致矫正对象对矫正实务中知识不均、劳动不均、关注不均而产生的执法不公、司法不公的错误认识。

社区矫正信息化目前还处在较低的应用水平，主要原因一是既懂矫正业务又懂信息化的人才较少，二是信息化升级后的社区矫正管理制度和考核制度没有与之相匹配，造成信息化技术和应用加重了基层执法人员劳动，三是信息技术中人工智能技术在社区矫正领域的创新应用还有待开发。了解了原因，就可以更好地去解决问题，未来基于人工智能的社区矫正分类分级处遇，个性化矫正个案动态纠偏，智能自助矫正设备、无感远程矫正装备等新技术将进一步解决基层矫正实务中遇到的困难，提升矫正改造质量，保护矫正工作人员，全面提升矫正参与各方的满意度。

农村社区矫正

社区矫正理论与实务研究（第4卷）

RESEARCH ON THE THEORY AND PRACTICE OF COMMUNITY CORRECTION

农村社区矫正制度的困境与出路

——基于城乡一体化发展的探讨

唐政委[*]　全亮^{**}

摘　要：农村现代化是整个国家现代化的基础，城市与乡村的关系处理得当与否在很大程度上影响着国家现代化的成败。社区矫正制度经历了十几年的摸索和沉淀，积累了较为丰富的经验。但农村社区矫正工作与城市相比存在很大差距，特别是由于城乡二元结构的存在，农村地区较之城市聚居区在自然地理环境、社会人文环境等方面存在相对封闭和复杂的特点，致使农村地区社区矫正工作开展的效果较差，存在社区矫正工作开展无序、经费匮乏、社会专业力量参与度不足等问题，严重阻碍社区矫正制度在农村的深入发展。顺应乡村振兴战略，推进社区矫正制度城乡一体化发展，破解农村地区社区矫正制度发展困境，对助力乡村振兴法治建设具有重要意义。

关键词：农村社区矫正；城乡一体化；城乡二元结构；矫正信息化建设

一、农村地区社区矫正制度城乡一体化理论的引入

改革开放不仅带来了经济、社会的飞速发展与进步，也使城镇化得以迅猛推进。不过与国外城市带动农村的发展路径不同，我国过去长期坚持农业支持工业、农村支持城镇、"以农养工"、"以乡养城"、城镇优先发展的"城市中心主义"模式，这种模式能在短期内提高工业化和城镇化率，但长此以

　＊　唐政委，男，四川师范大学少年司法研究与服务中心助理研究员，研究方向：刑事诉讼法学与少年司法。

　＊＊　全亮，男，法学博士，四川师范大学法学院教授，四川师范大学少年司法研究与服务中心常务副主任，研究方向：刑事诉讼与司法制度。

往会造成明显的"副作用"，而城乡发展不均衡便是因此而致。曾有学者尖锐地指出在现今的国家发展中，城乡发展不平衡是最大的不平衡，农村发展不充分是最大的不充分。[1] 城乡之间历史、经济、文化等发展不均衡导致二者之间法治的发展出现了"隔代差"现象，产生了阻碍城乡均衡融合发展的城乡二元结构。[2] 该理论由英国经济学家刘易斯于1954年提出，他认为在发展中国家会有农村这一传统意义上的经济体系和城市这一现代意义上的经济体系并存的二元经济体系。[3] 而在这种城乡二元结构之下，城市及其市民会形成对教育、就业等社会保障资源的一种垄断，造成农村和农民无法享有城市市民所享有的经济、文化等权利，导致农村和农民在权利等领域的群体贫困。[4] 出现农村人、财、物等要素不断向城市集聚，而城市公共资源向农村转移的水平却很低等现象，农村各类资源被城镇吸走，造成农村的"空心化"，[5] 进一步加剧城乡之间的贫富差距。

为化解这种城乡发展不均衡的二元结构，中国学者以马克思城乡关系理论和二元经济理论为基础，[6] 立足于我国改革实践率先提出了城乡一体化理论，该理论旨在有序打破城乡边界、有效配置资源，以构建起城乡平衡、协调、联动、包容、可持续发展的内在关系，实现城乡共享发展目的的空间生产。[7] 有学者认为城乡之间首先是制度差距，其次是政策差距，最后是发展水平的差距。城乡一体化是属于制度方面的城市化概念，本质是消除因制度

---

〔1〕 参见韩俊："破除城乡二元结构走城乡融合发展道路"，载《理论视野》2018年第11期。

〔2〕 城乡二元结构又称城乡二元制经济结构，一般是指以社会化生产为主要特点的城市经济和以小农生产为主要特点的农村经济并存的经济结构。我国城乡二元经济结构主要表现为：城市经济以现代化的大工业生产为主，而农村经济以典型的小农经济为主；城市的道路、通信、卫生和教育等基础设施发达，而农村的基础设施落后；城市的人均消费水平远远高于农村；相对于城市，农村人口众多等。这种结构之下的农村，在政治、经济和司法制度发展方面都较之于城市落后许多。

〔3〕 参见徐学中："城乡二元经济结构框架下我国商贸流通体系交互流动研究"，载《改革与战略》2016年第12期。

〔4〕 参见张等文、陈佳："城乡二元结构下农民的权利贫困及其救济策略"，载《东北师大学报（哲学社会科学版）》2014年第3期。

〔5〕 郭德海："以城乡一体化破解农村空心化困局"，载《人民论坛》2017年第14期。

〔6〕 马克思恩格斯城乡关系理论认为，在人类历史发展进程中，城乡关系要经历由"一体"到"分离"到"联系"最终到"融合"的过程。

〔7〕 参见王志章："连片特困地区空间生产与城乡一体化的理论逻辑"，载《吉首大学学报（社会科学版）》2017年第3期。

引起的城乡差距，从而实现现代社会的城乡公平。[1]

　　而社区矫正制度作为衡量刑事司法文明进步重要标志的新型恢复性司法制度，[2] 从 2003 年试点，至 2011 年《刑法修正案（八）》正式确立，经过近二十年的发展，以 2019 年《社区矫正法》的颁布为标志，社区矫正有了明确的法律地位。与监禁刑相比，社区矫正不需要罪犯进入看守所或监狱服刑，对罪犯而言，将社区矫正称之为"福利"并不为过，其自然会成为罪犯及其家属极力争取的刑罚执行方式之一。[3]（参见表 1、图 1 根据法制网及司法部官网公布的 2014 年~2018 年 5 年间的社区矫正人数的统计数据）

表 1　2014 年~2018 年判处罪犯与社区矫正人数比值

年份	全国法院系统判处罪犯人数（单位：万人）	接收社区服刑人数	比值
2014 年	118.4	43.1	36.4%
2015 年	123.1	46.4	37.7%
2016 年	121.9	48	39.4%
2017 年	126.9	52.4	41.3%
2018 年	142.9	54.7	38.3%

---

〔1〕　参见张强："中国城乡一体化发展的研究与探索"，载《中国农村经济》2013 年第 1 期。

〔2〕　参见哈洪颖："在惩治与服务之间——试论社区矫正机构与社区服刑人员互动关系的双重特性"，载《学海》2018 年第 4 期。

〔3〕　我国社区矫正工作于 2003 年开始试点，2005 年扩大试点，2009 年在全国试行，2014 年在全国全面推进。15 年来，全国累计接收社区矫正对象 455 万人，累计解除矫正 385 万人，在册社区矫正对象 70 万人，接近全国罪犯总数的 1/3。社区矫正的人均执行成本只有监狱的 1/10，社区矫正期间社区矫正对象的再犯罪率只有 0.2%。载微信公众号"智汇社矫网"，2019 年 11 月 27 日上传；参见"司法部：党的十八大以来共收押黑恶势力罪犯 6.5 万余人"，2021 年 9 月 24 日，司法部副部长刘志强介绍，全国每年新接收社区矫正对象为 50 多万人，矫正期间再犯罪率一直低于 0.2%。载中国发布网，载 http://news.china.com.cn/2021-09/24/content_77772232.html，最后访问日期：2022 年 11 月 5 日。

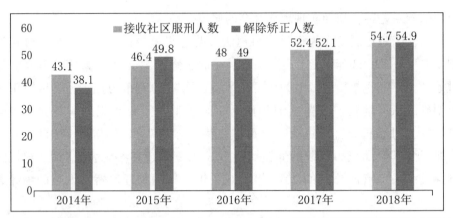

图 1　社区矫正全面推进 5 年大数据（单位：万人）

从过往的社区矫正制度试点情况来看，社区矫正主要集中在发达城市，但实际上，农村需要进行社区矫正的对象较之城市更多。仅以 2017 年为例，我国有社区矫正对象 702 708 人，全国农村有社区矫正对象 502 610 人，占比 71.5%。在未来，农村地区社区矫正制度的发展将是农村法制推进的重点和难点之一，毕竟制度才是城乡发展的核心影响因素，[1] 城乡一体化发展首先得实现制度均衡。

宏观层面，为了破解"隔代差"和城乡二元制的结构，促进城乡均衡一体化发展，党和国家一直密切关注"三农"等农村问题，制定《乡村振兴战略规划（2018-2022 年）》，并在规划中 21 次提到要促进乡村法治建设、强化法治保障，提升乡村治理体制的法治化。[2]《关于加强和改进乡村治理的指导意见》也指出，[3] 在农村加强社区矫正制度的适用能够纠正监禁刑的滥用，抑制其过度的惩罚性，满足了罪犯再社会化和实现自我发展的需求，同

---

〔1〕　参见陈宏胜、李志刚、王兴平："中央—地方视角下中国城乡二元结构的建构——'一五计划'到'十二五规划'中国城乡演变分析"，载《国际城市规划》2016 年第 6 期。

〔2〕　新华社北京 2018 年 9 月 26 日电：中共中央、国务院印发《乡村振兴战略规划（2018-2022 年）》，并发出通知，要求各地区各部门结合实际认真贯彻落实。中共中央、国务院印发《乡村振兴战略规划（2018-2022 年）》，载 http://www.gov.cn/xinwen/2018-09/26/content_ 53255 34. htm，最后访问日期：2022 年 1 月 7 日。

〔3〕《关于加强和改进乡村治理的指导意见》第 2 条第（十二）项规定，加强平安乡村建设。……加强对社区矫正对象、刑满释放人员等特殊人群的服务管理。深入推进扫黑除恶专项斗争，健全防范打击长效机制。……

时也能激发社区社会关系损害修复赋能，增强公民的法律意识与社会责任感，对我国全面推进依法治国和深化司法改革有着重要影响。但是农村地区异于城市的特殊性和差异性，对司法确实有一些不同于城镇的需求，所以笔者以城乡一体化理论为视角，从制度在农村运行的困境出发，就如何在农村地区贯彻社区矫正制度，展开分析探讨。

二、农村地区社区矫正的特点及其困境

由于城乡二元格局的长期存在，农村社区矫正工作形成了自己的一些特殊性，而了解掌握这些特殊性，对我们分析农村地区社区矫正的困境及原因、寻找提升农村地区社区矫正水平的出路具有重要意义。

（一）农村地区社区矫正的特点

1. 农村矫正对象情况复杂，工作开展难度更大

首先，农村矫正对象群体较大且分布不均匀。尽管我国的城镇化率已经达到了 45.4%，但我国仍旧约有 5 亿多人口生产、生活在广袤的 2193.56 万公顷土地上，[1] 且散落在 250 余万个村庄里面，[2]（表 2）呈现出"大散居、小聚居"的特点。[3] 特别是偏远农村地区，山高路远、交通不便，社区矫正工作很难深入。

其次，农村人口整体情况较之城市社区更为复杂，矫正活动开展存在更大阻力。虽然一部分年轻的农村人口通过升学或者是务工经商的方式"逃离"了农村，但是剩下的务农人口大多不了解现行法律规定为何，更别谈对社区矫正制度本身的认识，自身行为的规制大多靠村规民约或者是家族"长老之治"。而改革开放以后带来的社会转型导致传统治理体系逐渐被瓦解的同时，新的治理体系又未及时替补。这种农村人口自我约束的缺失以及村民自我治理体系的断层，造成了农村社群的破裂，农村地区社区矫正活动开展所需的经费、人员和场所无所依傍。出现了一方面犯罪率较之于城市更高，社区矫

---

〔1〕 参见"第三次全国国土调查主要数据公报第（六）项：城镇村及工矿用地 3530.64 万公顷（52 959.53 万亩）。其中，村庄用地 2193.56 万公顷（32 903.45 万亩），占 62.13%。"载 https://www.mnr.gov.cn/dt/ywbb/202108/t202108262678337.html，最后访问日期：2022 年 11 月 5 日。

〔2〕 我国农村地区面积巨大，导致农村社区矫正对象分布较广。以 2017 年的社区矫正对象为例，将这个数据与 502 610 名农村社区矫正对象相除，平均每平方公里仅 0.105 人。

〔3〕 参见丁明亮："农村社区矫正的困境与出路"，载《湖北警官学院学报》2011 年第 3 期。

正需求更大，另一方面社区矫正工作却无法有效开展的司法难题。

表2　2011年~2019年我国村庄数量统计[1]

年份	村庄数量统计个数（万）
2011年	266.9
2012年	267.0
2013年	265.0
2014年	270.2
2015年	264.5
2016年	261.7
2017年	244.9
2018年	245.2
2019年	251.3

与此同时，农村人口呈规模性的流动，不易管理。农村人口流失以及"人户分离"现象明显，特别是因为谋生的需要而在频繁在各个地区走动，在一个地方久居的可能性降低。如果成为矫正对象，也势必会因为其频繁的流动而加大社区矫正的监管难度。

（二）农村地区社区矫正的困境

1. 农村社区矫正工作根基薄弱

一方面，农村社区矫正制度开始较晚，规范依据不足。在《社区矫正法》颁布之前，法律依据主要是《刑法修正案（八）》《刑事诉讼法》和各地方一些零散的实施办法，没有就农村问题做专门规定，致使农村社区矫正工作行权无据。社区矫正工作人员的执法行为缺乏强制力保证，对社区矫正对象不配合矫正的行为只能进行说服教育而不能有效的采取强制性措施，约束力不够，影响了社区矫正工作的规范性和严肃性。已于2020年正式实施的《社区矫正法》内容规定过于笼统，还有许多具体细则尚未完善，对社区矫正的

---

〔1〕"2011-2019年我国村庄数量统计"，载 http://data.chinabaogao.com/hgshj/2021/04305410T2021.html，最后访问日期：2022年1月7日。

界定不清晰、没有对警察配备、社区矫正辅助机构的规定，[1] 与农村矫正开展现实情况不契合，存在一定抵牾。再加上我国幅员辽阔，城市和农村经济发展存在较大差异，这就使得现有规定对特殊农村地区的针对性和可操作性不足，有待健全完善和细化。

另一方面，农村地区相对于城市，法治思想观念封闭落后，促进社区矫正对象再社会化的基本理念尚未深入人心。有的社区矫正人员也时常忽视对社区矫正对象的帮教作用，而以罪犯改造的观念将其当作"另类"，部分社区矫正对象被改造成听话的"服刑人员"[2]，缺乏回归社会所需要的思想和技能准备。同时，因为早期的社区矫正试点主要是在经济发达的城市，而对乡镇地区试点效果的关注较少，加之社区矫正本就是一种制度"舶来品"，其理论和实践做法并不一定适合我国欠发达的偏远农村地区。[3] 在普通村民朴素的正义观念里，社区矫正对象被贴上了犯罪标签，认为罪犯应当被关在看守所或者是监狱里。在这种不被包容的大环境之下，农村社区矫正对象也容易产生自暴自弃、自我否定的心理，进一步降低了社区矫正对象回归社会的可能性和农村社区矫正工作的质效。

再者，农村社区矫正组织机构不健全，矫正设施条件和设施建设缓慢。以笔者了解的 S 省 C 市为例，尽管司法所目前仍是农村地区社区矫正工作的负责者，但是《社区矫正法》生效后，将职能划分到各社区矫正机构以来，基层司法所职能愈加定位不清，有将司法局职能划给社区矫正管理机构后再将社区矫正处划归乡镇管理的，也有由乡镇管理划归市局管理的，还有乡镇、市局管理反复调整的，给社区矫正工作带来了许多麻烦。而基层乡镇本就事多人少，司法所除了完成日常工作以外，还需要承担防疫、扶贫等额外分派的工作，没有足够的时间和精力开展农村社区矫正工作。大多数偏远农村地区的司法所还存在人员、经费和编制严重不足的问题。根据司法部 2009 年就已经颁布的《司法部关于印发〈关于加强司法所规范化建设的意见〉的通

---

〔1〕 参见吴宗宪："我国社区矫正法的历史地位与立法特点"，载《法学研究》2020 年第 4 期。

〔2〕 曹华、侯习敏："农村社区矫正问题分析及其完善——基于四川省绵阳市 Z 县的实证分析"，载《四川文理学院学报》2019 年第 2 期。

〔3〕 参见姜智颖："当前农村社区矫正存在的困境和对策"，载《农村经济与科技》2021 年第 12 期。

知》（以下简称《意见》）规定，司法所应当配备 3 名以上工作人员，[1] 而在农村司法所人员力量往往不足且没有社区矫正专职人员，有些地区甚至出现"一人所"和"无人所"，据统计，以 2015 年为节点，司法所有 40 746 个，"无人所"有 3145 个，占 7.72%；"一人所"14 808 个，占 36.35%。（图 2)[2] 虽然在后续有所改变，但是情况依旧不容乐观。[3]

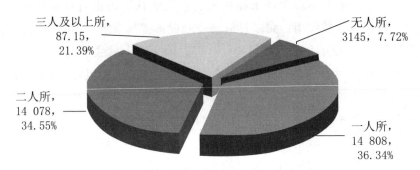

图 2　全国司法所政法专项编制分配情况图

2. 农村社区矫正管理队伍建设缓慢

首先，农村地区社区矫正存在经费短缺、人才数量不足、社区矫正人员素质较低等问题。笔者曾到 S 省省会城市 C 市的社区矫正管理局、街道办司法所和一家专业的民间社区社会工作组织做了简单的实地调研后了解到，目前，人员学历方面，主要是本科毕业从事这行的居多；财政经费方面，由于 C 市地方政府最近在搞城市扩张建设，财政很吃紧，所以地方政府给社区矫

---

〔1〕　参见《司法部关于印发〈关于加强司法所规范化建设的意见〉的通知》第 3 条第 1 项规定，加强司法所组织机构建设。……司法所应当配备 3 名以上工作人员，有条件的地方，应当配备 5 名以上工作人员。司法所一般按行政区划单独设置，原则上每个乡镇（街道）设置一个司法所。根据需要，也可在经济技术开发区、农林牧区等设置司法所。……

〔2〕　司法所工作指导处："2015 年度全国司法所工作数据统计分析报告"，载《人民调解》2016 年第 5 期。

〔3〕　参见"全国共有司法所 40417 个！确保司法所工作不留空白"：截至 2018 年 9 月，全国司法所所均工作人员只有 3 人，其中政法专项编制人员仅有 1.4 人，还有近 1.7 万个一人所；有的地方经费保障不到位；很多司法所业务用房年久失修、需要加固修缮；有的司法所业务装备落后、基础设施薄弱；个别省份司法所管理体制尚未理顺，影响司法所职能作用的发挥；司法所工作人员的能力素质与人民群众的新期待相比还有一定差距。载 https://www. toutiao. com/article/66016269 146395776 13/，最后访问日期：2022 年 11 月 5 日。

正拨付的专项基金普遍偏少，社区矫正工作人员的人均年薪只有 6 万元左右，若不是因为热爱，很多人都会选择离开。有关负责人也谈到，社区矫正工作在《社区矫正法》实施以后大的变化没有，问题还是人员、场地以及经费保障不到位导致工作开展起来比较难，社区矫正效果的全流程评估基本做不到，农村地区社区矫正工作的开展进程比较缓慢。

其次，我国社区矫正工作开始由司法局向专门设立的社区矫正机构统筹安排转变，但基层社区矫正工作的开展暂时还是由司法所负责，[1] 而社区矫正工作高度专业化，涉及犯罪学、心理学、社会学等多种学科知识，对于老一辈学历较低、知识结构比较单一的农村社区矫正工作人员而言，对矫正对象有效开展心理疏导等工作比较困难，满足不了监管和帮教多样化的急切需要。

3. 农村地区监督缺乏合力，检察监督效果不佳

《社区矫正法》、2020 年《实施办法》对具体执行部门、调查评估活动的实施主体、交付执行主体等作了优化改变，而实际工作中，检察机关对 6 项 25 类行为实施监督，促使检察机关法律监督势必得调整。[2] 但农村地区发展的滞后性而检察机关的机构设置又无法深入乡村，出现对农村地区检察监督重视不够，检察监督人手配备不足，检察监督方式陈旧，主要以书面抽查为主、监督刚性不足，[3] 监督范围小和监督对象少，监督主体和执法主体的不协调、不对称等问题。

4. 农村社区矫正项目单一，矫正措施形式化和复杂化现象突出

社区矫正工作主要由监管和帮教两大方面构成，除了对社区矫正对象进行监管，还应当实行分类管理和个别化矫正，采取法治教育、心理辅导、职

---

〔1〕 目前改革的方向是单设社区矫正机构，但据笔者查阅相关资料发现，尽管截至 2022 年 5 月份，全国 31 个省（区、市）和新疆生产建设兵团全部成立省级社区矫正委员会，全国成立 335 个地市级社区矫正委员会、2656 个县区级社区矫正委员会、18 217 个乡镇级社区矫正委员会，分别占建制数的 100%、96%、93% 和 43%，却只有黑龙江、安徽、海南、宁夏等地实现省、市、县、乡四级社区矫正委员会全覆盖。

〔2〕 参见张樊、康文辉："社区矫正法视角下检察监督机制完善探析"，载《北京政法职业学院学报》2021 年第 2 期。

〔3〕 参见寇从清："加强社区矫正检察监督工作的思考"，载《中国检察官》2020 年第 9 期。

业技能培训等措施，[1] 但是由于人手不足、人员素质较低，社区矫正工作的开展时常是形式化和单一化的，即监管为主，帮教为辅，无法实现"应需而矫"。在乡镇级社区矫正工作中，"重监管、轻帮教"的问题更加突出。部分社区矫正机构更愿意动用带有严重侵犯社区矫正对象人身权利和带有威慑力的行政权力进行强硬的监管，[2] 严管、普管、宽管是目前采取的主要监管措施，但各自工作量不同，对开展具体工作人员的要求也不一样。以 S 省为例，虽然《社区矫正法》《S 省社区矫正实施细则》对三种监管措施的适用做了规定，但是出于谨慎心理，大多数工作的开展会被复杂化。笔者在 S 省省会 C 市某社区矫正局负责人处调研了解到，现行规定不够细致，致使基层矫正工作的开展具有不确定性，自由裁量的范围较大且不易把握，一方面，实践中司法所对于再犯的入矫人员，提出撤销缓刑、假释的建议，增加了工作量；另一方面，部分监管举措可操作性和执行性较差，比如入矫后续的入户回访调查、进行社会评估。大多数入矫年轻人以在城内打工为生，所以时常不在家居住，只能通过电话联系，有些甚至电话都不接，司法所只能通过走访入矫人员所在村镇干部、亲属等人了解情况，但其户籍所在村镇干部、亲属等人可能并不清楚具体情况，这就导致实践中走访的监管举措效用无法充分发挥。

5. 财政投入不足，社会力量参与有限

不管城市还是农村，社区矫正经费匮乏一直都是阻碍社区矫正发展的重要因素，这背后的原因主要是作为"农村第三部门"[3] 这一基层治理的社会力量的缺位，[4] 以及社区矫正过分强调政府部门主导所致。从实际情况看，农村地区政府能够购买的社会机构社会服务有限，虽有尝试但增长缓慢且主要集中在发达地区的城市郊区，导致当前农村社区政府购买的公共服务与实际需

---

〔1〕 参见冯卫国："社区矫正法的价值蕴含与制度创新"，载《人民法治》2020 年第 2 期。

〔2〕 参见廖炜："我国社区矫正面临的问题及法律规制研究——评《中华人民共和国社区矫正法解读》"，载《中国油脂》2021 年第 9 期。

〔3〕 农村第三部门是指农村中不以营利为目的的，主要开展各种志愿性的公益或互益活动，帮助政府为农村社会提供公共产品的农村社会组织。

〔4〕 参见何韬："'第三部门'缺失语境下我国农村社区矫正模式——安徽省杜集乡社区矫正实证分析"，载《北京青年政治学院学报》2013 年第 3 期。

求之间出现了一定的矛盾。[1] 尽管从 2012 年开始国家就已经把社区矫正费用列入国家财政预算，[2] 但政府受制于当年财政收入的多寡，短期内也不可能加大对社区矫正工作的财政拨款。而已有的固定的财政拨款并不能满足社区矫正机构日益增长的经费需求，甚至有的乡镇司法所一直没有像样的经费支持。这样一来挫伤了部分社区矫正机构及其人员的工作积极性，乡镇一级甚至"无人敢进"。[3] 从社会机构自身来看，一方面，我国社会机构正处于初步建设阶段，机构少且规模小，能真正参与到社区矫正的合格机构不足。另一方面，相关准入评估机制不完善，对于社会机构资质的评估缺乏相应有效的法律依据，出现社会机构参与社区矫正受限、权责不清、标准不一以及社会力量有效参与社区矫正的广度和深度远远不够等问题。加之偏远农村地区经济欠发达，对高素质社会工作人才缺乏吸引力，早些年一些县（市、区）为了应对地方就业，甚至招录不具备基本的法律知识和工作理念的小学、初中文化的人员作为社区矫正辅助工作人员以应对事务性工作，而无法应对日渐专业的社区矫正的需要。[4]

三、农村地区社区矫正的出路

农村社区矫正制度是依法治村的重要一环，其对于依法治村、提高农村基层自治法治水平，实现乡村振兴具有不可替代的作用。但在农村社区矫正工作是制约整个中国社区矫正工作的瓶颈这一现实困境之下，[5] 以精准扶贫和乡村振兴为契机，打破城乡二元化格局以改善农村社区矫正境况，是必须的选择。并且我国欠发达地区社区矫正模式已经开始逐渐从国家行政主导向社会各方主体广泛参与转变，[6] 国家层面无论是在政策还是资金扶持方面都

〔1〕 参见范杰武、宋洋："农村社区政府购买公共服务的现状、问题及对策"，载《安徽行政学院学报》2015 年第 2 期。

〔2〕 参见"财政部 司法部联合出台意见进一步加强社区矫正经费保障"，载《人民调解》2013 年第 3 期。

〔3〕 田作京、吴艳华："农村社区矫正的实然与应然——兼论社区矫正中村民的有效参与"，载《河南司法警官职业学院学报》2019 年第 4 期。

〔4〕 参见鲁兰、王雪玲："社区矫正中心建设专题调研报告"，载《中国司法》2017 年第 6 期。

〔5〕 参见吴宗宪、张威："我国农村社区矫正队伍建设问题研究"，载《刑法论丛》2020 年第 2 期。

〔6〕 参见朱晓静："当社区矫正遇见精准扶贫：欠发达地区社区矫正新模式研究"，载《中国软科学》2021 年第 4 期。

在向农村开始倾斜。

笔者认为，应当以城乡一体化理论为指导破除城乡二元格局，从农村地区社区矫正法律规范层面作制度的顶层设计，完善农村地区社区矫正制度配套支持体系；发挥检察机关作为社区矫正执行监督主体的推动作用，协调联动，提升监督合力和刚性，依托农村当地的村民委员会、民政部门、基层派出所、司法所以及当地政府等基层治理组织体系开展检察监督活动，并通过构建"互联网+法律+农村社区矫正"的方式提高农村社区矫正的信息化水平，克服检察机关监督漏洞，提升农村地区社区矫正质效；在合理缓解农村地区社区矫正人员经费压力的基础上引入社会资源，链接社会资源介入农村社区矫正，构建农村地区的社会支持体系。具体可以从以下几个方面入手：

（一）以城乡共治理念和再社会化理念为引导，转变农村社区矫正观念

过去实行的是城乡有别、优先发展城镇的城乡分治发展模式，该模式坚持城乡有别、城市优先发展、以乡补城的原则。[1] 这种源于计划经济体制时期的发展模式已经完全不能适应社会主义市场经济体制发展的需要，造成了城乡之间、城市居民与农村村民之间在物质经济等多方面的鸿沟。应当坚持城乡融合一体发展、以城反哺乡、城乡共治的做法，加大对农村地区资源的倾斜力度，逐渐消灭城乡之间的差距和城市优先发展的理念。

犯罪是社会化缺陷所致，国家通过刑罚措施矫治和教化犯罪人，以弥补该缺陷，让他们重新适应社会。[2] 农村社区矫正坚持以再社会化理念为引导，有助于更好地履行帮教职责，促进矫正对象再社会化，回归正常的生活轨道和社会化进程。有利于转变农村地区"罪犯应当待在监狱里面，应当坐牢"的传统落后的观念，促进农村地区群体观念的更新进步，平等对待社区矫正对象，也有利于社区矫正对象主动参与再社会化进程，去"标签化"，树立其回归社会的信心，避免再次误入犯罪的歧途。

（二）坚持城市带动农村发展，化解城乡二元结构

实现城乡一体化的首要条件之一便是破解城乡之间的对立，但需要取决于

---

〔1〕 参见李华胤、侣传振："从分治到合治：现代化进程中的城乡关系转变与走向"，载《河南师范大学学报（哲学社会科学版）》2019年第5期。

〔2〕 参见冯卫国："社区矫正法的价值蕴含与制度创新"，载《人民法治》2020年第2期。

许多物质前提。[1] 笔者认为，化解农村社区矫正的关键还是发展农村经济，解决"三农"这个关键问题。[2] 可以从坚持集中和分散相结合、推动城乡产业结构协调、促进城乡各要素的交换推动农民市民化三个方面入手。[3] 首先，要发挥大城市的带动和辐射作用，以城带乡，通过构建经济片区的和对口援建的方式实现区域城乡基础公共服务的均衡配置。其次，适当将城镇工业中的产业链部分转移到农村，带动乡村居民创业和就业，逐步实现农村地区的产业升级，逐步带动农村地区工业化的发展。[4] 引入城市的投资挖掘乡村特色旅游产业和渔牧资源，带动集体经济组织第三产业的发展。最后，推进城乡一体化的核心内容之一是落实二者之间公共服务的均等。可以在促进城乡之间各要素的流动交换的同时，实现城乡之间公共资源的合理配置，构建城乡一体的普惠型基本公共服务体系，优化农村村民进入城市的户籍、就业、就学管理制度，加大教育、医疗资源向农村的投放力度。

（三）利用互联网构建"互联网+法律+农村社区矫正"平台，提升矫正质效

信息化是推动城乡一体化的重要手段。社区矫正机关和检察机关可以利用互联网平台，构建社区矫正配套监督体系。根据经济合作与发展组织的调查，当今世界虽然只有46%的人口在法律保护之下，但是能够以某种方式接入互联网的活跃用户则已经超过50%。而根据中国互联网络信息中心最新统计数据发现，截至2021年6月，我国农村网民规模达2.97亿，占总数的29.4%，农村地区互联网普及率为59.2%，较2020年12月提升3.3个百分点。[5]

---

〔1〕 参见中共中央马克思恩格斯列宁斯大林著作编译局编译：《马克思恩格斯选集》（第3卷），人民出版社1995年版，第523页。

〔2〕 参见陆学艺、杨桂宏："破除城乡二元结构体制是解决'三农'问题的根本途径"，载《中国农业大学学报（社会科学版）》2013年第3期。

〔3〕 参见孙全胜："城市化的二元结构和城乡一体化的实现路径"，载《经济问题探索》2018年第4期。

〔4〕 马克思和恩格斯在《共产党宣言》中明确指出："把农业和工业结合起来，促使城乡对立逐步消灭。"并且认为大工业在全国尽可能均衡的分布是消灭城乡分离的条件。

〔5〕 参见中国互联网络信息中心："第48次中国互联网络发展状况统计报告"，载 http://www.cnnic.cn/n4/2022/0401/c88-1132.html，最后访问日期：2022年11月5日。

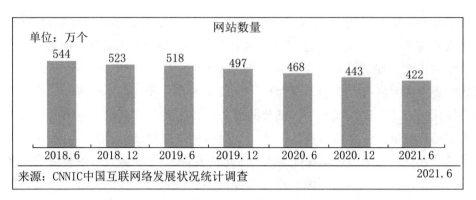

图3 网站数量

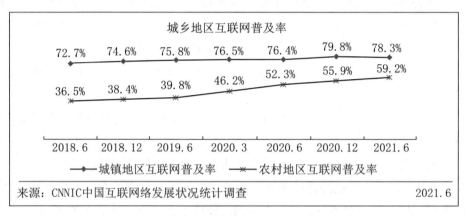

图4 城乡地区互联网普及率

因此，检察机关应当充分利用互联网平台，构建农村与城市之间的社区矫正智慧检务平台，利用互联网+大数据技术优势，将在矫对象和解矫对象的信息形成数据档案，以"枫桥模式"的基层自治矛盾治理经验为基础，构建统一的综合大数据库，及时进行网络信息研判监督管理，[1] 构建再犯风险数据评估体系，从社区矫正对象移送社区矫正、社会评估调查、社区矫正活动的具体开展、社区矫正对象的情况汇报、矫正效果评估、矫正对象回归社会生活的情况等进行及时、全流程、可视化监督，并实行层层审批制度，避免

---

〔1〕 参见董邦俊、黄清昱："'互联网+虚拟社区'模式下农村社区矫正问题研究"，载《中国刑警学院学报》2019年第4期。

农村地方矫正机构和司法所徇私舞弊，违法渎职从而放纵矫正对象导致其脱管、漏管、疏管等其他严重的后果。

（四）构建农村社区矫正在内的专项财政拨款制度，保障政府购买社会服务的能力

笔者认为在政府层面，一是要统一标准且进行动态调整。在原有《财政部、司法部关于进一步加强社区矫正经费保障工作的意见》的基础上以省为单位制定统一的经费拨付标准，按照辖区内的农村社区矫正对象的多寡、复杂程度等因素因时因地制宜，按需确定具体拨款数额，并在此基础上要求各级政府在将社区矫正费用纳入年度财政预算的同时，适当分摊社区矫正的费用，采取省级统筹为主、地方分摊为辅的模式，解决社区矫正所需资金问题。这样做的目的在于引起地方各级政府的足够重视的同时，承担起自己应当承担的司法维稳职责，激励地方各级政府参与社区矫正工作积极性，通过完善社区矫正工作方式方法，创造所谓的"政绩"以获取上级政府更多的财政转移支付的资助，实现有限的社区矫正资金利用的最大化。[1] 二是要节流，减少政府不必要的财政花销。各级政府应当严格遵守党的"八项"规定和有关会议精神，削减不必要的开销并减少"面子工程"的建设，把多余的资金用到农村社区矫正上去。三是要开源，在疫情之下，政府应当制定相应的减免税政策，适当鼓励民间经营企业通过扶助农村社区矫正的方式来减免、抵扣一部分税款，激励民间资本参与农村社区矫正的积极性，拓宽资金来源。

（五）建立完善的农村社区矫正社会支持体系，推动社会力量有序参与

社区矫正中心作为社区矫正工作的重要平台，对保障社区矫正工作的有序进行的作用突出，[2] 可以增强对社区矫正对象的帮扶教育和监管，在预防和减少再犯罪方面有明显的作用，[3] 并有助于培养社会公众认同并接受社区矫正，缓解矫正领域专才不足的难题，提升"应需而矫"能力，有效平衡各

〔1〕 参见吴宗宪：《社区矫正比较研究》（上），中国人民大学出版社 2011 年版，第 73 页。

〔2〕 参见吴宗宪："社区矫正立法的奠基之作和拾漏补缺思考"，载《温州大学学报（社会科学版）》2020 年第 4 期。

〔3〕 参见司法部社区矫正管理局编：《2012-2017 年全国社区矫正工作统计分析报告》，法律出版社 2018 年版，第 13 页。

种利益关系以推动刑罚资源优化配置，[1] 而"农村第三部门"缺失、社会机构建设缓慢、社会力量参与不足等，造成农村地区社区矫正工作的开展无所依傍，农村地区社区矫正工作的开展难以奏效。因此多举措并举，吸纳社会力量参与到农村社区矫正中就显得很有必要。笔者认为可以从以下几个方面入手：

首先，应当给予社会力量合法的地位。特别是目前社会辅助机构已经日渐成长起来的现实需求下，这一点显得尤为重要。各地应当对社会辅助机构的法律地位、开展社区矫正的权利和义务清单、工作人员从事社区矫正工作的职责范围、责任追究和责任豁免等作出相应明确的规定。据统计，截至2017 年，全国建立社区矫正中心 1746 个、社区服务基地、教育基地、就业分别有 25 204 个、9353 个、8216 个。[2] 但是新修《社区矫正法》对其的规定较少，出现了亟需填补的立法空白点。而目前社会工作机构等社会力量参与社区矫正以"北京模式""上海模式""浙江模式"三种为代表，[3] 以社区矫正小组，政府购买社区矫正服务，民间力量自愿承担社会责任、主动参与社区矫正的三种实践形式为主，均不同程度出现小组执行能力不足、有偿服务机构后续资金跟进受限、无偿服务机构因为缺乏动力而难以持续等难题。[4] 故而司法机关应当在立法和政策上保障并尊重社会机构参与包括农村地区社区矫正在内的社区矫正工作机构及其人员的合法地位，从规范和制度层面肯定其对社区矫正的有益价值。其次，应当规范社会力量有序参与社区矫正，充分发挥社会工作机构的专业优势。一方面，可以通过"三支一扶"等基层服务计划吸引合格的专业人才。另一方面，可以结合农村实际开设具有农村特色的社区矫正项目，改善以往社区矫正项目单一和流于形式的问题。比如，对于一些轻微犯罪的社区矫正对象而言，社区矫正机构可以在分类监

---

〔1〕 参见周国强："社区矫正中的社会力量参与"，载《江苏大学学报（社会科学版）》2009年第 4 期。

〔2〕 参见姜爱东："关于我国社区矫正工作发展形势与今后的工作任务"，载《社会矫正理论与实践》2022 年第 1 期。

〔3〕 参见周爱萍、孔海娥："社区矫正专业化的现实困境与路径选择"，载《中南民族大学学报（人文社会科学版）》2013 年第 1 期。

〔4〕 参见哈洪颖、马良灿："社会力量参与社区矫正遭遇的实践困境与治理图景"，载《山东社会科学》2017 年第 6 期。

管的前提下，联合当地村民委员会、民政部门、乡村振兴部门和精准扶贫部门、普法宣传部门等配合社会工作机构制定符合当前精准扶贫工作、普法宣传工作等的社会实践项目。一是可以让社区矫正对象深入农村，与村民近距离接触，通过为民服务、友好互助的方式改变村民对社区矫正对象的偏见，增强村民对社区矫正制度认识的同时，逐渐接纳社区矫正对象，提升社区矫正对象再社会化的信心，降低再犯的可能性；二是可以减少司法人员在非司法行政事务投入的时间和精力，专心投入到农村社区矫正工作中去，在一定程度上缓解司法系统事多人少的压力。再者，还应当发挥社区矫正对象，特别是未成年人家庭的作用，因为良好的家庭教育可以发挥家庭治疗感化和促进社区矫正对象的作用，提高其家庭、社会责任感，预防再犯。[1]

最后，应当激活农村社区建设和自治组织体系的自治作用，以"青县、麻柳模式"为借鉴，调动村民参与社区矫正的积极性。《社区矫正法》实施以前就存在的村（居）社区矫正工作站是有效载体和重要平台。[2] 应当加以善用推广，特别是在目前国家财政保障尚未跟进且司法资源有限，社区矫正委员会没有在四级实现机构全覆盖的情况下，农村社区矫正也应当讲求经济性，而不能一味追求破旧立新。因为任何法律，只要它涉及资源使用（而事实恰恰如此）无不打上经济合理性的烙印。[3] 应当因地制宜，在承继和改造旧有社区矫正工作站的基础上，在欠发达农村地区依托农村村委会、妇女委员会等基层组织建立社区矫正工作站，将社区矫正对象纳入监管范围，发挥其联系司法所和沟通社区矫正对象的纽带桥梁作用，实现社区矫正资源利用的最大化。

四、结语

城市与农村之间的城乡二元化，在限制城乡均衡一体化发展和共同富裕的同时，也造成了农村地区法律制度更新进步的滞后性，与日渐繁重的农村社区矫正工作之间产生供不应求的矛盾。笔者发现，从 2005 年至 2022 年 1

---

〔1〕 参见徐超凡："家庭治疗在社区矫正中的功能和实现"，载《河北法学》2017 年第 4 期。

〔2〕 参见金登尚："社会力量参与社区矫正工作路径研究"，载《中国司法》2015 年第 8 期。

〔3〕 参见［美］理查德·波斯纳：《法律的经济分析》，蒋兆康译，法律出版社 2012 年版，第48 页。

月，近 17 年的时间里面，发表在各类学术期刊上有关于农村社区矫正研究的期刊文章只有 65 篇，硕士、博士论文只有 75 篇，而且其中还需要排除部分文章只是提及农村社区矫正，对农村社区矫正的研究浅尝辄止。并且由于早期对广大农村地区社区矫正问题不够重视，实务界的做法也不统一，学术理论界的研究也因为缺乏足够的理论支撑而勉强维持于现状。其实，乡村振兴等背景下城乡关系的核心发展方向和重要协调手段便是城乡一体化。[1] 我们下一步应当顺应乡村振兴和党中央对农村问题的重视这一"潮流"，以城乡一体化为指导，兼采社会学中关于"农村第三部门"建设的有益研究经验，在总结吸收农村地区社区矫正先行先试的经验基础上，坚持完善关于农村地区社区矫正法律规范和制度的顶层设计，促进农村社区矫正步入正轨。

---

　　[1] 参见蔡宇超、张杰："迈向城乡融合：改革开放以来国内城乡一体化理论研究述评"，载《农村经济与科技》2021 年第 8 期。

乡村振兴背景下农村社区矫正的路径选择[*]

马芸莉^{**}　张茂一^{***}

摘　要：社区矫正作为一种更人性化的行刑方式，本会使矫正对象适应并顺利回归社会，但由于受到工作运行方式不匹配、经费不足、农村居民排斥心理严重、矫正内容不具体、监督力度不够、社会力量参与度不高、工作队伍综合能力不足等因素的影响，让农村社区矫正实行效果并不佳。当前已进入实现第二个百年奋斗目标的新征程，"三农"工作重心已经历史性转向全面推进乡村振兴。在农村社区综合治理的大环境下，以乡村振兴战略为指导，针对农村社区矫正目前的困境，农村社区矫正的治理格局需要自治、法治和德治三者共同促进，于此提出农村社区矫正在宏观层面与微观层面的路径选择。

关键词：乡村振兴；农村；社区矫正；路径

一、农村社区矫正概述

（一）农村社区矫正的概念

农村社区矫正，即在农村地区进行社区矫正，就是将社区矫正对象置于农村社区中进行教育矫正，使社区矫正对象能够快速融入社会的一种非监禁行刑方式。[1] 社区矫正与传统的行刑方式不同，其主张由专门的司法工作人

---

　*　本文为四川省社区矫正研究中心项目"域外社区矫正'合作模式'研究"（SQJZ2017-04）的阶段性成果。

　**　马芸莉，女，西华大学法学院，硕士研究生在读，研究方向：社区矫正。

　***　张茂一，男，乐山师范学院马克思主义学院副教授，法学博士，研究方向：思想政治教育、社区矫正。

　〔1〕　参见姜智颖："当前农村社区矫正存在的困境和对策"，载《农村经济与科技》2021年第12期。

员，在对社区矫正对象进行惩治的同时，更要进行行为、普法、思想等方面的教育。

（二）农村社区矫正的特点

1. 矫正对象特殊

农村社区矫正对象多为财产类或伤害类犯罪，因在农村多数人没有条件受到更好的教育，法治意识更加淡薄，发生矛盾纠纷就鲁莽行事，不通过正当途径解决矛盾纠纷。[1] 例如造成轻伤也可构成故意伤害罪，但多数人对此不甚了解，还认为自己的行为是在维权。长此以往，随着积压矛盾的增多，刑事犯罪发案量不断上升。

2. 矫正区域特殊

农村社区矫正的区域为农村社区，相比于城市的社区矫正，其地域更为广阔，人口分布不紧密，居民点分散在农业生产的环境之中，农村社区矫正对象流动性更大，再加上交通的不便，道路多为乡间小路，车辆无法通行，致使农村社区矫正工作的难度系数更大。[2]

3. 社会结构特殊

农村社会分化程度较低，社会组织不发达，社会关系简单，农村社区的居民关系较为紧密，较为注重乡村邻里的关系，在相同农村社区的居民均有相同的价值理念和社会观念，人情比较浓厚，发生的矛盾纠纷主要依靠人情习惯来调解。

（三）农村社区矫正的必要性

1. 推进我国社区矫正整体发展

对农村社区矫正的现状进行研究，逐步解决农村社区矫正工作中发现的问题，可以为有关政府部门提供参考，更有利于改善农村居民的生活环境，防范化解重大风险，推进我国社区矫正整体发展。

2. 推进乡村振兴发展，提高矫正实质、减少再犯罪率

推进乡村振兴发展，就是要使农村的政治、文化、经济全面发展、全面进步，以推动建设中国特色社会主义的进程。当前已经进入了实现第二个百

---

〔1〕 参见袁帅："福建省农村社区矫正司法适用探究"，载《莆田学院学报》2020年第1期。

〔2〕 参见郭健、田兴洪、周艳红："我国农村社区矫正的现状、问题及对策研究"，载《刑法论丛》2014年第3期。

年奋斗目标的新征程，研究农村社区矫正，更加有利于改善农村社区治安状况，从源头上降低违法犯罪率，维护社会的和谐稳定，从而为乡村振兴战略建设提供良好的社会环境和法治保障。[1]

3. 提高农村社会文明程度

推广农村社区矫正，宣传科学的惩处方式，整治封建迷信等突出问题，对于农村社区矫正对象重新融入社会，预防其再犯可能性，维护社会和谐稳定，营造崇德向善、奋发向上的文明风尚均具有重要的现实意义。

二、农村社区矫正的困境

（一）工作运行方式不匹配

我国农村分布地域广、交通和通信均不便利，农村社区矫正对象居住松散，空间分布广、比较零散，交通的不便和通信的落后致使我国农村社区矫正工作难度大、发展慢。但农村社区矫正工作机制的运行却直接搬用了城市社区矫正工作机制，导致农村社区矫正工作的矫治方法、监督管理、评估机制等内容的运行方式均不匹配。农村社区矫正工作从发展之初就带有城市化色彩，并未考虑到农村社区矫正工作的特殊性和差异性，因此城市社区矫正的成功经验在农村很难进行复制。[2] 农村社区矫正的工作运行方式须有别于城市社区矫正，适用不同的工作运行方式，才能充分发挥社区矫正在促使矫正对象重新融入社会的作用。

（二）经费不足

第一，农村社会经济发展水平本来就比较落后，再加上农村地区地域广阔，所消耗的人力物力较高，无论是在社区基础设施上还是在社会组织的参与度上，农村社区矫正工作相较于城市而言都显得更加薄弱。第二，现阶段有大量农村青年外出务工，农村大多数人家仅剩下老人和幼儿，再加上政府给予的保障经费不足，更加无法吸引到优秀人才留在农村，也无法吸引更多的社区矫正志愿人员。第三，社区矫正工作是一个系统工程，工作内容包括教育改正、监督考核等，这些工作的有序展开都需要有足够的经费支持，政

---

〔1〕 参见王伟："论中国农村社区矫正模式的构建"，载《社科纵横》2015 年第 3 期。

〔2〕 参见陆红、束丽莉、陶国中："论农村社区矫正的理念重构"，载《北方民族大学学报（哲学社会科学版）》2012 年第 6 期。

府所给予的财政支持很难满足实际社区矫正工作的需求。[1] 第四，经费的不足会让农村社区矫正工作陷入恶性循环，农村社区矫正社会力量参与度本就不高，再加上基础设施建设较差，资源整合能力不足，优秀的专业人才更不愿意做农村社区矫正工作。

（三）农村居民排斥心理严重

社区矫正的意义在于帮助社区矫正对象改正错误，重新生活，这是需要农村居民的参与和理解的。但事实上，农村居民大多没有智能手机也不会上网搜索，他们接受新事物的速度较慢。同时，社区工作人员多为单一的宣传教育工作方式，普及相关知识时往往流于形式，导致农村居民并不能完全理解社区矫正的重要意义，无法理解犯罪后不在监狱执行而在社区进行矫正的方式。农村居民对矫正对象有较强的排斥心理，他们认为矫正对象并没有接受到刑罚，反而躲过了惩处，违背了他们认为的关于"罪有应得、咎由自取"的朴素善恶观，更不用说他们能主动参与农村社区矫正的工作。更严重的是，农村社会属于熟人社会，农村居民之间的关系均较为密切，若一人开始排斥社区矫正对象，那很可能会导致农村社区居民集体排斥社区矫正对象，将会对农村社区矫正的工作带来严重影响。

（四）矫正内容不具体

目前，农村社区矫正的工作人员较少，除了农村社区矫正的一些运行程序被完全忽视以外，对矫正对象的矫正内容也仅聚焦于对法律法规的普及，矫正的内容不够多样化。农村地域十分广阔，矫正对象分布本就不均，若仅是对矫正对象普及法律法规，很难真正让社区矫正对象重新融入社会，致使农村社区矫正实际效果不佳。矫正对象在社区进行矫正后，后续管理没有落实，归根结底也是由于农村社区矫正内容不具体。不具体的社区矫正内容使社区矫正的工作很难执行，无法达到所预期的社区矫正效果，矫正对象也同样难以收获良好的矫正教育，不能达到社区矫正真正的目的。

（五）监督力度不够

社区矫正工作出现违反法律规定的情形时，监督手段为提出口头纠正意

---

[1] 参见曾费："论中国农村社区矫正之模式与路径——以浙江省枫桥镇为例"，载《浙江社会科学》2006年第3期。

见、制作检察建议书和违法通知书等。这些监督手段不仅单一且缺乏监督力度，致使最后多数基层检察院并不重视行使对社区矫正的检察监督权力。同时，由于农村社区矫正对象流动性强，社会组织结构关系松散，农村居民普遍受教育程度较低，也对落实社区矫正对象的监督管理工作增加了难度。农村交通和信息均比较闭塞，农村社区矫正工作的职能部门衔接就不够紧密，导致监督管理部门也不能及时掌握矫正对象的各项信息，若存在漏管或者脱管也不能及时监控。[1]

（六）社会力量参与度不高

社区矫正工作的开展，不仅需要社区相关工作人员的参与，还需要社会组织、社会团体、志愿者、矫正对象的家庭成员等各方社会力量的参与，才能有效帮助矫正对象重新融入社会，降低矫正成本，促进社会的和谐稳定。社会参与性本就是社区矫正有别于其他服刑方式的重要特征，若缺失了社会力量的参与，社区矫正工作将失去其执行的意义。但在农村，社区矫正的工作人员队伍却仅包括司法行政机关社区矫正的执法人员和矫正对象的家庭成员，其他社会组织以及志愿者的参与度很低，难以复制在城市社区矫正的成功经验。[2]

（七）工作队伍综合能力不足

农村社区矫正工作除去人员数量不足外，工作人员队伍的专业能力也有待提升。从职工数量上看，多数乡镇司法所的工作人员为两到三名，而这部分员工除了要进行社区矫正工作以外，还需完成法律援助、调解以及农村法制宣传等工作。因此，乡镇司法所的工作人员无法在空余时间去学习具体的工作内容，他们承担了过多的工作任务，在开展各项工作时也同样显得"心有余而力不足"，十分影响工作效果。从社区矫正工作内容上看，其对社区矫正工作人员的专业能力要求较高，它不仅要求工作人员要有基本法律素养还要具备社会工作的专业能力。但从实际生活来看，大多农村社区矫正的工作人员相关法律知识并不够，也没有参加过相关的技能培训，工作经验不足，影响了农村社区矫正工作的有序进行。

---

〔1〕 参见黄葵花："农村社区矫正工作面临的困境及应对"，载《法制博览》2022年第2期。

〔2〕 参见陆红："农村社区矫正模式及其创新探析——基于15个农村司法所的调查"，载《北方民族大学学报（哲学社会科学版）》2019年第1期。

三、乡村振兴背景下农村社区矫正格局

进入实现第二个百年奋斗目标新征程，"三农"工作重心已经历史性转向全面推进乡村振兴，在农村社区综合治理的大环境下，以乡村振兴战略为指导，有效的农村社区矫正格局需要自治、法治和德治三者共同促进。

（一）以自治为基础

自治可从字义上去理解，就是自己处理自己的事务，而毋庸他人过问与管理。于此，农村社区矫正的自治模式可以理解为，坚持了农村居民在农村社区矫正中的主体地位，认可农村居民对矫正对象的监督、管理以及安置帮扶。以自治为基础，通过具有针对性的实施规则，把这一观点坚持落到实处，实现农村社区矫正工作的安定有序，为乡村振兴发展积累丰富的经验。[1]

（二）以法治为根本

以法治为根本，联系到社区矫正就是指要在以自治为基础的理论上，通过法治理念建构起社区矫正的秩序，为人民当家作主提供基本的理论指导和技术支撑。法治的功能性价值就在于能够维护好人民权益、规范执法活动、化解社会矛盾等，这既是社区矫正工作的内在需要，也是建构法治社会的外在要求。以法治为根本确保社区矫正工作的规范有序，为农村社区矫正工作提供新视角。

（三）以德治为支撑

以农村社会人情为背景，讲求社区矫正工作要以德治为支撑。中国农村社会能够有秩序发展的一个突出特点在于道德规范，农村社会属于熟人社会，道德规范能够通过多种传播途径使农村居民有共同的内心准则，维系农村社会的共同精神。因此，道德在农村社区矫正中也能够发挥强有力的引导作用，诸如可以利用道德制约矫正对象的行为，或者利用道德鼓励矫正对象，提升德治的治理水平，从而得到良好的矫正效果。[2]

---

〔1〕 参见王欣、陆红："农村社区矫正'枫桥模式'探析"，载《法制与社会》2018年第36期。

〔2〕 参见陈松友、卢亮亮："自治、法治与德治：中国乡村治理体系的内在逻辑与实践指向"，载《行政论坛》2020年第1期。

四、乡村振兴背景下农村社区矫正的路径选择

（一）从宏观层面：构建农村社区矫正的制度体系

1. 明确农村社区矫正具体内容

要增强农村社区矫正工作的实效性，就需明确对矫正对象的具体矫正内容。具体矫正内容可涵盖对矫正对象的思想矫正、法制教育以及心理教育等内容，增强矫正对象认罪悔罪的意识，培养其社会责任意识，顺利使其融入社会。重点工作方向可包括三个方面：第一，通过开展宣传教育，定期召开优秀矫正对象的演讲活动，重塑矫正对象的人生观和价值观。[1] 第二，可讲授法律法规以及道德规范，组织讲座论坛等形式，增强教育矫正的感染力。第三，实施心理教育时，须根据矫正对象的个体情况，制定不同的心理教育方案，提高心理教育的针对性。

2. 健全农村社区矫正检察监督制度

首先，因基层检察院在实施检察建议等措施后，后续监控无法落实，检察监督手段强制性不够，所以要保障社区矫正的监督措施得到落实，可以对监督对象进行再一次的复监督。其次，可以拓宽监督的方式，诸如构筑互联网监督平台，使监督的主体拓宽到人民群众，又比如可实施电子监控等，提高检察监督的效率，为检察监督工作提供便利，减少他们的工作负担。最后，重视培养社区矫正检察监督的工作人员队伍，吸引和培养专业的人才，打造具有专业化水平的社区矫正检察监督队伍，满足日后能够实现多部门交流合作监督的需求，共同把社区矫正检察监督工作落到实处。[2]

（二）从微观层面：营造和谐的农村社区矫正氛围

1. 加大普法教育宣传的力度

为顺利使矫正对象重新融入社会，进一步提升农村居民的法治意识，使农村居民能够正确认识社区矫正这一行刑方式，营造和谐的农村社区矫正氛围，须加大普法教育宣传的力度。首先，丰富普法宣传的方式，鼓励大学生参与到农村社区普法宣传教育的队伍中来，使农村居民能够充分了解社区矫

---

〔1〕 参见吴宗宪、张威："我国农村社区矫正队伍建设问题研究"，载《刑法论丛》2020年第2期。

〔2〕 参见陈立峰："农村社区矫正模式的构建——以公共产品理论和枫桥经验为切入点"，载《经济视角（下）》2010年第6期。

正的实际意义，重新接纳矫正对象，缓解农村居民与矫正对象之间的矛盾冲突，让矫正对象能够更快地回归社会。其次，运用各类媒体资源，结合真实实际案例，综合运用讲座论坛或者广播和地方频道专栏等方式，让农村居民了解社区矫正，改变以往对矫正对象的偏见，认同农村社区矫正制度。最后，坚持普法教育的常态化，保证普法宣传的效果，有效节省行刑的成本，降低行刑人员的重犯率。

2. 吸引社会力量参与

进一步吸引社会力量参与到农村社区矫正工作中来，为各类社会组织、社会团体等提供参与的平台。首先，可以将城市丰富的社会资源引进农村，吸引更多的志愿者下乡，和普法宣传活动结合在一起，有效配合农村社区矫正工作的展开。其次，针对基层群众自治组织村委会，要大力培养村干部，提升其社会责任意识，积极参与到农村社区矫正工作中来。最后，积极发挥其他社会组织和协会的作用，利用优惠政策鼓励社会组织和协会参与到农村社区矫正中，弥补社区矫正工作人员队伍的不足，并以此带动整体社区矫正的发展。

结语

加强农村社区矫正工作的水平，对加快实现农村地区法治化建设有着重要意义，同时也为乡村振兴战略建设提供了良好的社会环境和法治保障。目前，由于各种现实因素的制约，农村社区矫正工作发展虽面临着许多困境，但只需要立足于乡村振兴背景下农村社区矫正的格局，探索适合农村社区矫正工作发展的路径，就能维护好农村地区社会和谐稳定，为我国长治久安奠定重要基础。

其　他

大学生社区矫正志愿服务的探索

——以广州商学院法学院为例

王志亮[*]

摘　要： 广州商学院法学院紧紧围绕应用型大学建设所确立的人才培养目标，立足于服务区域经济，探索校政合作、协同育人的办学模式，在社区矫正大学生志愿者服务方面取得了显著成效。

关键词： 社会服务；人才培养；社区矫正

广州商学院法学院奉行应用型人才的培养宗旨，基于为社会福利的办学理念，在教学课程中设置了社区矫正课程，将社区矫正课程教学与社区矫正实践相结合，从 2010 年开始，历经十多年，多次组织师生参与社区矫正实践活动，不仅为社区服务做出了突出贡献，而且锻炼培养了学生的社会实践能力，也促进了社区矫正的理论研究。

一、参与社区矫正实践

1. 参与社区矫正实践的启动。高等学校教育培养人才，以课堂教学为基本模式，基于大学生毕业投身社会生活的必然归宿，奉行理论与实践相结合的教育原则精神，不断探索实践教学的新路径，大学生志愿者社会服务模式则为必然选择之一，其中包括了社区矫正大学生志愿者社会服务。高校学生志愿者社会服务的开展，必然需要社会服务的社会平台。

2010 年 10 月 20 日，萝岗区九龙镇司法所组织召开"九龙镇社区矫正志愿者工作座谈会"，萝岗区司法局领导、九龙镇司法所领导、华师增城学院法

---

　* 王志亮，男，广州商学院法学院教授，法学博士，刑事法学与实务研究中心主任，研究方向：刑事法学。

律系教师及法律系20名学生志愿者参加会议，标志着师生投身社区矫正实践的正式开启。2010年4月27日，由广州市萝岗区司法局主办的社区矫正志愿者培训班在华南师范大学大学城校区法学院模拟法庭举行，参加培训的人员有华南师范大学法学院的25名社区矫正志愿者。

大学培养应用型人才，不仅在课程设置上和课程内容上需要理论联系实践，更需要采取实际措施，给学生提供应用知识技能的机会。学校做了精心策划，采取了一系列具体措施，建立了社区矫正志愿者基地，使得社区矫正志愿者社会服务得以延续开展。2011年5月27日萝岗区社区矫正志愿者实践基地挂牌仪式暨社区矫正理论研讨颁奖活动在萝岗区司法局举行，2012年11月2日法律系与萝岗区司法局共同举行社区矫正暨大学生实践基地合作交流会，2013年4月2日在学校图书馆报告厅举行了"社区矫正实践基地"协议签订仪式，2013年9月5日隆重举行"社区矫正志愿服务实践基地"挂牌仪式，并获得了广东省高等学校教学质量与教学工程本科类建设项目立项，有力地促进了实践基地的建设。

2. 投身社区矫正实践的活动。广州商学院法学院组织学生开展社会服务，在确保课堂教学常态开展的基础上，分批多次组织社区矫正志愿者社会服务，以学习社区矫正工作规范为先导，开展社区矫正志愿者投身社区矫正实践活动。迄今为止，法学院多次组织社区矫正志愿者走进并融入社会，开展社区矫正实践活动：2013年6月28日九龙司法所社区矫正实践工作；2013年10月17日萝岗区镇龙社区矫正志愿服务实践基地社区矫正志愿服务活动；2014年3月6日萝岗区九龙司法所社区矫正实践基地社区矫正志愿者矫正工作；2014年3月13日萝岗区镇九龙司法所社区矫正志愿者社区矫正工作；2014年4月24日萝岗区九龙司法所社区矫正志愿服务活动；2014年10月23日广州市萝岗区九龙司法所社区矫正工作；2015年3月26日广州市萝岗区九龙镇司法所社区矫正志愿服务工作；2016年11月15日志愿者参与萝岗司法所接收宣告仪式。

二、促进社区矫正科研

1. 社区矫正理论研讨概况。广州商学院法学院的社区矫正志愿者社区服务工作，探索了应用型人才培养的新模式，积极组织理论研讨，进行经验总结。组织社区矫正志愿者开展社会服务，参与社区矫正工作，属于理论联系实践的重要一环，即"到实践中去"，同时还需要"从实践中来"，构成完整的理论联系实践环节的整体，总结经验，提炼升华，开展理论研究。

在2014年4月广州市萝岗区司法局社区矫正征文活动中，法律系组织13名师生参加并取得了良好成绩，共获得2个二等奖、2个三等奖和最佳"组织奖"，其中法律系2010级学生封慧敏撰写的"论未成年人社区矫正制度的困境与出路"、2011级学生黄玉婷撰写的"社区矫正心理矫治方法探索"获得二等奖，张仁瀚老师撰写的"大学生志愿者参与社区矫正工作的若干实践问题探讨"、2012级学生李桂媚撰写的"社区矫正——心理扭曲的天使"获得三等奖，广州商学院法学院法律系获得了最佳"组织奖"。2014年11月6日，萝岗区司法局召开"萝岗区2014年社区矫正志愿者专题理论研讨会"，广州商学院教师贺林森、李先映先后参加并作了主题发言。

2015年5月14日，广州商学院法学院与广州市萝岗区司法局联合召开社区矫正工作理论研讨会。高校与社会实践部门合作，协同培养应用型法律人才，既可为在校大学生提供参加社会实践的机会，也可为政府部门充分利用社会力量开展社区矫正工作开拓出了一条新路径，是一种"双赢"的实践，符合我院的办学思路，值得大力推广。希望参加社区矫正实践的学生珍惜锻炼机会，端正工作态度，严格要求自己，深入社区，服务群众，把自己的学习所得与实际工作有效结合起来，在实践中经历磨炼，增长才干。

2017年5月27日，广州市黄埔区司法局举行司法社工项目阶段总结交流会，广州商学院法学院副院长彭娟和社区矫正志愿者服务队队长陈晓静应邀参加。彭娟代表广州商学院法学院大学生志愿者队伍，对近一年来的工作情况作了汇报，肯定了黄埔区司法局为大学生志愿者提供了一个很好的实践平台，同时也希望大学生志愿者在社区矫正工作上不仅仅是局限于形式和表面上的工作，希望能够更加深入全面接触工作，让大学生志愿者能够在这个实践平台得到更多的锻炼。通过这次工作交流会，使大学生志愿者更加深入地认识到了社区矫正工作在实际中存在的问题，进一步认识和理解了社区矫正工作的专业特性，提升了大学生志愿者的知识层面，提高了学院对社区矫正工作的认知和理论与实践相联系的工作能力，对以后志愿者实务工作具有更大的帮助。

2. 社区矫正理论研究成果丰硕。广州商学院法学院社会服务社区矫正实践极大促进了社区矫正的理论研究，从 2014 年至 2019 年，广州商学院法学院教师共发表社区矫正方面的论文 11 篇。这 11 篇论文是：李晟："循证矫正理念在社区矫正工作中的运用与思考"，载《河北广播电视大学学报》2014年第 4 期；李晟："我国社区矫正性质的反思与抉择"，载《广西社会科学》2017 年第 10 期；李晟："法科大学生参与社区矫正活动中的问题与解决思路"，载《湖北广播电视大学学报》2017 年第 6 期；李晟："大学生参与社区矫正的保障机制研究"，载《河北广播电视大学学报》2018 年第 3 期；李苑："大学生社区矫正志愿者队伍建设"，载《教书育人（高教论坛）》2018 年第12 期；夏苗："浅议未成年社区矫正罪犯个性化方案的制定"，载《法制与经济》2018 年第 12 期；郑毓枫、李晟："社区法律服务课程化研究"，载《内蒙古电大学刊》2019 年第 1 期；郑毓枫："个案社会工作介入社区矫正探析"，载《河南广播电视大学学报》2017 年第 4 期；夏苗："未成年社区服刑人员的心理矫正"，载《法制与社会》2019 年第 4 期；唐犀："未成年犯社区矫正制度的司法文明因素"，载《新教育论坛》2019 年第 2 期；唐犀："中国未成年犯社区矫正制度渊源研究"，载《山西青年》2019 年第 8 期。

社区矫正研究的新进展

——《循证社区矫正研究——基于人口异质性的分类矫正》评析

雷安军*

摘　要：《循证社区矫正研究——基于人口异质性的分类矫正》一书首次关注社区矫正对象的人口异质性，通过系统评价的研究方法获取最佳证据，为实现分类矫正提供科学对策。该书为社区矫正研究提供了一种跨学科的综合性研究视角，其循证的结论为人口学、犯罪学和刑法学研究提供丰富的实证材料，循证矫正与区块链技术的结合也为社区矫正模式改革提供新观点。

关键词：循证社区矫正；人口异质性；区块链

《社区矫正法》第 1 条规定："为了推进和规范社区矫正工作，保障刑事判决、刑事裁定和暂予监外执行决定的正确执行，提高教育矫正质量，促进社区矫正对象顺利融入社会，预防和减少犯罪，根据宪法，制定本法。"故，"（再）社会化"与"降低再犯率"一直被认为是社区矫正的两大基本目标。西华大学陈珊副教授的专著《循证社区矫正研究——基于人口异质性的分类矫正》[1] 一书（以下简称"该书"）认为除这两大基本目标之外，应根据人口学特征为不同的社区矫正对象群体确立具体的矫正目标，运用循证研究证据为实施分类矫正提供科学依据。

《循证社区矫正研究——基于人口异质性的分类矫正》采用交叉研究方法，围绕社区矫正对象的人口异质性特点，从循证系统评价中提炼总结出一套科学的社区矫正制度实施策略，并为《社区矫正法》的有效实施提供最佳证据。全书分为九章，20 余万字，系统阐释了社区矫正的基本状况与理论基

---

* 雷安军，男，重庆大学法学院副教授，法学博士，研究方向：法律史学、比较法学。

〔1〕 陈珊：《循证社区矫正研究——基于人口异质性的分类矫正》，法律出版社 2021 年版。

础，梳理出分类矫正的规范指引，从分类矫正的理论研究成果中厘清分类的依据与不足，通过对实现不同社区矫正群体矫正目标具体措施的系统评价与实践检验中获得分类矫正的最佳证据。

该书作者主张通过基于人口异质性的分类矫正促进社区矫正管理模式由粗放式管理向精细化管理转变；通过循证系统评价促进矫正方法由主观化向客观化、科学化转化；通过循证矫正与区块链技术的结合，提高刑事执行效果。该书的出版为我们了解循证分类矫正提供了一条路径。

一、善用交叉研究，为社区矫正研究提供新视角

在不同性别的社区矫正对象认罪态度方面，女性社区矫正对象的态度表现于向外归因，而男性则表现于向内归因；在心理状况方面，女性表现为迷茫悔恨，而男性表现为平淡坦然；在人际关系重建方面，女性社区矫正对象重视家庭关系重建，而男性重视社会交往关系重建。基于生物学差异，女性本就属于社会角色中的弱势群体，再加上"罪犯"的标签，女性社区矫正对象就属于社会"双重"弱势群体。双重歧视导致女性比男性更难融入社会，女性社区矫正对象的重点矫正目标是提升社会适应能力。在不同年龄层次的社区矫正对象群体中，老年社区矫正对象同时具有老龄社会老年公民和社区矫正对象的双重身份。一方面，随着老年人的生理机能渐进性衰退，社交范围逐渐变窄，身心适应能力变差；另一方面，带着"标签"的老年罪犯心理状况失衡，更容易产生孤独感和隔离感，甚至产生自卑、抑郁等消极情绪。故，帮助其重新融入社会是老年社区矫正对象的重点矫正目标。而未成年社区矫正对象正处于生长发育期，认知及识辨能力较差、心智尚待成熟，自我调节、自我控制的能力相对薄弱，情感波动性强烈，容易导致价值观扭曲。近年来，未成年人犯罪呈现出的低龄化、集团化、甚至暴力化等特点也映射涉罪未成年人在认知、情感及意志等方面的不良心理状态甚至反社会人格，因此青少年社区矫正对象的重点矫正目标是重塑正确认知。社区矫正对象因社会性别和年龄层次的不同，其矫正的需求也存在差异。作者认为这些差异化的矫正需求为实施分类社区矫正提供目标导向，分类矫正的具体对策需要考虑矫正对象的人口异质性因素。

该书首先从人口学角度对问题进行客观描述；其次，是从循证社会学角

度通过系统评价产生最优证据；最后从法学视角对我国社区矫正制度的实施提出优化建议。该书的出版，为社区矫正研究提供了一种新的综合性视角，在现有研究成果中较为鲜见。

二、创新研究工具，为社区矫正研究提供新方法

循证实践思想来源于 20 世纪 80 年代兴起的循证理论，循证实践活动不仅能优化具体工作方式，同时也能为政策完善提供一条切实可行的路径。"循证"研究是从原始证据的生产、评价、推广、转化到执行、反馈的一套系统流程，目的是实现以证据为核心的决策。经过 30 多年的发展，循证实践被逐渐应用于各项人文社科领域，呈现多学科多维度的火热学术场面，在我国心理学、管理学、社会工作等多个研究领域也得到不同程度的发展。在法学领域，循证实践研究方法 2012 年才被逐渐引入并被司法部推行，立即被运用于法律犯罪学及刑事证明等司法工作研究当中，如何从循证矫正实践中提炼、总结出一套科学的社区矫正制度实施策略，为《社区矫正法》的有效实施提供最佳证据还有待深入研究，循证实践对于社区矫正制度运行的优化作用远远没有被挖掘。在人口学领域，循证实践方法也得到一定程度运用：例如，建立社区照护干预老年认知障碍问题的随机对照试验；分析老年人口健康干预的有效性等。但人口学与循证方法交叉研究模式有待进一步拓展，以人口学视角结合循证实践探索社区矫正对象的异质性并基于此开展分类矫正的研究值得尝试。

传统矫正范式下，一部分矫正措施存在无效性或无法证明其有效性，同时，司法部门投入的公共资源在某种程度上也未产生预期的效果。循证矫正旨在寻求能实现最佳矫正效果的"证据"，在一定程度上弥补传统矫正范式的不足。循证矫正，本意就是"基于证据的矫正"，是现代科学精神对矫正实践领域的渗透，其中证据的获取方法科学与否直接影响决策的科学性。该书在研究方法上，结合纳入原始文献的数量及质量状况，分别采用定量系统评价与定性系统评价，从循证矫正实践中提炼总结出一套科学的社区矫正制度实施策略，为《社区矫正法》的有效实施提供最佳证据。其中，定性系统评价采用 SPIDER 模型构建研究框架：S（Sample）指研究对象、PI（Phenomenon of interest）指具备的特征、D（Design）指具体研究设计、E（Evaluation）指评

价、R（Research type）指纳入的研究类型；定量系统评注采用 PICO 模型构建研究框架：P（Population/Problem）指特定的人群/问题；I（Intervention/Exposure）指干预措施或者是暴露的危险因素；C（Comparison/Control）指对照组比较的干预措施；O（Outcome）为结果。该书通过定性研究和定量研究保障社区矫正对象改造的科学性和有效性，实现矫正实践的效益最大化，同时也为人口学、犯罪学和刑法学研究提供丰富的实证材料。

三、紧跟学术前沿，为社区矫正研究提供新观点

第 46 届世界经济论坛达沃斯年会将区块链与人工智能、自动驾驶等一并列入"第四次工业革命"。党的十九大报告鼓励并支持建设"数字中国""智慧社会"[1]，为将现代信息技术应用于新时代中国特色社会主义的发展提供了保障。2019 年 10 月 24 日，在中央政治局第十八次集体学习时，习近平总书记强调，"把区块链作为核心技术自主创新的重要突破口""加快推动区块链技术和产业创新发展"[2]。目前，区块链研究已成为学术研究的一个重要前沿阵地。"区块链+社区矫正"作为数字法治、智慧司法中的重要内容，其推进实现国家治理体系和治理能力现代化的驱动力也不可忽视。2019 年 11 月 16 日，司法部在南京举办"区块链+法治"论坛，强调要积极推进区块链技术与法治建设全面融合，要把"区块链+法治"作为"数字法治、智慧司法"建设新内容。[3] 以佛山市禅城区推出的"区块链+社区矫正"为例，"社矫链"的应用正在打破传统社区矫正的局限性，以其区块链独有的优势推进社区矫正模式的改革。

针对传统社区矫正实务过程中管理较为粗放、矫正工作信息化程度较低、矫正方式主观单一、矫正队伍力量较为薄弱等问题，该书提出利用区块链技

---

〔1〕 "习近平在中国共产党第十九次全国代表大会上的报告"，载 http://cpc.people.com.cn/n1/2017/1028/c64094-29613660.html，最后访问日期：2022 年 2 月 9 日。

〔2〕 "习近平：把区块链作为核心技术自主创新重要突破口 加快推动区块链技术和产业创新发展"，载 http://cpc.people.com.cn/n1/2019/1026/c64094-31421707.html，最后访问日期：2022 年 2 月 9 日。

〔3〕 "司法部举办'区块链+法治'论坛 强调抢抓机遇积极推进区块链技术与法治建设全面融合"，载 http://www.moj.gov.cn/news/content/2019-11/17/bnyw_3235971.html，最后访问日期：2022 年 2 月 25 日。

术推进循证社区矫正的模式改革。作者首先提出积极开展"区块链+循证社区矫正"平台的建设工作，生成更多科学证据，构建"中国循证社区矫正干预措施"证据库，整合多个地区循证矫正干预措施后获得的最佳矫正证据及经过科学和实践检验的社区矫正方案；逐步构建大数据网络，传播有效的矫正措施，为基层社区矫正工作提供参考。其次推进"区块链+循证社区矫正"监管体系的建设，"以链治链"，充分利用区块链技术对该模式进行监管，以此提升"区块链+循证社区矫正"的安全性，应对新模式带来的挑战和风险。最后结合不同矫正对象的人口学特征和人身危险性，将社区矫正对象分为：普通、严格、重点三个等级，明确针对不同的管理等级采取不同的管理措施，并根据不同等级嵌入区块链平台匹配相应的管理措施。

"区块链+循证社区矫正"模式有利于打通与社区矫正相关的公安、检察院、法院、司法行政部门的信息壁垒，实现信息的实时共享；通过区块链能够实现对矫正状态的实时掌握，有助于提高社区矫正的监督效率；通过区块链对个人信息进行收集、加工和整合，在保障矫正对象隐私权的基础上，"个人数据空间"有助于降低再犯率并促进矫正对象"社会化"。该书将循证矫正与区块链技术的结合研究为社区矫正模式改革提供了新观点。